"盐"而有信

民国自贡盐务书信选

社会人物卷

四川省档案馆　自贡市档案馆　编

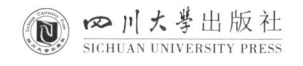

四川大学出版社

图书在版编目（CIP）数据

"盐"而有信：民国自贡盐务书信选. 社会人物卷 / 四川省档案馆，自贡市档案馆编. — 成都：四川大学出版社，2023.4
 ISBN 978-7-5690-6061-4

Ⅰ.①盐… Ⅱ.①四… ②自… Ⅲ.①盐业史－史料－自贡－民国 Ⅳ.① F426.82

中国国家版本馆CIP数据核字（2023）第058490号

书　　　名：	"盐"而有信——民国自贡盐务书信选（社会人物卷） "Yan" er You Xin——Minguo Zigong Yanwu Shuxin Xuan（Shehui Renwu Juan）
编　　　者：	四川省档案馆　自贡市档案馆
选题策划：	杨岳峰
责任编辑：	李畅炜
责任校对：	荆　菁
装帧设计：	李　野
责任印制：	王　炜
出版发行：	四川大学出版社有限责任公司 地址：成都市一环路南段24号（610065） 电话：（028）85408311（发行部）、85400276（总编室） 电子邮箱：scupress@vip.163.com 网址：https://press.scu.edu.cn
印前制作：	成都完美科技有限责任公司
印刷装订：	四川煤田地质制图印务有限责任公司
成品尺寸：	185mm×260mm
印　　张：	22
字　　数：	269千字
版　　次：	2023年5月 第1版
印　　次：	2023年5月 第1次印刷
定　　价：	160.00元

本社图书如有印装质量问题，请联系发行部调换

版权所有　◆　侵权必究

扫码获取数字资源

四川大学出版社
微信公众号

"盐"而有信——民国自贡盐务书信选
编委会

主　　　任　　祝　云
副 主 任　　张辉华　黄晓燕
委　　　员　　张晓芳　潘　俊　米晓燕　张　飞

主　　　编　　张晓芳　黄晓燕
副 主 编　　潘　俊　米晓燕　张　飞
执 行 主 编　　张国钢
编　　　辑　　陈彰兰　邓素芳　彭云英　陈　晨　杨书懿

前 言

四川省档案馆馆长　祝云

中国井盐，肇始四川；四川井盐，首指自贡。自贡在近两千年井盐发展的历史长河中，因盐而兴，因盐建镇，因盐置县，因盐设市，是名副其实的"千年盐都"。

自贡盐业在中国近现代发展史上曾出现了两次重要的兴盛时期：第一次是太平天国定都南京后，清政府在长江流域的盐政废弛，给四川井盐业发展带来契机，自贡盐业便在"井盐济楚"中迅速崛起，由嘉庆、道光年间的四川三大产场之一，迅速跃居天府之国井盐之首；第二次便是艰苦卓绝的抗日战争时期，由于历史的选择，自贡井盐在此期间获得空前发展，"独领风骚"，鼎盛辉煌，盐业税收为抗战胜利做出了历史性的巨大贡献。正是有了这份历经千年的深厚积淀，自贡在历史上成为四川省的盐政重地：1915年川南盐务稽核分所迁至自流井，该所负责全省80%的盐税的收缴，直接左右着四川省财政收入；1935年四川盐运使署迁驻自流井，之后的四川盐务管理局、川康盐务管理局均设置于此。

大浪淘沙，积淀精华。自贡盐业历史档案和资料便是上述历史时期井盐发展的真实记录，共有8万余卷（册），始于清雍正十年（1732年），止于民国三十八年（1949年）。自贡盐业历史档案以其系统性、独特性，成为我国乃至世界井盐史上的瑰宝，而其中两万余件盐业书信，则是这一瑰宝中熠熠生辉的明珠。

"烽火连三月，家书抵万金"。古往今来，书信作为一种向特定对象传递信息、交流思想感情的文书形式，是书信者亲笔形成的第一手文字材料，也是微观个体观察记录社会生活的原始资料，具有重要的历史与现实价值。

一滴水可以见太阳。今天我们梳理这些盐业书信档案，从一个新的视角可以看到自贡、四川乃至中国井盐业发展前行的历史脉络：从人力畜力推卤到机械汲卤再到真空制盐，从场产疲困到上下求索力争楚岸以拓展市场，从盐运受阻到整治陆路河道改善盐场产运销，从产业发展到关注人才教育投入，从盐业研究著述到创办博物馆、图书馆积极投身公益文化活动。特别是抗战时期自贡盐业金融联合国家银行设置盐业增产加运贷款、签章保证押汇放款等业务，助力自贡盐场创造出巨额盐产税收，其食盐供应区域辐射川、康、滇、黔、湘、鄂、陕等地，担负起这些区域达7000多万人口军需民用的重任，其盐税缴纳达到川盐税收80%以上，有力支撑了抗战大后方四川的财政，这一历史功勋在书信中均有记述和体现。与此同时，从书信中我们还真切地看到，在关系民族存亡的抗战时期，冯玉祥将军不辞辛劳冒着酷暑多次亲临自贡开展献金救国运动，最终使自贡创下二十二项全国献金记录，谱写了一曲曲抗日救国的壮歌。

自贡的沧桑来自于它悠久的井盐业，而它的魅力源泉则是生生不息的人文情怀。作为真实记录的盐业书信，穿越时空的隧道，透过历史的云烟，再现了自贡的昌盛，反映了盐都的文化，折射了川盐的变迁。我们从书信中"吾兄""挚兄""尊兄""志兄""仁兄"等称谓，感受到了当时著名盐官、盐商及社会人物在谈论国事家事时亲如兄弟的心态。正是这样的称谓与交流，拉近他们彼此的距离，同时也让我们从书信中读出了浓厚的人文情怀，了解了自贡（四川）井盐业的发展历程，真切感受到了书信作者在特定社会历史条件下的生存状态，以及字里行间透露出来的坚韧精神与聪明智慧。

研究历史可以启迪智慧，借鉴历史可以激励今人。我们编辑出版"'盐'而有信——民国自贡盐务书信选"，就是以实际行动贯彻落实习近平总书记"让历史说话、用史实发言"的指示精神，增强历史自觉，坚定文化自信，让盐业历史档案这一不可多得的珍贵文化信息资源服务当今社会经济发展、盐业史学研究、书法艺术研究，并使其在人文精神创建、家风家训研究传承方面发挥应有的作用，做出档案人独特的贡献。

2022年9月

凡　例

一、本书所收录信函，均来自自贡市国家综合档案馆馆藏档案。

二、本书所收录信函，以直接或间接反映民国时期四川自贡井盐业为主要内容（并侧重其公务活动），兼以收录部分反映当时社会生活的信函。

三、本书所收录信函以个人书信为主，兼收盐业团体组织或多位作者联名的信函。

四、为使所收录信函更具内容上的完整性、时代性，适当收录了与之相关联的"快邮代电""笺呈""函文稿""电文稿"等特别信函。

五、丛书共收录129人、663封信函，按人物身份分成三卷，分别是"盐官卷（上、下）""盐商卷""社会人物卷"；各卷以作者为单元进行编排，多位作者联名的信函按第一顺序人或主体作者编排。

六、信函作者排序以其最早的信函时间来确定。同一作者的信函按时间先后编排：如只有年、月者，排列在该年该月月末；如只有年份者，排列在该年年末；如不能确定年份者，则按月、日时间依次排列在该作者信函的最后。

七、本书在每一信函作者单元前均设有人物简介，但因年代久远查考困难等原因，部分作者信息极少，仅根据自贡市国家综合档案馆馆藏档案资料整理出其所任职务等简单情况，如无法考证，则标注"生平不详"。

八、为便于读者快速理解信函及检索原档，编者为所收录信函拟定了题名。题名由三部分组成，分别为序号、档案号及内容提要。序号，即信函在本书中的编号；档案号，即信函原件在自贡市国家综合档案馆的编号；内容提要，即用于揭示信函主要内容及时间，对部分内容庞杂的信函，只择其主要方面揭示，客观上难免挂一漏万。

九、信函题名中的机构名称使用机构全称或规范简称；地名沿用当时地名；人名采用"姓+名"的方式（以字、号行于世者，则循例著其字、号），如不能考证姓氏，以□代替；文字使用规范的简化字，繁体字、错别字、异体字等予以径改，限于篇幅，本书一般不作注释。

十、对于中国传统历法，有的信函作者称"农历"，有的称"旧历"，有的称"阴历"，根据当前规范应称"农历"，但为尊重档案原貌、便于理解，书中仍用"阴历"。信函题名中标注的时间原则上照录信函落款时间：如信函原文未提示历法信息，即默认为阳历时间；如信函原文标注有阴历时间，信函标注时间则先录阳历时间，再将阴历时间注于其后。无落款时间的则依次以发文时间、收文时间、稿面上最迟时间为准。如以上时间均无，则结合相关档案进行考证推断。实在无法考证的，标注为"时间不详"。

十一、信函的人物注释，主要对收信人的名、字、号以及当时的任职情况进行说明，如无法查证，则标注"不详"。同一收信人，如职务或称谓未变，只在第一次出现时进行注释，后文不再予以注释。

十二、信函影印概当体现原件历史风貌，但由于编排及便于阅读的需要，对信函原件均作了放大或缩小处理，有的还做了裁剪拼接处理。原件有残缺损坏、文字褪变者照原样影印。

目录 CONTENTS 1916–1949

钟体道	001	张明炜	094
名正具	005	李景泌	097
戴隆熙	019	李梦白	099
石青阳	028	陆京士	104
刘 湘	034	张 群	106
陈元音	039	白鉴宇	122
郭汝栋	042	郜子举	129
陆长丰	046	萧家干	142
刘炽才	056	蒋士焘	146
周梦熊	060	邓锡侯	148
马云州	066	冯 飞	162
张鸿烈	072	杜月笙	165
徐 端	080	喻传鉴	170
梁敬锌	083	沈祖堃	176
黄复生	086	刘仁庵	181
杨志春	089	张子奇	191
曹经沅	091	王锡钧	196

冯玉祥	199	周有洪	269
孙学悟	214	陈子显	271
张万里	217	陈能芬	277
韩叔信	220	李泽民	293
范旭东	227	曾宝森	296
孙越崎	230	彭善承	300
徐　堪	232	霍六丁	303
傅霞山	234	邓汉祥	314
陈倚石	237	姜圣阶	321
翁文灏	240	何玉昆	323
黄镇球	245	侯仲康	328
陈　仪	247	唐昭明	330
沈天灵	249	甘绩丕	332
黄　骥	252	王作宾	336
王善政	255		
王冠英	261	后　记	342
黄锡恩	265		

钟体道

人物简介

钟体道（1878—?），四川绵竹人。国民革命军陆军中将。毕业于四川陆军武备学堂。曾任四川陆军速成学堂教官、护国军四川川北总司令、四川陆军第二混成旅旅长、四川防空协会绵阳特别防护团团长、四川省第十三区行政督察专员等职。

1 0001-001-0164-023

钟体道、张澜等为告知已成立护国军四川川北总司令部并请尽数划拨川北盐税盈余以裕军饷事致晏安澜的信函（1916年5月15日）

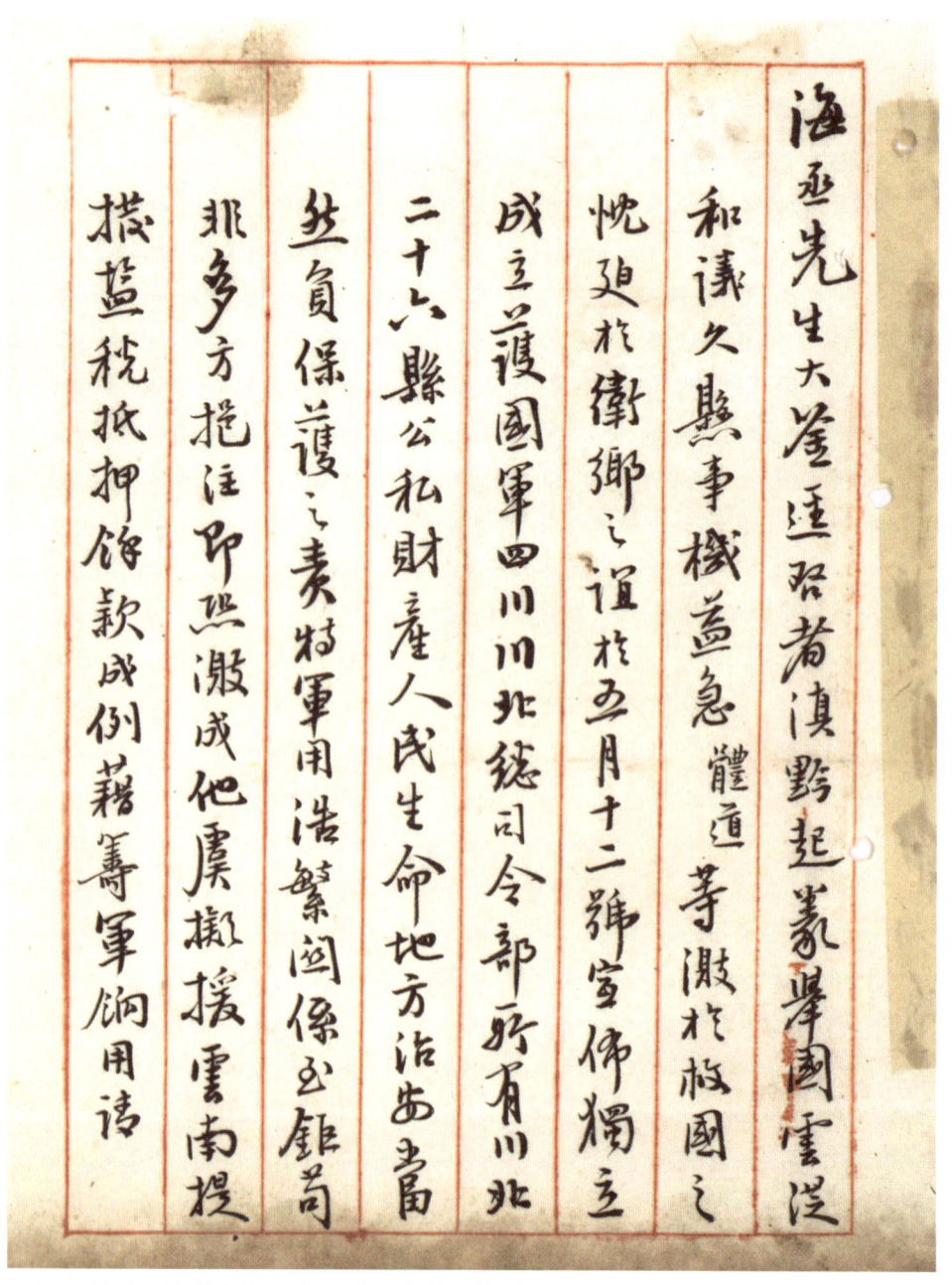

> 海丞先生大鉴：迭召者滇黔起义，举国云从，和议久悬，戡事机益急。体道等激于救国之忱，迫于衡乡之谊，于五月十二日宣佈独立，成立护国军四川川北总司令部。所有川北二十六县公私财产人民生命地方治安，当尽员保护之责。特军用浩繁，固非玉钱苟非多方挹注，即无激成他虞。拟援云南提拨盐税抵押馀款成例，藉筹军饷用请

注：海丞，即晏安澜，字海澄，此或误作"海丞"，时任四川盐运使。

台端核计每月收入除兹敷偿款外所有盐
饷盐教副撥以祗餉項將來大局平定一切
自有正式之报銷決不妨害財政統一並遺
累富局困難至於川北名盐場所有保持素
務懇道等责无旁贷款石便有意外之虞
陈风谅
执事深明国势厚爱民生必能極端贊同
以綏仰屋援手之道銘感無涯耑此敬请

台安统维

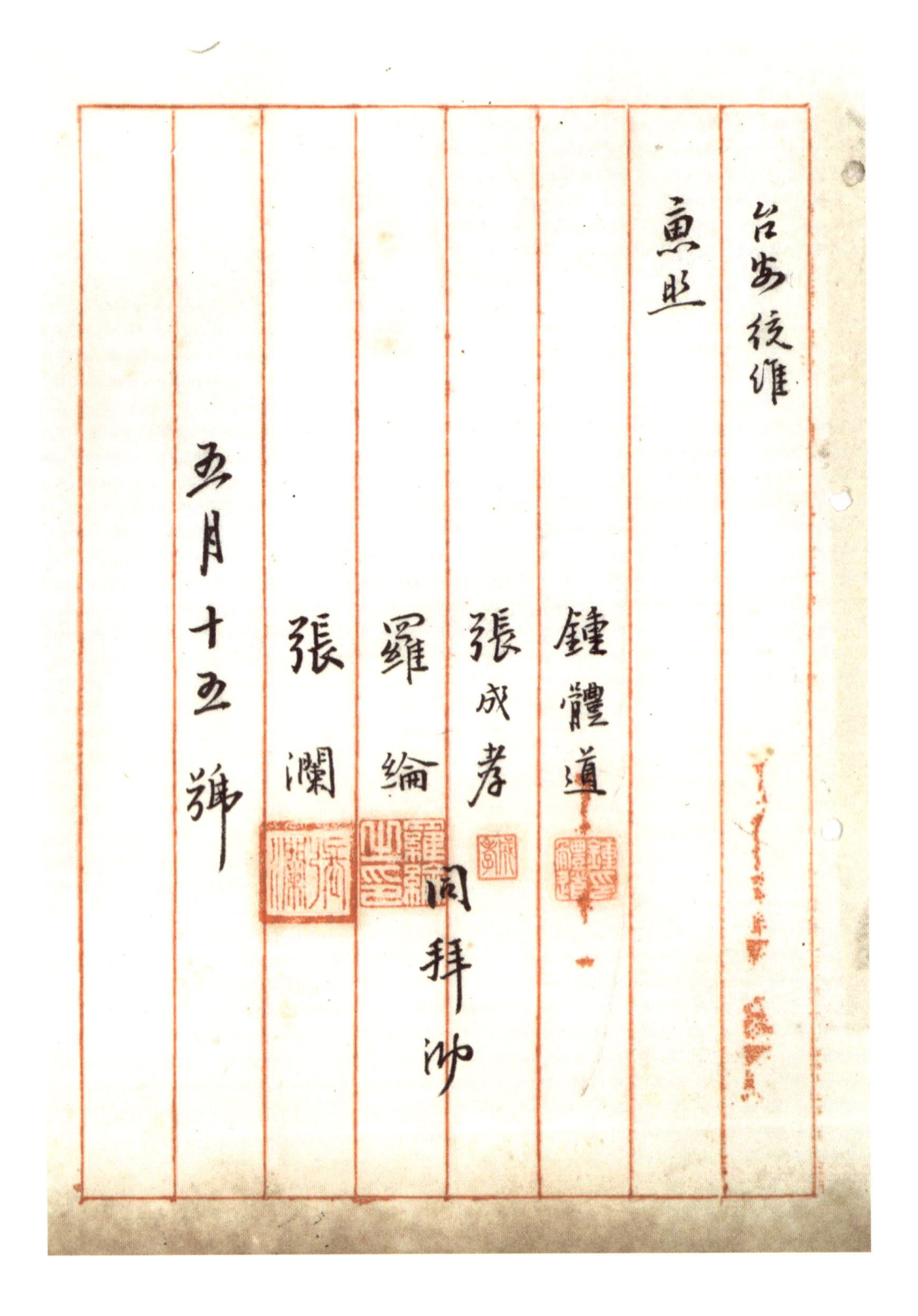

　惠照

　　　　鍾體道
　　　　張成孝
　　　　羅綸　同拜沙
　　　　張瀾

五月十五弹

名正具

> **人物简介**
>
> 名正具(生卒年不详),字嗣荃。曾任四川盐运副使。

2   0001-001-0164-027

名正具为报告三台、射洪等川北盐务机关受兵事影响情况并请示如何处理顺庆、潼川两军提用盐款等事致晏安澜的信函（1916年5月19日）

附一：护国军四川川北总司令部公函第二十号（1916年5月16日）

附二：钟体道、张澜等为告知已成立护国军四川川北总司令部并请尽数划拨川北盐税盈余以作军饷事致名正具的信函（1916年5月15日）

敬啟者前因三射兵事曾經兩次泐函佈達諒均邀覽茲軍前已開回潼川稱護國軍射洪場署先後均無損失三台究損若干至今未據報到日前據該場以場署名義函稱地方官不知何往場知事亦已暫避攔河堰公垣于十號夜被匪刧失去稅款九百餘串等語現在順慶已宣布獨立發出文告禁令多件其

宗旨在維持川北治安對於各場已直接行文令各照
常辦事本署昨日得順軍來公私函各一件意在
提用鹽款茲將來函照抄一紙寄呈
譽覽此事究當如何應付應請
查核迅示機宜探聞順潼兩軍刻尚未能聯合昨
午均有代表赴分所交涉提款事分所已電

總所請示刻下兩軍俱開至太鎮將東下赴逐寧

此間為必經之路屆時尚未知若何本署及多數場

署同慶範圍之下職務如何執行伏望

速賜核示俾有邊循專此飛佈敬請

勛安

名正具 五月十九日

附鈔件一紙

附一：护国军四川川北总司令部公函第二十号（1916年5月16号）

中華民國護國軍四川川北總司令部公函第二十號

逕啟者袁氏背憲叛國滇黔起義伸討桂粤浙贛山東黑龍江等省相繼獨立共申大義川省將軍仍連次電京促其退位乃猶貪戀不亟去職本軍為擁護公和維持地方起見爰合同志楷率原領四川陸軍第二混成旅全部於本月十二號宣告獨立成立中華民國護國軍四川川北總司令部通電獨立諸省今後川北全局治安之責應由本軍一力擔負其關係國際各監務機關尤當力加保護相應佈達諸釋

錦注惟軍興之際需餉孔殷川北鹽稅餘款係屬大宗務資接濟以充軍實應援照雲南提撥鹽稅抵押餘款成例就該款項

下扣除抵借款外所有餘款暫即盡數提撥本軍承收以濟急需一切攬收手續照舊繼續辦理嗣後歸結報銷仍由本軍負責勿諉。

厪念至由本軍撥到之款併隨時正式函知

貴使以清手續而備查考一面正式知會 川北鹽稅稽核所照請承認並函達威武將軍暨四川鹽運使外相應函請

貴運副查照諸希宏亮為幸此致

四川鹽運副

總司令官鍾體道

政務長張瀾

總參謀羅綸

中華民國五年五月十六日

附二：钟体道、张澜等为告知已成立护国军四川川北总司令部并请尽数划拨川北盐税盈余以作军饷事致名正具的信函（1916年5月15日）

嗣荃先生大鉴逕启者滇黔起义举国云从和议久悬事机益急体道等激于救国之忱迫于卫乡之谊于五月十二日佈告独立成立护国军四川川北总司令部所有川北二十六县公私财产人民生命地方治安当然负保护之责特军用浩繁关系至钜苟非多方挹注即恐激成他虞拟援照云南提携盐税抵押余款成例借筹军饷用请台端核计每月收入除定数偿款外所有赢余尽数划拨以裕饷项将来大局平定一切自有正式之报销决不妨害财政统一并遗累当局困难至于川北各场所有保持义务体道等责无旁贷断不使有意外之危险凤谂执事深明国势厚爱民生必能极端赞同以纾仰屋援手

之誼銘感無涯耑此敬請

台安統維

惠照

鍾道體
張成孝
羅綸　同拜泐
張瀾

五月十五日

3   0017-001-0247-012

名正具为请限期催收汇交各商灶之借款以解缴行营支拨事致范修明、黄光麟的信函（1924年1月14日）

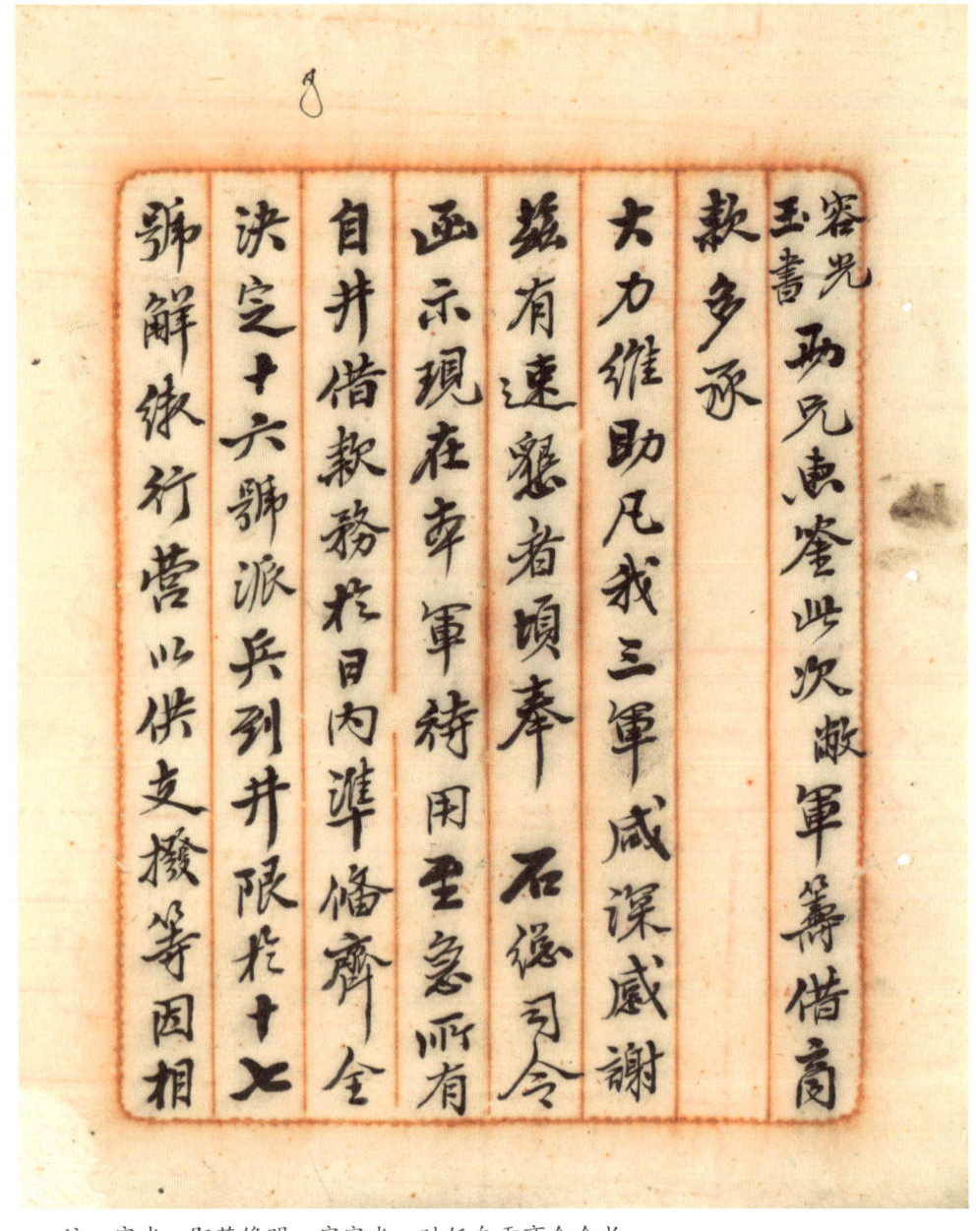

容光
玉书两兄惠鉴：此次敝军筹借商款多承
大力维助凡我三军咸深感谢
兹有速恳者顷奉 石总司令
函示现在本军待用至急所有
自井借款务於日内凑齐全
决定十六号派兵列井限於十七
号解缴行营以供支拨等因相

注：容光，即范修明，字容光，时任自贡商会会长。
　　玉书，即黄光麟，字玉书，时任自贡商会副会长。

應轉達

台端務請將各商炸借款於十六騎前催收彙交等以便依限交來隊解內用濟軍糈是為至懇軍令森嚴未敢稍有延遲之請并希

諒宥專此順頌

時綏

名正具 一月十四號

4　0017-001-0439-044

名正具为询问上次面恳之事办理情况及改葬先人现时无款需出息借贷请向广平父子言明事致胡少权的信函（3月2日）

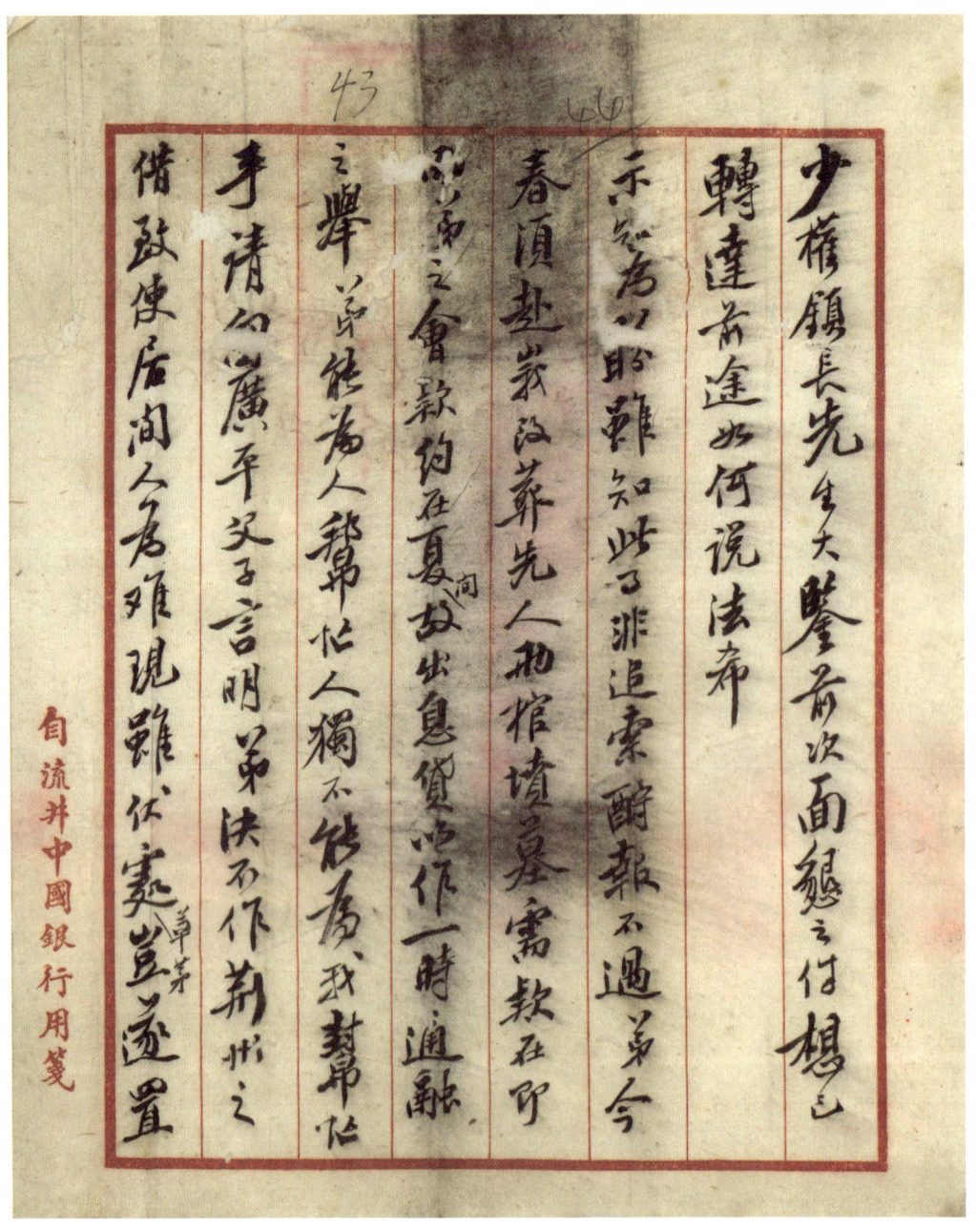

少权镇长先生大鉴前次面恳之件想已转达前途如何说法希示知盼难知此马非追索酬报不过弟今春须赴叙改葬先人预棺埋葬需款在即会款约在夏故出息贷也作一时通融之举弟能为人帮忙人独不能为我对帮忙手请向广平父子言明弟决不作荆州之借致使居间人为难现难伏冀盖速置之

注：少权，即胡少权，时任上垇镇镇长。

世兄於不顧以後尚有請託祗要棉力能做得
到無不盡力
先生前次面託之時弟言渠父子豈不知感激
迨今言猶在耳
寧鎮長當不至食言而肥也專此布請
公安并盼
回玉

名正具 三月二日

5　　0017-001-0439-051

名正具为请予交来前次议决摊派之款及协力严防土匪事致□德之、□云谐等的信函（11月1日）

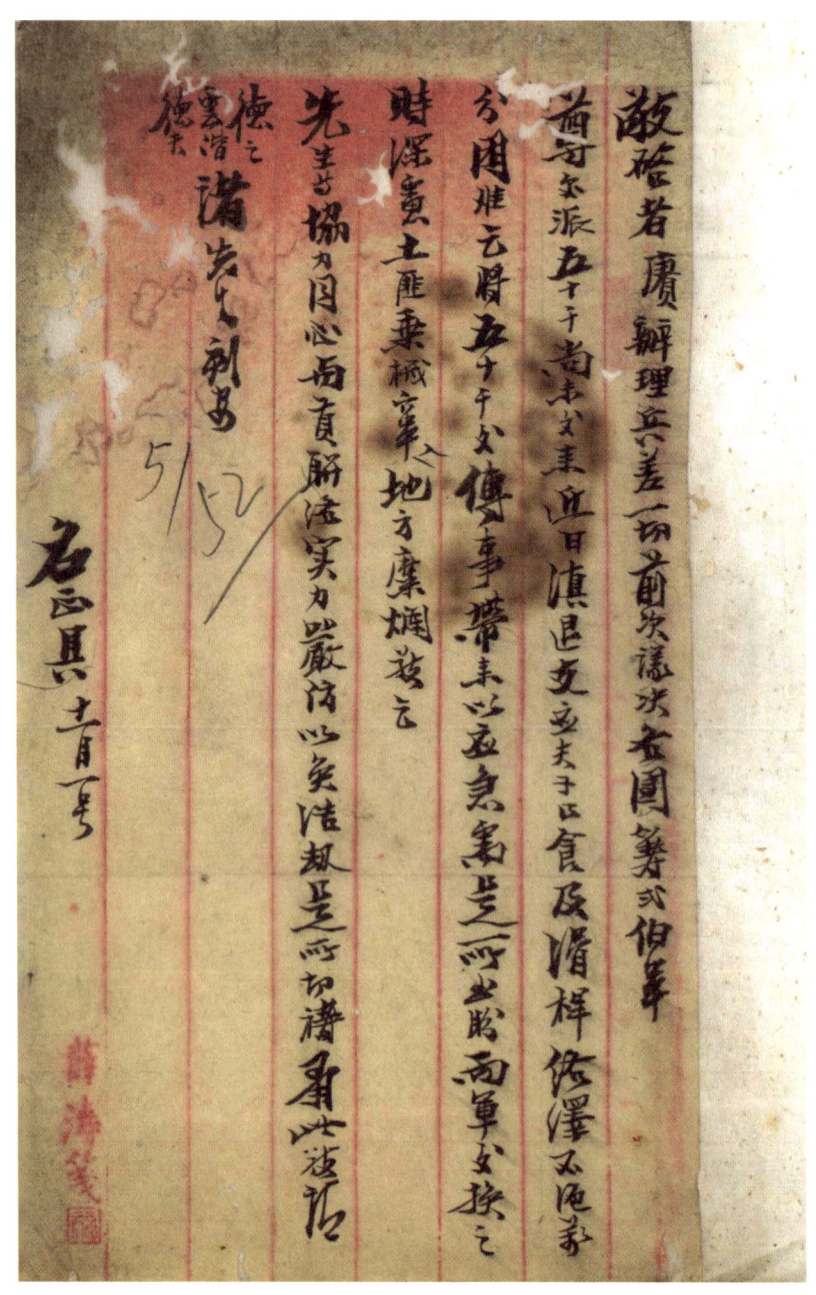

注：德之、云谐、德夫，不详。

戴隆熙

人物简介

戴隆熙（生卒年不详），曾任自贡警察局局长、自贡军事警察总局局长、富顺县事务所督办、自流井查验佃当约据事务所督办、四川盐运使署乐山知事等职。

6　0017-001-0440-048

戴隆熙为新旧警饷积欠而各区警署纷纷急索事致黄光麟的信函（1923年12月28日）

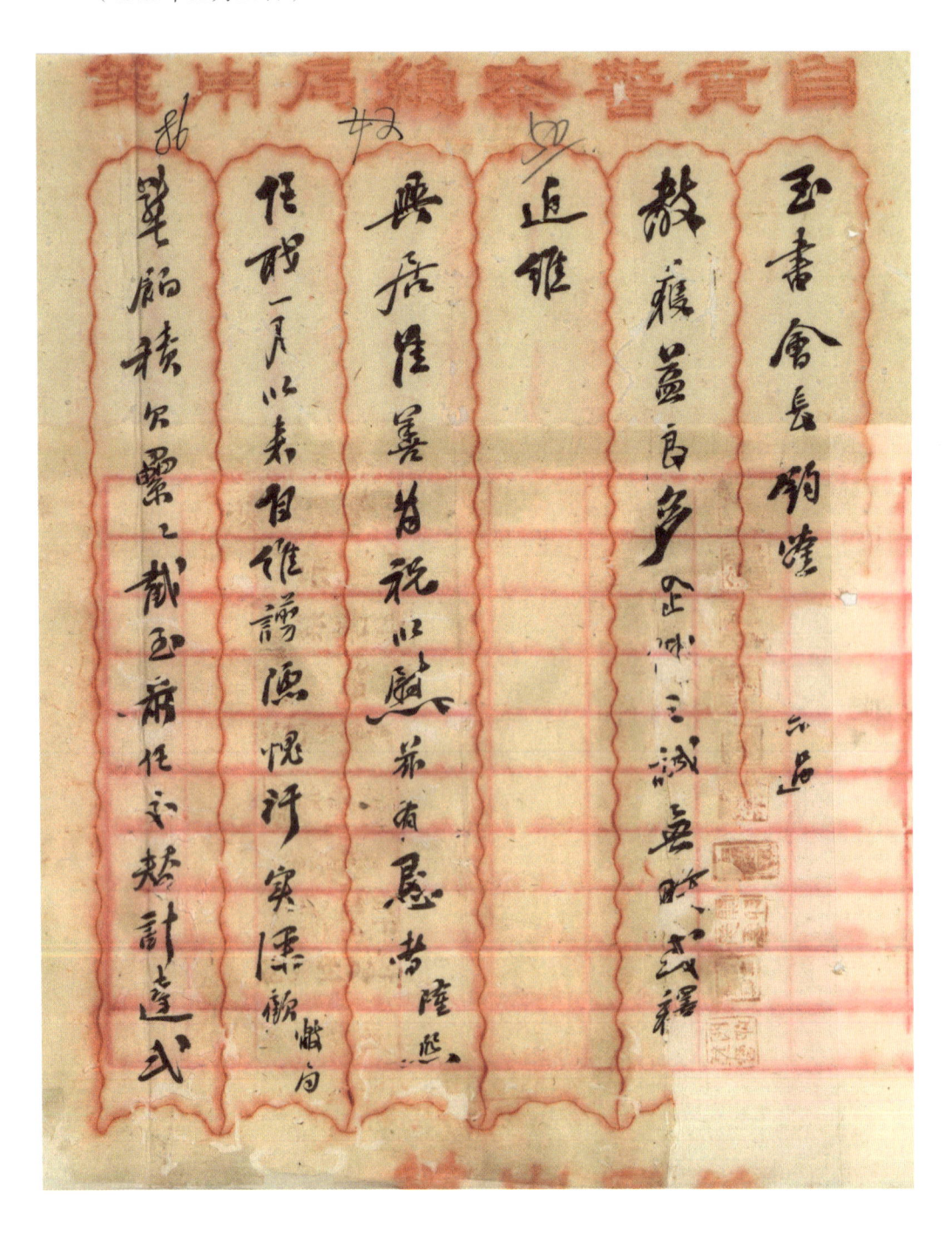

玉书会长钧鉴：
敬禀者盐局多（⋯⋯）
追维
兴居隆善为祝以慰
任职一月以来督催谭（⋯⋯）悚悚
笔饷积欠票之数至旅任尤为计达式

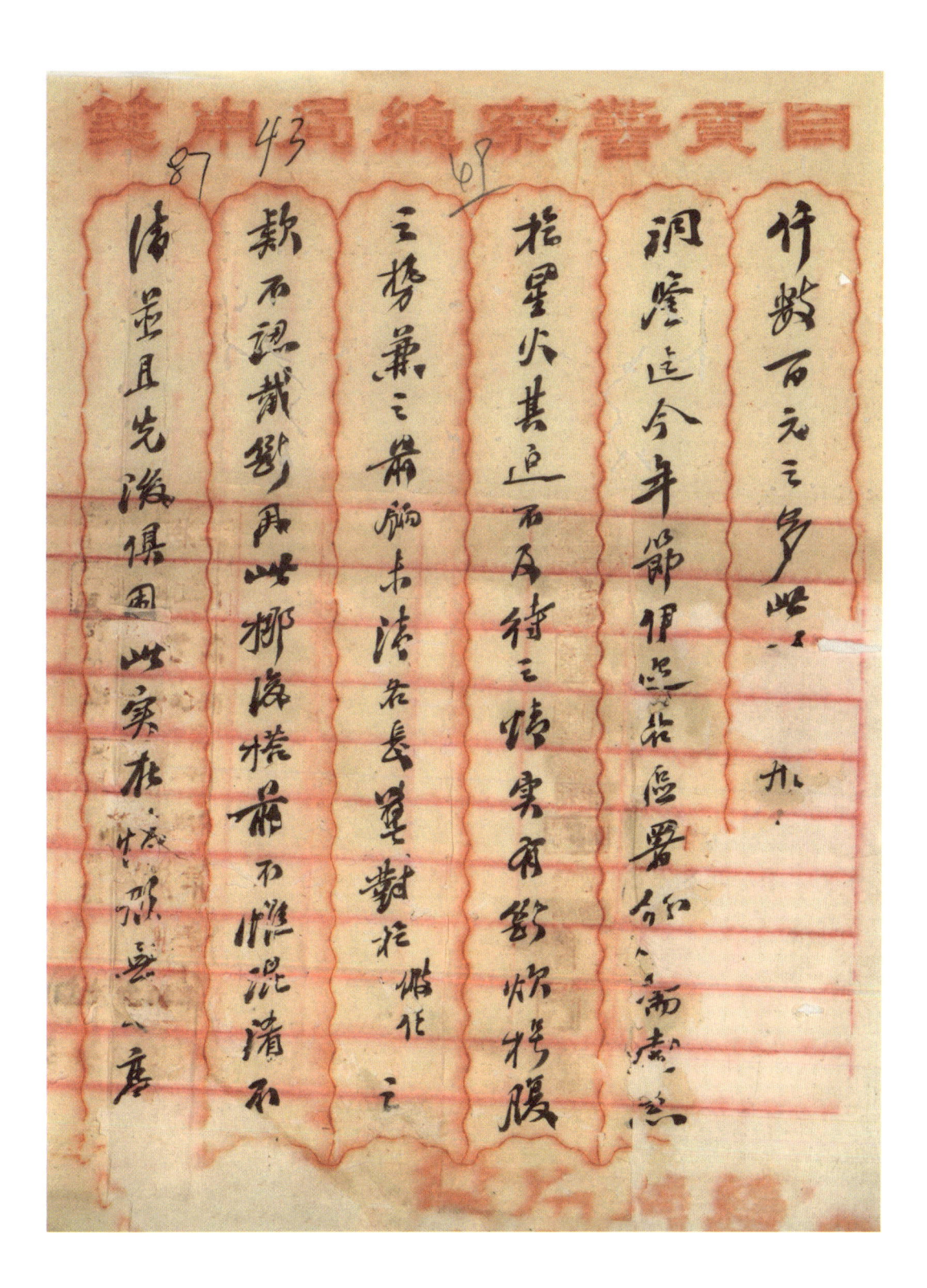

戴隆熙

臺灣省警察總局刑警總隊

仟數百元之多此

詞鑒迄今年節伊邇各區署紛紛需索為

指畢火甚亟而身待之情實有勢炊無腹

三勢兼之昂饋未清各長董對於借代之

數而縣戴對兩此挪後拷據不難混清而

請益且先後俱困此實在咸願無以應

八七 四三 六一

自貢警察總局用箋

毅之處也肅此敬頌

　祗祀　并頌

年禧

戴隆熙拜

十二月廿八日

7   0017-001-0440-045

戴隆熙为少数人对筹添警款事持有异议请开会时予以仗义执言事致范修明的信函（1923年12月28日）

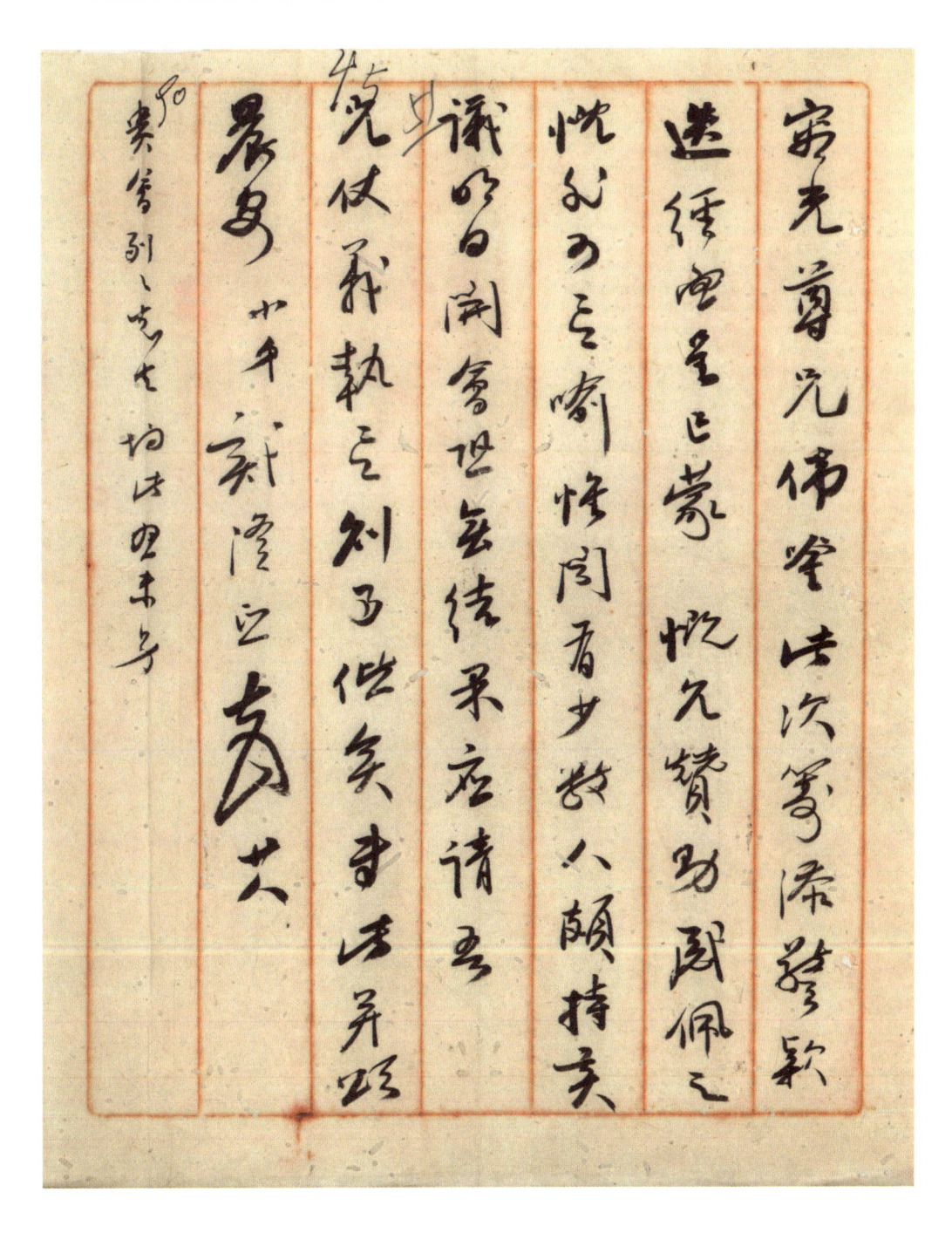

修明吾兄佛鉴：迭次筹添警款，迭经鄙呈，已蒙俯允赞助，至佩之忱，无可言喻。惟闻尚有少数人颇持异议，届开会时无结果应请仗义执言，勿令反对派居多数，专此并颂

崇安

弟 戴隆熙 拜上 十二月廿八日

再者，会别人志诸均祈亚示为荷

8 0017-001-0440-046

戴隆熙为告知新旧警饷积欠而各区警署纷纷急索已报自贡商会设法筹给并请广为呼吁事致范修明的信函（1923年12月28日）

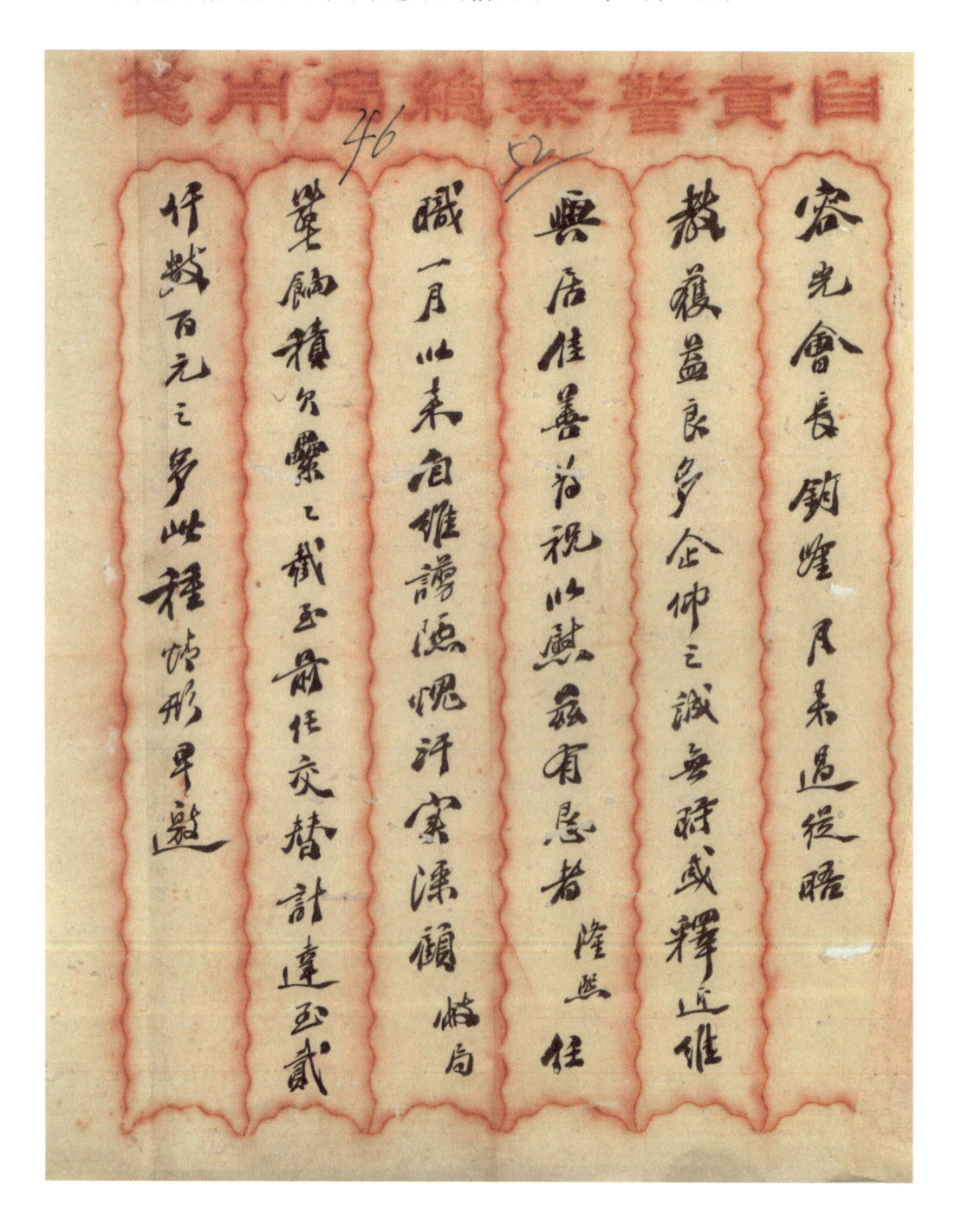

容光会长钧座月弟迴从睽
教覆益良多企仲之诚无时或释近维
兴居佳善为祝比慰兹有恳者隆熙任
职一月以来宜雏谭德愧汗实深顾局
薪饷积欠累乞载玉骨任交替计达叁
仟数百元之多此种情形早经

黔州府糧案警貴皇

洞鑒迄今年節伊邇各區署紛紛需索急於星火實迫而及待之情實有紛紛搶朕之搶萊之舟艄未清各委譬敦於三欸不諳戴彭兩照椰波揹前不惟混淆不清並且先後俱因此案起情形無一毫虛辭者石深一面正詰商會正中

設法籌給外謹具函函上達

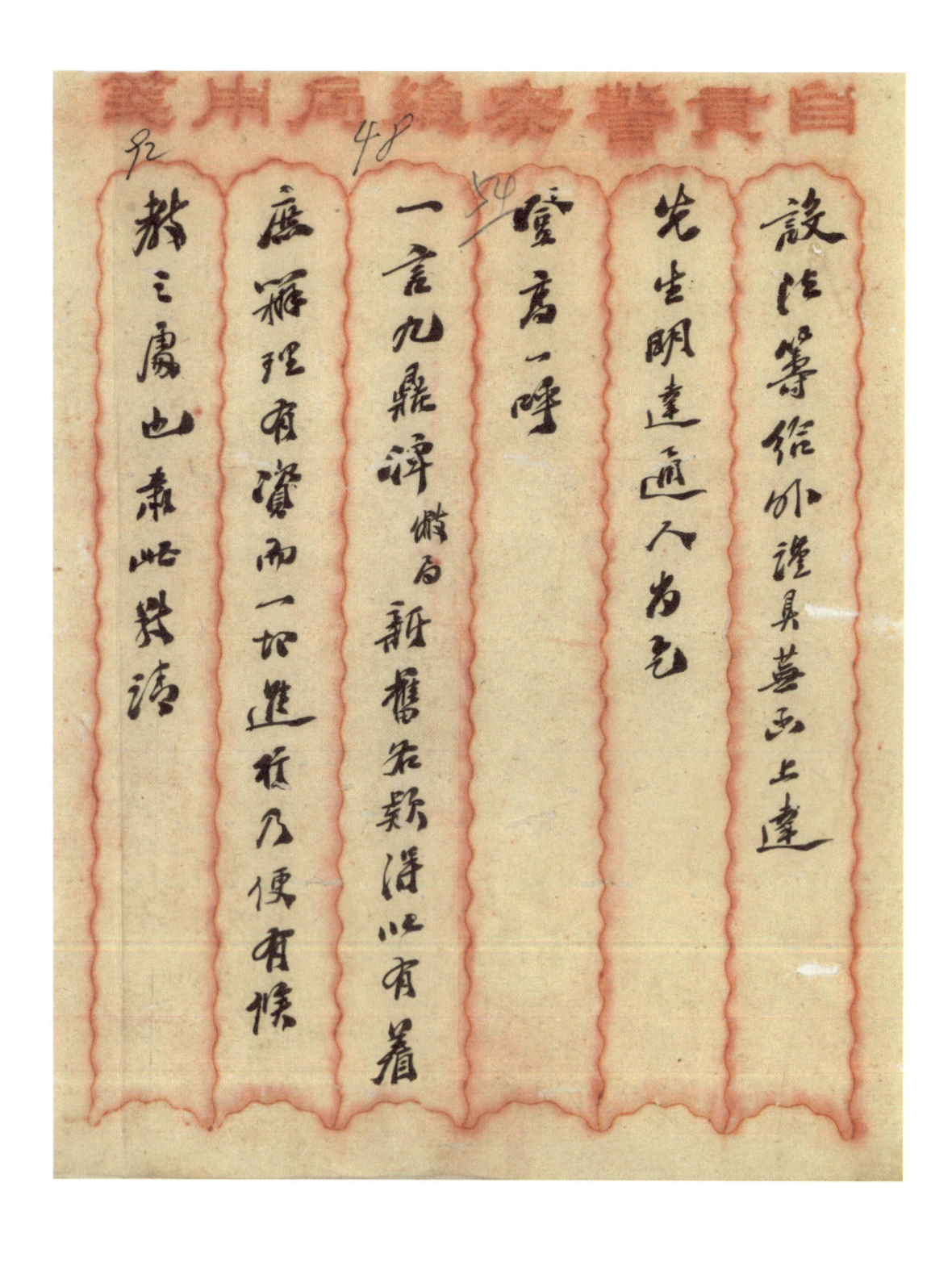

先生明達過人為尤

登高一呼

一言九鼎譚儼為新舊名紳諒必有著

庶幾理有資而一切進行乃便有恃

教之屬也肅此䇿請

自貢警察總局用箋

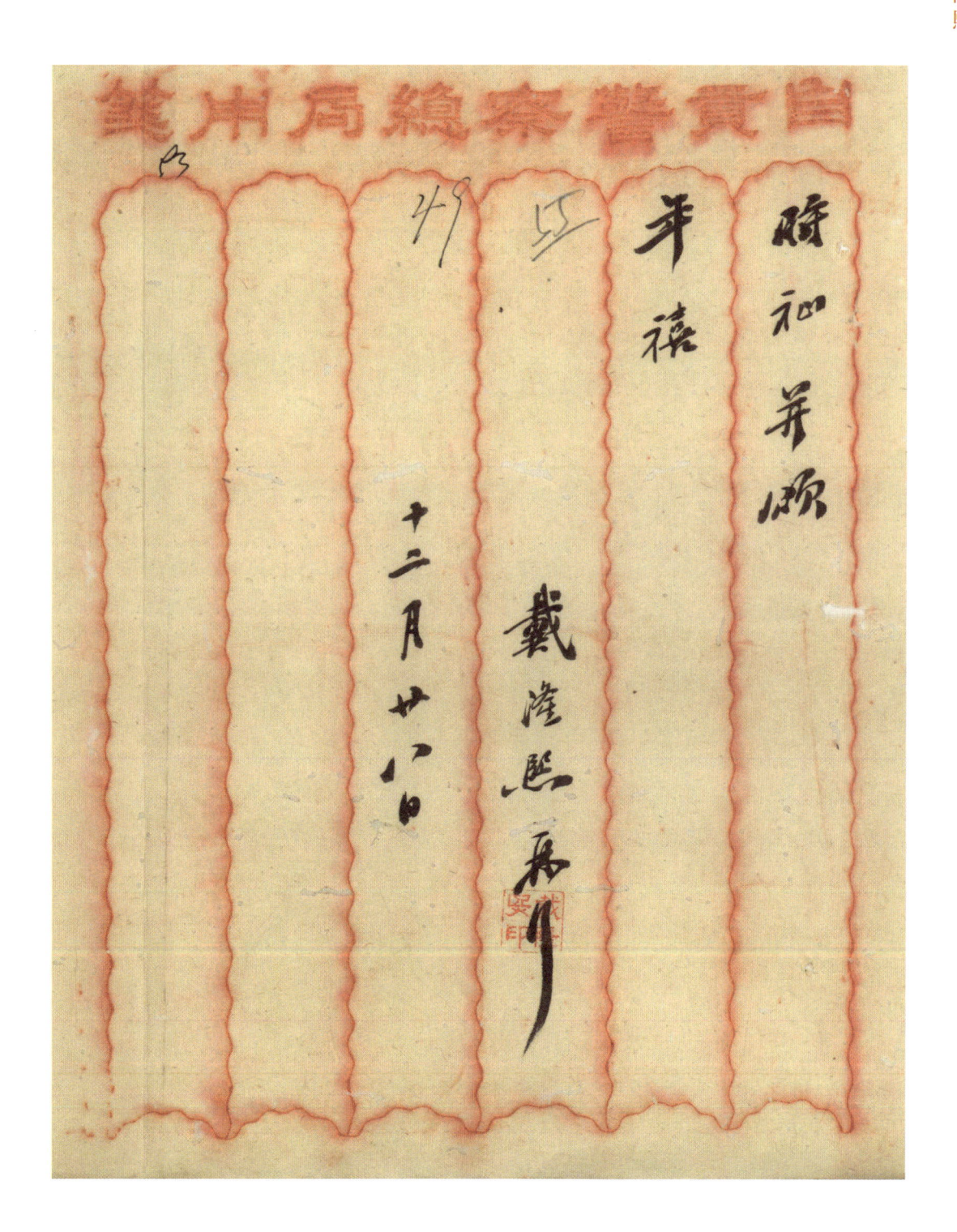

時和萬願
年禧

戴隆熙拜

十二月廿八日

戴隆熙

石青阳

人物简介

石青阳（1879—1935），名蕴光，以字行，四川巴县（今重庆市巴南区）人。国民革命军陆军上将。先后参加辛亥革命、护国运动、护法运动。曾任中国同盟会重庆支部理事、川东招讨使、川滇黔靖国联军援陕第一路军总司令等职。1924年，当选中国国民党第一届中央执行委员。

9   0017-001-0247-020

石青阳为请在最短期内代为筹借军队急需之现洋五万元将来由盐余项下如数拨还事致范修明、黄光麟的信函（1924年1月4日）

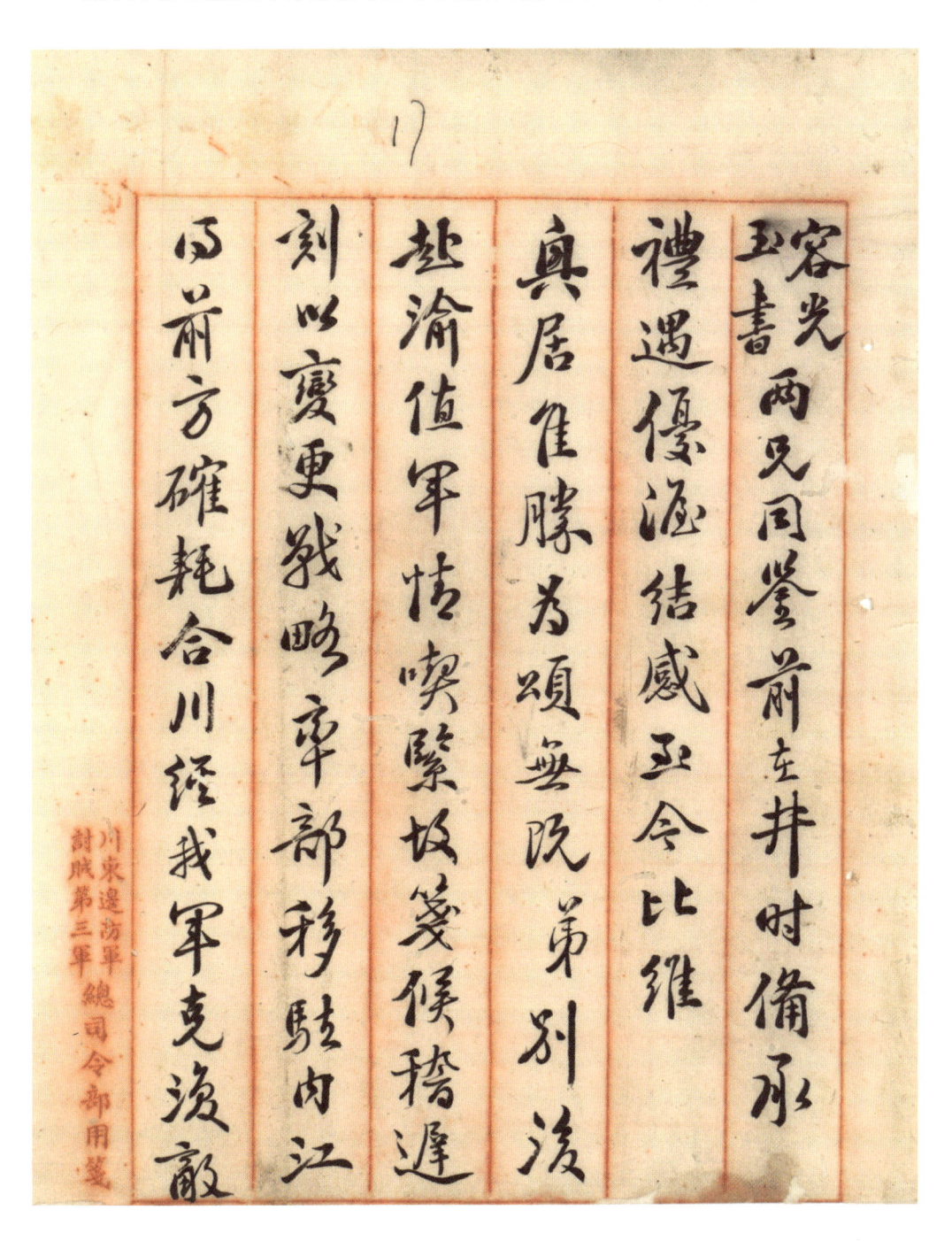

容光
玉书两兄同鉴前在井时备承
礼遇优渥结感至今比维
真居隹胜为颂无既弟别后
赴渝值军情喫紧致笺候稽迟
刻以夔更战略率部移驻内江
以前方确耗合川经我军克复敢

川东边防军总司令部用笺
讨贼第三军

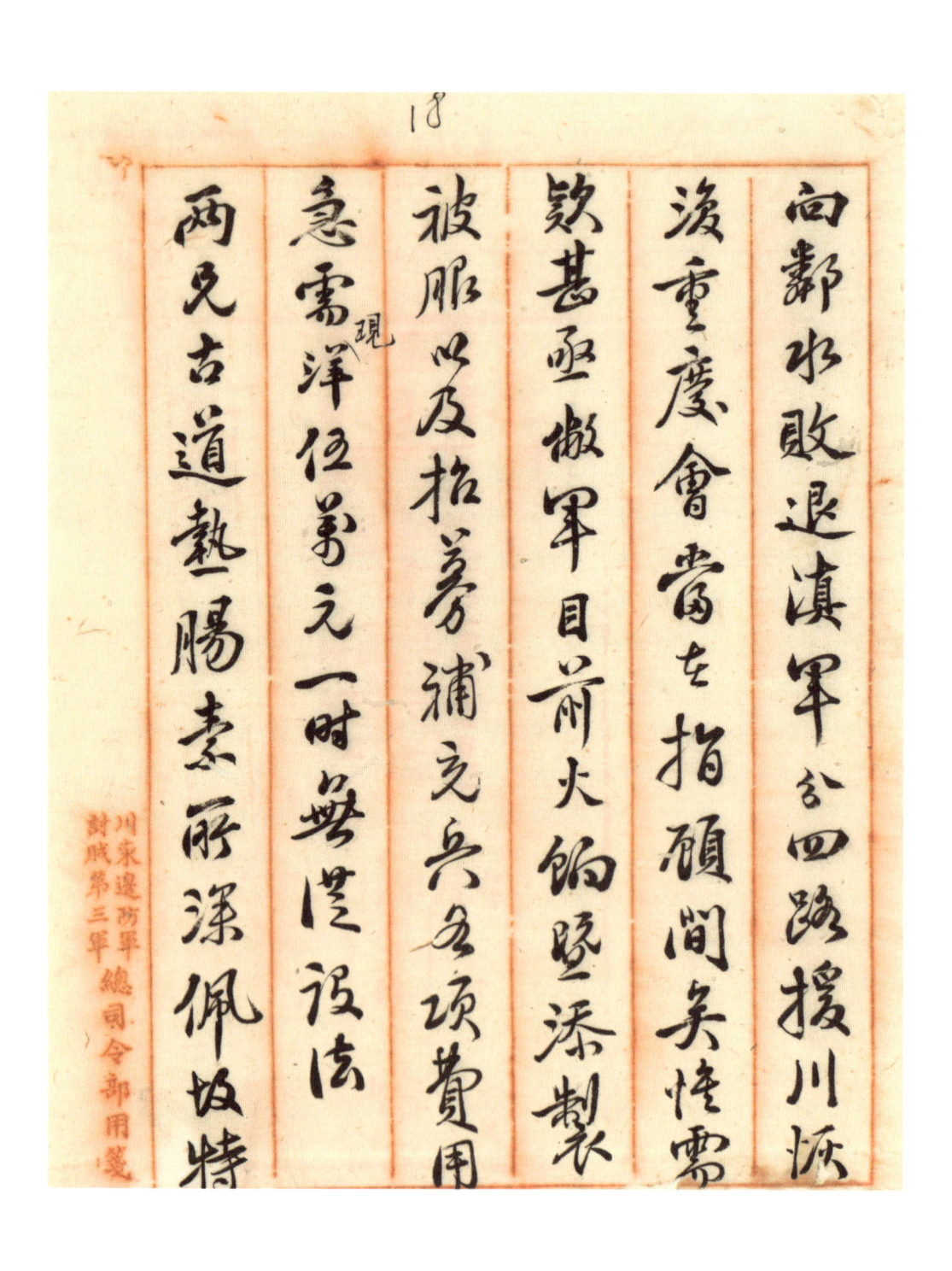

"盐"而有信——民国自贡盐务书信选（社会人物卷）

向郿水败退滇军分四路援川恢

复重庆会当在指顾间矣惟需

款甚亟敝军目前火锅堅添製

被服以及招募補充兵夫各项費用

急需洋伍萬元一時無法设法

两兄古道熱膓素所深佩攷特

川永邊防軍

討賊第三軍總司令部用箋

备具公甬请柽最短期内代为照数筹借以应急需款集交甫小坡伯坪三兄解部转寄由盐馀项下如数拨还第凤云信用行必践言项赞活神不偻第一人感激也

专此奉讬卯颂

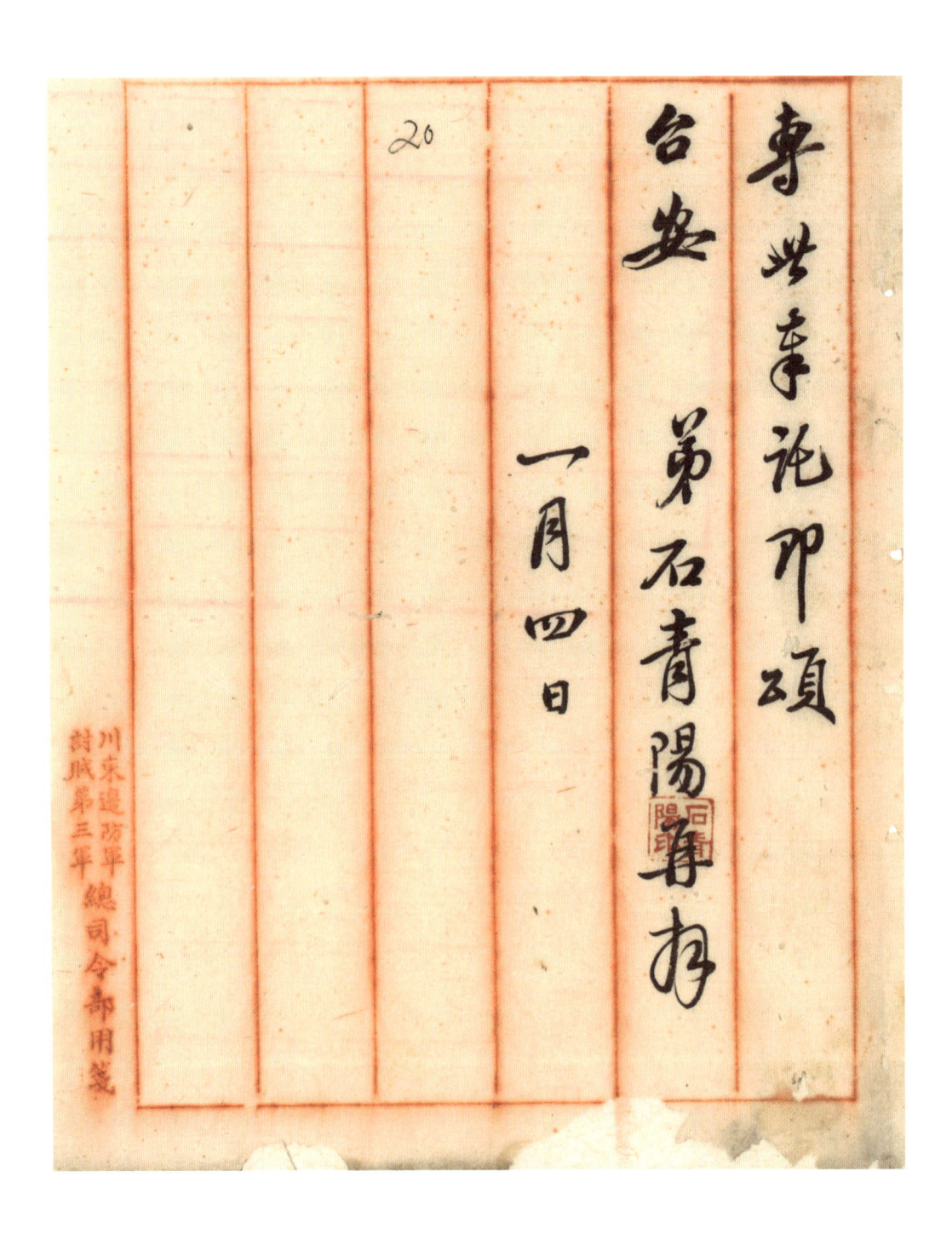

台安

弟石青阳拜启

一月四日

10　0017-001-0247-021

石青阳为复遣蒋文轩到自流井催收筹贷饷款事致自流井商会的信函（1924年1月6日）

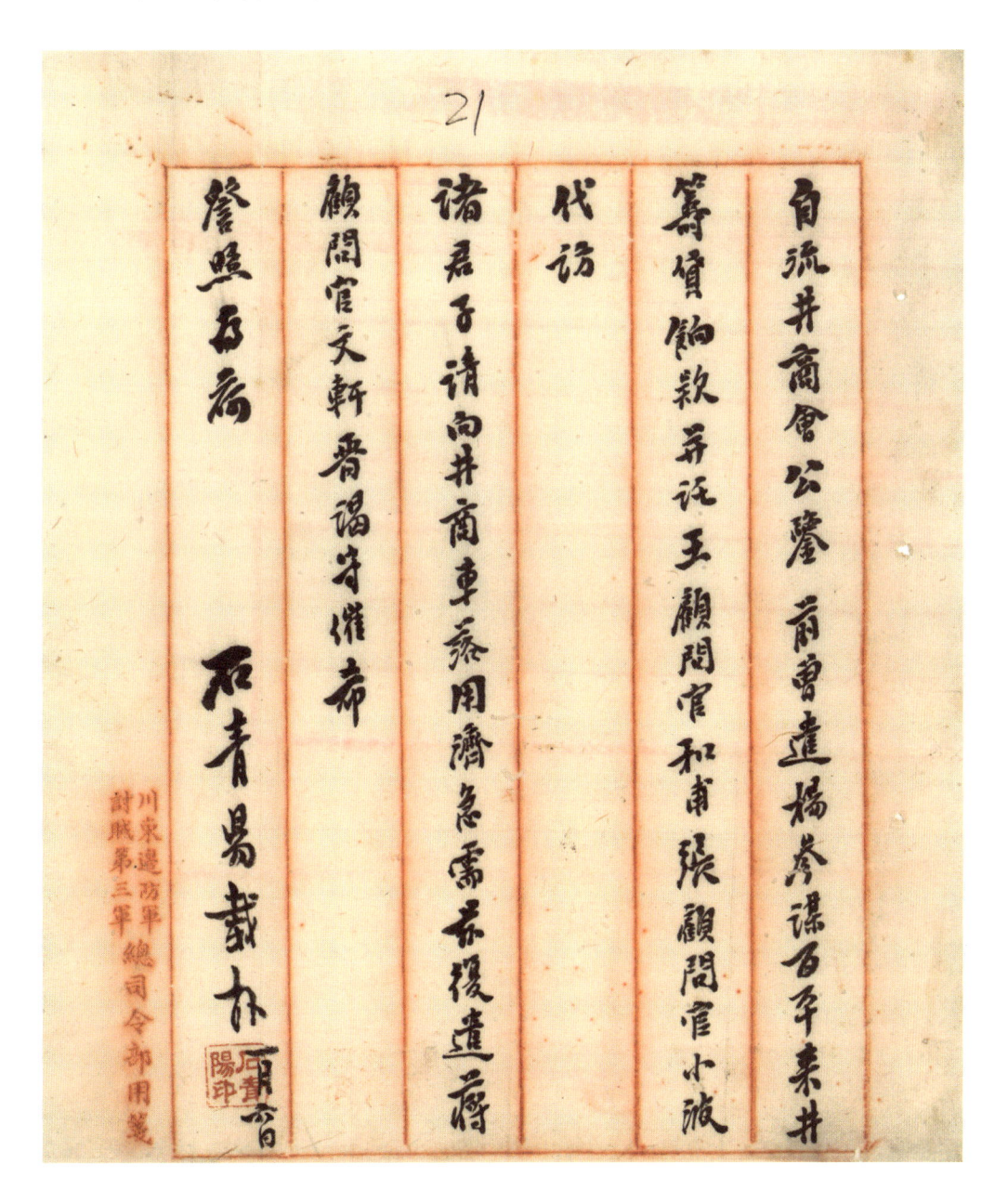

自流井商会公鉴 顷曹达杨参谋莅井筹贷饷款并托王顾问官和甫张顾问官小坡代访诸君子请向井商垂荃用济急需兹复遣蒋顾问官文轩晋谒并催布营照不戬

石青旸戴书

川东边防军
讨贼第三军总司令部用笺

刘 湘

人物简介

刘湘（1888—1938），谱名元勋，字甫澄，四川大邑人。国民革命军陆军一级上将。毕业于四川陆军速成学堂。曾任川滇边务督办、国民革命军第二十一军军长、川康绥靖公署主任、四川善后督办、四川省政府主席、第七战区司令长官兼第二十三集团军总司令、重庆大学校长等职。

11   0017-001-0185-056

刘湘为已将拨款申请交筹赈会汇案办理并请就地广为劝募赶速赈济事致李新展、张鹏翼等的快邮代电（1925年4月28日／阴历四月初六）

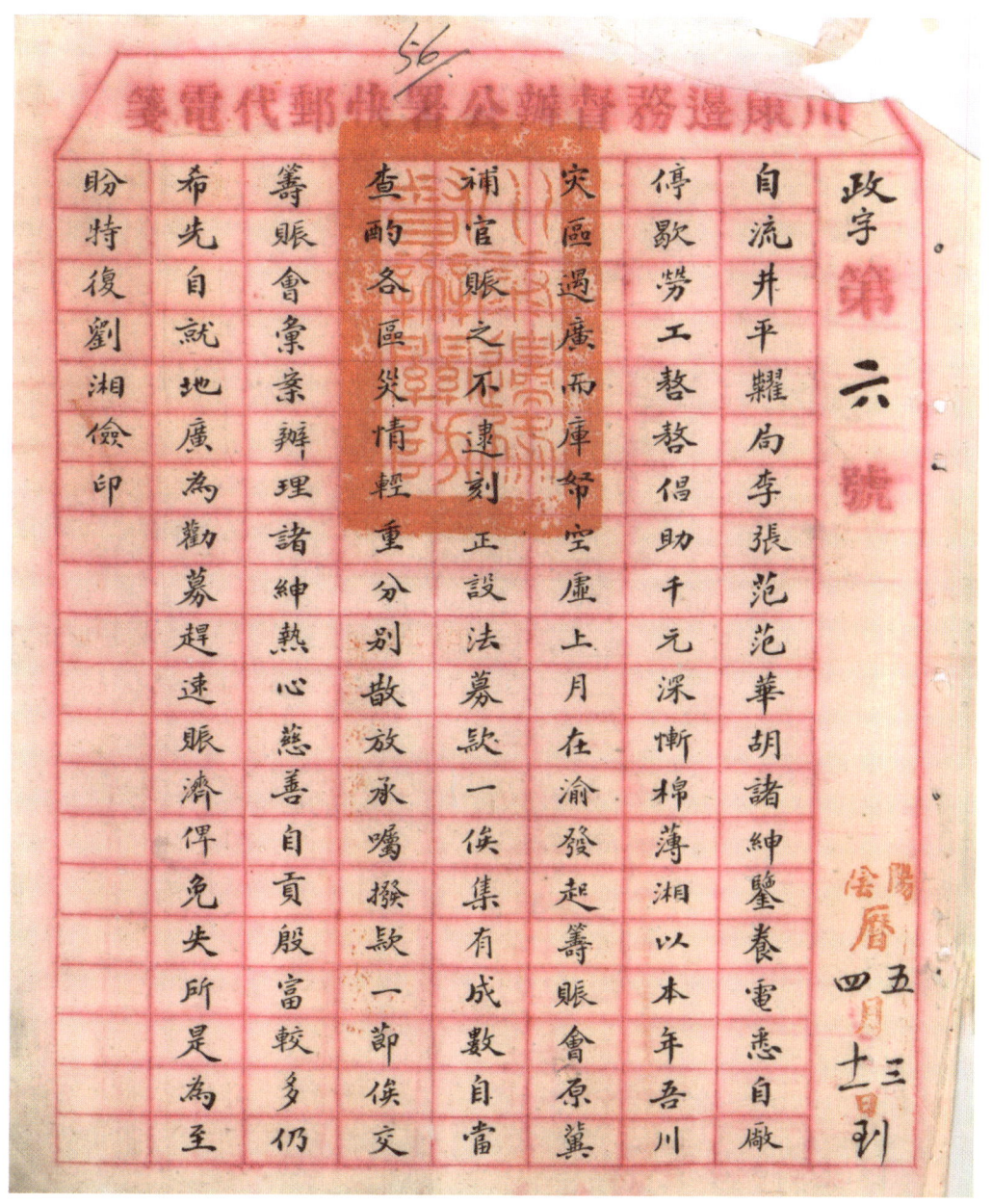

川康边务督办公署快邮代电笺

政字第六号

自流井平耀局李、张、范、范、华、胡诸绅鉴：养电悉。自厂停歇劳工，督督倡助千元，深惭棉薄，湘以本年吾川灾区过广而库帑空虚。上月在渝发起筹赈会，原冀补官赈之不逮，刻正设法募款，一俟集有成数，自当查酌各区灾情轻重分别散放，承嘱拨款一节，俟交筹赈会汇案办理。诸绅热心慈善，自贡殷富较多，仍希先自就地广为劝募，赶速赈济，俾免失所，是为至盼。特复。刘湘俭印。

阳历五月三十日刊
阴历四月十二日刊

注：李、张、范、范、华、胡，即李新展、张鹏翼、范修明、范玉春、华相如、胡铁华，均为自贡盐商。

12　　0017-001-0280-001

刘湘为请予转告井灶各商代表于阴历四月底前赴渝开会讨论解决井灶行商纷争事致自贡商会、自贡井灶商会的电文稿（1928年5月27日／阴历四月初九）

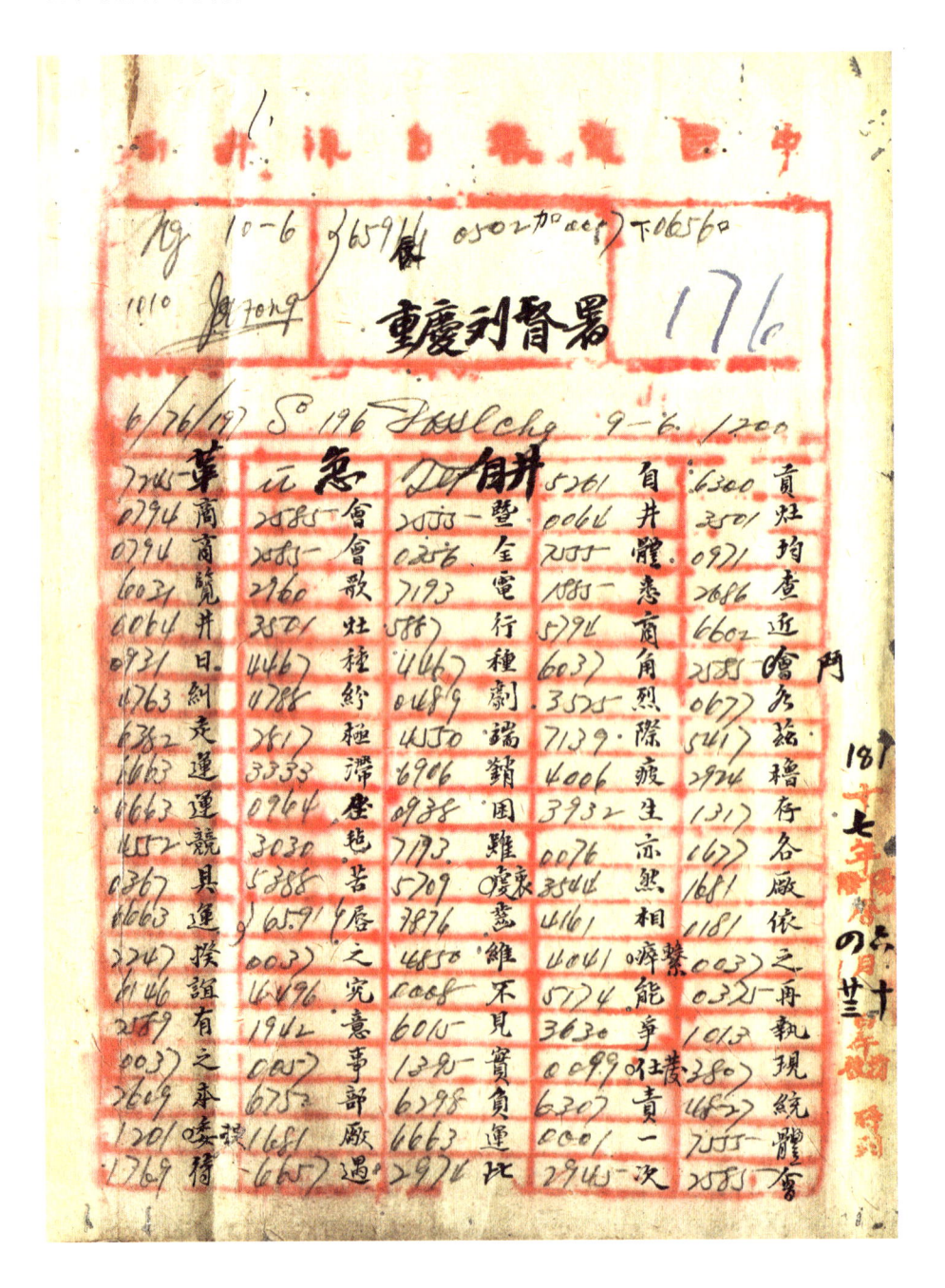

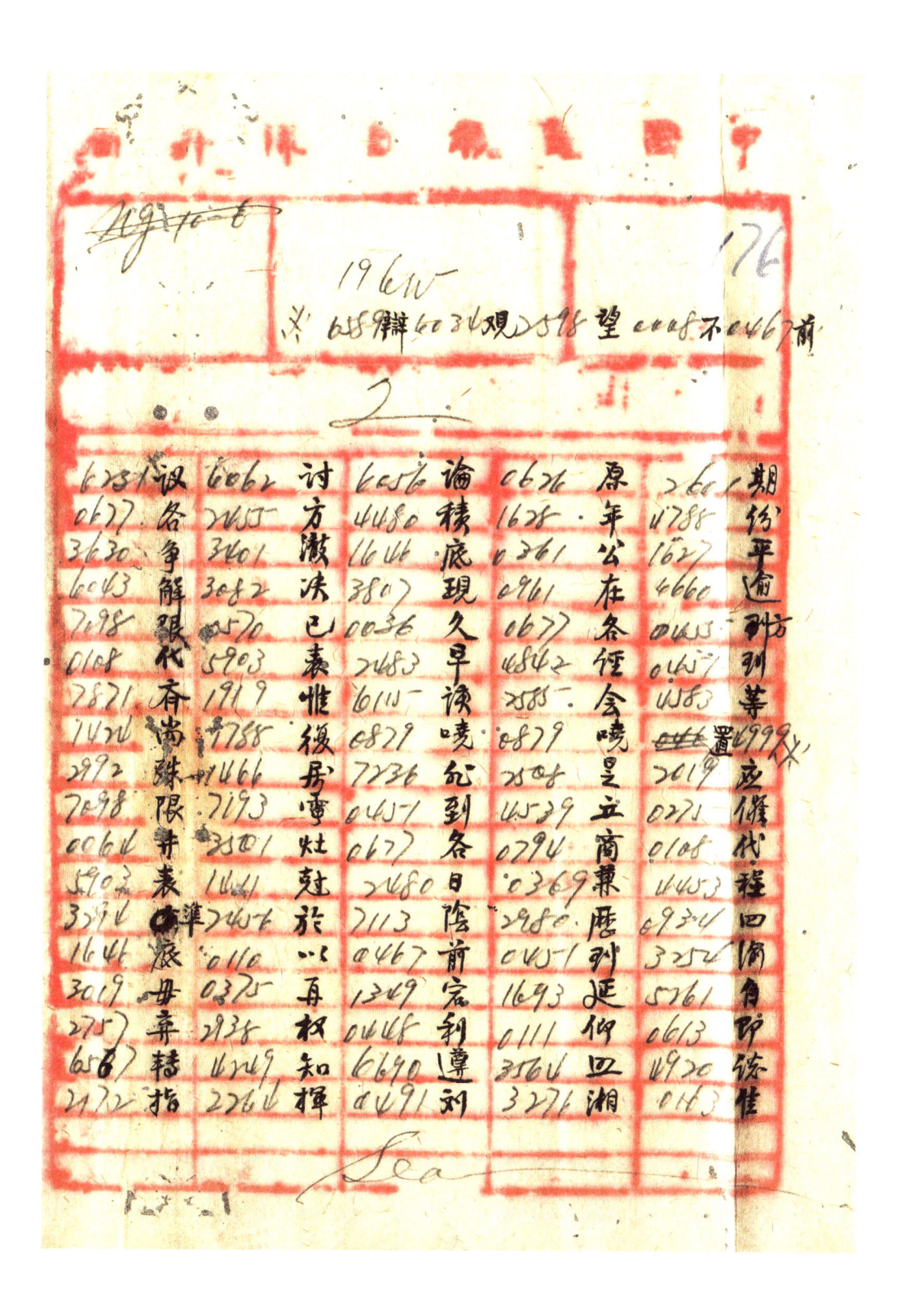

刘湘

13　　0017-001-0210-023

刘湘为已转令地方驻军设法疏解纠纷并请予剖切开导早息纷争事致自贡商会的电文稿（1929年5月28日／阴历四月廿）

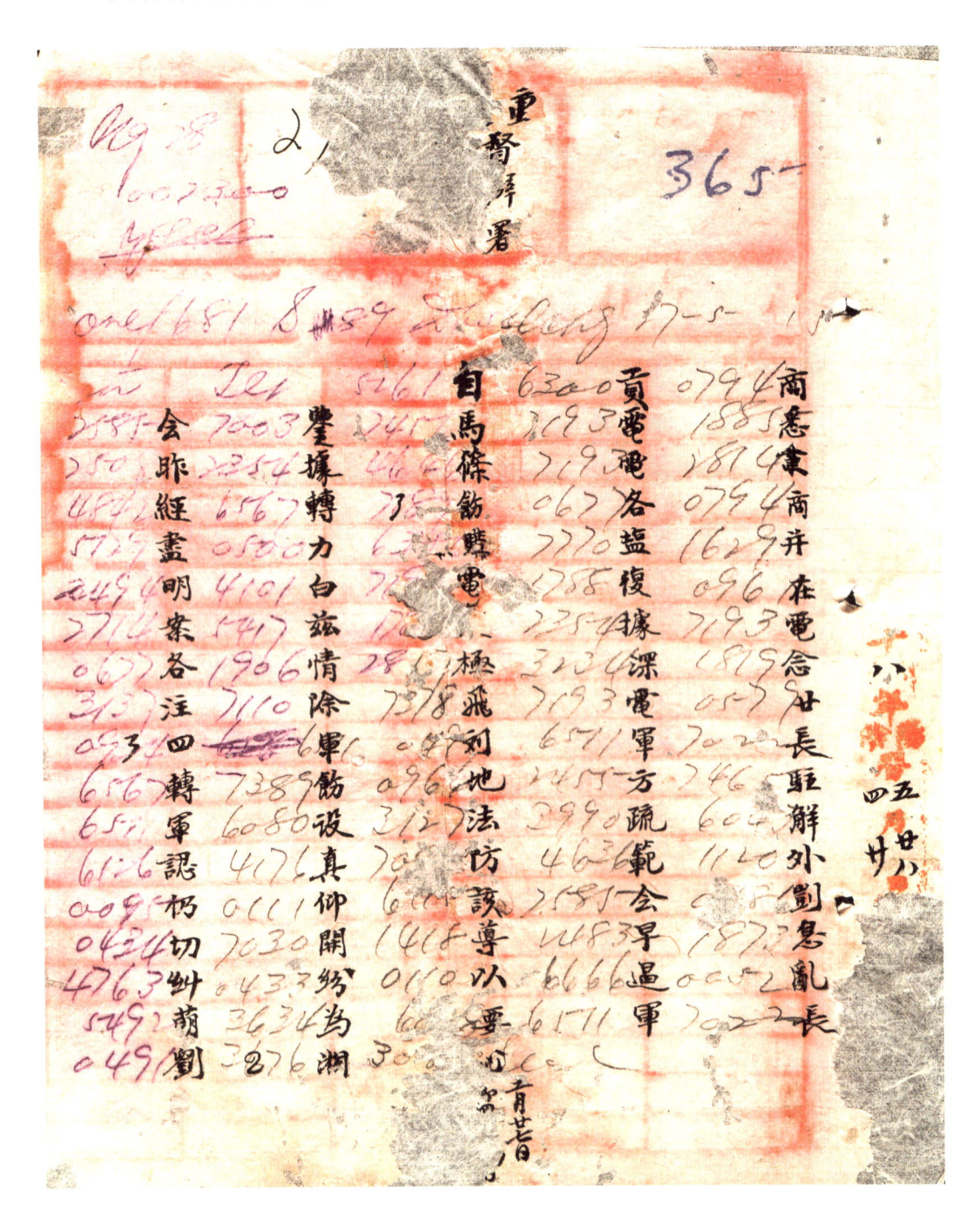

陈元音

人物简介

陈元音（生卒年不详），曾任四川督署驻井统提盐款处处长。

14　　0017-001-0442-023

陈元音为前方各部需款迫切请限期交纳欠款事致范修明的信函（1925年7月24日）

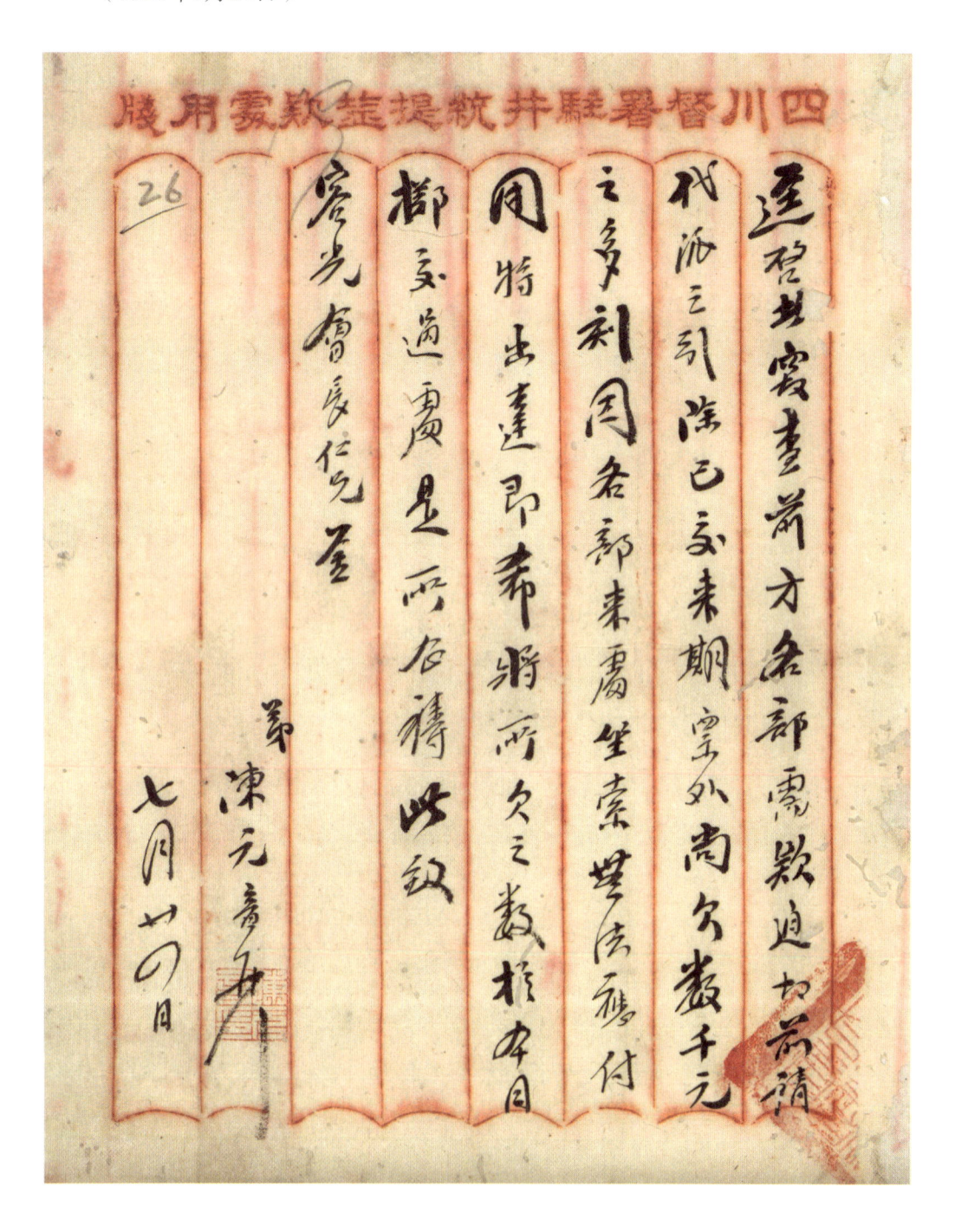

修明会长仁兄鉴：

迳启者窃查前方各部需款迫切前请代派之引谅已云来期宁外尚欠数千元之多刻闻各部来需甚急业经派付同特专达即希将所欠之数挨本月廿交齐勿是所盼祷此致

　　　　　　　　　　　　　　　　　　　　弟　陈元音

七月廿四日

15 0017-001-0442-026

陈元音为如不能在限期内交清欠款即请交出欠款盐商以便处理事致范修明的信函（1925年7月24日）

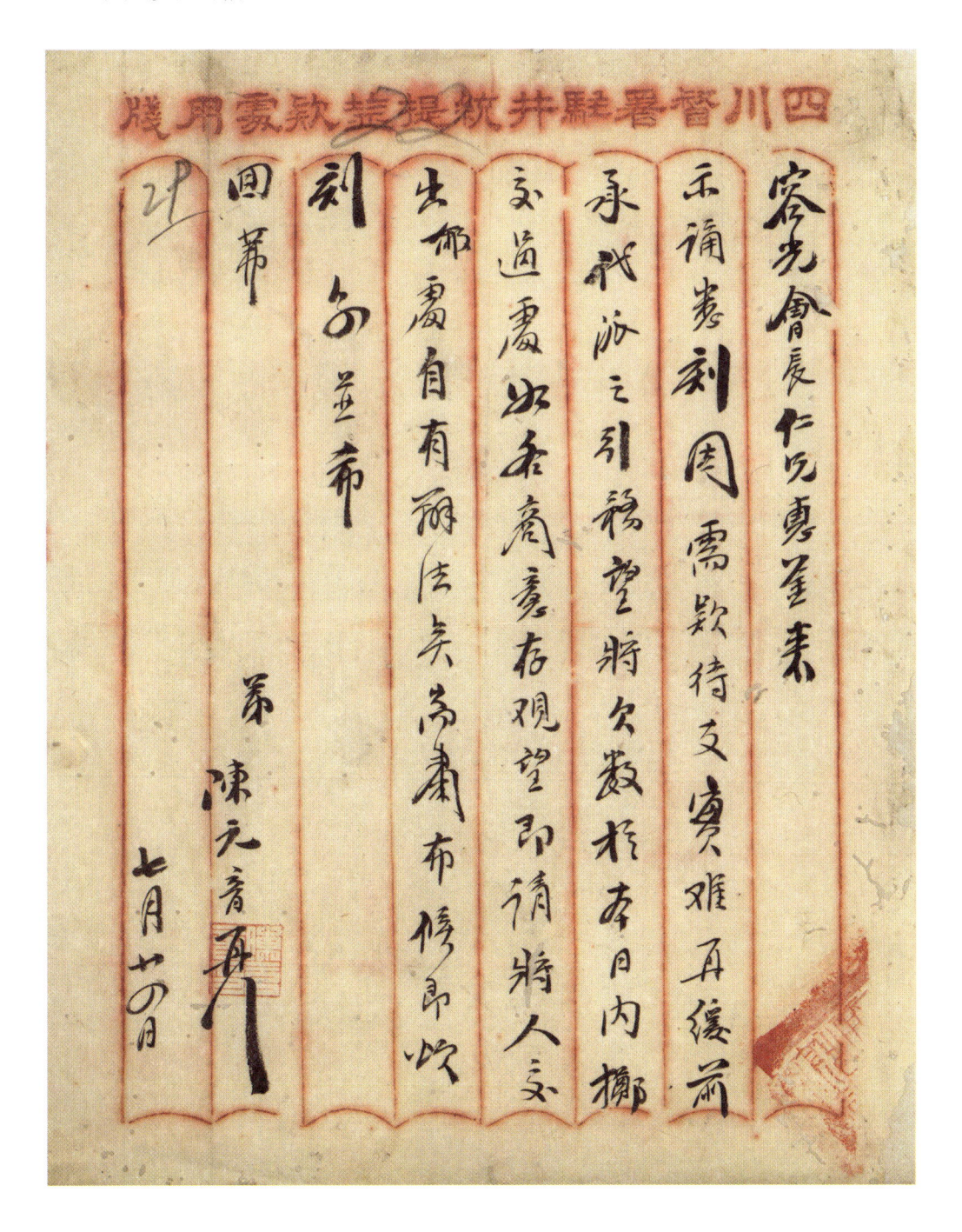

四川督署驻井提款委员用笺

容光会长仁兄惠鉴：

示诵悉，所用需款待交实难再缓。前承敝旅之引祸望将欠款於本日内掷交运处，以各商意存观望，即请将人交出，弟处自有办法矣。为肃布修安，此

刻勿迟希

回示

弟 陈元音 再拜

七月十四日

郭汝栋

人物简介

郭汝栋（1889—1952），字松云，四川铜梁（今重庆市铜梁区）人。国民革命军陆军上将。毕业于四川军官速成学堂。曾任川军第九师师长、十四省讨贼联军川军第一路军第三师师长、国民革命军第二十军及第四十三军军长、国民政府军事参议院参议等职。

16　　0017-001-0246-028

郭汝栋为筹借之尾款可自行收缴勿太逼迫及催款人员着返军队事致自贡商会、自井团练局的信函（1925年8月5日）

自贡商会团局鉴，前日筹借款
元，尾欠捌百馀元，可听商会团局自行收
缴，勿太逼迫，催款人员着速返本部等。
师长 郭汝栋

17　　0042-003-0061-147

郭汝栋为请速予秉公审理杨灿文与李如南诉讼事致傅善周的信函（1925年□月17日）

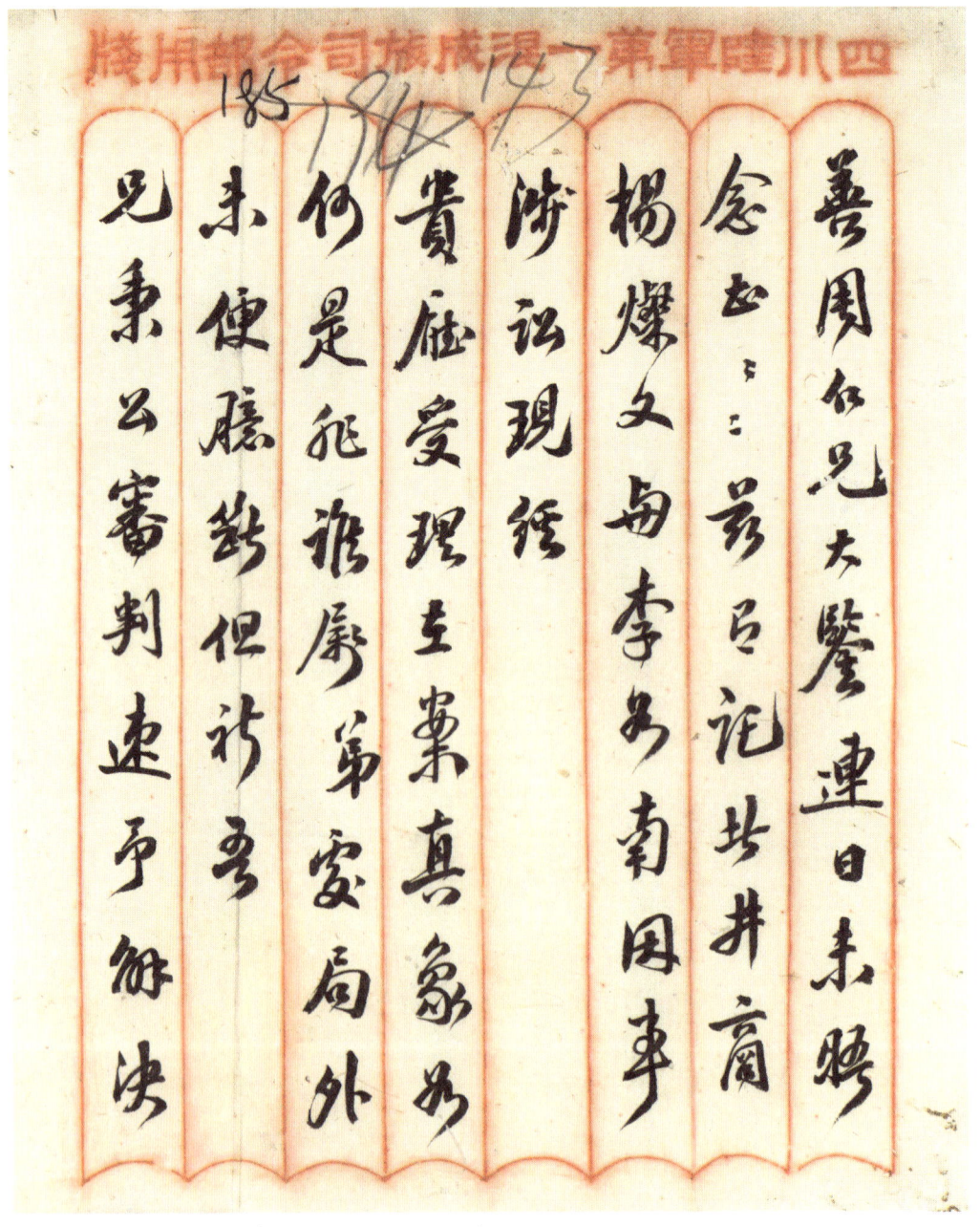

善周仁兄大鉴：连日未晤，念念。兹为彭吕记北井商杨灿文与李如南因事涉讼现经贵厅受理在案，真象如何是非谁属，第弟客局外未便臆断，但祈吾兄秉公审判速予解决。

注：善周，即傅善周，时任自贡地方审判厅厅长。

（四）八陸軍第一混成旅司令部用箋

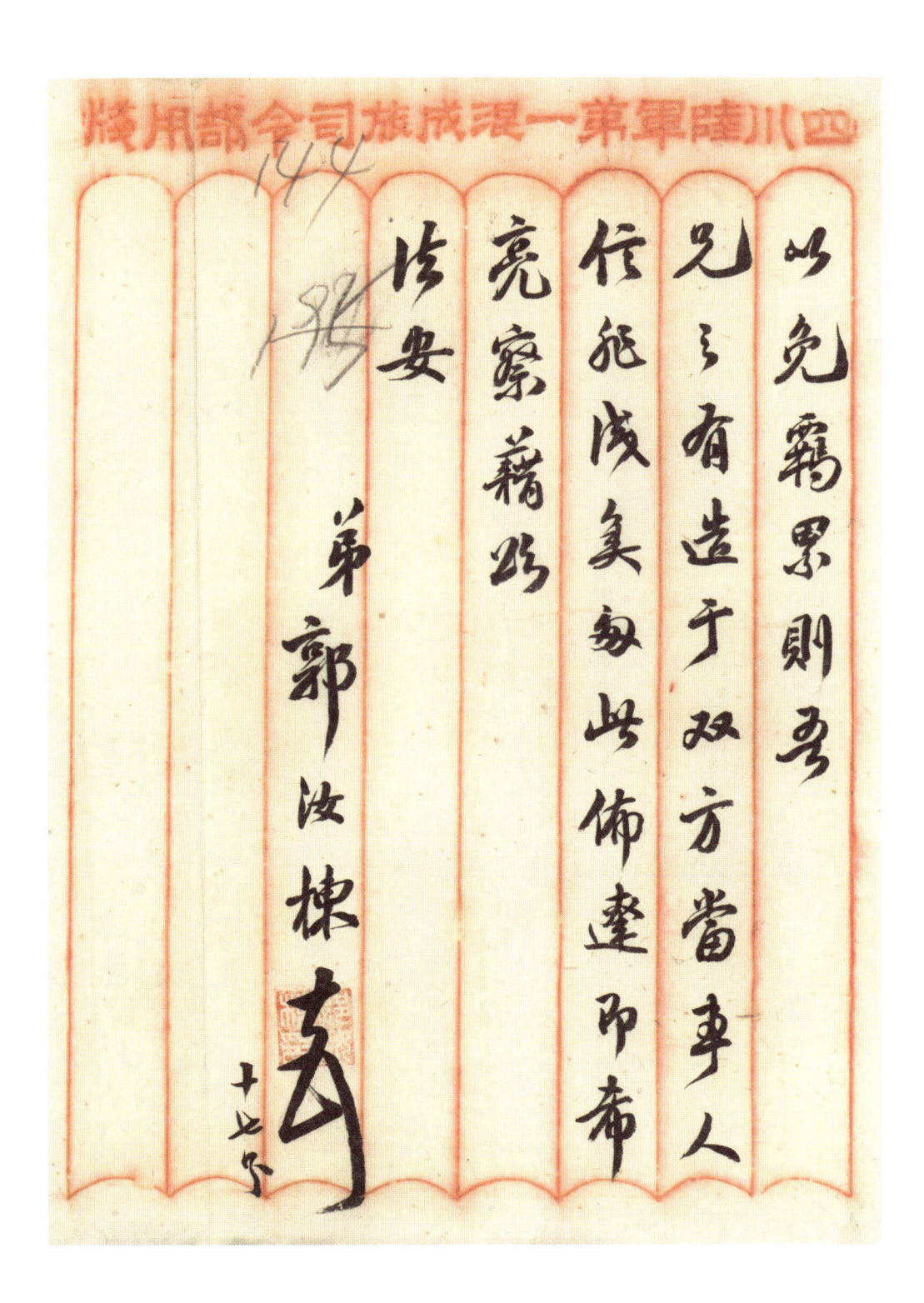

以免竊累則吾
兄之有造于双方當事人
信託成矣敢此佈達即希
亮察籍頌
台安

弟 郭汝棟
十七日

陆长丰

人物简介

陆长丰（生卒年不详），字穀年。曾任中国银行自流井分行行长。

18　　0017-001-0246-026

陆长丰为自贡商会所欠之款请予即日归还事致范修明的信函（1925年8月8日／阴历六月十九）

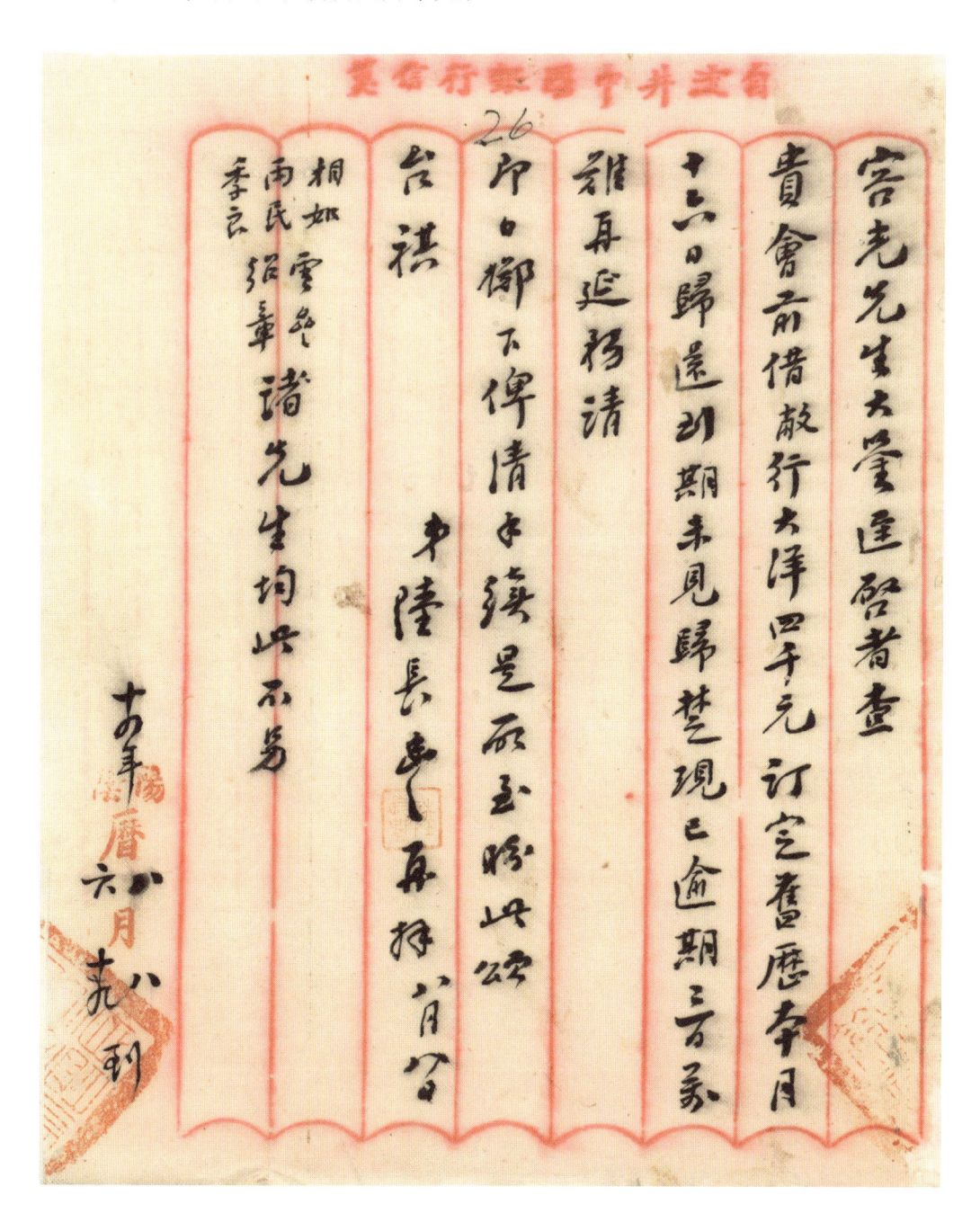

修明先生大鉴迳启者壹
贵会前借敝行大洋四千元订定旧历本月
十二日归还刻期未见归楚现已逾期三日兹
雅再延移请
台祺即日御下俾倩水缓是所玉盼此候
相如　云老
南民　绍章　诸先生均此不另
季良

中陆长丰再拜六月十九

古年阳历八月八号

19 0017-001-0246-031

陆长丰为询问自贡商会所欠之款能否在阴历七月初十以前还清事致范修明的信函（1925年8月14日）

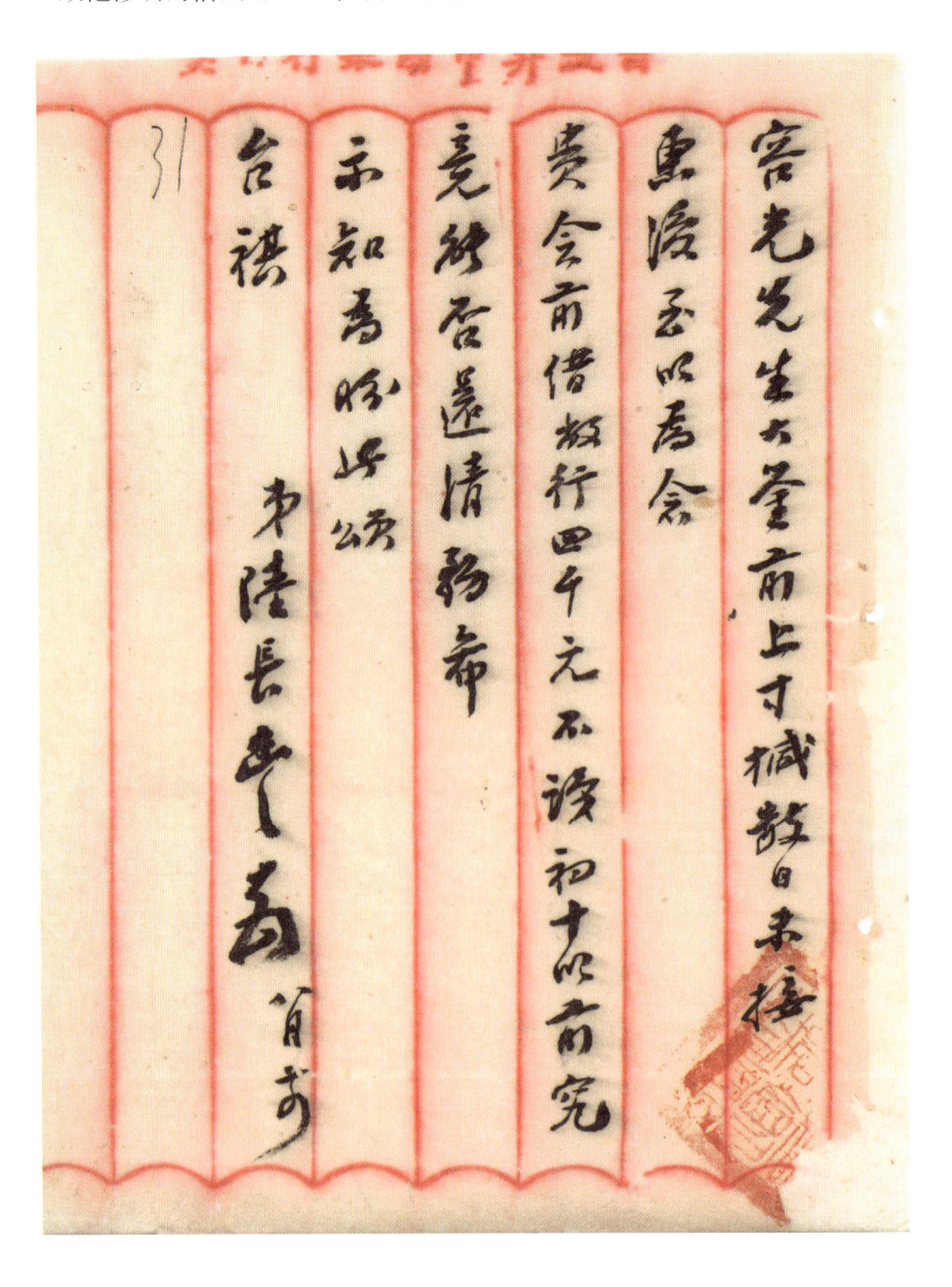

修明先生大鉴前上寸椷^谅邀台察

再贵会前借敝行四千元不谅初十以前究

竟能否送清务希

示知为盼专颂

台祺

弟陆长丰启

20 0017-001-0246-024

陆长丰为自贡商会所欠之款请在阴历七月初十以前尽数归还事致范修明的信函（1925年8月19日／阴历七月初一）

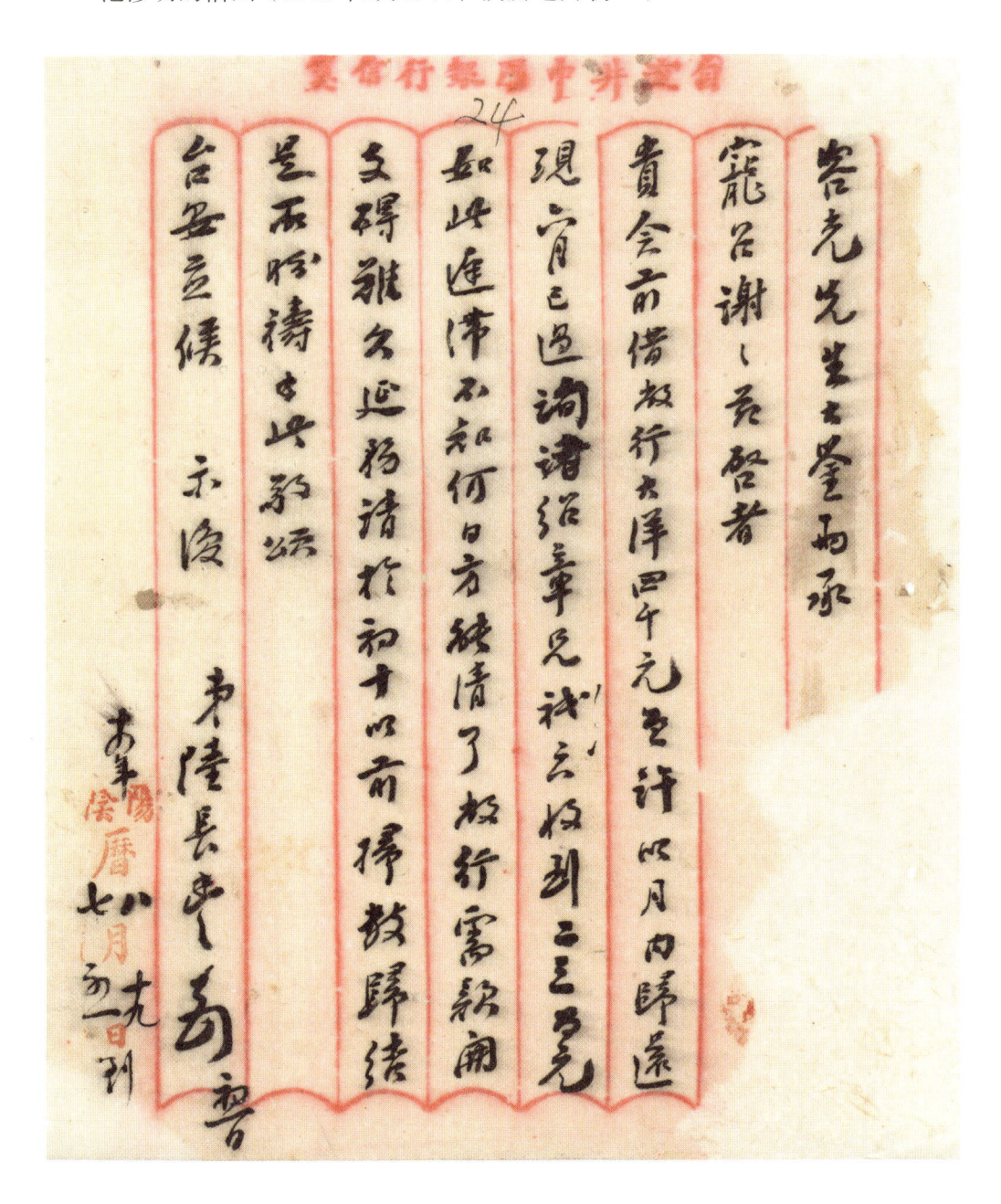

修明先生大鉴：兹承

宠召谢之无啟者

贵会前借敝行大洋四千元当许以月内归还

现宵已过询诸绍章兄祇云收到三百元

如此延滞不知何日方能清了敝行需欵甚

亟磋雎久延务请於初十以前掃数归結

是所跨祷专此敬颂

台安並候示复

東陸長丰启
阴历七月初一日 十九日

21　0017-001-0246-033

陆长丰为已将自贡商会所欠之款拨给黔军师长李小炎请予即日或明日午前归还事致范修明的信函（1925年8月19日）

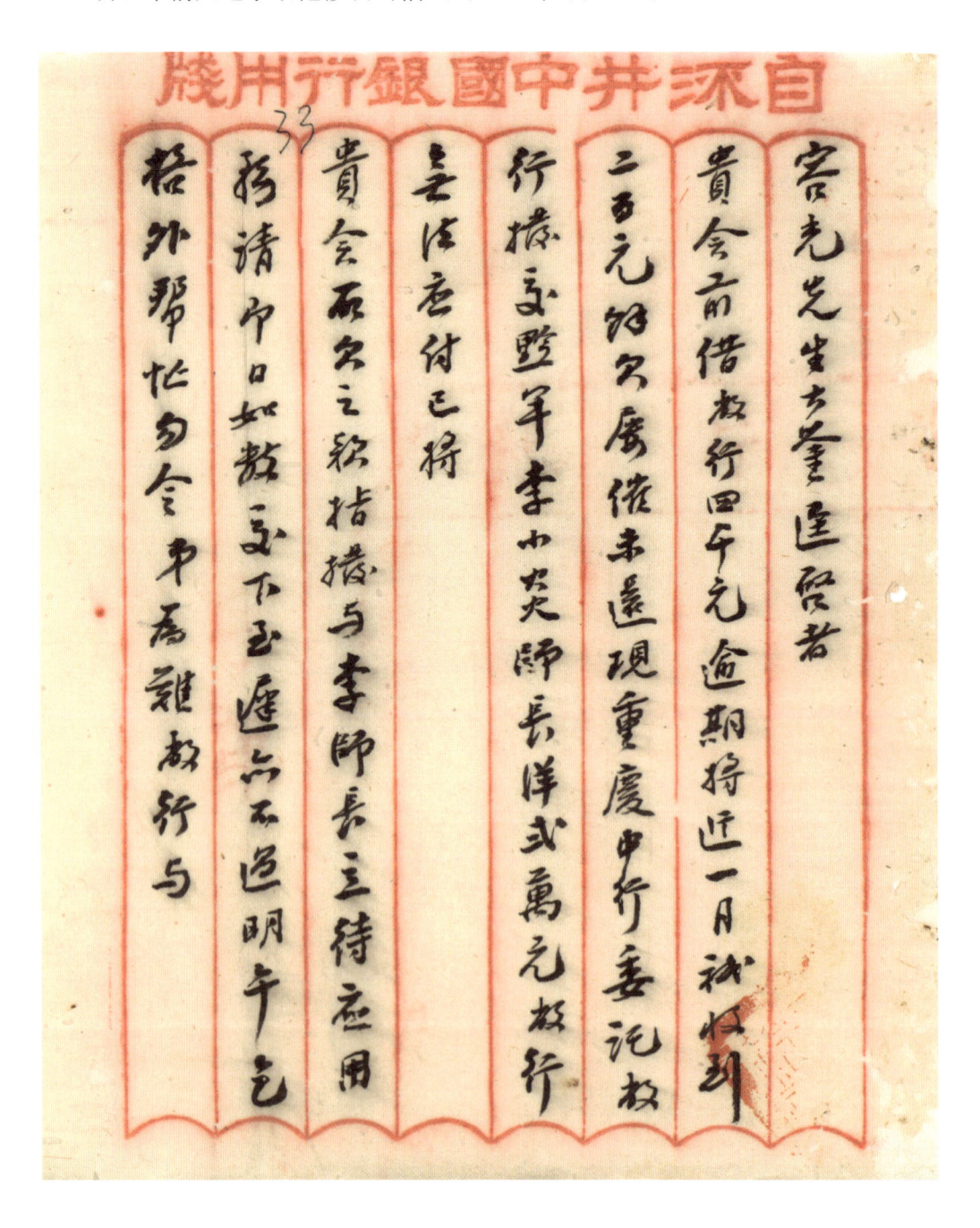

修明先生大鉴逕启者

贵会前借敝行四千元逾期将近一月迄未归还

二千元归欠属俟来渝现重庆申行委记敝

行转交黔军李小炎师长汪武万元敝行

无法应付已将

贵会所欠之款拨与李师长兰待应用

务请即日如数交下玉运或不逕明午千元

格外帮忙并令申号难敷敝行与

自沐井中國銀行用箋

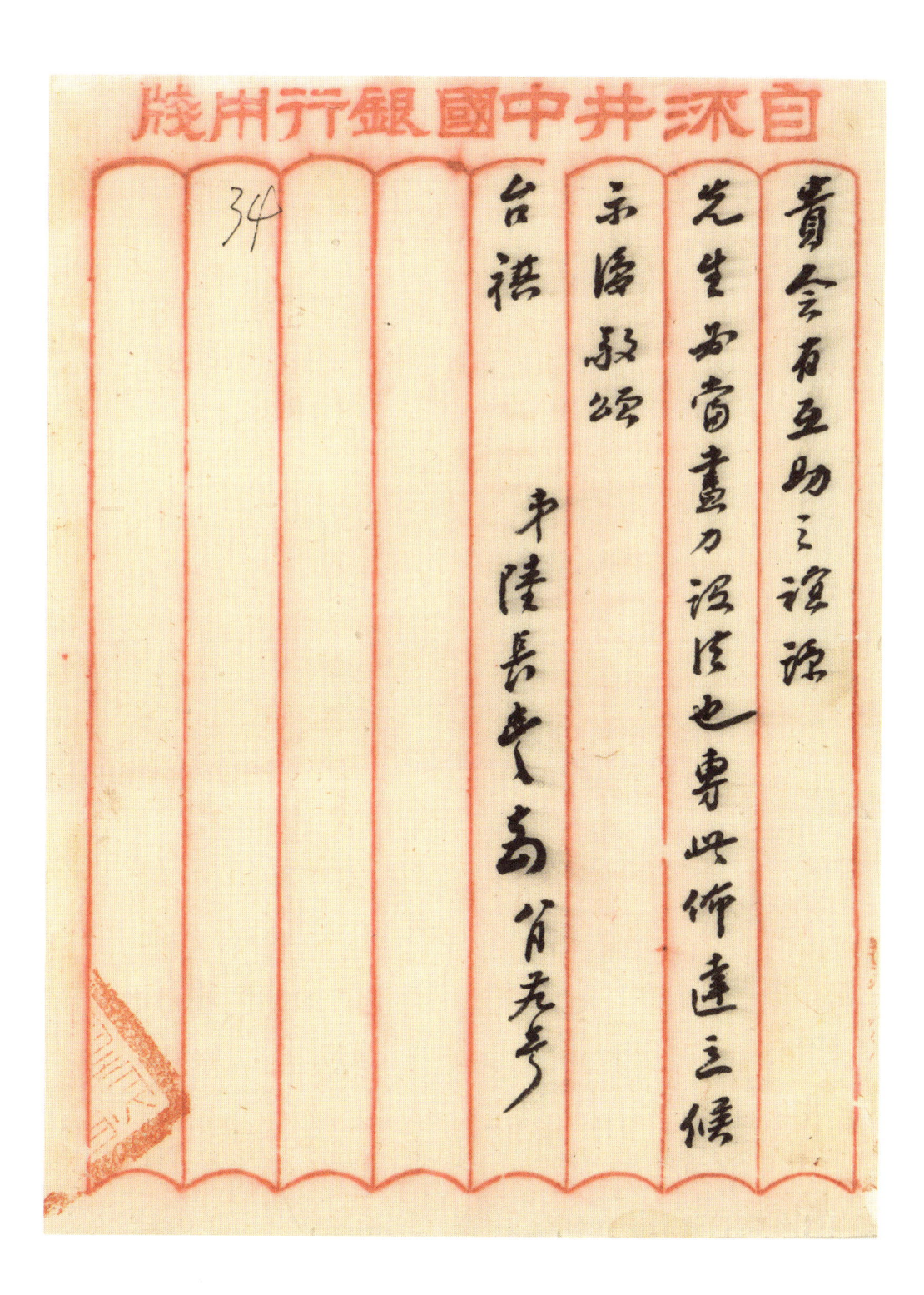

貴會有互助之誼源
先生必當盡力贊佐也專此佈達並頌
台祺

弟陸長丰高鑑先啟

22   0017-001-0246-020

陆长丰为黔军师长李小炎追款甚急请予设法尽数归还以资应付事致范修明、王澂清的信函（1925年9月7日）

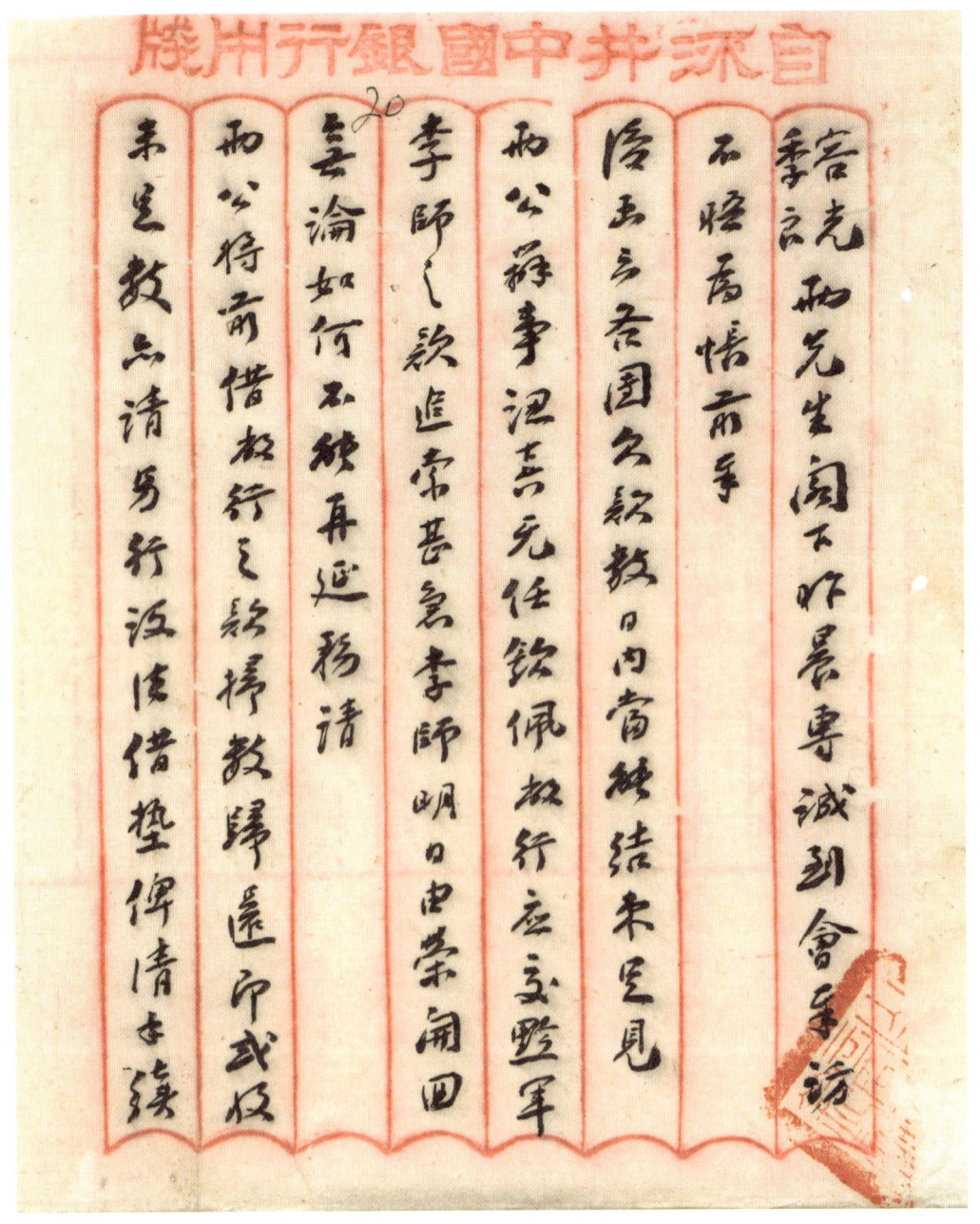

季良、和先生阁下：昨晨专诚到会奉访，不晤为怅。前于陞玉言及国外欠款数日内当筹结。承示鄙见，和公释事迟延无任铭佩，拟行应交黔军李师之欠追索甚急，李师明日由荣归田，无论如何亦须再延数请和公将前借敝行之款标教归还，即或无。弟是教亦请另行设法借垫俾清夙镜

注：季良，即王澂清，字季良，时任职于自贡商会。

自流井中國銀行用牋

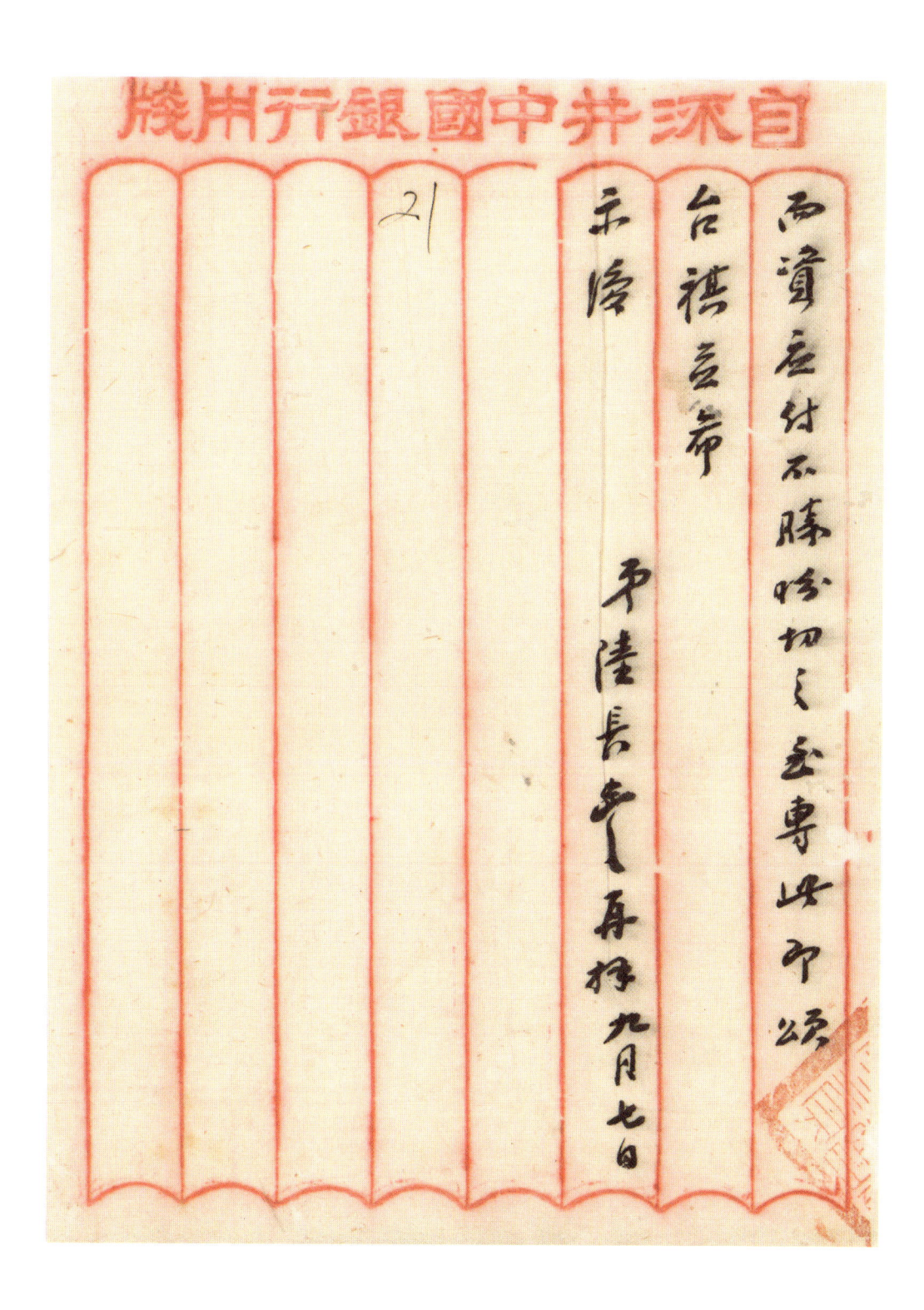

丙寶仁兄

兩寶臺對不勝惋切之至專此奉

台祺雲爺

示遵

弟陸長丰再拜九月七日

23　　0017-001-0246-017

陆长丰为自贡商会尚未归还借款且过期将及两月请予告知还款确切日期事致范修明的信函（1925年9月23日／阴历八月初六）

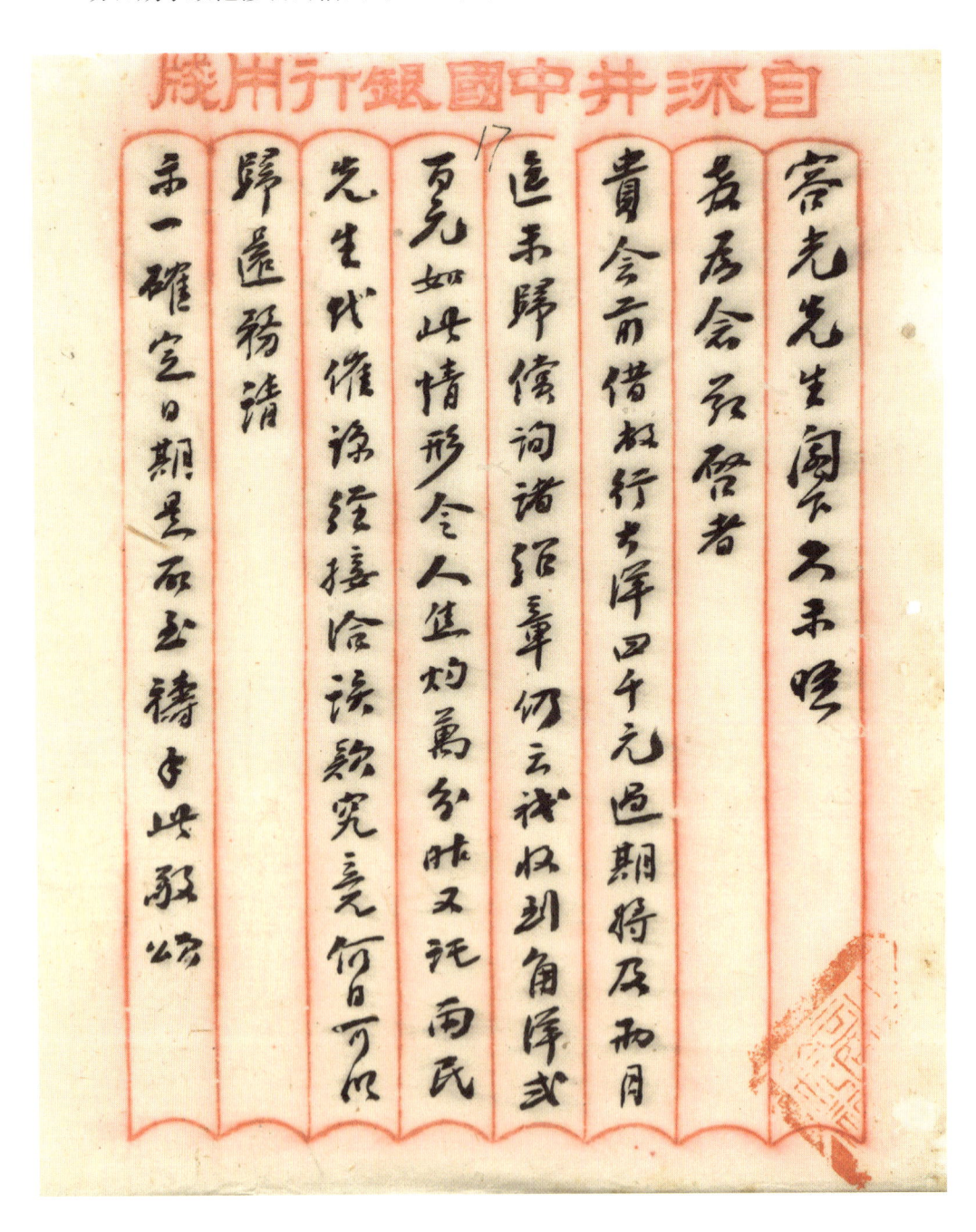

修明先生阁下大鉴：

迳启者，贵会前借敝行大洋四千元逾期将及两月，迄未归偿，询诸经手，均云袁权划局译式万元，如此情形，令人焦灼万分，昨又托敝先生代催，谆恳接洽该款，究竟何日归还，务请示一确定日期，是所至祷。专此敬颂

台安

自流井中国银行用笺

台安立候

示覆

中陸長丰 囝 廿三号

古年 陽曆九月廿三日刊

刘炽才

人物简介

刘炽才（生卒年不详），曾任国民革命军第二十九军第三路步兵第五旅司令部参谋长。

24 0017-001-0570-019

刘炽才为陈明刘选皋与赵访樵债务纠葛情形并请开导赵访樵以早日解决纠纷事致李新展等的信函（1929年10月16日）

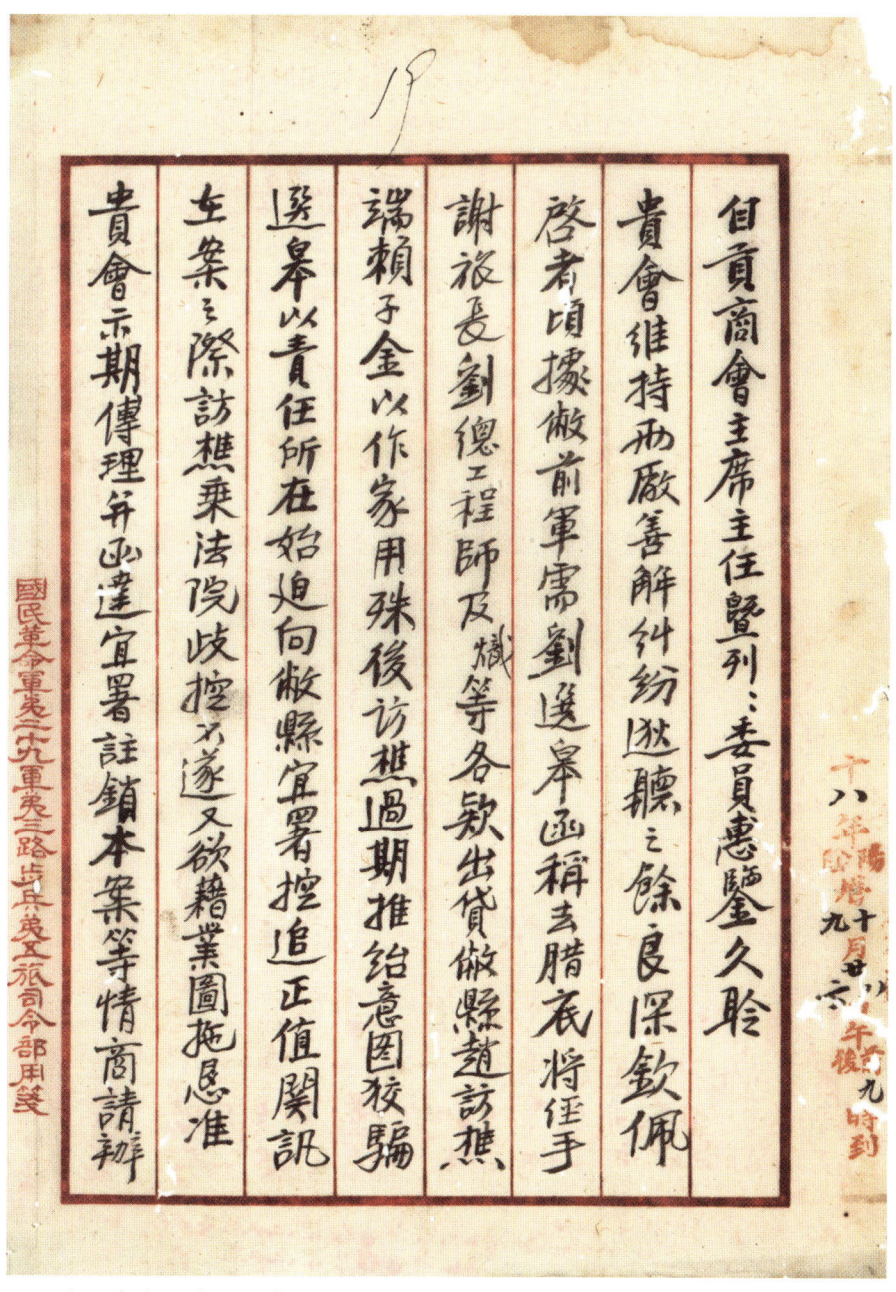

自贡商会主席主任暨列位委员惠鉴：久聆

贵会维持两厂善解纠纷遐迩之余，良深钦佩。启者：顷攘敝前军需刘选皋函称，去腊将经手谢袍长刘总工程师及炽等各欠出贷敝县赵访樵端赖子金以作家用，殊后访樵逾期推给意图狡骗。选皋以责任所在始追向敝县宜署控追，正值关讯在案之际，访樵乘法院歧控未遂，又欲藉业图拖恳准

贵会示期传理并函达宜署注销本案等情商请办

国民革命军第二十九军第三路步兵第五旅司令部用笺

十八年阳历十月廿六日午后九时到

注：自贡商会主席，即李新展。

法前来查访樵确收租谷一千三百余石素为敝县巨富对
燨等半生辛苦望息微家区、生活所关之数千余元何
苦故以业抵自为地义天经殊知以羊易牛其实损人利
己谊属同乡何必较此在访樵应稍存不欲勿施之心仰副
贵会息事宁人之意此时容易解决毫不烦难访樵祇能
将封押祖谷变卖或抽已售之业价余欠即可本息清偿如此
则燨等现欠早归尚可另图补救而访樵之此项欠昌亦能立
地解除否则访樵有归还现欠之能力而不谅燨等无力购业

国民革命军第二十九军第三路步兵第五旅司令部用笺

之苦喪設非藉業圖拖吞心狡騙何必強瞽者以視跛者以行如斯欺詐法理難容繼承

貴會傳理函達恐訪樵終不能曲體

貴會排解之苦心徵縣既經關訊主案應俟訊奪樵等所有上列苦喪務祈

貴會開導等訪樵竭誠相諒俾得早斷葛藤至以為感祇頌

公祺

劉熾才拜啓 十月十六日由潼川旅部

周梦熊

人物简介

周梦熊（1914—？），毕业于中央陆军军官学校第七分校。曾任陆军第七十六军第二十四师步兵、第七十一团第二营第四连中尉排长等职。

25　0001-001-0110-002

周梦熊为陈明一九三二年渠岸招商承办经过并请予支持绥定径购七儎食盐等事致吴受彤的信函（1933年1月24日）

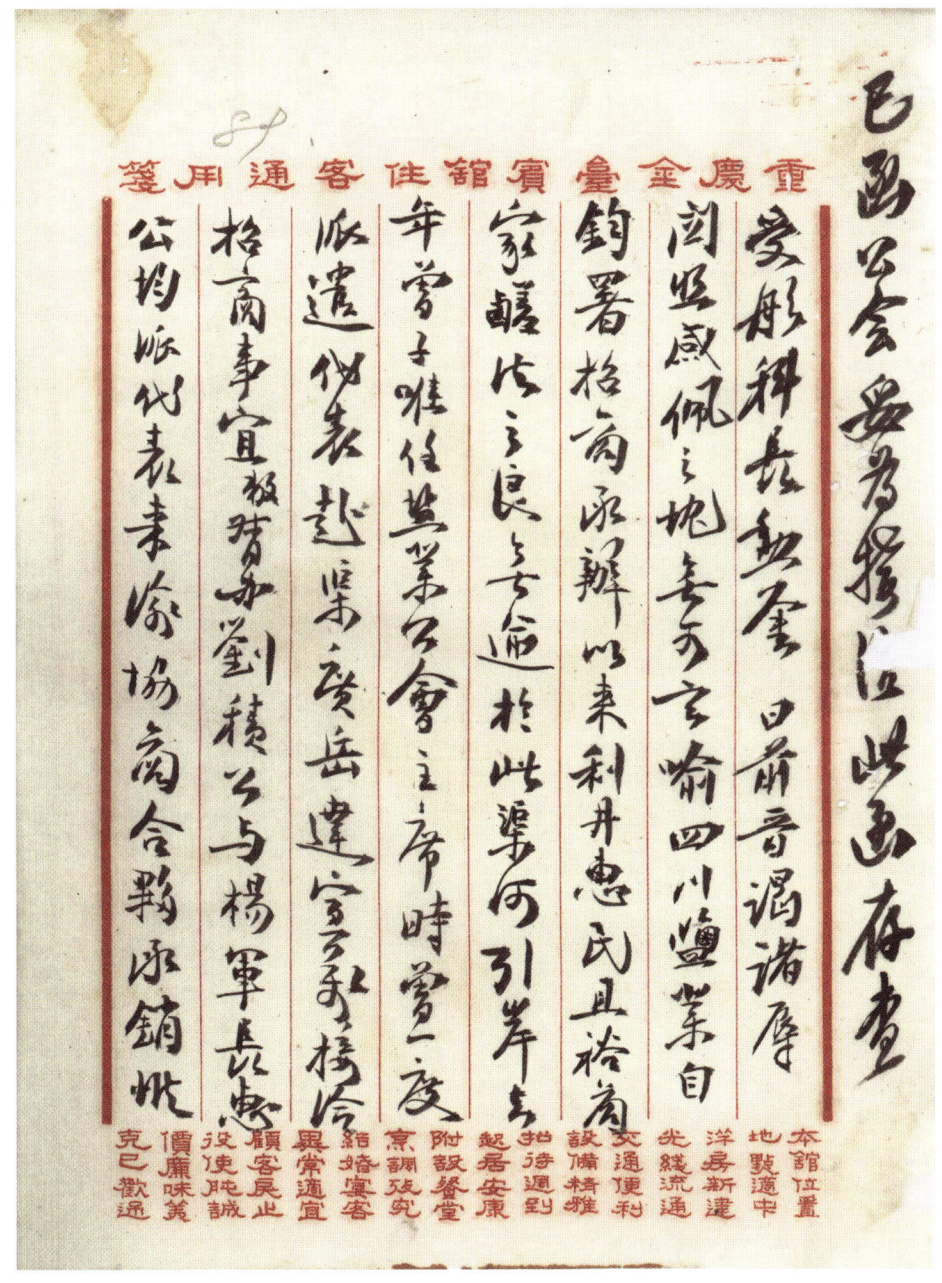

受彤科长勋鉴：日前晋谒诸承
阁下感佩之忱奚亦言谕。四川盐业自
钧署招商承办以来利丹惠民且裕商
家矣比之良吾逾于此渠河引岸每
年营务唯任兹业公会主席时营一度
派遣代表越粜广安岳建宣等处接洽异常通宜
招商事宜板督办刘积公与杨军长惠
公均派代表来渝协商合办承销地
　　　　　　　　　　　　克已欢迎

注：受彤，即吴受彤，任职不详。

重慶金臺賓館佳客通用箋

事來忽接遂印延擱酬應皆由楊軍長華籌將渠岸全包繼續銷場不旺蓋別岸尚銷乃選宫絕空方面重商合作極精侯以食盐問係人民日用且私盐紛紛來辦以長侯淋漓然無事渝五商合可往交商酌綏方暫認為儀推近日以來渝城遇商以楊軍久不稱盐致積（由楊惠公自渝帶回飭所存）盐運每積矢甚鉅竟杜絕售盐商以克己歡迎

重慶金臺賓館佳客通用箋

為廣益銷商与途中遇高業隊有來信用寛与緩定銷商言涉緩商直向迎商續監等俄當而發生共他問処且經此次銷運監俄係如人民自辦男行消貢協作之辦協蕅兔商人之盤利事飭歌非發全伊不可精濟民生甚诠

台端悲憫為懷對此惠濟君黎事業克已歡通

本館江置地點適中
洋房新建此綫流通
交通便利設備精雅
招待週到起居安康
附設餐堂烹調致究
結婚宴客異常適宜
顧客蒞此沒使此誠
價廉味美

重慶金臺賓館佳客通用箋

諒能

宏博愛忘予以

扶持用符

鈞署辦理鹽政惠使民食之初蒙先荷

沼而印諸

正如鹽業公會先由絕少運籌柴鐵里呈所

切禱本庶言中

榮階由陳寰由以年向在通

重慶金臺賓館佳客通用箋

公推弟冬來敘溪樓
情神謹此佈達諸維
荃照並希光臨

　　　弟
　　周夢熊拜
　　　　一月廿八日

本館位置　地點適中
洋房新建　光線流通
交通便利　設備精雅
招待週到　起居安康
附設餐堂　烹調妷宪
結婚宴客　異常適宜
顧客眾此　設使賒誠
價廉味美　克已歡迎

马云州

人物简介

马云州（生卒年不详），字振武。曾任职于军事委员会运输统制局乐西公路工程处路面工程临时事务所。

26 0003-001-0004-035

马云州为陈明暂不立刻赴自流井盐务机构工作之原因并提出个人之要求事致曾仰丰的信函（1941年10月2日）

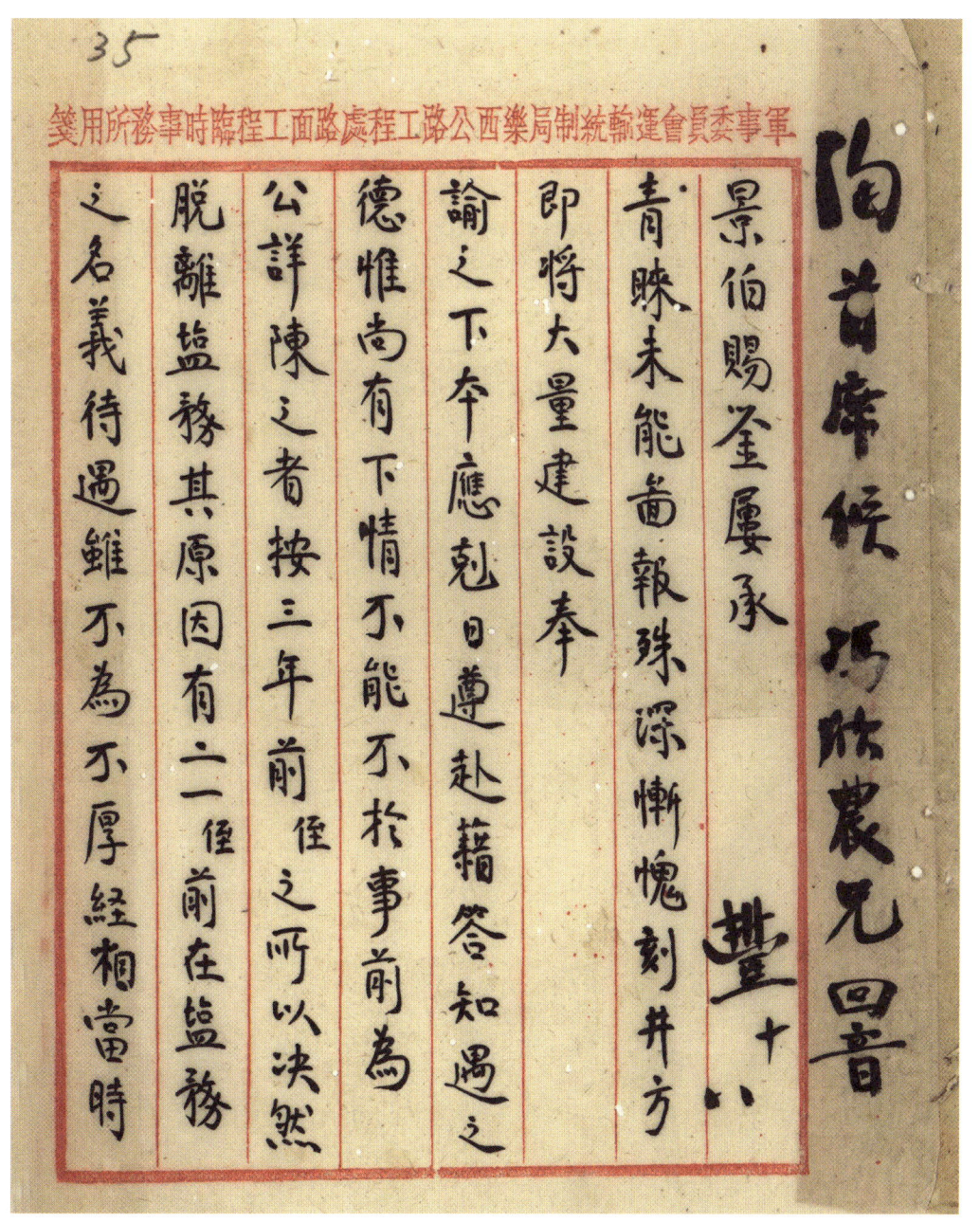

陶首席候 巧晤 农兄回晋

景伯赐鉴 屡承青睐未能备报殊深惭愧 刻井方即将大量建设奉
谕之下本应刻日遵赴藉答知遇之德惟尚有下情不能不于事前为公详陈之者按三年前侄前在盐务公详陈之者其原因有二前在盐务脱离盐务其原因有二之名义待遇虽不为不厚经柤当时

豊十八

注：景伯，即曾仰丰，字景南，时任川康盐务管理局局长。

36

军事委员会运输统制局乐西公路工程处路面工程临时事务所用笺

间之努力苦幹而未能得公家絲毫之獎勵而因人成事者反得越級超升相形之下不得不另謀生路二鹽務工程人員品質不齊濫竽之流不少以特種手段位躋大員俾實羞與為伍有玷技術人員之尊嚴與人格若俾降而為彼屬員則俾十年養氣之功夫不足傲氣尚具實難忍耐也現在公路雖

軍事委員會運輸統制局樂西公路工程處路面工程臨時事務所用箋

仍屬依人籬下一時尚難自立發展
然而鹽務與公路兩方面之地位以工程
界眼光判之實有上下床之分不可同日
而語也故倘之現在地位（正工程司）似較有
前途可言故如回鹽務為將來个人
發展起見似宜一、名義最低為工程司
決不能再冠以幫副等形容詞二、薪
額至少四百元三、地位除

陶仲良先生

軍事委員會運輸統制局樂西公路工程處路面工程臨時事務所用箋

兩外決不在其他鹽務工程人員之下

四工作最好能委以全權主持任務五

由財部加委俾非敢趨機有所要求

實以不如此則不為惟影響个人之前

途且恐未便冒昧應命即去亦無

濟於事小作勾留仍須辭職徒為

公家增一短期閑員耳因俾即決不

能合作又乏單獨進行之權味同雞

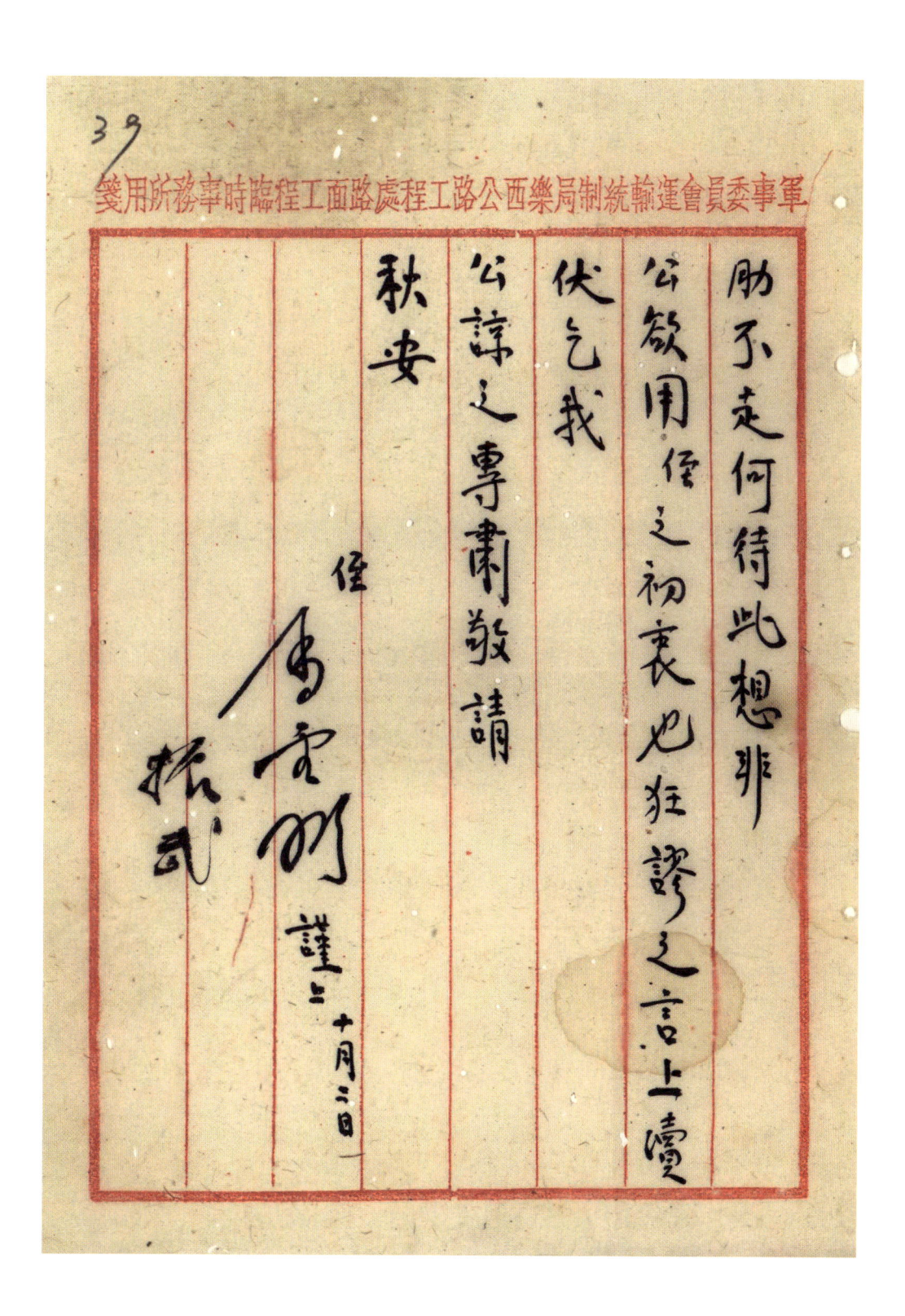

軍事委員會運輸統制局樂西公路工程處路面工程臨時事務所用箋

助不走何待此想非公然用侶之初衷也狂謬之言上瀆

伏乞我

公諒之專肅敬請

秋安

侶 馬雲卿振武 謹上 十月二日

张鸿烈

人物简介

张鸿烈（1886—1962），字幼山，河南固始人。曾任河南留学欧美预备学校、中州大学、河南中山大学校长，河南省教育厅厅长，河南省政府秘书长，山东省政府委员兼建设厅厅长，行政院参议兼国民经济建设委员会委员，河南省临时参议会副议长，河南省议会副议长兼黄泛区复兴建设协会常务理事等职。1946年，当选"制宪国大"代表。1948年，当选"行宪"立法委员。

27   0003-001-0002-016

张鸿烈为转请陈纪铨等人照拂张鸿猷事致曾仰丰的信函（1942年6月30日）

附：张鸿猷履历

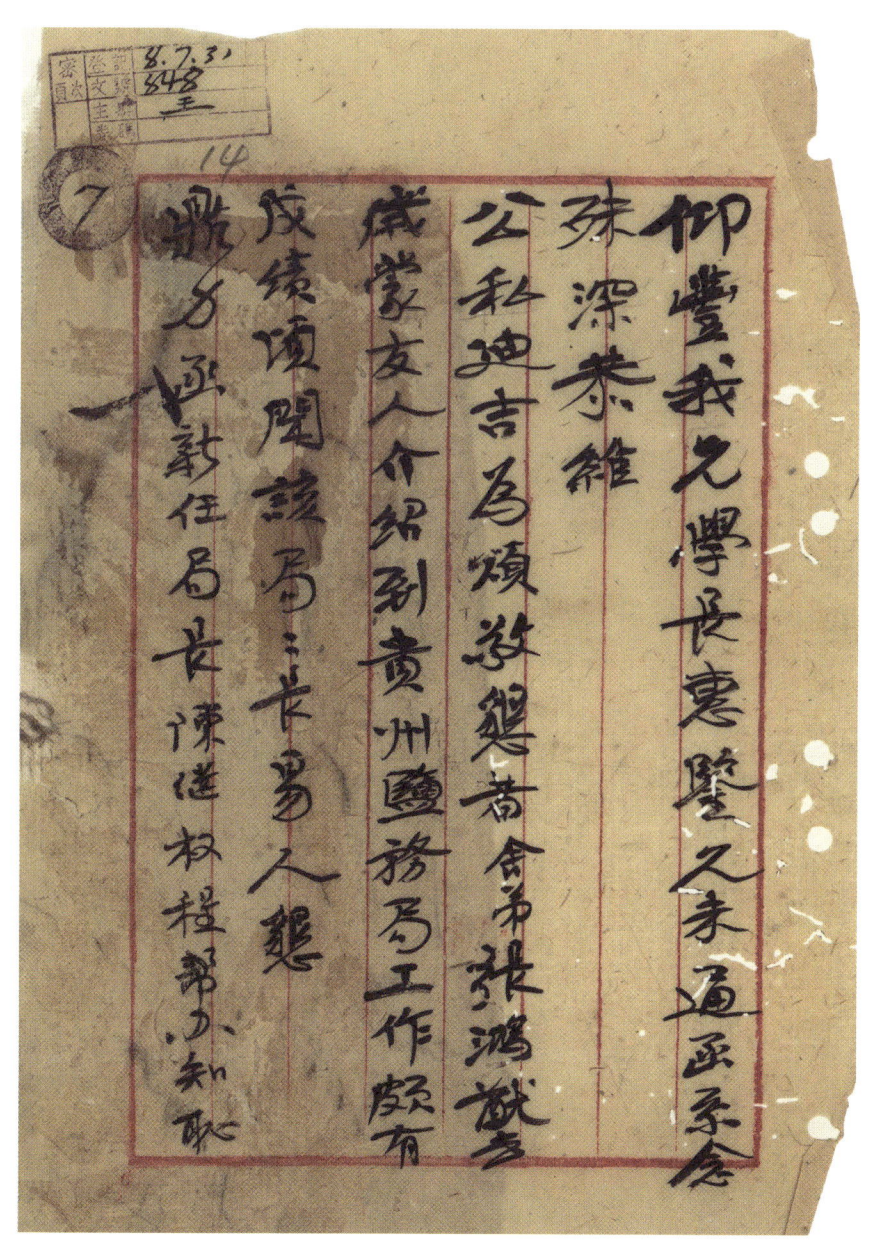

仰丰我兄学长惠鉴：久未通函系念殊深。恭维公私迪吉为颂。兹恳者舍弟张鸿猷承蒙友人介绍到贵州盐务局工作颇有成绩。顷闻该局长易人，恳烦方丞新任局长陈继权，程都丞知照

注：陈继权，即陈纪铨，时任贵州盐务管理局局长。

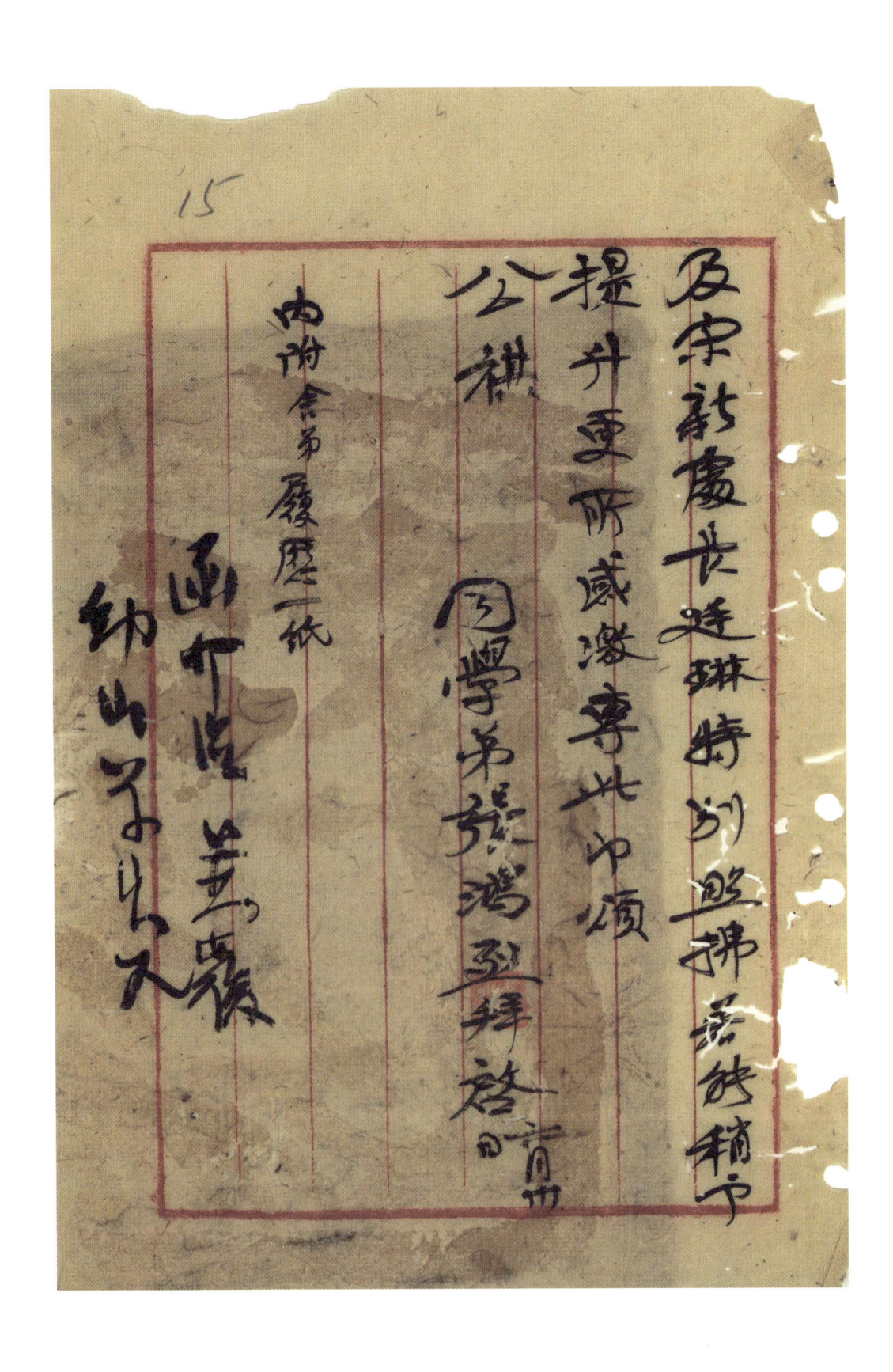

及宋新虞长廷琳特别照拂无任稍宁

提升更所感激专此奉颂

公祺

同学弟张鸿烈拜启 二月卅日

内附舍弟履历一纸

函竹信芸皮

幼山子俊 大

附：张鸿猷履历

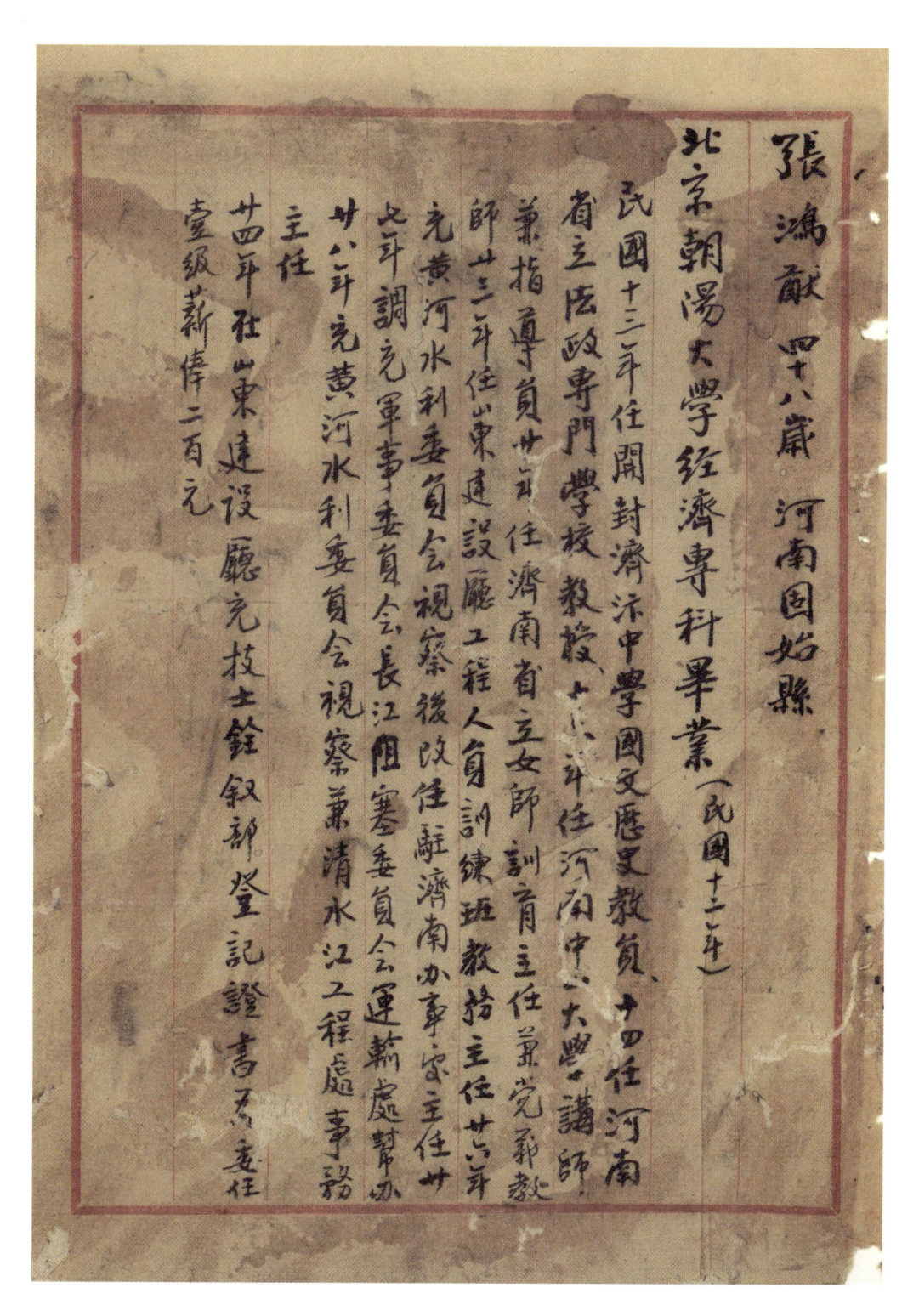

张鸿猷 四十八岁 河南固始县

北京朝阳大学经济专科毕业（民国十二年）

民国十三年任开封济汴中学国文历史教员、十四任河南省立法政专门学校教授，十六年任河南中山大学讲师兼指导员廿六年任济南省立女师训育主任兼党部教师廿三年任山东建设厅工程人员训练班教务主任廿六年充黄河水利委员会视察后改任驻济南办事处主任廿七年调充军事委员会长江阻塞委员会运输处帮办廿八年充黄河水利委员会视察兼清水江工程处事务主任

廿九年在山东建设厅充技士铨叙部登记证书尚未发任壹级薪俸二百元

28　0003-001-0003-056

张鸿烈为请将张鸿猷调为戊等视察事致曾仰丰的信函（1942年8月25日）

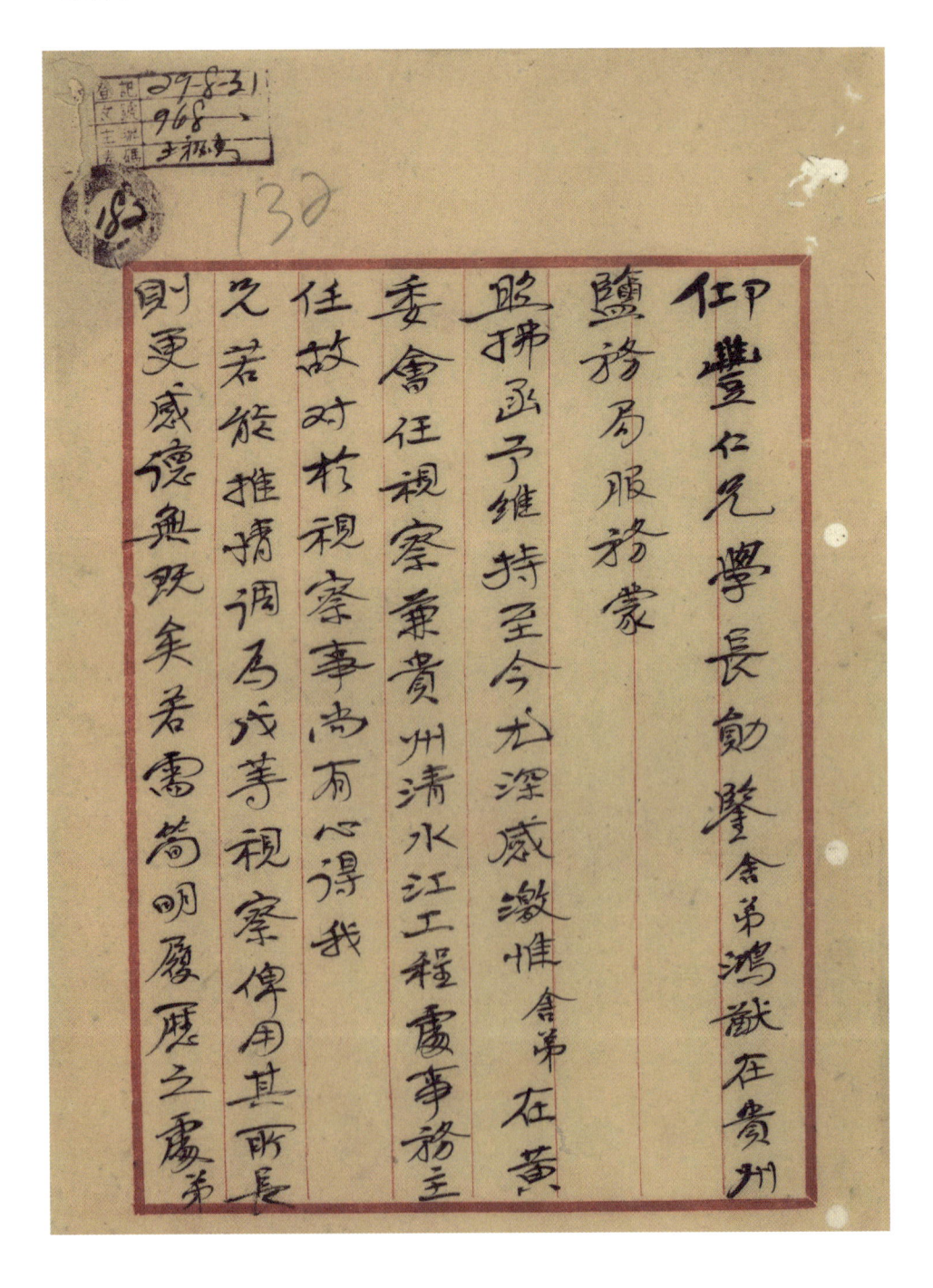

仰丰仁兄学长勋鉴，舍弟鸿猷在贵州盐务局服务蒙

照拂函予维持至今尤深感激，惟舍弟在黄

委会任视察兼贵州清水江工程处事务主

任，故对于视察事尚有心得。我

兄若能推情调为戊等视察，俾用其所长

则更感德无既矣。耑此，荀明履历之处，弟

當命其函筆屢次頻續實覺不安狀承在
至文是以不揣冒昧也專此即頌

公祺

同學弟張鴻烈拜啓 八月廿五日

汴折筒川銅雁
以見以信介紹蓋徂梁
人員向由 鈞處委派

29　0003-001-0005-107

张鸿烈为寄送张鸿猷履历事致曾仰丰的信函（1942年10月2日）

附：张鸿猷履历

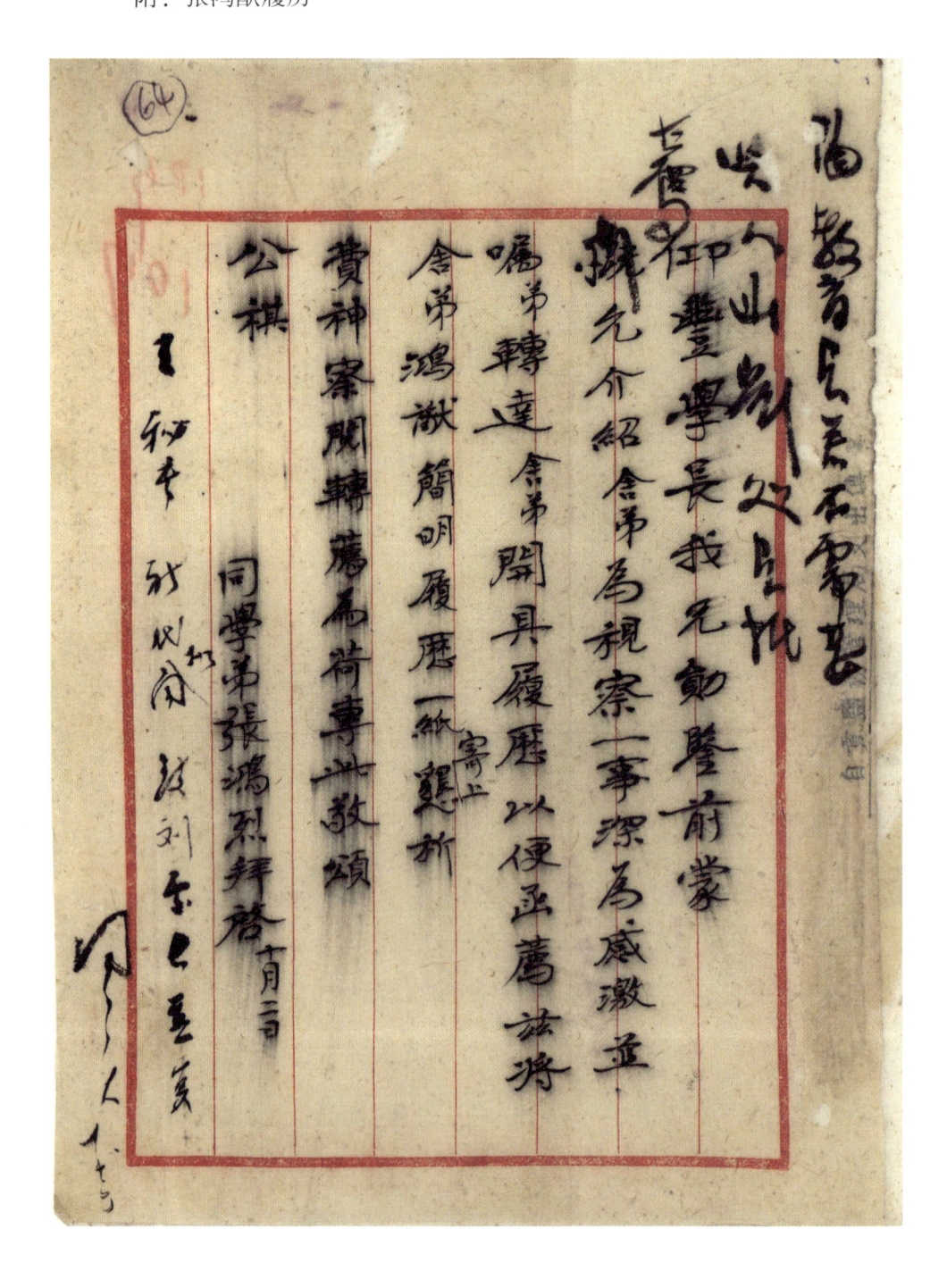

仰丰学长我兄勋鉴：前蒙

推无介绍舍弟为视察一事深为感激并

嘱弟转达舍弟开具履历以便正荐兹将

舍弟鸿猷简明履历一纸题新寄上

费神察阅转荐尚荷专此敬颂

公祺

同学弟张鸿烈拜启　十月二日

附：张鸿猷履历

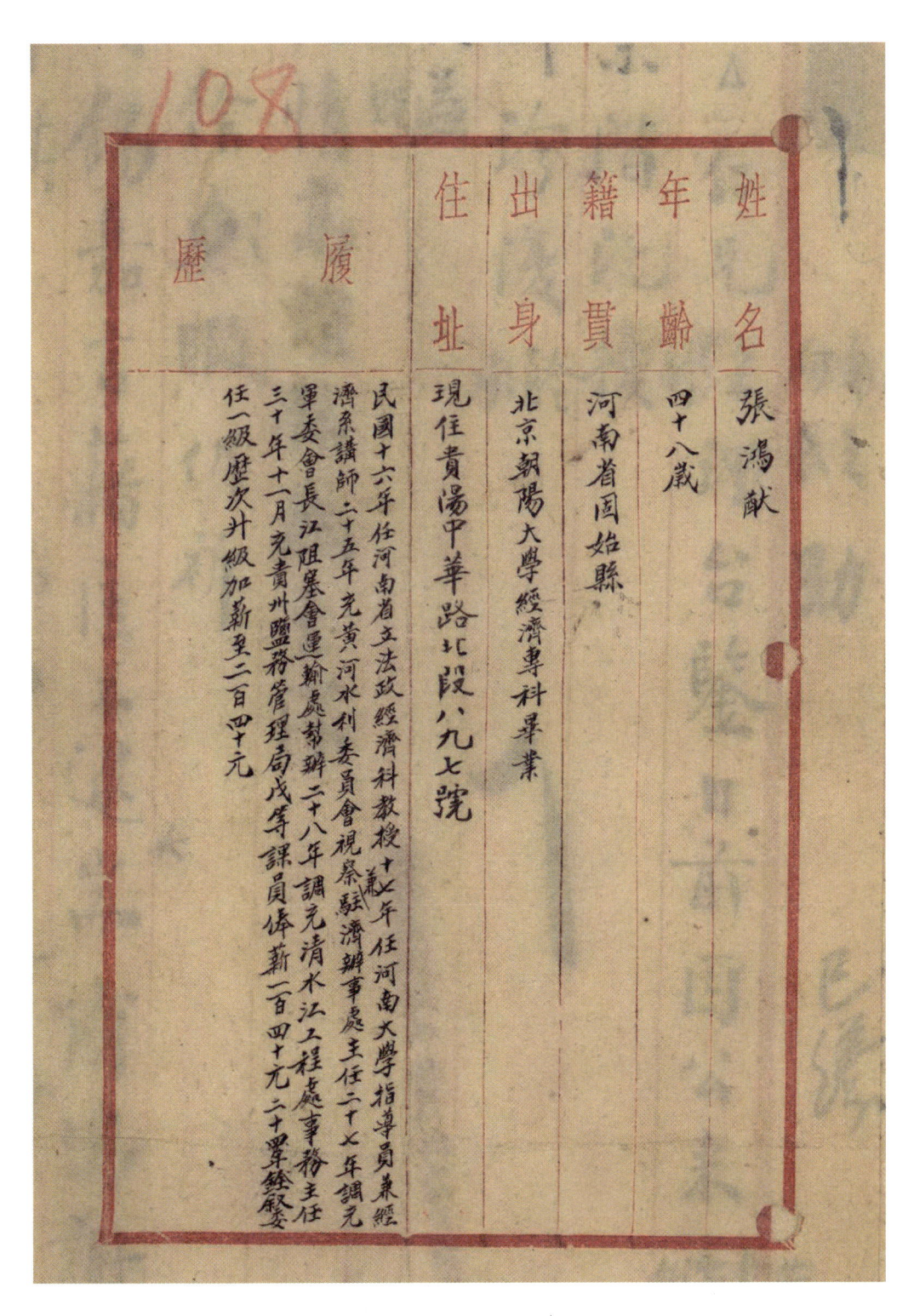

姓名	張鴻猷
年齡	四十八歲
籍貫	河南省固始縣
出身	北京朝陽大學經濟專科畢業
住址	現住貴陽中華路北段八九七號
履歷	民國十六年任河南省立法政經濟科教授十七年任河南大學指導員兼經濟系講師二十五年充黃河水利委員會視察駐濟辦事處主任二十七年調充軍委會長江阻塞會運輸處幫辦二十八年調充清水江工程處事務主任三十年十一月充貴州鹽務管理局戍等課員俸薪一百四十元二十年晉陞委任一級歷次升級加薪至二百四十元

徐 端

人物简介

徐端（生卒年不详），曾任职于四川省盐业工会筹备委员会。

30　　0003-001-0002-065

徐端为告知睦光禄任四川省盐业工会筹备委员会指导员及工会调整办法已通过等事致曾仰丰的信函（1942年7月8日）

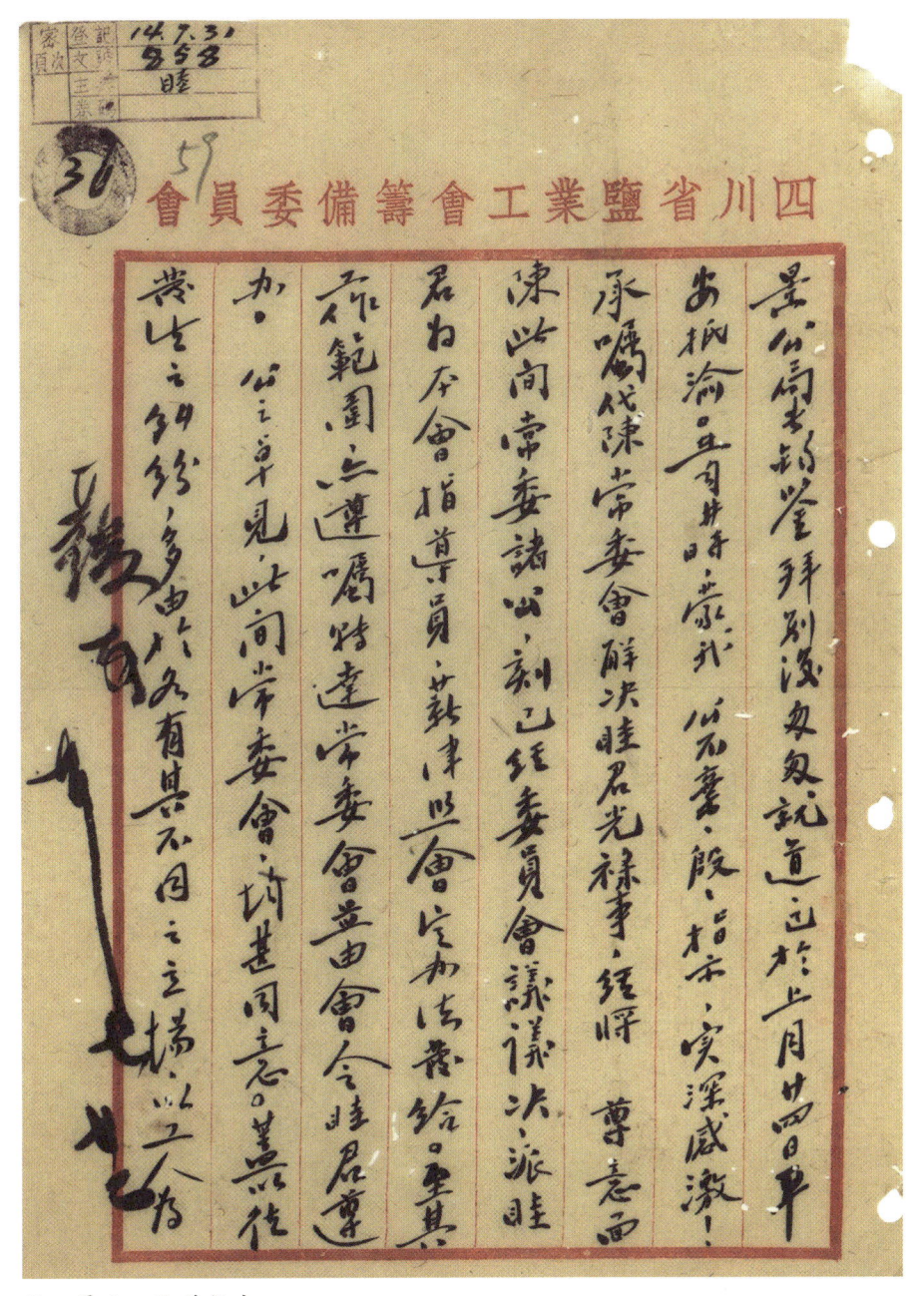

景公司长韵鉴：拜别后叠次祝道，迄于上月廿四日来渝，五日并当日蒙我公召见、殷殷指示，实深感激！承嘱代陈常委会解决睦君光禄事，经呈尊意面陈此间常委诸公，刻已经委员会议议决：派睦君为本会指导员，兹连此会定知启奉给，望其工作范围必遵嘱特达常委会并由会令睦君遵办。公之草见此间常委会拟进同意。兹其兼此之介绍，多由公久有其不同之主稿，此上公鉴

謹肅　　徐端拜　七・八

注：景公，即曾仰丰。

四川省盐业工会筹备委员会

角逐之對象，即其本身亦恐難免此磨擦，亦難避免，
良以鄰務之營业多由於競爭之醞酿，而為人之敌名此乃即
其由來矣，漸其營此業者，其營此之役，其影響所
及，必超乎意料之上。尚彭塈主寺貢時所拟之荟
調整加倍巴通过，不久時付諸实施，尚冀時賜教言，俾得有
所遵循，至禱～ 耑請

公安

文晓先祥

晚 徐瑞 謹上 八月

梁敬錞

人物简介

梁敬錞（？—1984），字和钧，福建闽侯人。北京大学法学学士，英国伦敦大学经济学硕士。曾任北京大学、朝阳大学教授，最高法院推事，宁夏高等法院院长，上海所得税局局长。全面抗战期间，担任驻美战时物资供应委员会秘书长、全国直接税局局长、甘肃省财政厅厅长等职。后侨居美国，曾被聘为美国哥伦比亚大学客座教授、纽约圣若望大学亚洲研究中心教授等。

31　0003-001-0002-049

梁敬镎为高时琛延误月余未到自流井就职已再次函达事致曾仰丰的信函（1942年7月23日）

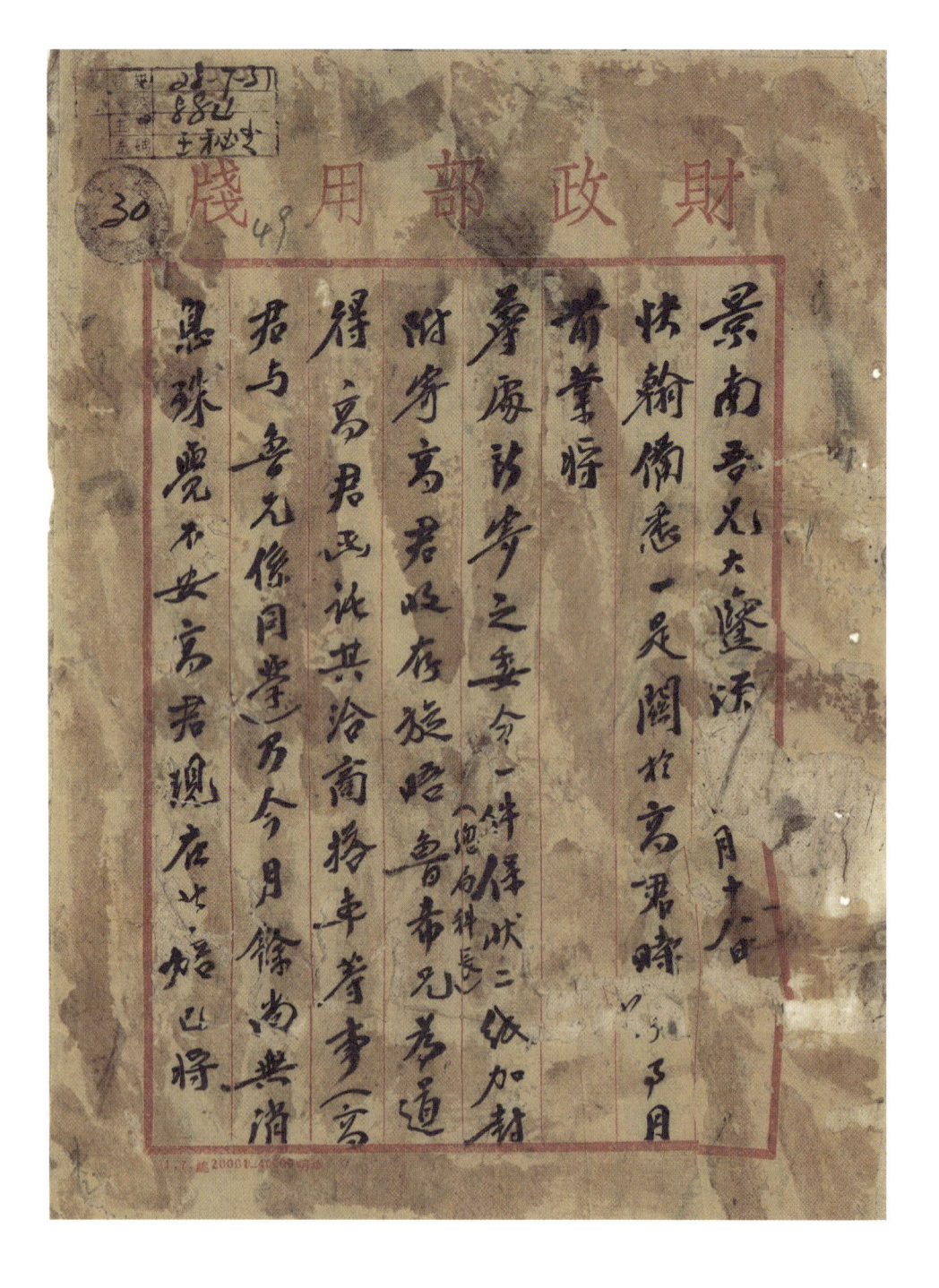

景南吾兄大鉴：顷一月十一日快翰俱悉，一足阁下高君暻

前业将

摩厉防务之垂念一件俱状三纸加封

附寄高君收存旋唔鲁斋兄备道

径与高君西证共洽商将申奉李（高

君与鲁兄偕同举）乃今月馀尚未消

息殊觉不安高君暨店此焙已将

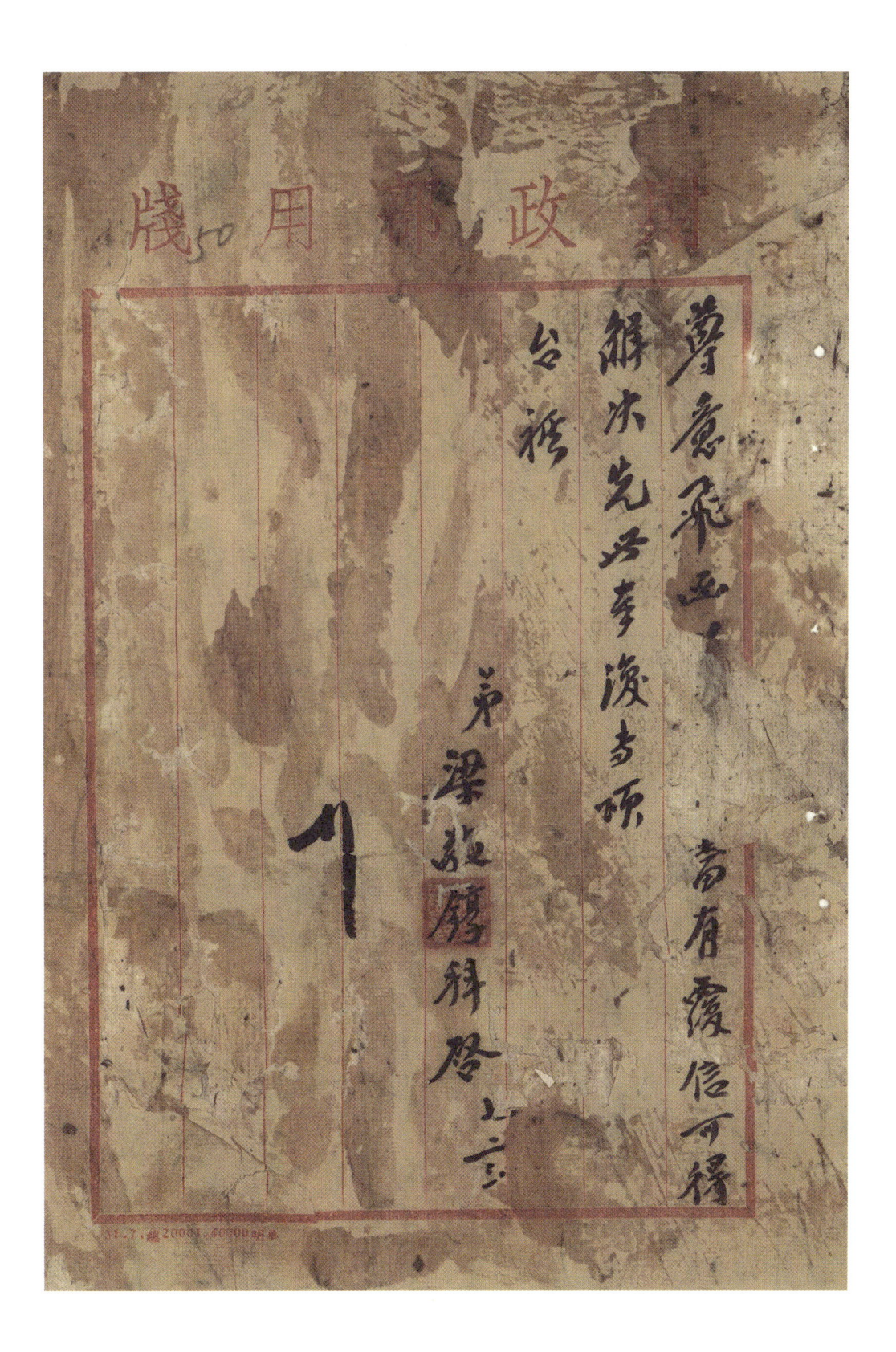

尊意飞函
解决先此奉复吉顽　当有霞信可得
台祗
弟　梁敬錞拜启

黄复生

人物简介

黄复生（1883—1948），原名黄树中，四川隆昌人。国民革命军陆军上将。毕业于泸州川南经纬学堂。1905年加入同盟会，在日本横滨学习研制炸弹，回国后谋刺载沣，后因事泄被捕。曾任同盟会四川分会会长、南京临时政府印铸局局长、四川省代省长、国民党第二届中央执行委员、国民政府立法委员、总统府国策顾问等职。

32　　0003-001-0002-125

黄复生为保送罗民忠至川康盐务管理局任办事员事致曾仰丰的信函（1942年7月25日）

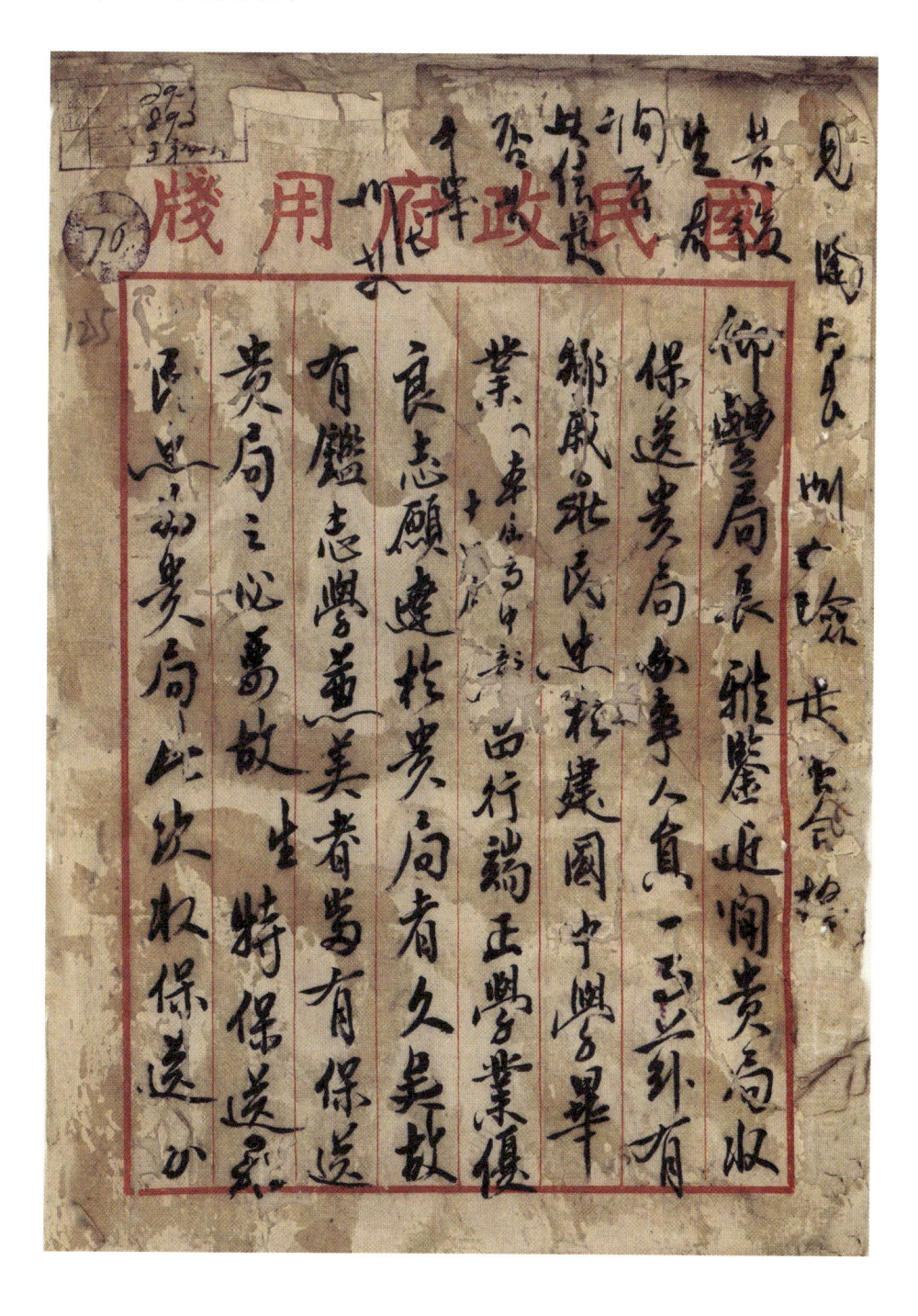

仰丰局长雅鉴：迳阅贵局收
保送贵局办事人员一名，兹有
鄙戚罗民忠，籍建国中学毕
业，本届高中新届行端正，学业优
良，志愿建於贵局者久矣，故
有鉴志学董、美者尝有保送
贵局之必要故，特保送之
民忠於贵局此次收保送办

國民政府用牋

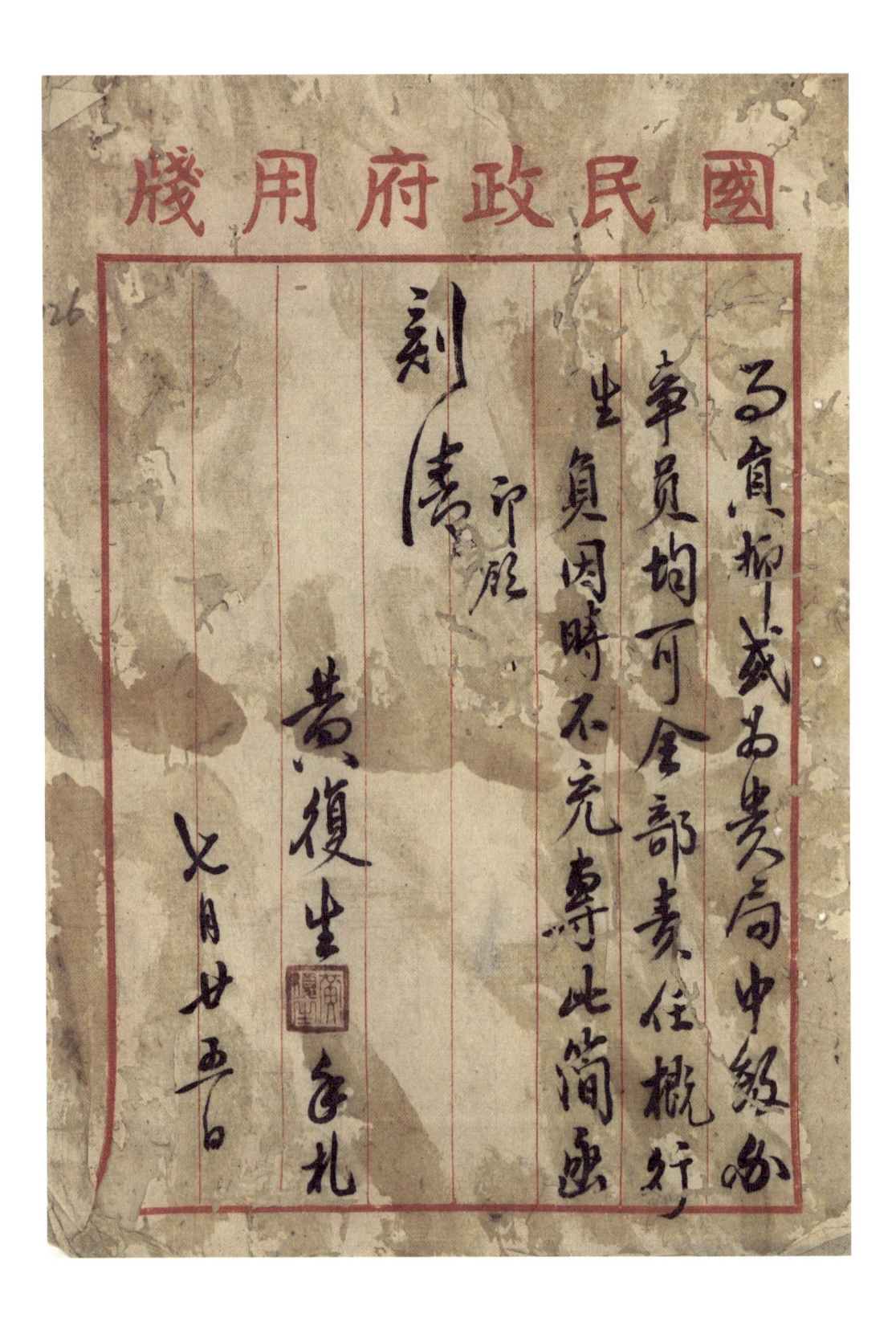

子貞柳一成為貴局中經辦
幸員均可全部責任概行，
生因時不克專此簡函

刘涛 卯刻

黄復生 手札

七月廿五日

杨志春

人物简介

杨志春,生平不详。

33　　0003-001-0002-036

杨志春为参加盐井河放水典礼承厚情招待而申谢事致曾仰丰的信函（1942年7月）

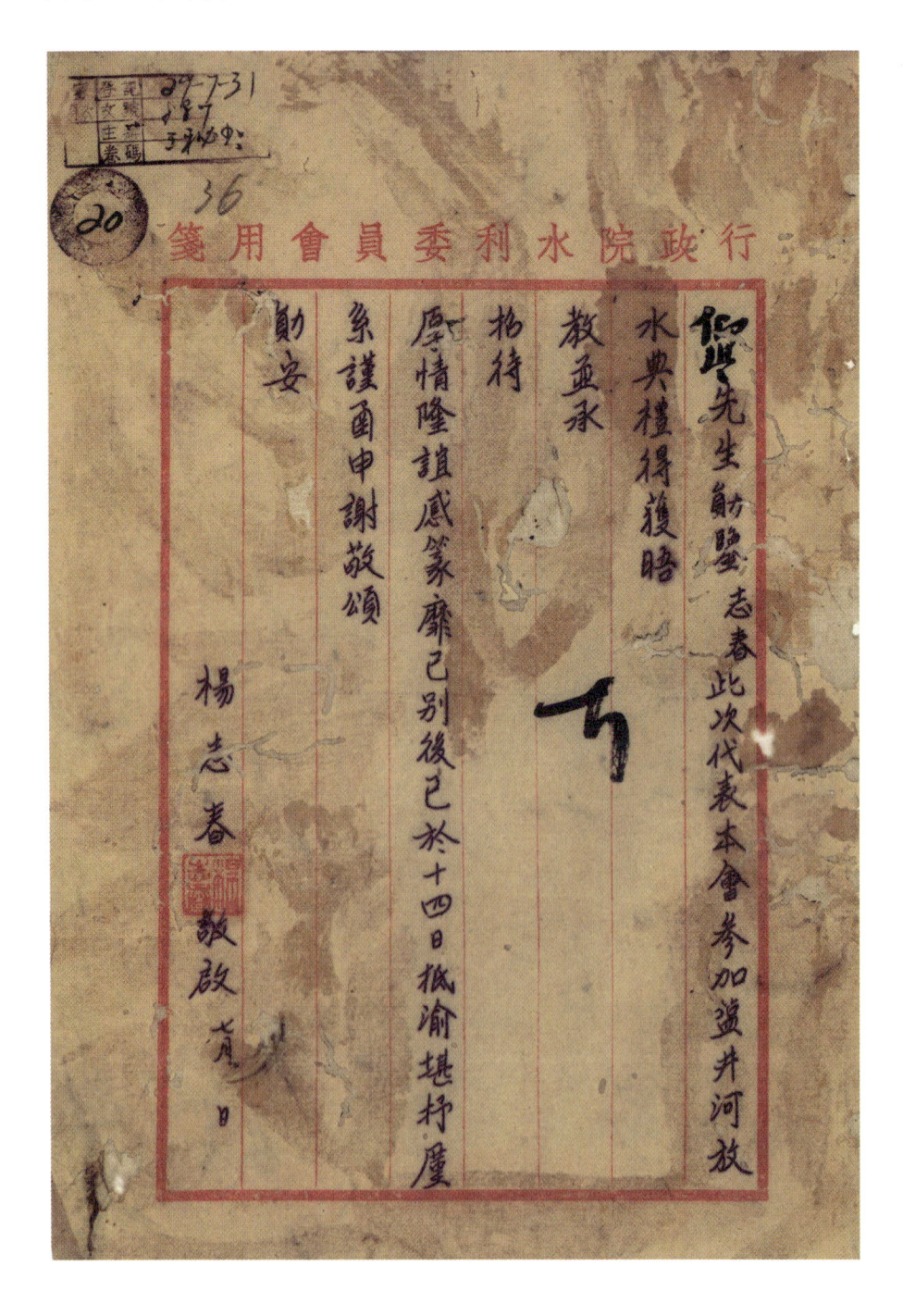

仰丰先生钧鉴：志春此次代表本会参加盐井河放水典礼得获晤教亟承招待厚情隆谊感篆靡已别后已于十四日抵渝堪抒厪系谨函申谢敬颂

勋安

杨志春敬启　日

曹经沅

人物简介

曹经沅（1892—1946），原字宝融，后字攘蘅，四川绵竹人。毕业于四川法政专门学校。曾任临时执政府秘书、安徽省政务厅厅长、内务部参事、安徽省政府秘书长、国民政府军事委员会委员长南昌行营参议、行政院简任秘书、行政院参事、蒙藏委员会总务处处长、贵州省政府委员兼民政厅厅长、立法院常务委员等职。

34　　0003-001-0005-002

曹经沅为已完成积翠楼题词事致曾仰丰的信函（1942年8月29日）

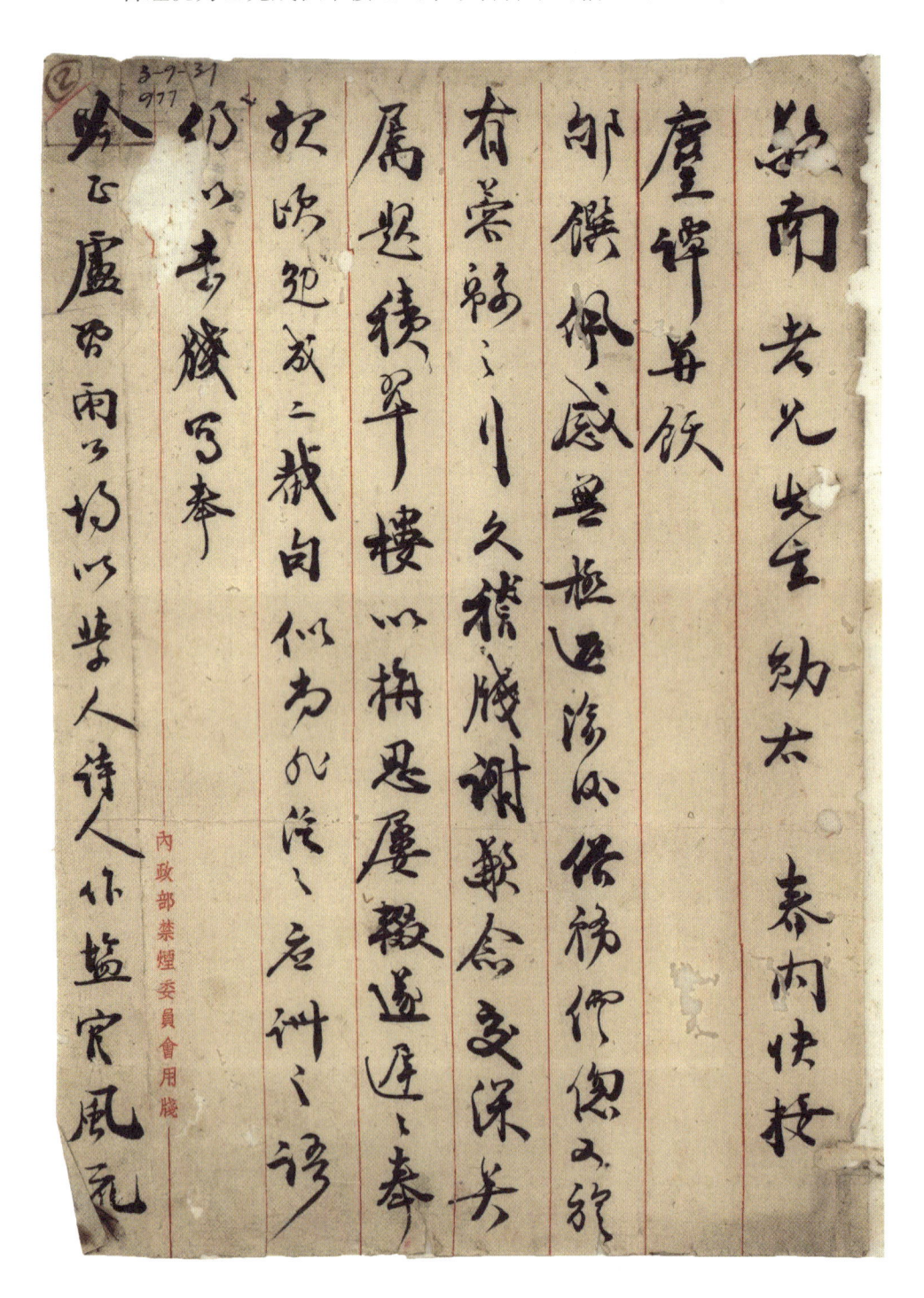

蓺南老先生勋太泰内快接

尘谭甚饫

邰撰佩感无极迺承 借录仰愆久欲

有荅而以匆久积腾谢歉念受深矣

属题积翠楼以枘忍屡撇遂迩受奉

拙咏迎成二截句似为此疎处卅之诊

仰以李侯写奉

吟正虑昀雨々均以华人诗人作盐官风光

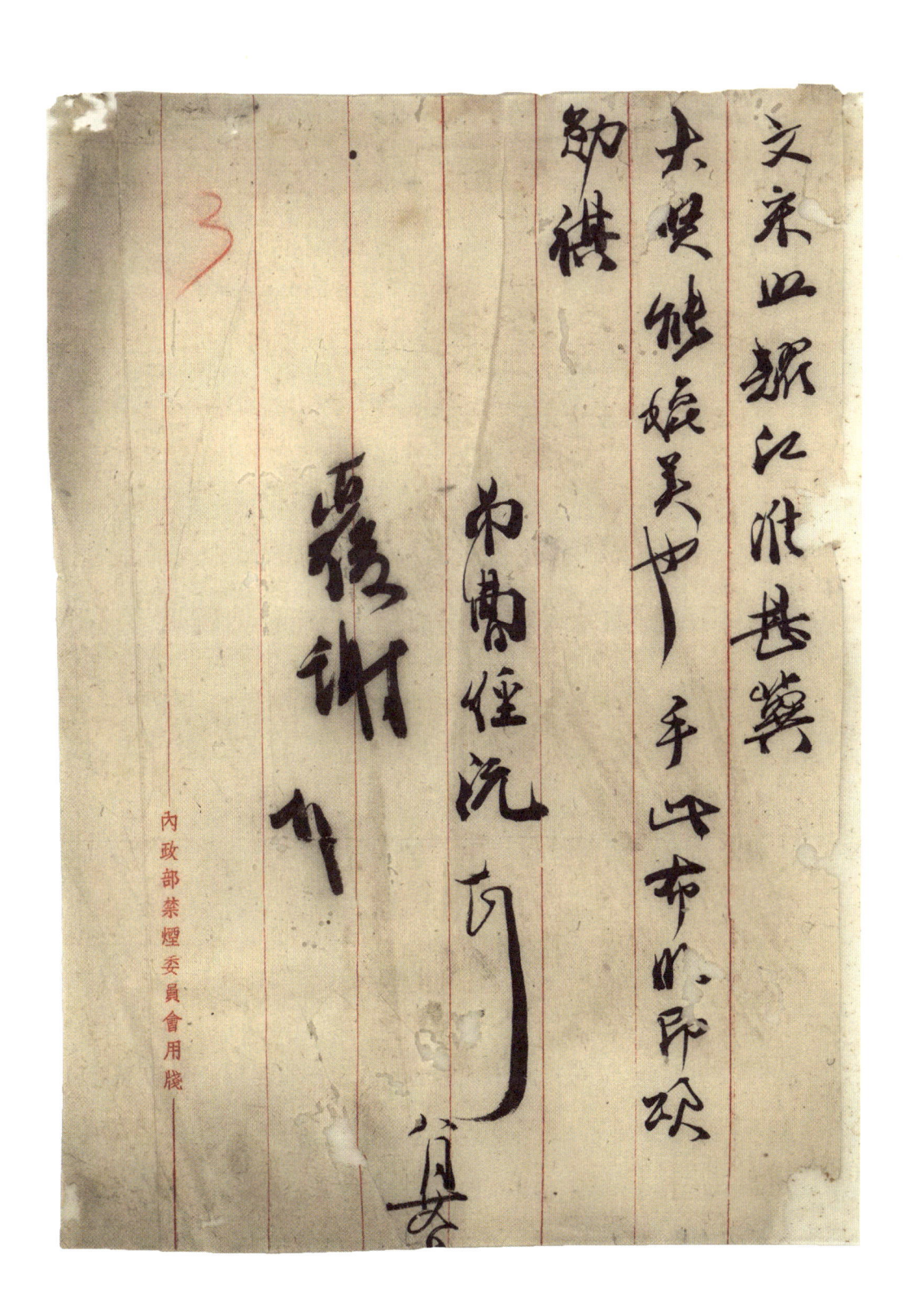

文采四朝江淮甚冀
大與能嫓美也耑手此布以所欣
勗祺
弟曹經沅頓
頂謝
八月奇

张明炜

人物简介

张明炜（1903—1981），湖北武汉人。曾任国民党《中央日报》社社长、《华北日报》社社长、国民党中央宣传部平津区特派员等职。

35　　0003-001-0005-030

张明炜为自流井之行收获颇多并致谢事致曾仰丰的信函（1942年9月6日）

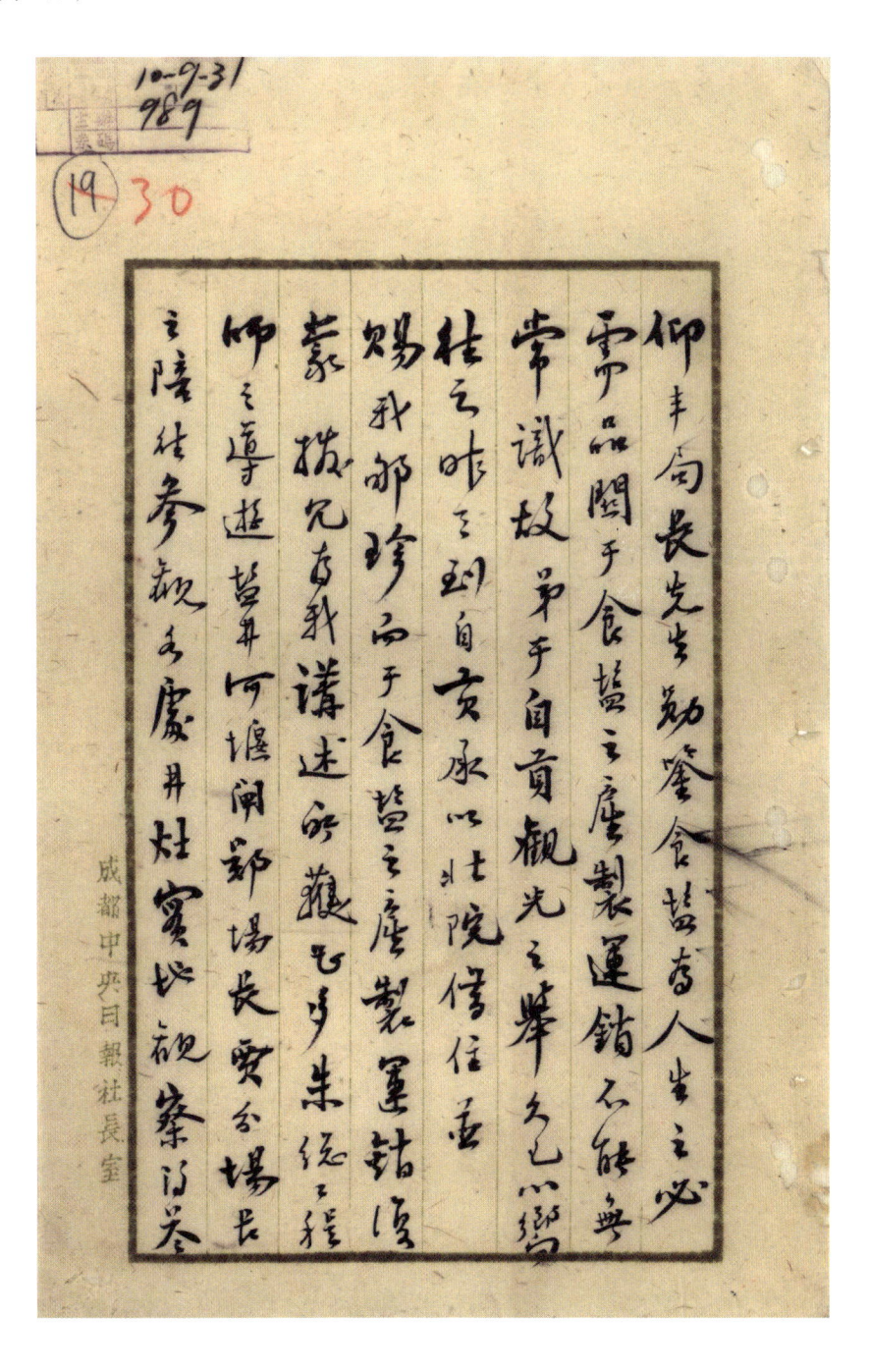

仰丰局长先生勋鉴：食盐为人生之必需品，关于食盐之产、制、运、销不能无常识，故弟于自贡观光之举尤乡往之。昨之到自贡承以士院信任函赐我郁珍，而于食盐之产、制、运、销诸蒙拨冗亲诣讲述，所获至多，并经之程师之导游，草草河堰、邓场、贡盐场长之陆徒参观、子庆井灶、宝地、砚祭诸举

成都中央日报社长室

六渡不少

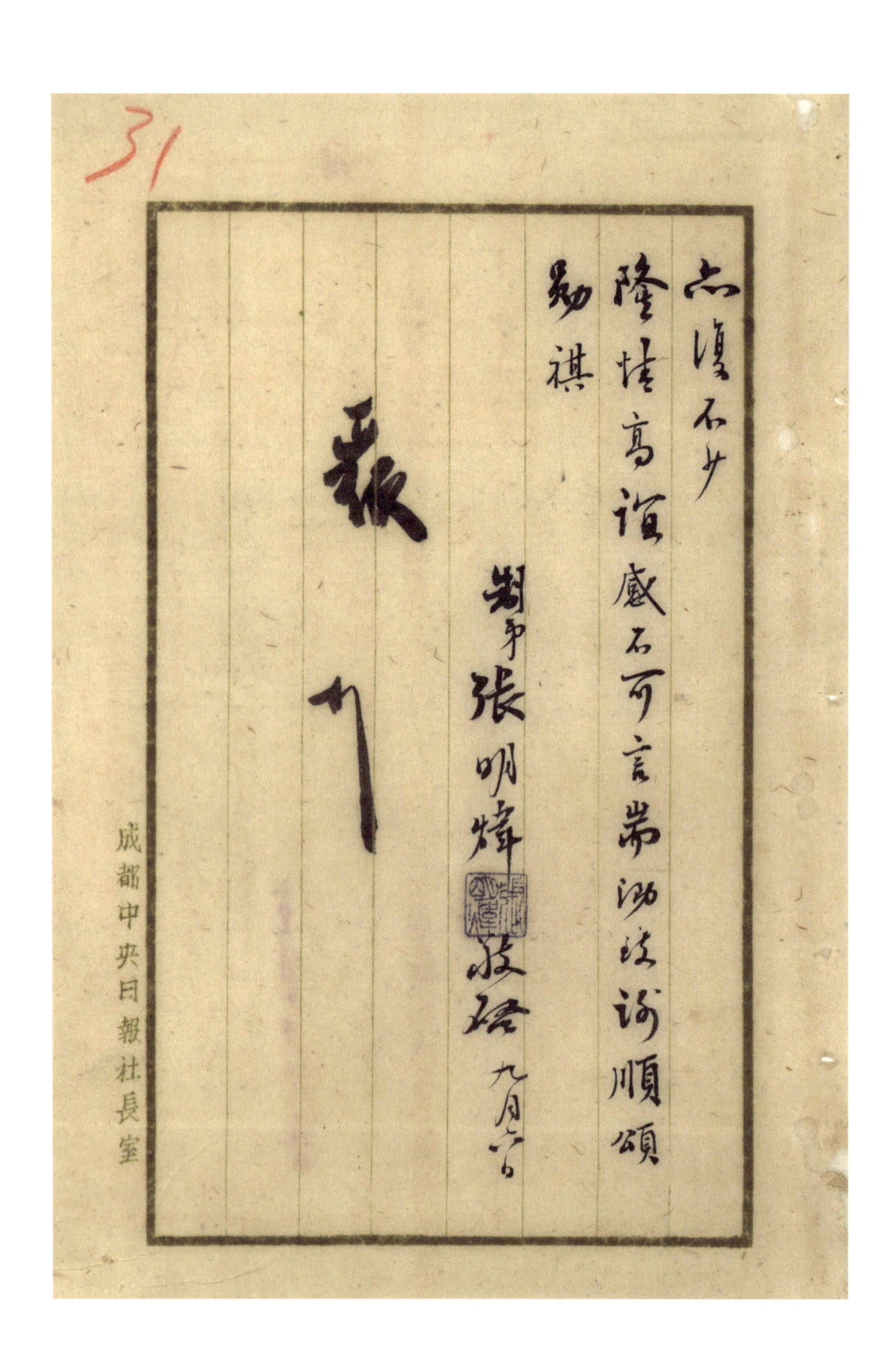

隆情高誼感不可言耑此奉復順頌

勛祺

弟 張明煒敬啓 九月六日

李景泌

人物简介

李景泌（生卒年不详），曾任云南盐务官警训练所区队副、救济委员会汉口总站主任、成都空军机械学校学生第五区队队长等职。

36　0003-001-0005-104

李景泌为已任职空军及询问黄砚方近况和通讯处事致曾仰丰的信函（1942年10月16日）

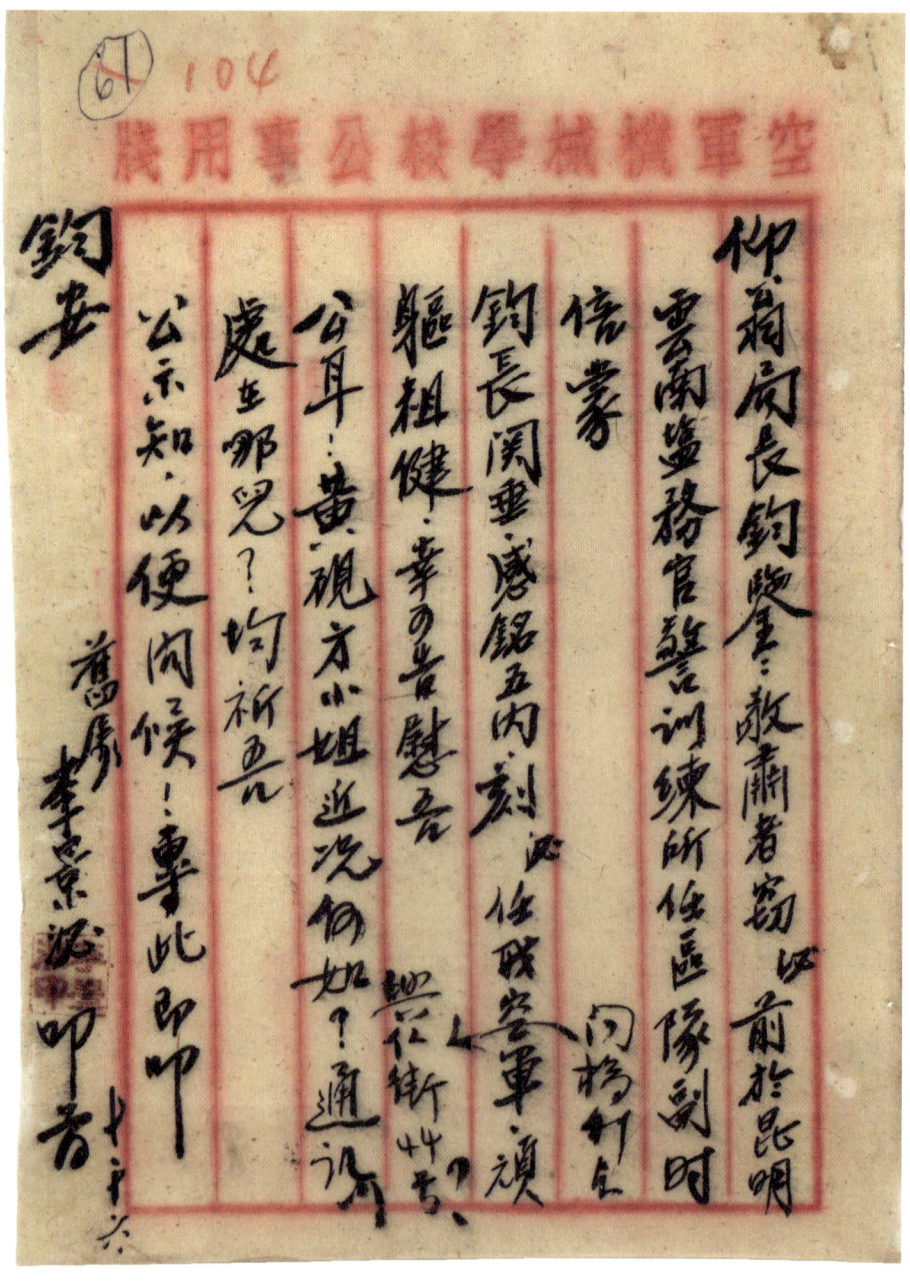

仰翁局长钧鉴：敬肃者窃泌前于昆明云南盐务官警训练所任区队副时信蒙

钧长阁垂，感铭五内，刻泌任联空军，顽躯粗健，幸勿远念。

公耳，黄砚方小姐近况何如？通讯处在哪儿？均祈吾公示知，以便问候！专此即叩

钧安

萧寓 李景泌叩　十、十六

注：仰翁，即曾仰丰。

李梦白

人物简介

李梦白（生卒年不详），曾任宜宾兴文银行经理、台湾盐务管理局北门盐场公署场长等职。

37　　0003-001-0005-137

李梦白为已拜读《榷盐回顾录》并送呈所作律诗事致曾仰丰的信函（1942年10月23日）

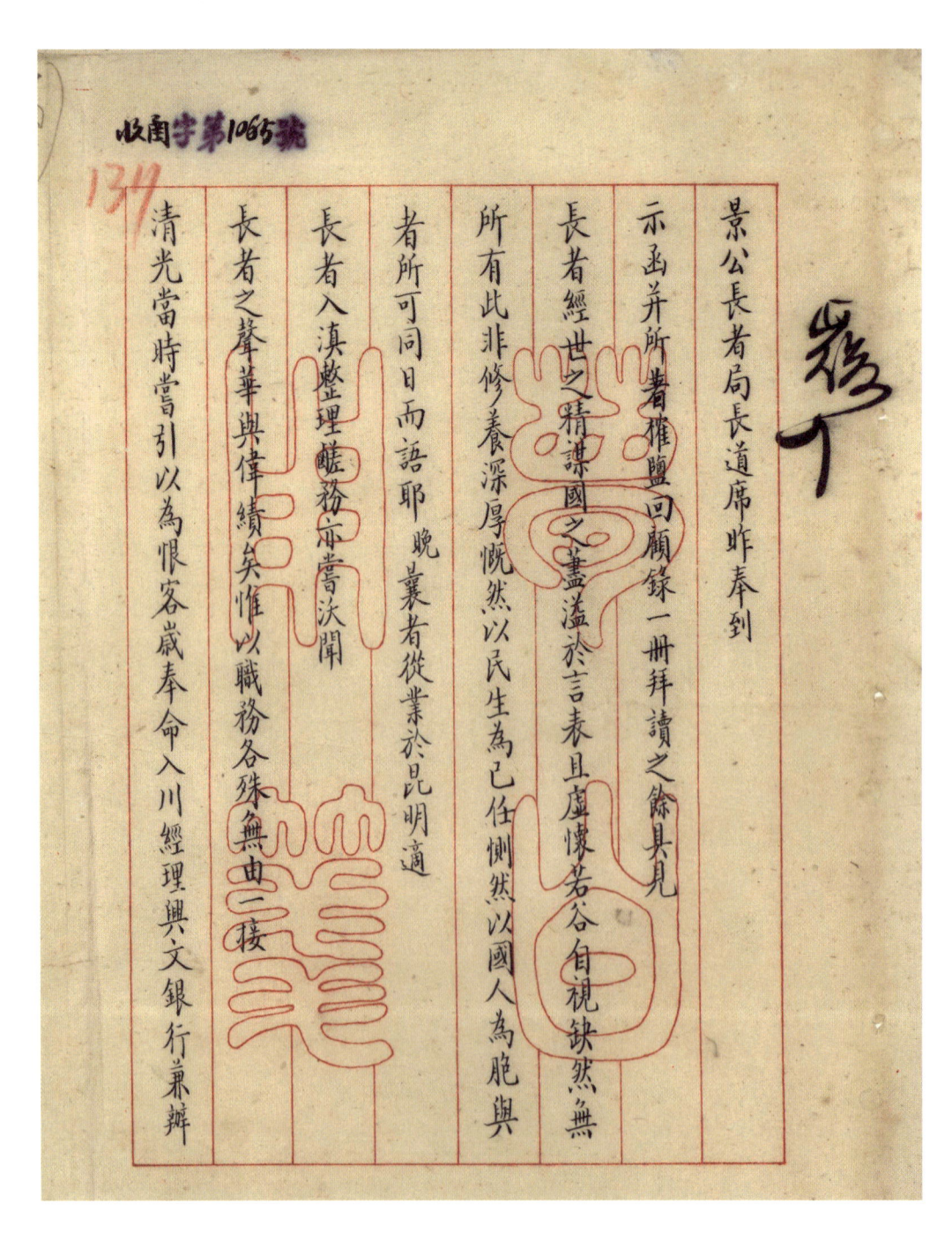

景公长者局长道席昨奉到
示函并所著榷盐回顾录一册拜读之余具见
长者经世之精谋国之盖益溢于言表且虚怀若谷自视缺然无
所有此非修养深厚慨然以民生为己任恻然以国人为胞与
者所可同日而语耶晚曩者从业于昆明适
长者入滇整理盐务亦尝次闻
长者之声华与伟绩矣惟以职务各殊无由一接
长者之謦欬当时尝亦尝次闻
清光当时尝引以为恨客岁奉命入川经理兴文银行兼办

滇東公司宜賓抄鹽事宜竊當自慰以為鹽務上既有連繫則
數年來所望雲積慕而不得一見者今後或有摳衣趨前以滌
其鄙吝之一日今年秋間果然
長者偕業分局長視察鹽務蒞涖宜瞻拜之餘則淵然無際
雍然有餘然後知
大君子之器度汪洋千頃實非道路傳聞所能盡其萬一惟因
貴務紛繁小駐三日便鼓棹而東以致鷹年積愫百不盡一茲
令江干遠望倦倦之私尚馳縈於

左右也。晚讀書不成廢而從業乃者辱荷徹聽長陸公之知遇俾得待罪宜賓雖効命之心切於魚會戈揮日而疲駕之資深感螳臂當車加以社會情形複襍地方環境特殊凡事能本其懷抱而行者十無一二古人以行不利於人羣為可恥晚雖不才亦嘗有志於斯然一年以來欲求一差可人意之事渺不可得仰屋徬惶無所自措不知長者其將何以教之乎回顧錄讀竟謹賦七言二律晚對於詩詞一道素々無研究亦從未敢率爾示人只以

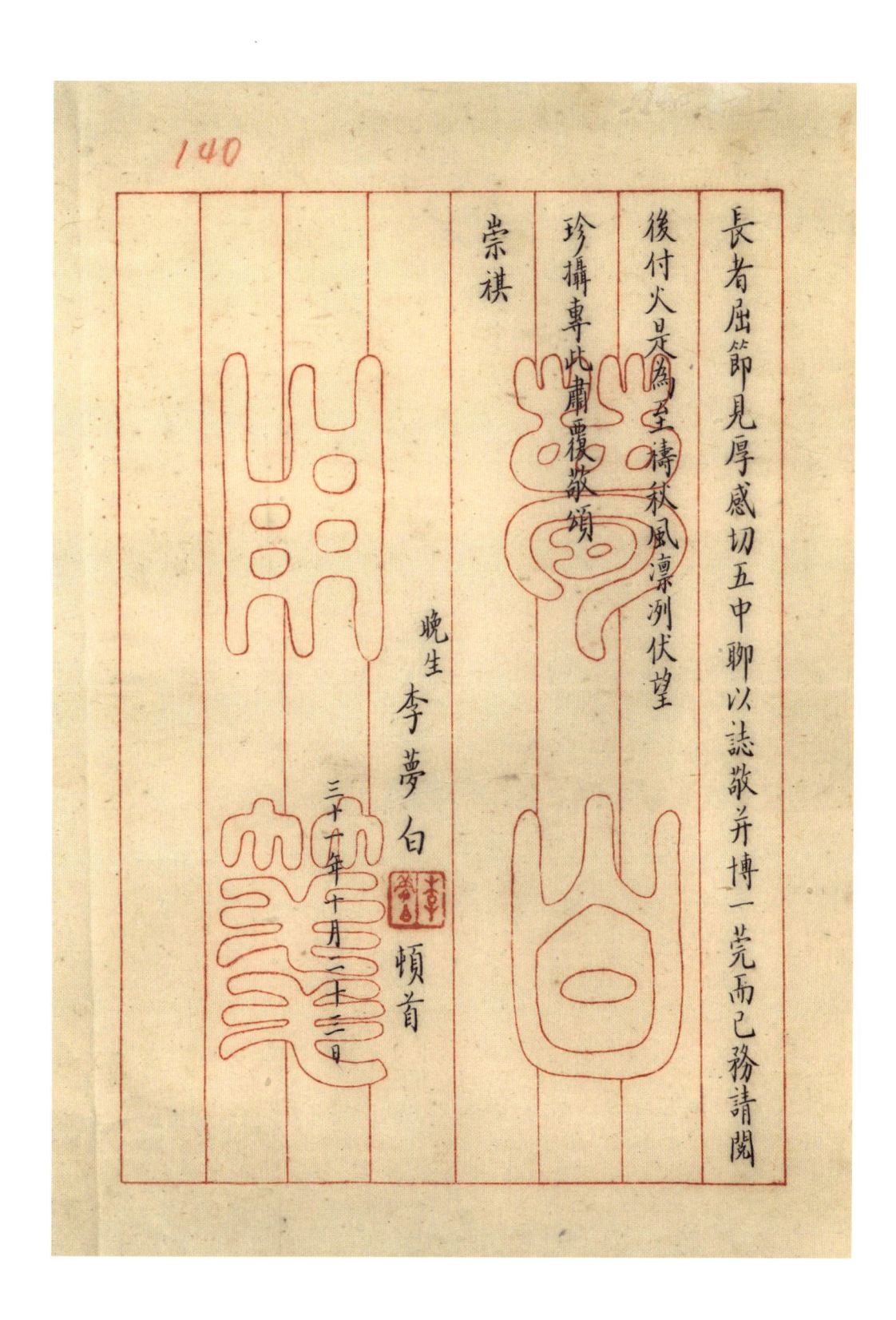

長者屈節見厚感切五中聊以誌敬并博一粲而已務請閱後付火是為至禱秋風凛冽伏望珍攝專此肅覆敬頌

崇祺

晚生 李夢白 頓首

三十九年十月二十三日

陆京士

人物简介

陆京士（1907—1983），名之镐，以字行，江苏太仓人。1929年，发起组织全国邮务总工会，并担任筹委会常务委员。曾任全国邮务总工会第一及第二届常务委员兼总务部部长、国民党上海特别市党部执行委员、淞沪警备司令部军法处处长、中国劳动协会理事长、国民政府社会部组织训练司司长、国民党中央党部农工部副部长等职。

38　0003-001-0005-128

陆京士为杜月笙延期一日离渝事致曾仰丰的信函（1942年10月）

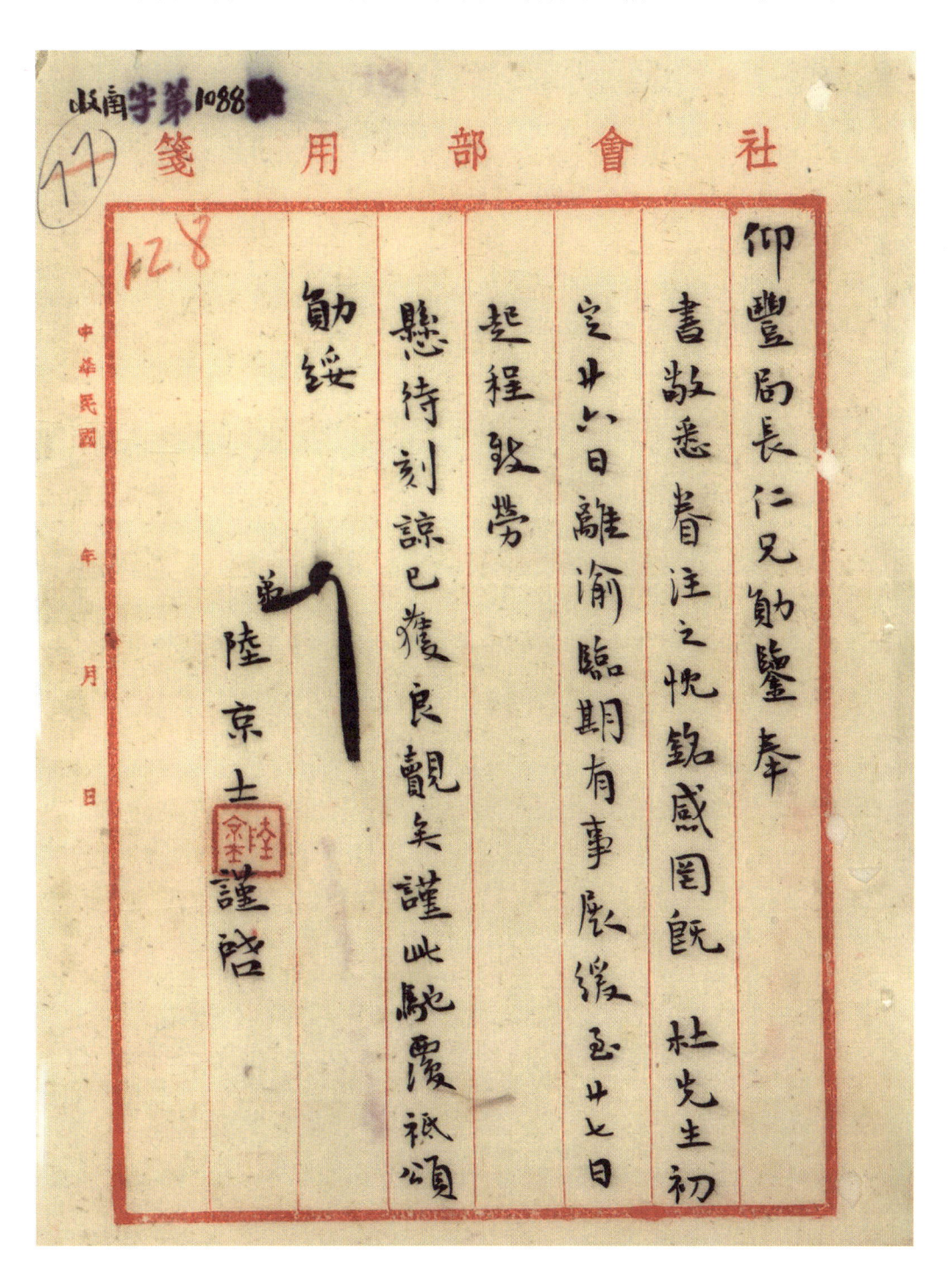

仰豐局長仁兄勛鑒奉

書敬悉眷注之忱銘感罔既杜先生初

定廿六日離渝臨期有事展緩至廿七日

起程致勞

懸待刻諒已獲良覿矣謹此馳覆祗頌

勛綏

弟　陸京士　謹啟

张 群

人物简介

张群(1889—1990),字岳军,四川华阳(今属成都市)人。早年就读于保定陆军速成学堂,后赴日本振武学堂学习。其后参与辛亥革命、二次革命、护法运动等。曾任军政部次长兼兵工署署长、湖北省政府主席、外交部部长、行政院院长、重庆绥靖公署主任、西南军政长官等职。抗战胜利后,作为国民党方面三个代表之一参与国共谈判,后赴台湾。

39   0003-001-0005-185

张群为回复川康区盐政协助事致曾仰丰的信函（1942年11月6日）

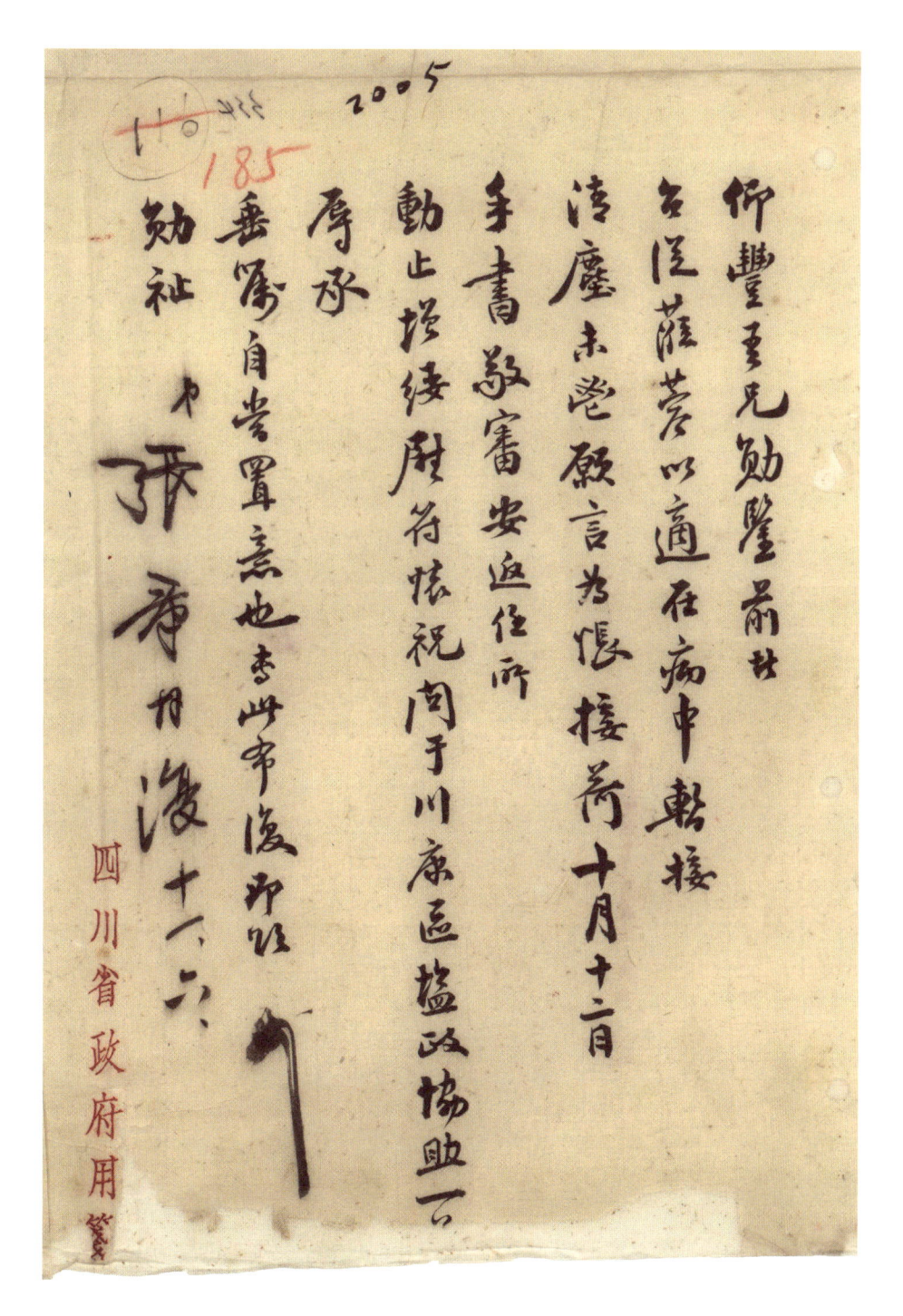

仰丰吾兄勋鉴前批各项荩营以适在病中辍接清麈未克顾言为怅接奉十月十二手书敬审安返任所动止增绥附荷忱祝间于川康区盐政协助可厚承垂念自当置意也率此布复即颂勋祉

弟 张群 卅一、十一、六

40   0003-001-0011-137

张群为所示地方各情已饬民政厅注意改善事致曾仰丰的信函（1943年6月3日）

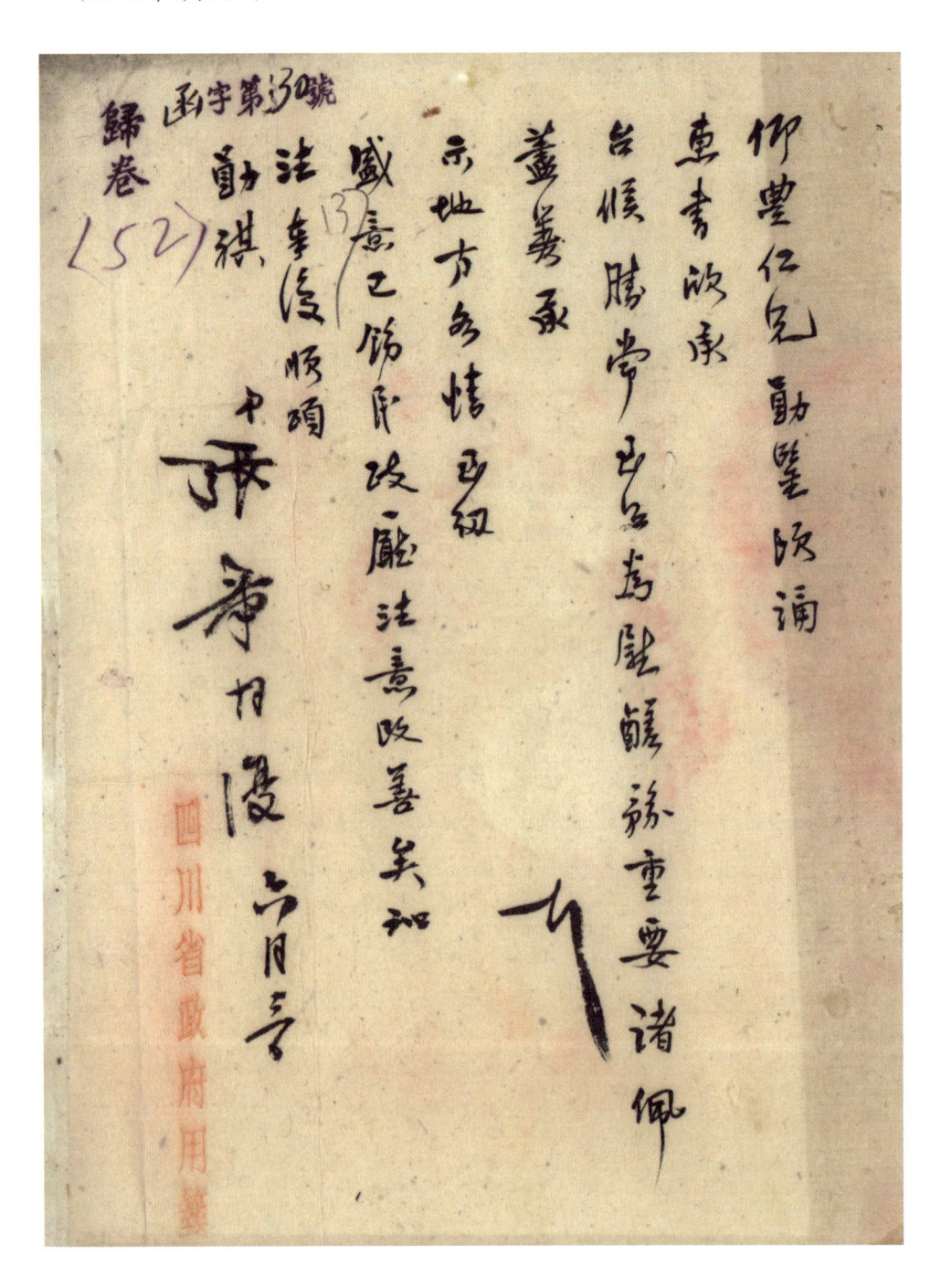

仰丰仁兄勋鉴：顷诵
惠书，欣承
台候胜常，至为怀慰。筹务重要，诸佩
盖筹。承
示地方各情，已饬民政厅注意改善矣。知
盛意。耑复顺颂
勋祺

张群 六月三日

41　　0003-001-0012-043

张群为电饬荣威师管区严查估拉修筑威远河船闸水堰壮丁事件及转令威远县政府严禁估拉事致曾仰丰的信函（1943年7月16日）

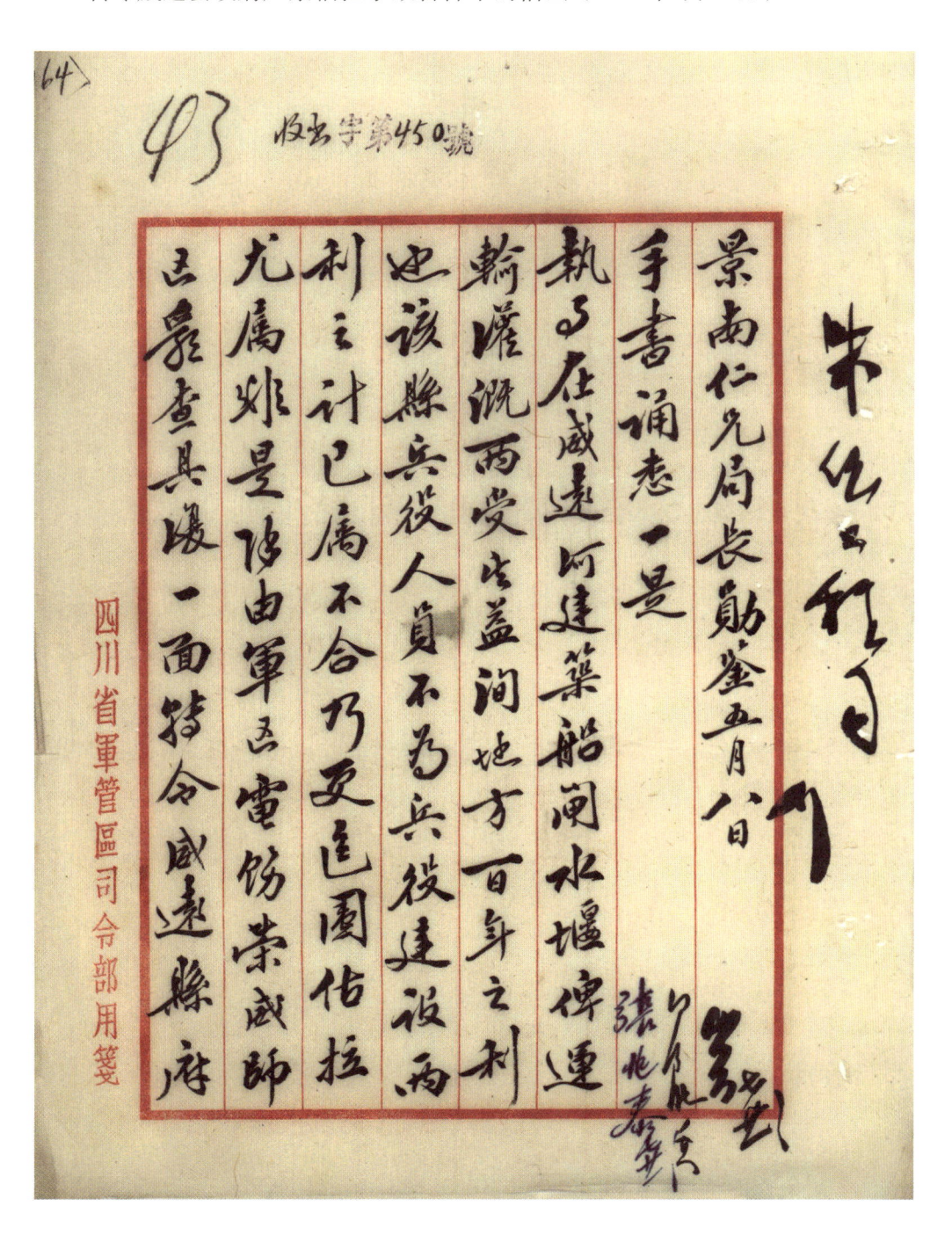

景南仁兄局长勋鉴五月八日
手书诵悉一是
执事在威远河建筑船闸水堰俾运
输灌溉两受其益间地方百年之利
也该县兵役人员不为兵役建设两
利之计已属不合乃反匿团估拉
尤属非是除由军区电饬荣威师
区严查具复一面特令威远县政府

44

最荣信托外务此佈復即松
勋绥

弟 張羣[印]
謹啟

42 0003-001-0013-254

张群为已转请孔祥熙调整自贡盐价短期内当有补救事致曾仰丰的信函（1943年7月31日）

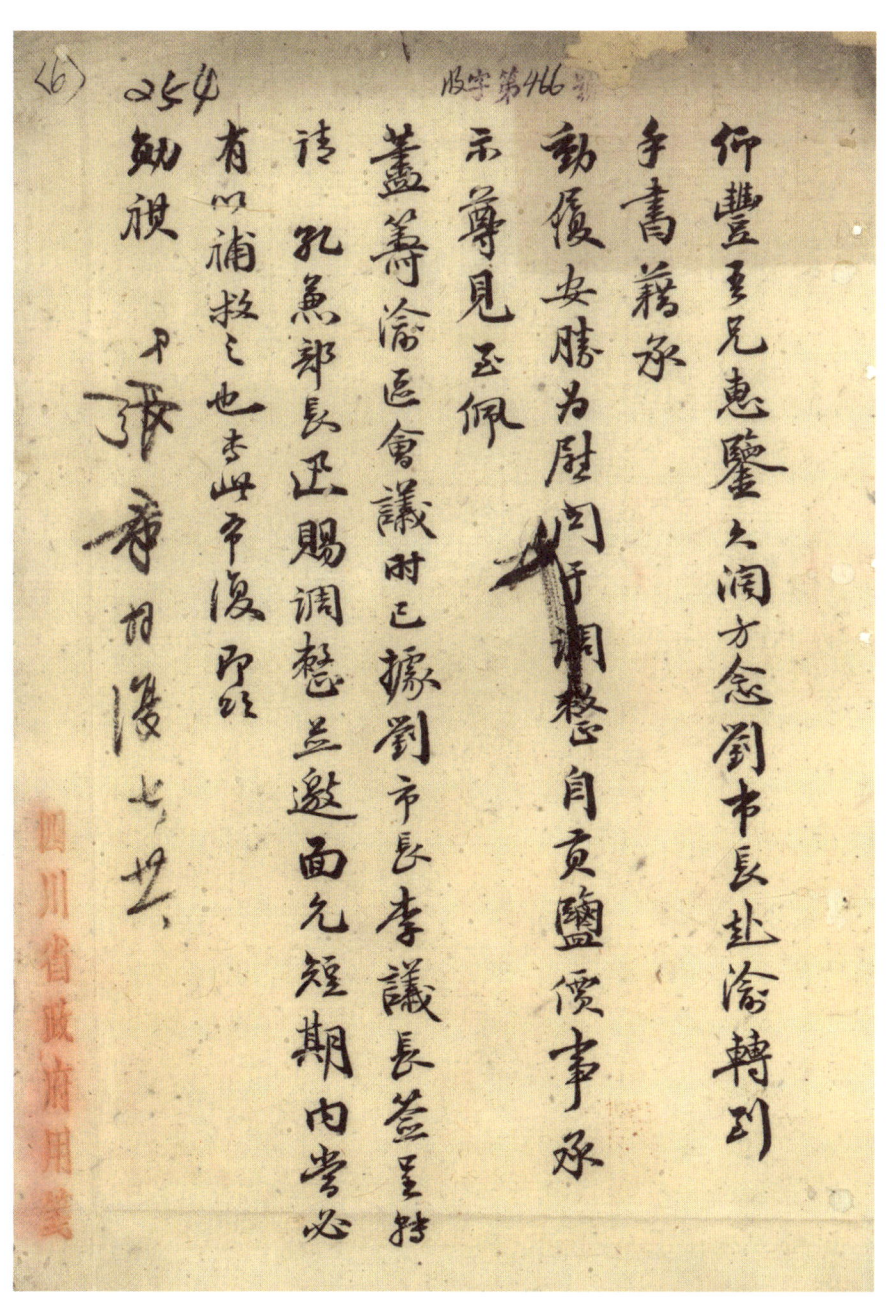

> 仰丰吾兄惠鉴 久阔方念刘市长赴渝转到
> 手书藉承
> 动履安胜为慰 荷
> 示尊见玉佩如于调整自贡盐价事承
> 盖筹渝区会议时已据刘市长李议长莹莹特
> 请孔兼部长迅赐调整益邀面允短期内当必
> 有以补救之也 专此布复 顺颂
> 勋祺
> 　　　　　　弟张群 卅一

注：孔兼部长，即孔祥熙，时任国民政府行政院院长兼财政部部长。

43　　0003-001-0008-125

张群为山西铭贤学院复兴急需巨款请予筹募事致曾仰丰的信函（1944年2月23日）

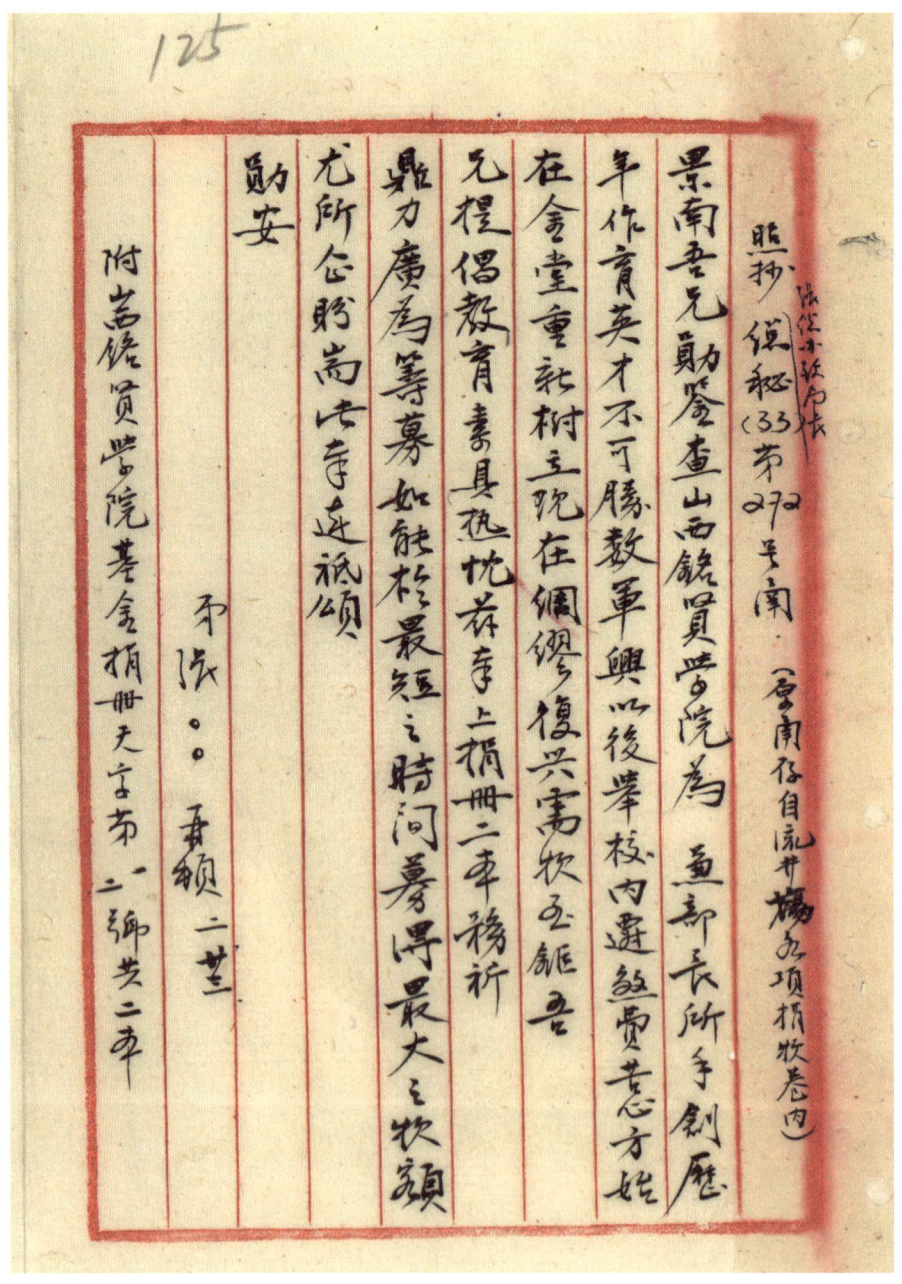

> 照抄 俞秘（33）第272号函（云南盐自流井场务项捐款卷四）
>
> 景南吾兄勋鉴：查山西铭贤学院为 兼部长所手创，历年作育英才不可胜数。军兴以后举校内迁，致费甚多，方兹在会堂重新树立，现在绸缪复兴，需款至钜。吾兄提倡教育素具热忱，兹拟于上捐册二本务祈鼎力广为筹募，如能於最短之时间募得最大之数额，尤所企盼。尚希查照祗颂
>
> 勋安
>
> 　　　　　弟张群二廿三
>
> 附：铭贤学院基金捐册天字一号、二号共二本

注：兼部长，即孔祥熙。

44 0003-001-0008-033

张群为告知自贡市防护大队改组情形及请继续维助自贡防护事务并补充器材等事致曾仰丰的信函（1944年7月15日）

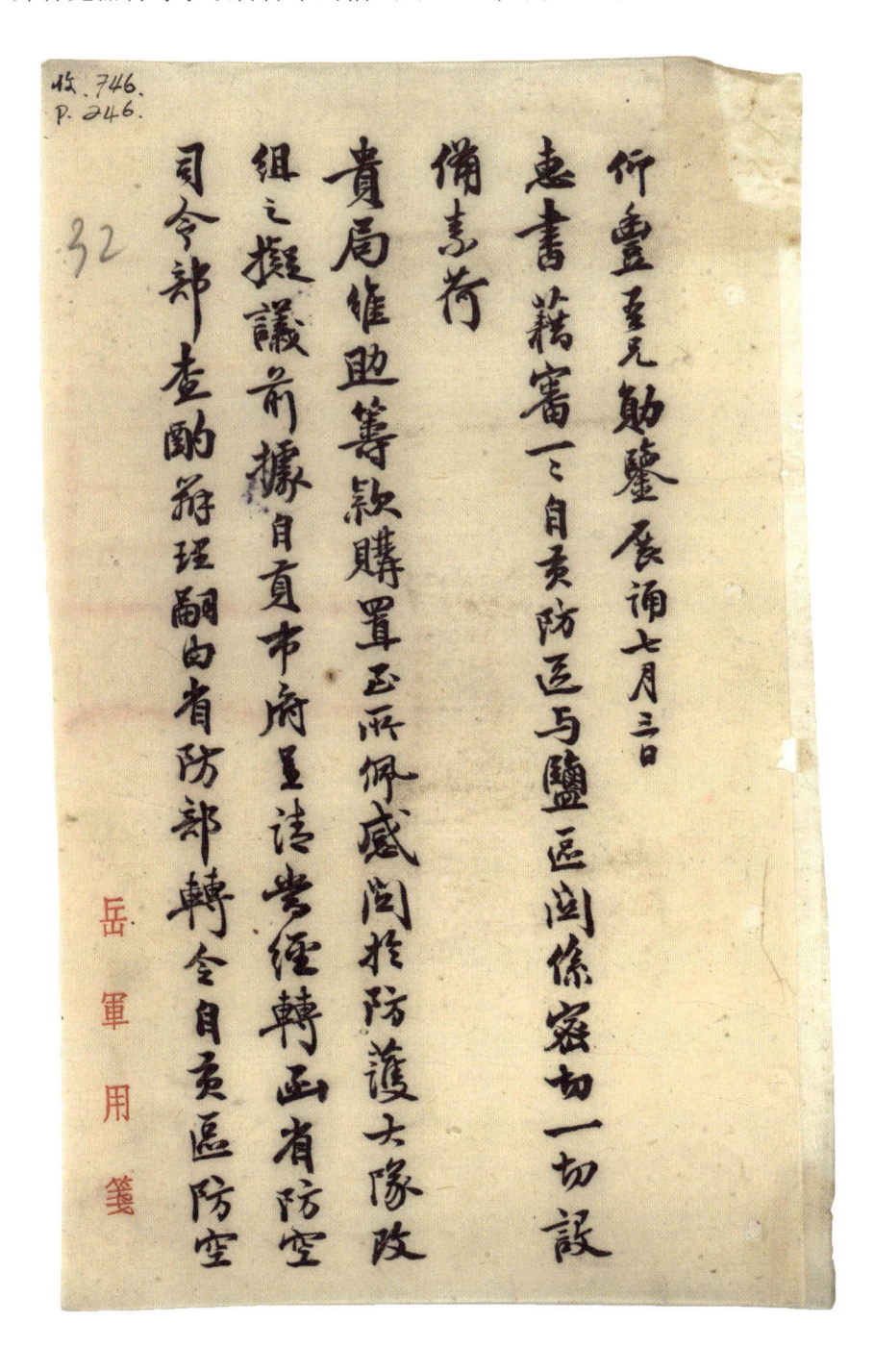

仰丰吾兄勋鉴　展诵七月三日
惠书藉审之自贡防区与盐区关系密切一切设
备毒荷
贵局维助筹款购置至所佩感 关于防护大队改
组之拟议前据自贡市府呈请业经转函省防空
司令部查勘办理嗣由省防部转令自贡区防空

指挥部加具意见据复仍请保留原队名称所有人马经费及平时维护地方治安任务仍由自贡市府指挥调遣以资熟顾等由省防部据情函复省府转令该市府亚卯在案今後自贡防护事务及补充器材等项仍希继续维助俾利推进为荷专复顺颂

勋绥 中委 张 鹏 顿首 七月十二日

45　　0003-001-0008-009

张群为视察自贡盐区情形及改善意见已密陈蒋中正并抄录致蒋代电事致曾仰丰的信函（1944年8月3日）

附：张群致蒋中正的代电

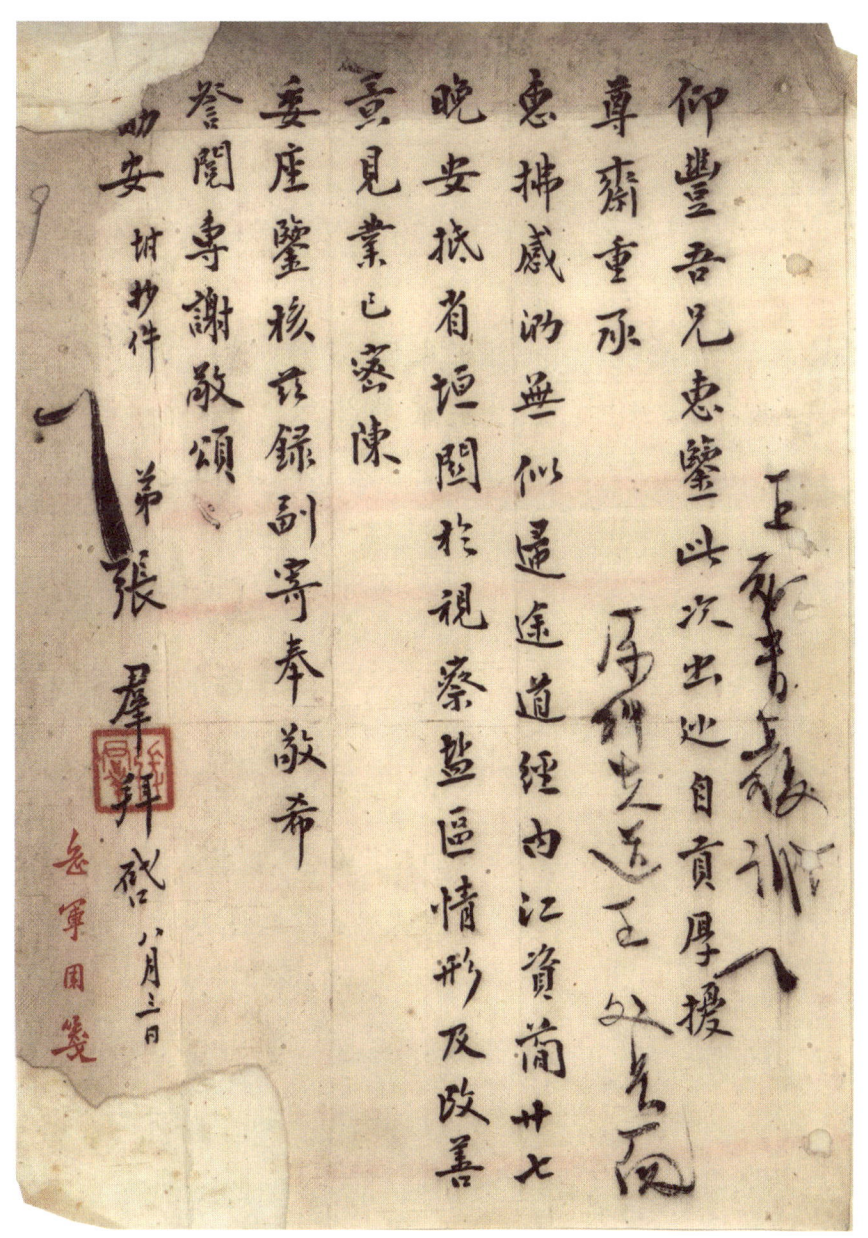

仰丰吾兄惠鉴：此次出巡自贡厚扰
尊斋重承
惠拂感纫无似。遄途经内江资简卅七
晚安抵省垣，阅於视察盐区情形及改善
贡见业已密陈
委座鉴核，兹录副寄奉，敬希
詧阅，专谢敬颂
勋安　附抄件
　　　　　弟　张　群拜启　八月三日

注：委座，即蒋中正，字介石，时任国民政府军事委员会委员长。

附：张群致蒋中正的代电

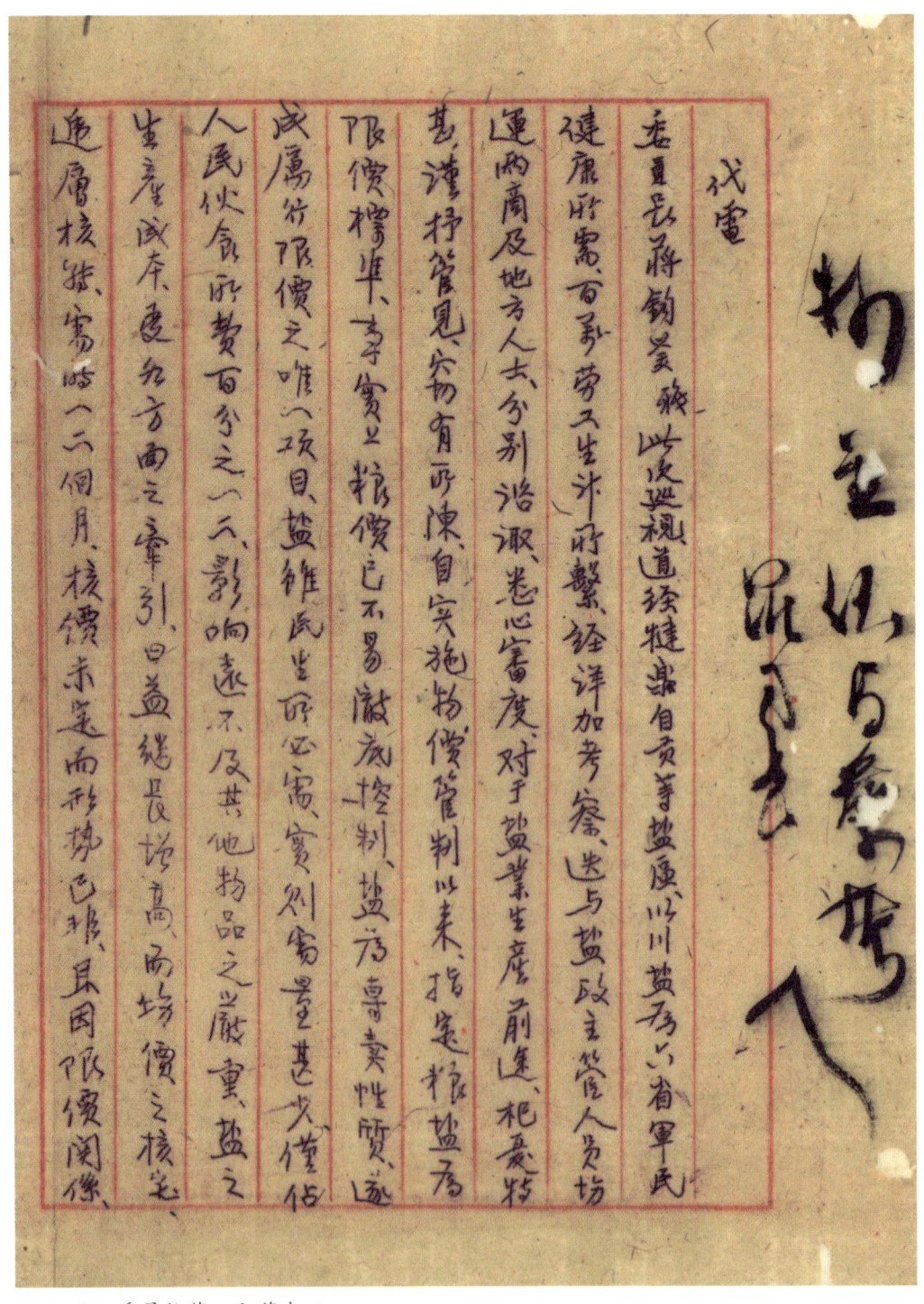

代电

委座长蒋钧鉴：顷奉钧电，此次巡视道经健康，自贡等盐区、川川盐务六省军民健康所需，百务劳工生计。特繁，经详加考察，迷与盐政主管人员坊运两商及地方人士，分别谘询，悉心审度，对于盐业生产前途，杷忧将甚谨抒管见，实物有所陈，自实施物价管制以来，指运粮盐房限价棕单，芳子宝之粮价已不易澈底控制，盐为专卖性质，逾属於限价之唯一项目，盐维民生所必需，实列需量甚戈偿佔人民伙食所费百分之八，影响远不及其他物品之严重，盐之生产成本受各方面之牵引，日益继长增高，而场价之核实，逸后核发，寫時一二個月，核價未達而形势已抂，县因限價関係，蒙欤损失，属税公家负担，为顾虑国库之亏耗，场价以近不独不能低核定，场商已不胜其亏损，而国库损失以全国计，现时已逾每月千万余元，就继续自贡等场言之，连三数影元的素物价再增，场敬尚不止此，此之种典产量岁权，每担约合五十元、每一人民所沾之实惠至微，而国家之损失甚巨，国库不胜其负荷，因而筹发盐款楼之，愁期现届七月下旬，而六月半盐款商未领得，场商积压之馀，无力周转，榔贷以益、势将四处现时黑市利息，亦通挣高至不五分，自贡亦有高至十三八分者，再加此项亏耗，场商迟徵激不堪，减产停运，不无奇虑，一旦灵此不特国税蒙巨大之损失，而军民淡食，其将何以为继，今日盐务之

德勝紙社

现状，实已成为官商变固之势，而公卖店制，又适予地方豪猾以垄断图利之资，盐务机关及地方行政机关，对之均未法管理，大都僅以少数食盐应市，而以大量囤积待价，或黑市出售，或运销于价高之地，因此黑市价格，有超过定价一倍或以信者，人民遂惮于盐价之昂贵，又有停止盐业增加税之决议，运商筹措资金，益感困难，又不免有裹足不前之势，产运两难，影响军食，略无稍减，经国军检兑维持食盐生产，使民食借此不致忧之匱乏，似宜于严限责方理予变通，因于核定盐价，即责成当地盐务税关会同

张群

行政机关，接收资需或成本予以调整，以抵销过速之正式。布疋绒织，以政权持再生产之而致兰由四联总处对于盐业正当用途，仍继续予以贷款之便利，一面改善运销制度，废除苛卖。仍继续予以缓征运销厂盐，俾便利用合作社承销，或责成乡镇等自治团体代为组织以期公平善遍，以增税国人民生活上所增之负担，为数至微，而溪食毋应必致再变立必强之整数，而稽益此方精以纾抗，究可为国家免除巨数不必要之换兑，祇与国体民生均有裨益，而於管制要政亦可相辅，事关货政前遵未敢知而不言，谨电上陈是否有当伏乞鉴核示遵。张〇束秘

德勝紙社

46   0003-001-0019-007

张群为中国战后工业化之论述著作事致曾仰丰的信函（1944年10月28日）

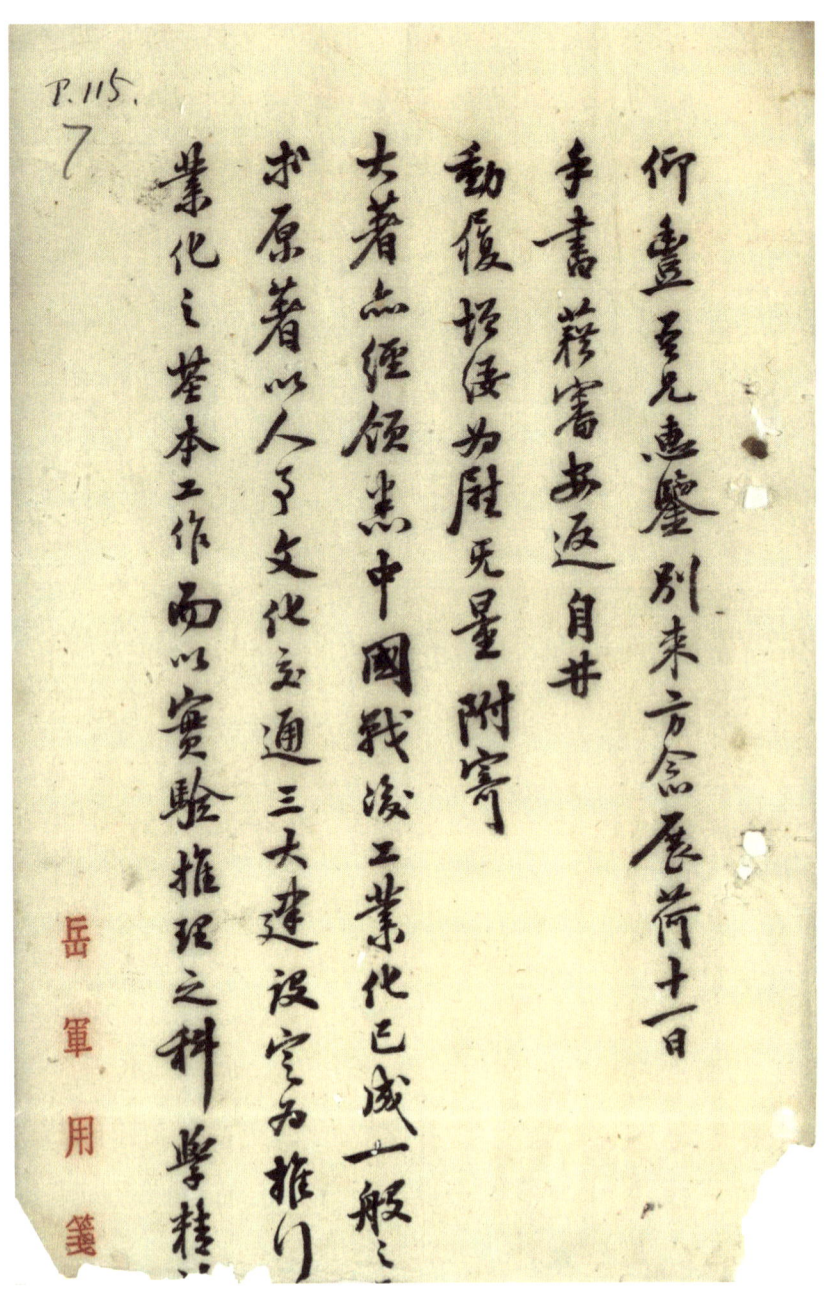

仰丰吾兄惠鉴 别来方念 展荷十一日
手书藉审安返自井
动履珍摄 为慰 无任 附寄
大著业经领悉 中国战后工业化已成为一般之
求 原著以人手文化交通三大建设实为推行
业化之基本工作 而以实验推理之科学精

注：原件下缘有缺损。

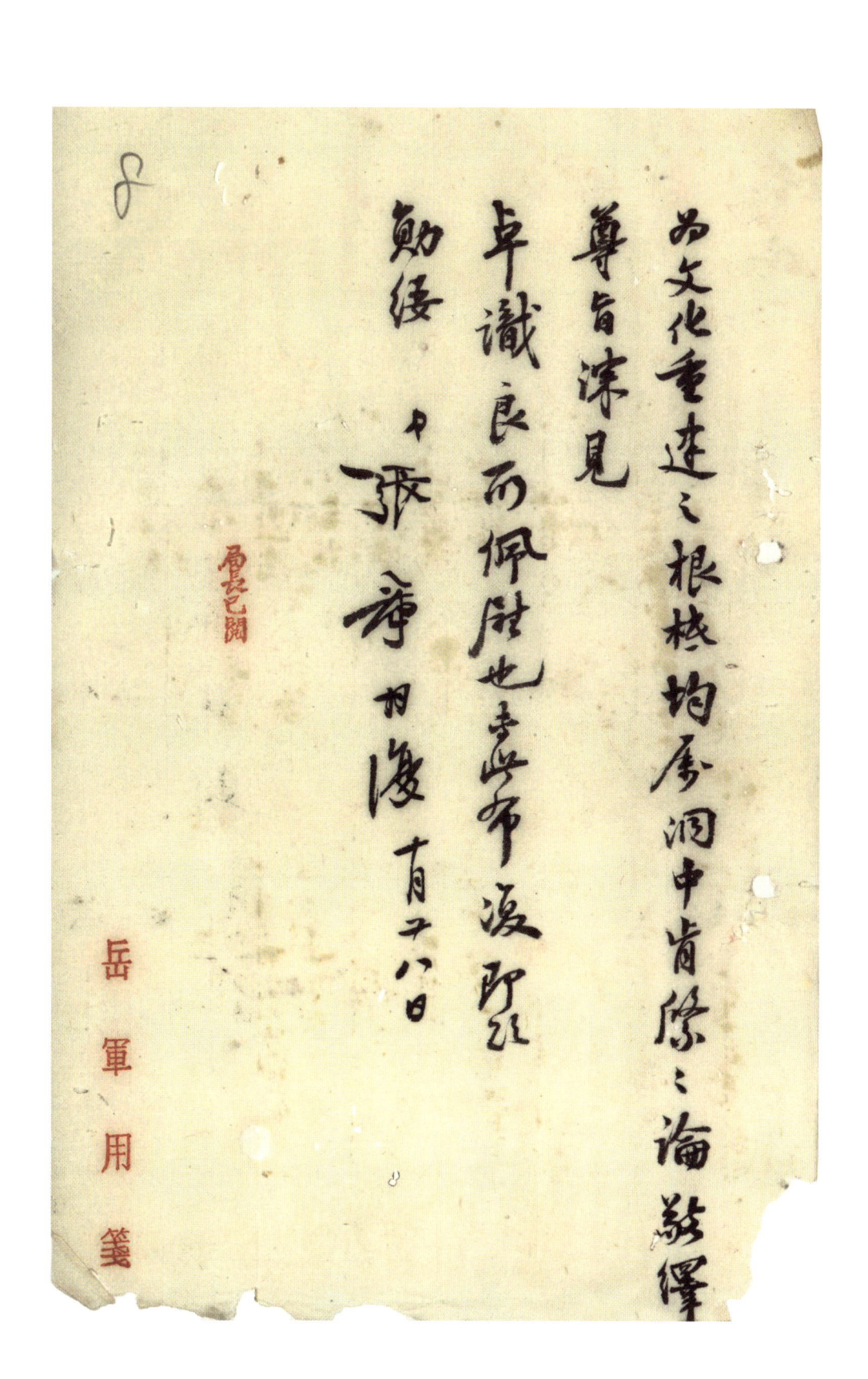

及文化重建之根檢均屬洞中肯綮之論欽佩
尊旨深見
卓識良可佩慰也專覆即頌
勳綏
　張群 卅後十八日

白鉴宇

人物简介

白鉴宇（生卒年不详），曾任自贡市空袭服务救济联合办事处委员、自贡市战时工作委员会常务委员、自贡市防空指挥部副指挥官、自贡市献金大会主席团主席、重庆行辕第二处处长、中国航空建设协会四川分会第三届常务委员、成都行辕高级参谋等职。

47　　0003-001-0005-201

白鉴宇为防护和消防两大队改隶防护团及不宜担任高等顾问等事致曾仰丰的信函（1942年11月8日）

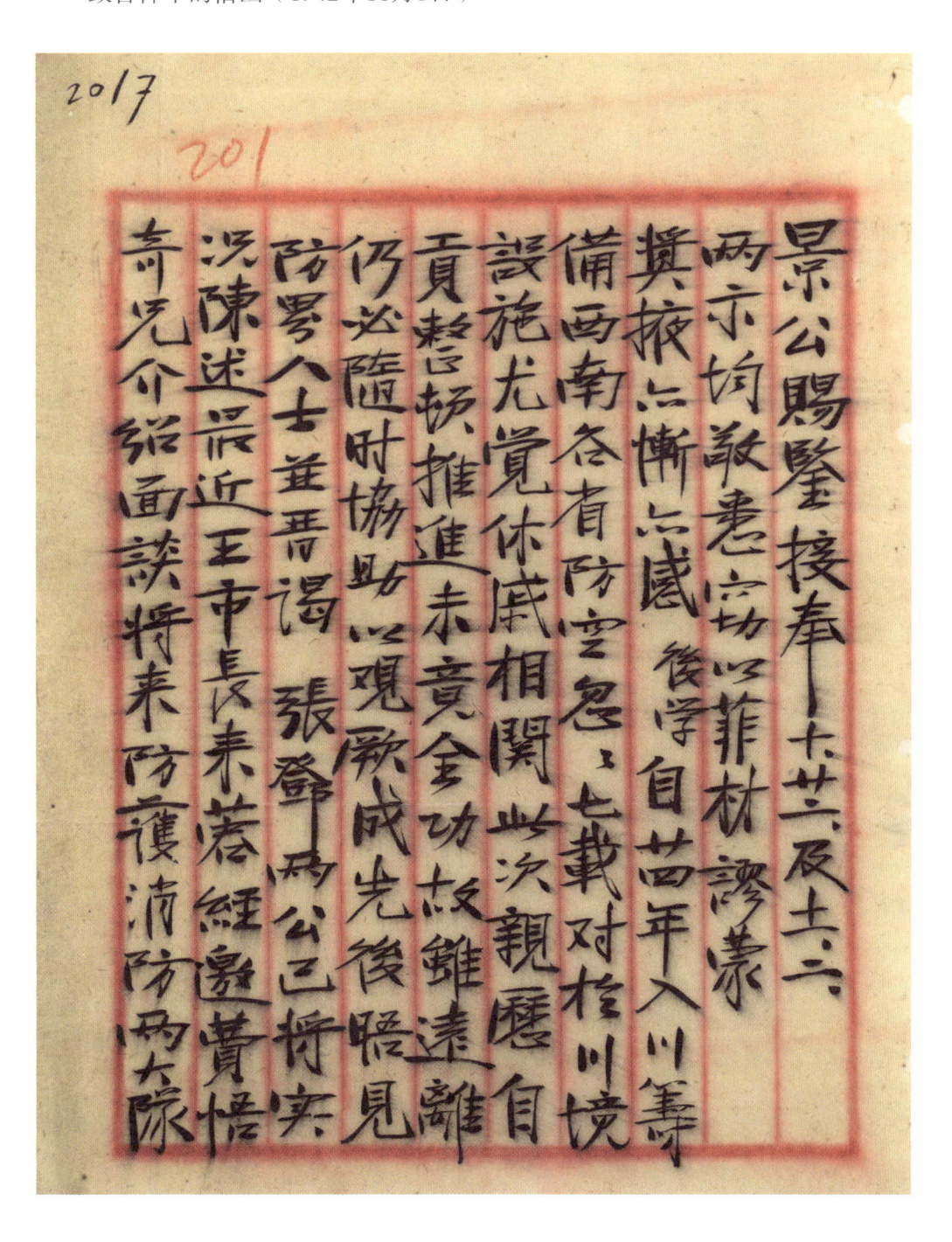

景公赐鉴：接奉十月廿三、辰十二
两示，均敬悉。功以菲材谬蒙
奖掖，惭感。后学自苗年入川筹
备西南各省防空急，七载对栖川境
设施尤觉休戚相关，此次亲历自
贡荣顿推进，未竟全功，故虽远离
仍必随时协助，以观厥成。先后晤见
防粤人士，並晋谒张邓两公，已将实
况陈述。晨近王市长来蓉，经邀贵悟
奇兄介绍面谈，将来防护消防两大队

2017

关於辖防护团（或一部）巾府方面似可筹出米粮补助富能解决围难一节此事究竟如何进行及确定自仍须王费两兄到井与我公敦商解决或请径盐部有防部省府派员速代解决昨年问题以免坐困也亟承守甲心高等顾问一节仔见盛情至深铭感惟相隔千里实难时趋劾力与其徒领虚名亵补时艰似

以不担任名義較為相宜兄何仍已卓奪再以此決返蓉後賀黃兩公均有由電馳赴渝襄助渗望心蓉市氣候宜於休養經兄婉謝現離行報後戎並兼有防衛門要貞念戎好在事简責輕過不似渝廿之务業隻一身決即趁此機會休養調動俟我健康心備時妻之効忠國家耳陳西可令赶渝壽未返蓉近来美方撥来驅逐機甚多(留美空軍畢業生駕

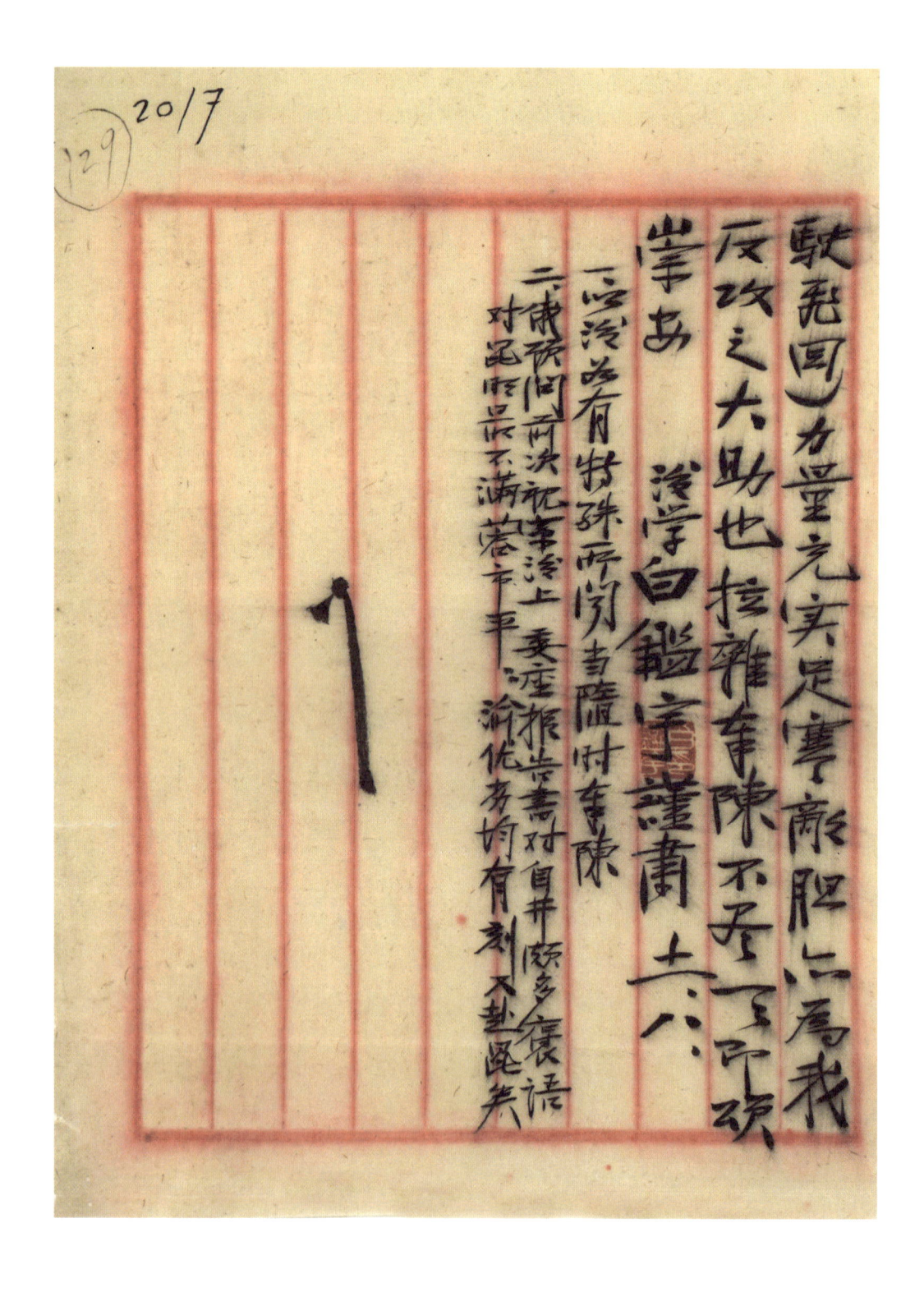

駄惹回)力量充实足寒廠脃以扇我
反攻之大助也捃雜专陳不盡一二所欲
崇安 後學 白鑑宇謹肅 十六八

一、沿途並有特殊所聞吉隨時专陳
二、咸候問所決祝事洽止 委痤振黨壽對自井頗多襃語
 對汜軍品不滿 蓉市平 渝伉多均有刻入塾亟矣

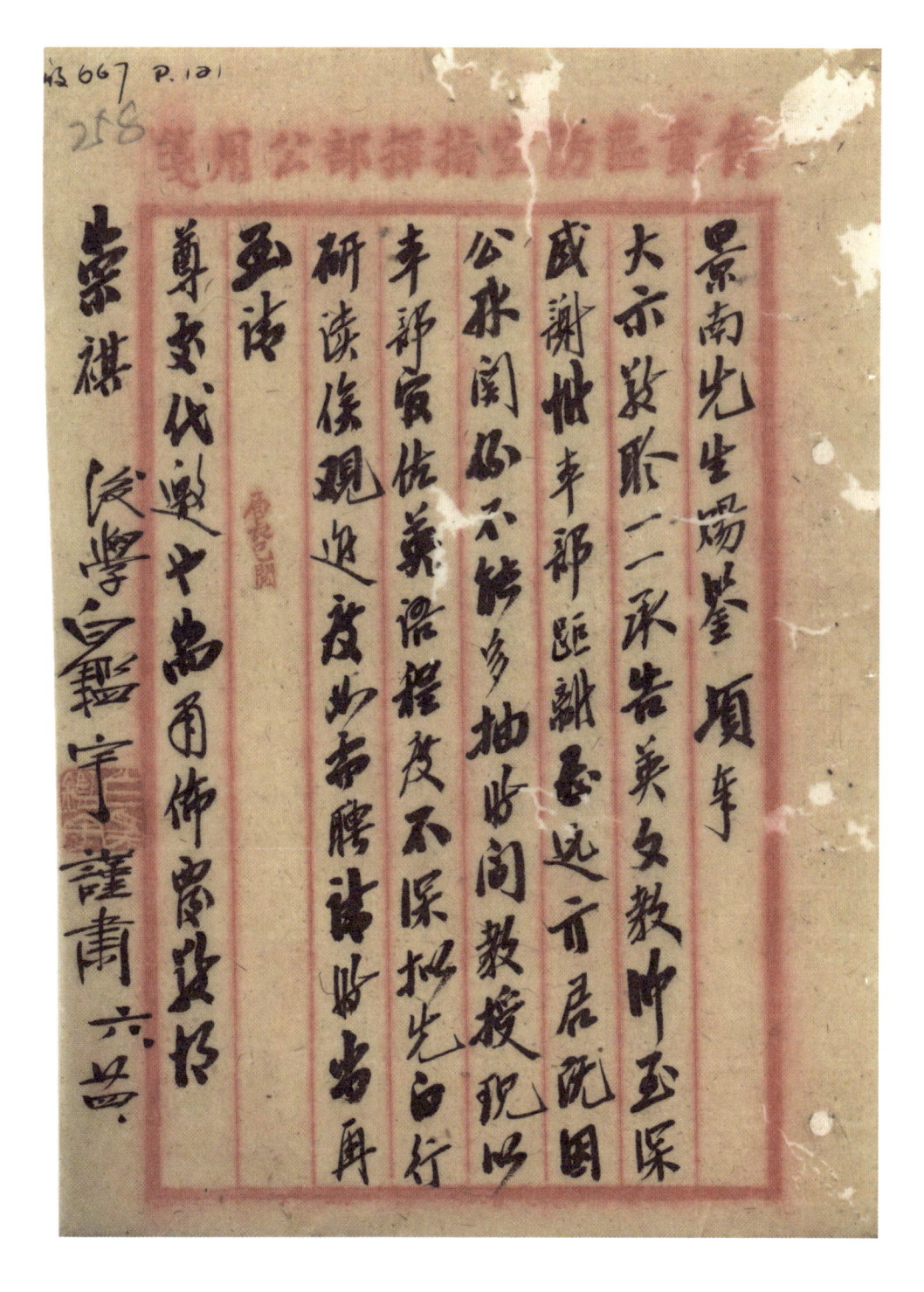

48　　0003-001-0008-258

白鉴宇为暂不聘请英文教师事致曾仰丰的信函（1944年6月24日）

景南先生赐鉴 顷牵
大示敬悉 聘一一承告英文教师玉保
咸谢 惟牵部距离甚远 万居既困
公亦阁如不能多抽时间教授 现以
牵部实值其课程甚不保妥 拟先自行
研读 俟观近度如可聘请时 当再
亚请
尊安 代邀 中尚希 常赐教 为
崇祺

　　　　　受业 白鉴宇 谨肃 六月廿四

49　0003-001-0008-059

白鉴宇为致谢鼎力赐助盐区空防事致曾仰丰的信函（1944年7月13日）

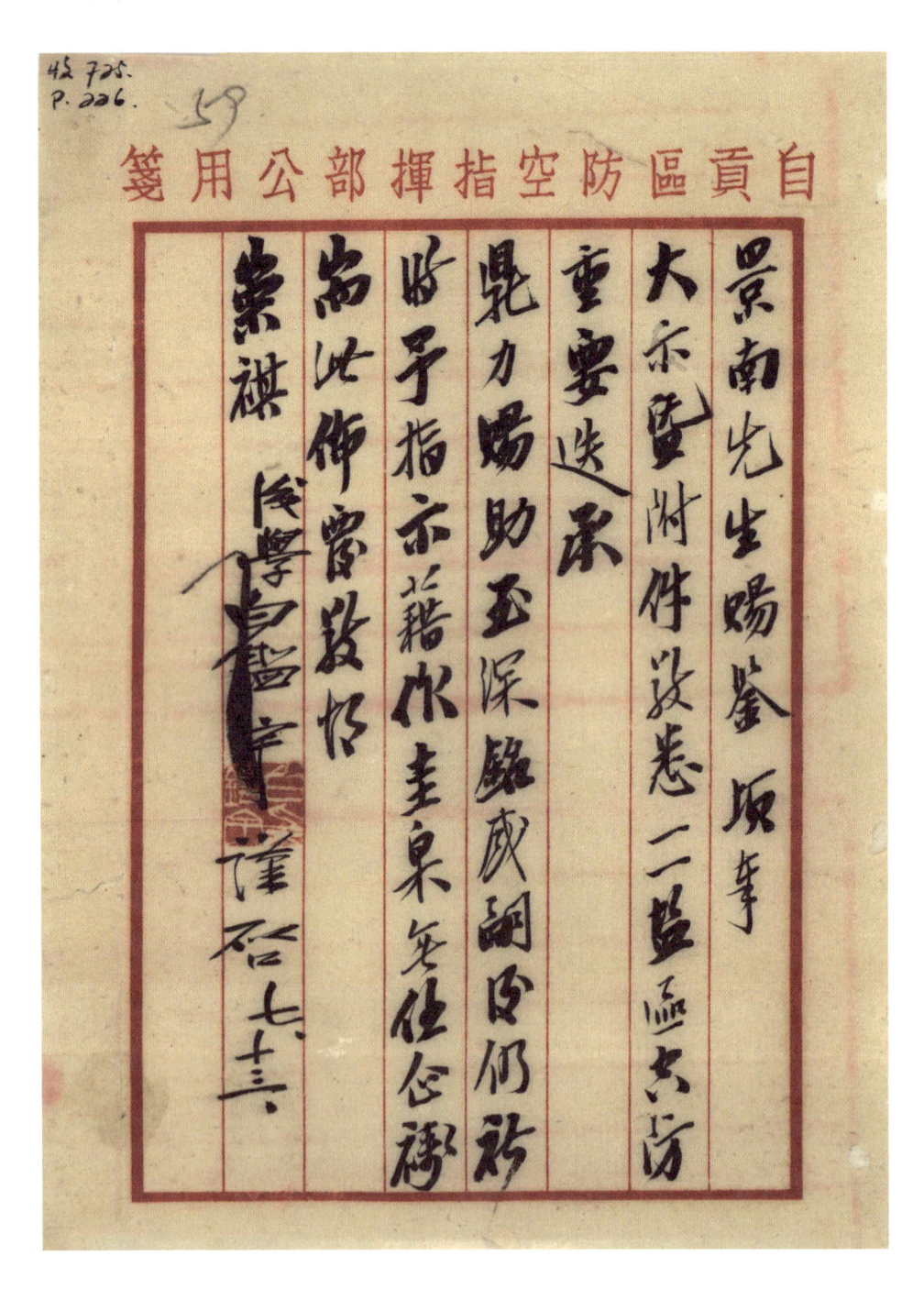

景南先生赐鉴顷承

大示暨附件以及卷二盏□□防

重要迭承

鼎力赐助无深铭感荷属仍荷

赐予指示□□□□□□□□□□

当此佇常

崇祺

　　　　　　弟学白鉴宇谨启七月十三

郐子举

人物简介

郐子举（1897—1982），名超，以字行，河南鲁山人。国民革命军陆军中将。毕业于保定陆军军官学校。曾任黄埔军校教导第一团连长、第八方面军政治部主任及参谋长、新编第五军军长、新编第二十师师长、第九十一军军长、军政部第一新兵补训总处中将处长兼内江警备司令、东北屯垦局局长、立法院立法委员、豫陕鄂边区绥靖公署副主任兼参谋长等职。

50　0003-001-0005-170

郗子举为急于返回内江不及造访并感谢照拂陈衡事致曾仰丰的信函（1942年11月10日）

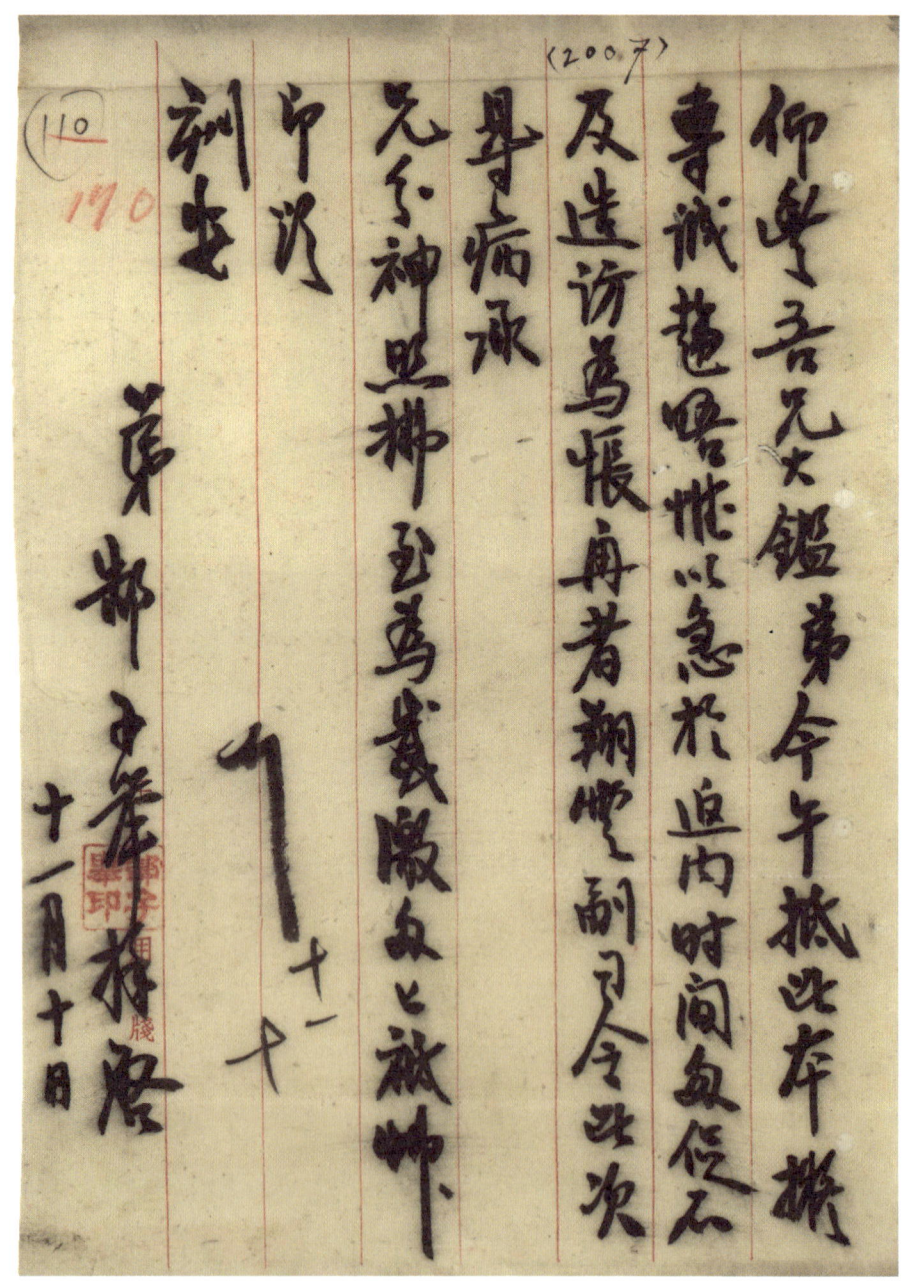

注：翔云副司令，即陈衡，字翔云，或作祥云，时任自贡警备司令部副司令。

51　0003-001-0005-211

邰子举为告知二十五补训处三营士兵与税警团士兵冲突已平息并将依法严办肇事人员事致曾仰丰的信函（1942年11月16日）

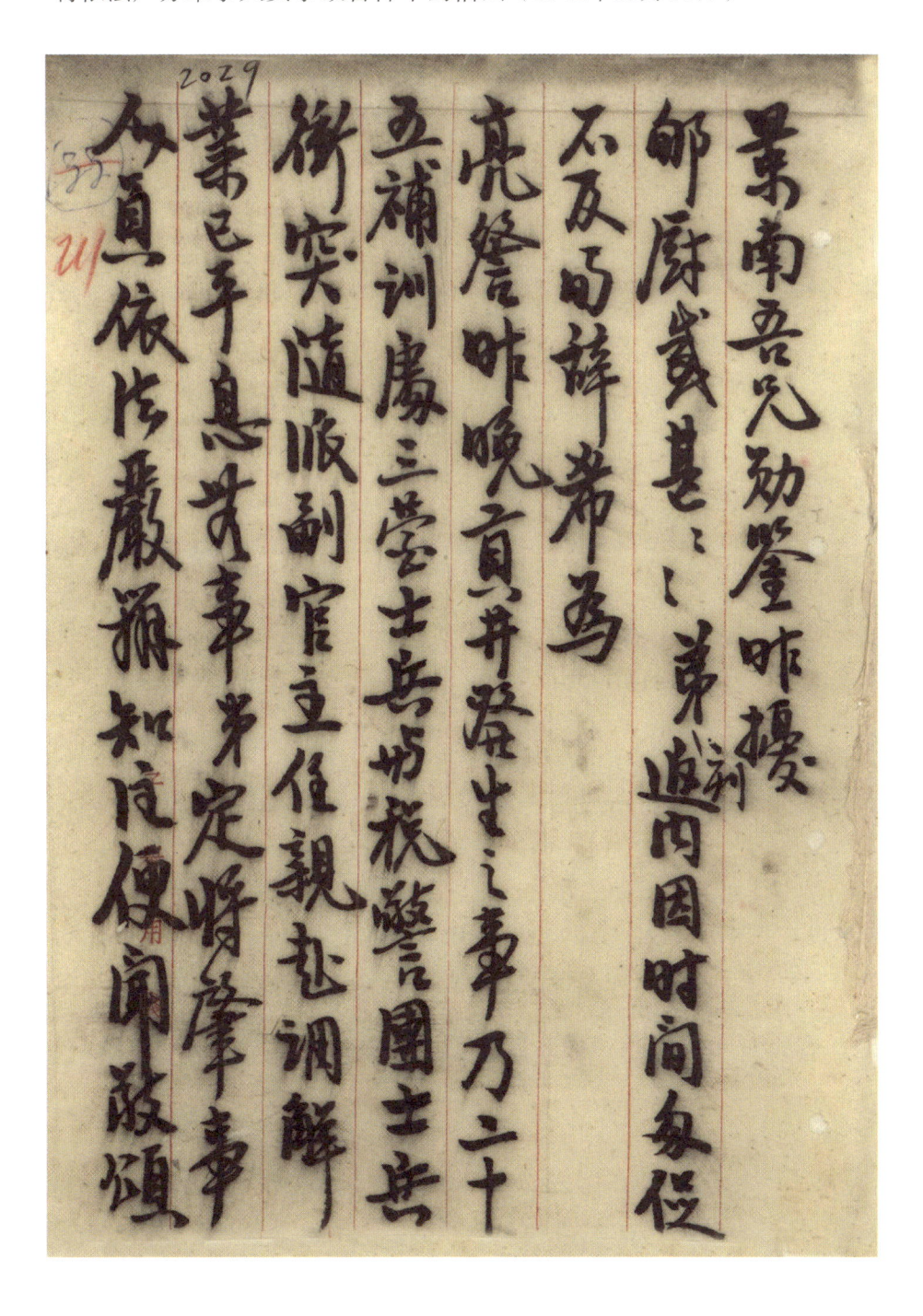

景南吾兄勋鉴 昨扰
郇厨盛甚 弟之莅剑阁因时间匆促
不及面辞弟为
亮詧昨晚贡井发生之事乃二十
五补训处三营士兵与税警团士兵
衝突随派副官立往亲赴调解
業已平息此事弟定将肇事
人員依法嚴辦知注便间敬頌

勋祺

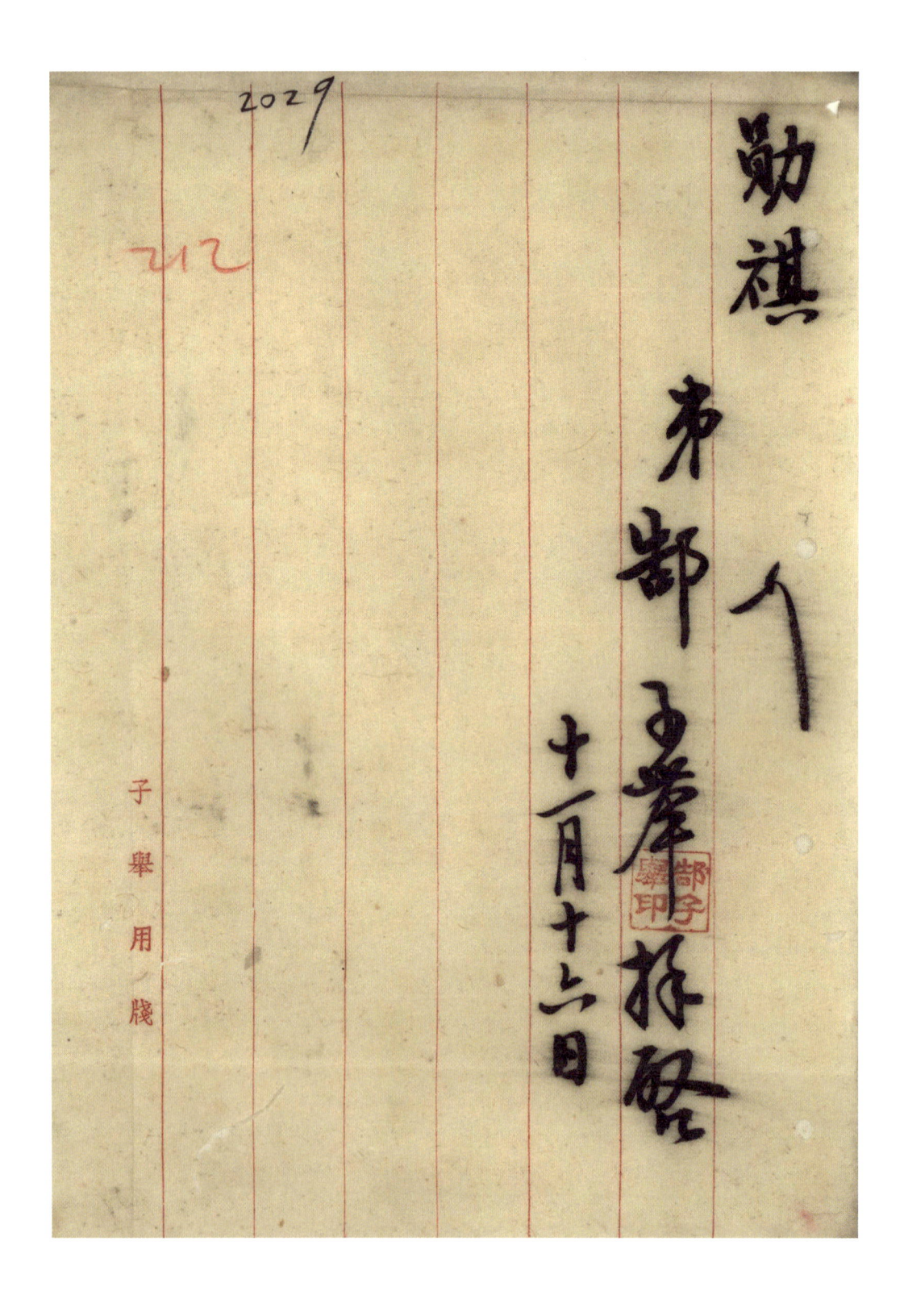

弟邓子举拜启 十一月十六日

52　　0003-001-0011-008

郘子举为拟在内江自贡两地设立保健会并将自贡盐区医院作为保健会核心等事致曾仰丰的信函（1943年6月22日）

仰丰吾兄勋鉴敬启者，查内井两地人口已达数十万，在治疗上尚乏一设备完善医院，如遇急症尤感困难，兹拟无机在内井创设一保健会，由该会延聘专家教人才，专防治疗病，此举在治疗方面颇有一设备技术俱臻完善之医院，现以物价高涨

另创办医院事实上不易办到
贵局自贡盐区医务院为吾
兄所创设备齐全如作保健会之
核心委员在盐区医务院诊住
或施行手术于其医药费均四
该院规定缴纳毫不增加该院负
担另者
燧昌同则不但保健会员之生命□

子举用笺

有保障即一般民众亦受惠非浅矣
陰另函剑霜兄徵求同意外用特
专函不尽 允諾尚将该届章则
及办法告送 荷就教至荷 来会务
极由蒋竞长马共俊主持此種保健
在吾國尚属創舉其目的专为社
会造福詩付邮允也 专此敬覆
勛绥

华同

弟 郜子举拜啟 六月廿六号

53   0003-001-0012-085

郐子举为拟在内江自贡两地设立保健会及在内江设立一小型医院并以自贡盐区医院作为核心等事致缪秋杰的信函（1943年6月22日）

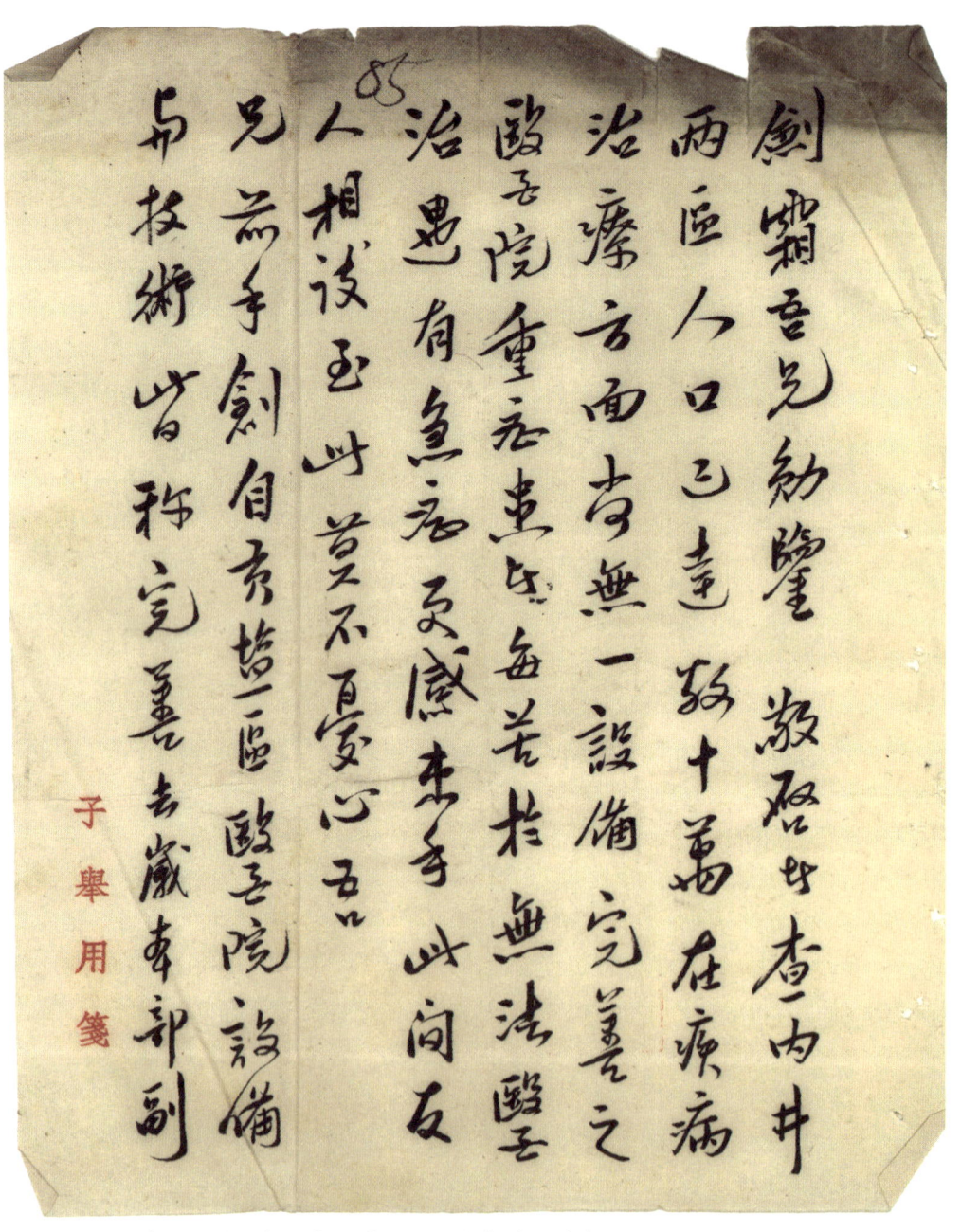

剑霜吾兄勋鉴：敬启者，查内井两区人口已达数十万，在疾病治疗方面尚无一设备完善之医院，重症患者每苦于无法医治，遇有急病反感束手，此间友人相议，亟此岂不宜费心乎？兄前手创自贡盐区医院，设备与技术均称完善，去岁亲部副

子举用笺

注：剑霜，即缪秋杰，字剑霜，时任盐务总局总办。

司令陈衡兄患胃溃疡，午夜穿孔，庵之一息，若非蒋院长诊断正确，搶派赵名师之施手术，刘陈副司令实难生还事故。

兄岂叫造福于后人或感钦佩此该院偏居贡井，惜事繁业肉年全区人士无分利用甲乙丙三项医院，建议倡办汽车病房，创设一保健会办事于此，

子举用笺

会员及社员多罹患有伤病均可
申保健会主办医院所为之诊治以此次
议於庸医誤害之手中当可减少死亡率点
子日渐减低利之所在仍勤而可为素日
保警制度之推择内江拟设一小型警
院井方拟以贵监局医务院作保健会
之核心劳聘专家数人此趟於内井
两医凡会员须住堡医院及施

子举用笺

引乎術系仍參以醫道醫學院之習慣樓皆由醫學院之放之仙貴含負荒當用药品材料亦樓規定仙貴意不增加該院負担俾健全經費亮時立子择要亮実該院診備芳將内江之小型醫乎院逐渐擴亮芳預於一二年内内井两地均亮有一完美之醫乎院由乎D投術人負主持診療

子舉用箋

宋皮保健會員及民眾生命均有所保障矣上項辦法究為贊成即將保健會章程抄示。前就敷且飛隨長吳誠恳热心来日両諸君就近主持內井人士贊同此举如蒙兄如复之属亦参妈敦旦威

荩四順叩
勋绥

井鄰子婶 村忍 六月廿六

曾冠英极呈王总幹事

54　　0003-001-0008-201

郐子举为协助筹设内江盐务管理分局事致曾仰丰的信函（1944年6月20日）

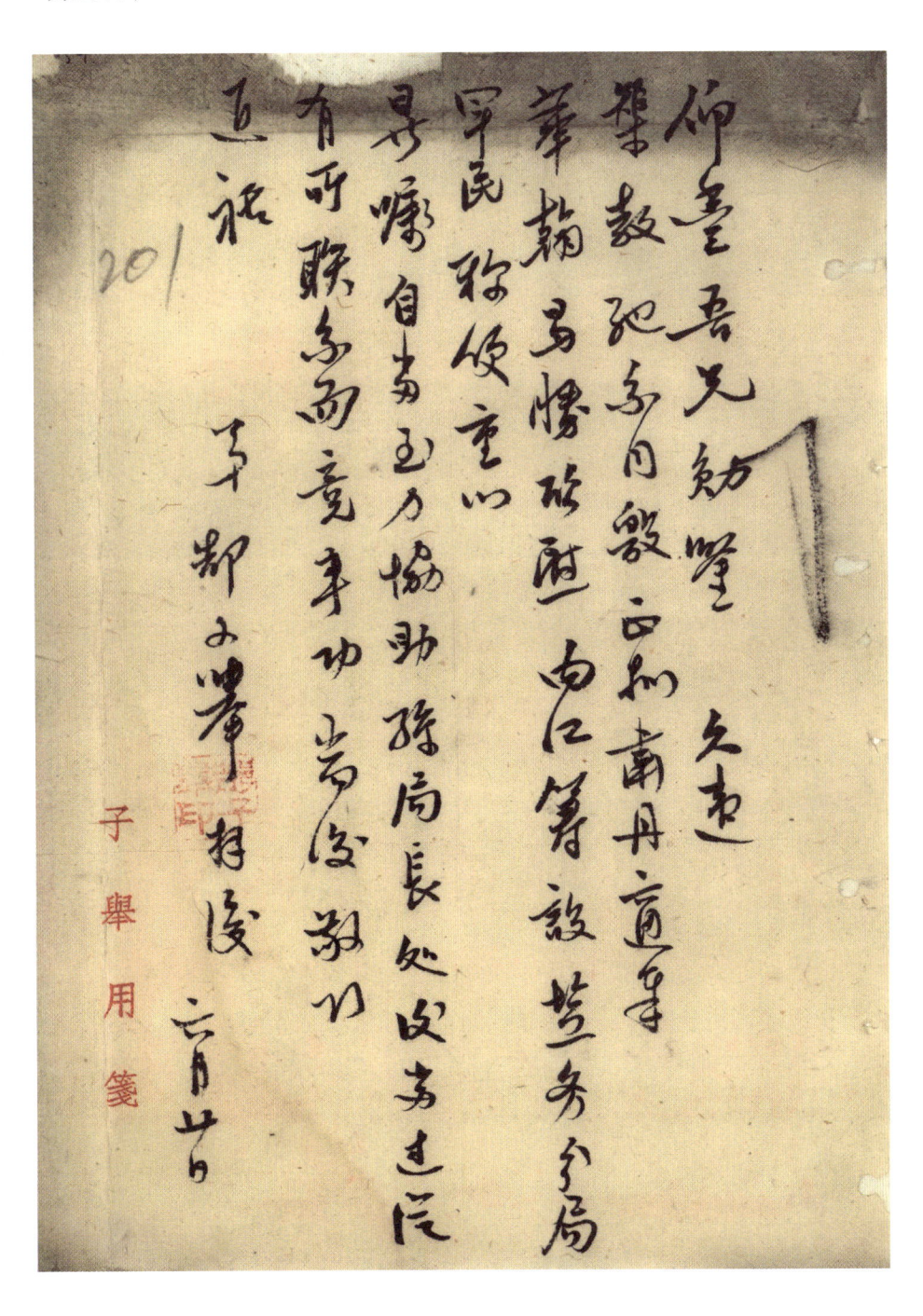

仰丰吾兄勋鉴　久违

馨欬弛系耑启者顷和南丹意至

华翰具悉顷奉本府令在内江筹设盐务分局

军民称便至以

尊嘱自当尽力协助孙局长处已为达悉

有所联系而竟其功弟俊勉力

直祝

勋祉

弟郐子举拜启　六月廿日

萧家干

人物简介

萧家干（1900—1972），字嵩岭，浙江嘉兴人。毕业于复旦大学。曾创办西湖炼乳股份有限公司。七七事变爆发后辗转至四川自贡，参照自贡富荣盐场现状设计制作出灶用制盐真空机，并在富荣盐场宏原公司进行试验，几经反复，取得成盐迅速、节约燃料、减少人工、盐质优良的效果。新中国成立后，担任杭州市轻工业局工程师等职。

55　　0003-001-0005-288

萧家干为陈明宏原工厂暂时停工原因及愿负责改进真空制盐等事致曾仰丰的信函（1942年12月15日）

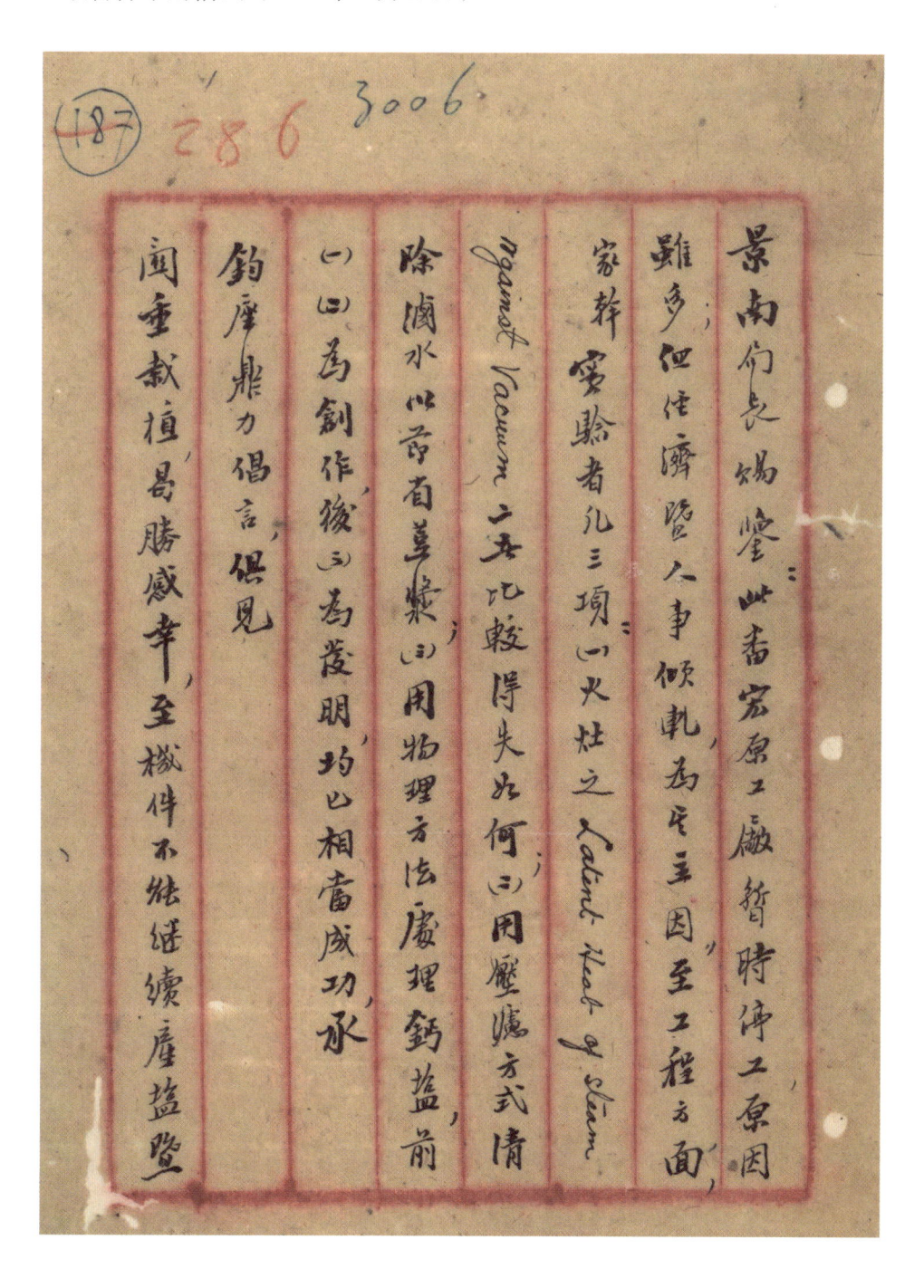

景南仰兄锡鉴：此肃宏原工厂暂时停工原因雖多，但任濟暨人事傾軋，為最主因。至工程方面，家幹實驗者凡三項：(一)火灶之 Latent Heat of Steam against Vacuum 二者比較得失如何；(二)用壓濾方式清除濁水，以替百萬紫；(三)用物理方法處理鈣鹽前(一)(二)為創作，後(三)為發明，均已相當成功，承

鈞座鼎力倡言，偲見

聞重款植昌勝感幸，至機件不能继续產鹽鹽

产量不多，原因有四：(二)国产皮带不坚；(三)火灶通风欠佳；(四)锅炉废布三湾居中工不良；(三)火灶通风欠佳；(四)锅炉废汽有待第二步应用，对上四项家荠以人事困任不敢继续完成，业任王树芳先介绍武汉大学王子院谭院长督乙杨敎授君家白廠良郁约等储主任先生芳蒙杨君家先卦厂视察认为真空制盐必告成功尺一中部份缺点，栓敢继续辞志负贡政进以职到达真空制盐三天成，家荠三年

努力不阪被人全部抹殺出此於公於私勉百自愧窃念

該校必有正式函件寄交李伯嶽光生夫出宏原將

來先何處理，家弊刻下未便逕向賢明加

鈞座直知家弊苦衷也，家弊現任重慶尤希

賜示諸壽多通部陸摯光先生轉交曷勝感

禱專肅不一敬頌

勛綏！

弟 蕭家幹 叩

十二·十五。

蒋士焘

人物简介

蒋士焘（1890—1949），江苏丹徒（今镇江市丹徒区）人。曾任南京中央军校少将军医处长、国民政府军政部少将军医副监等职。

56   0003-001-0005-053

蒋士焘为请予赐书"自贡盐区医院"以便改造衔牌事致曾仰丰的信函（1942年）

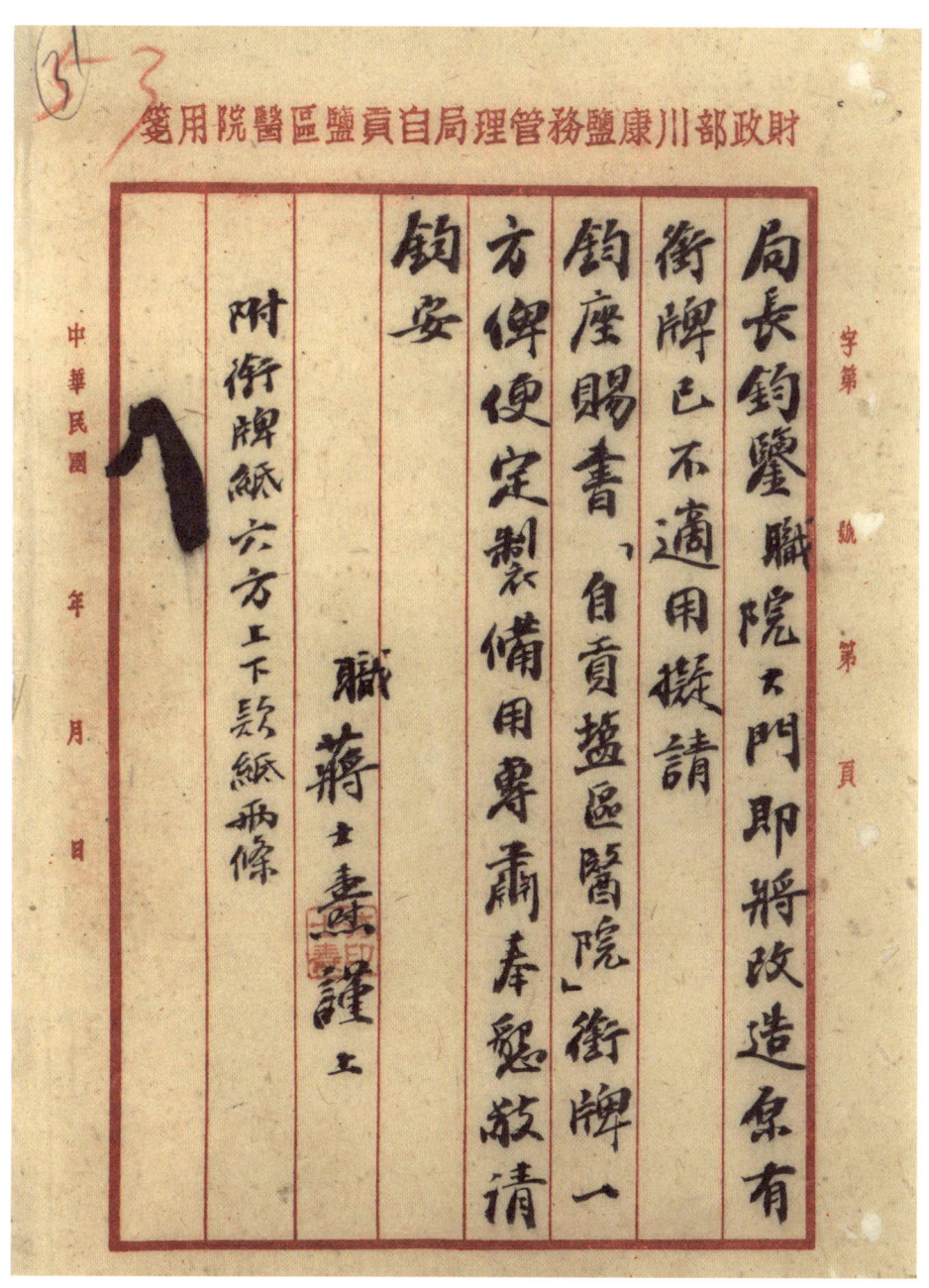

財政部川康鹽務管理局自貢鹽區醫院用箋

局長鈞鑒：職院大門即將改造，原有衔牌已不適用，擬請
鈞座賜書"自貢鹽區醫院"衔牌一方，俾便定製備用。肅奉懇敬請
鈞安

職 蔣士焘 謹上

附衔牌紙六方上下款紙兩條

中華民國　年　月　日

注：局长，即曾仰丰，时任川康盐务管理局局长。

邓锡侯

人物简介

邓锡侯（1889—1964），字晋康，四川营山人。国民革命军陆军二级上将、著名抗日将领。民国四川军界保定系实际第一首领，抗战胜利后在川军中被视为领袖。曾任护国军营长、川军集团军总司令、川康绥靖公署主任、四川省政府主席等职。新中国成立后，任西南军政委员会副主席、四川省副省长等职。1955年获一级解放勋章。

57   0003-001-0011-168

邓锡侯为病中承派顾裕奎慰问申谢事致曾仰丰的信函（1943年5月18日）

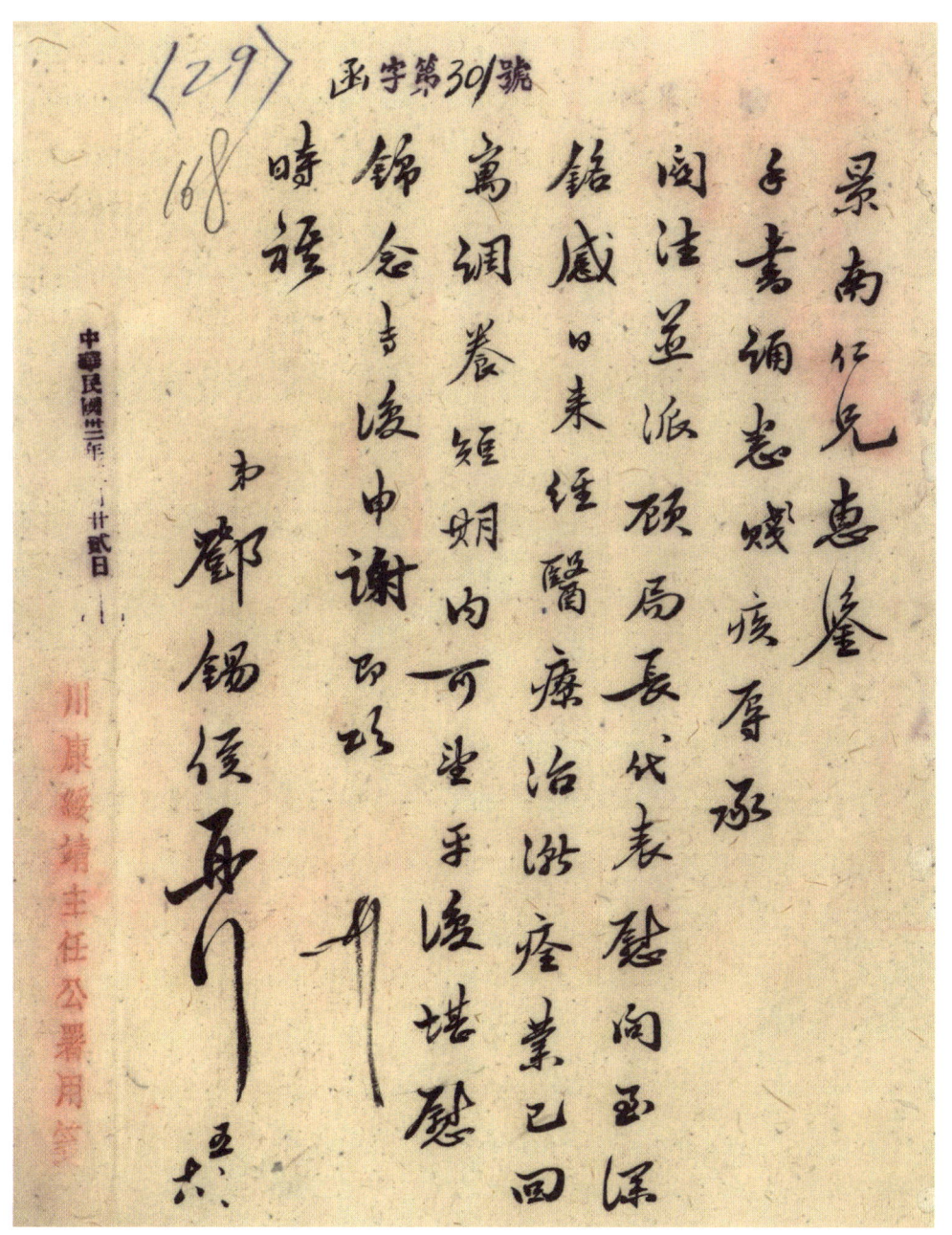

景南仁兄惠鉴：

手书诵悉，贱疾辱承关注，並派顾局长代表慰问，並深铭感。日来经医疗治，渐瘥，业已回寓调养，短期内可望手愈，堪慰锦念。耑复申谢，即颂

时祺

弟 邓锡侯 五·六

注：顾局长，即顾裕奎，时任成都盐务支局局长。

58　　0003-001-0024-015

邓锡侯为请予转饬成都盐务管理分局查照行政院原令办理四川全省防空司令部应领食盐代金事致陈纪铨的信函（1946年8月22日）

附：前四川全省防空司令部经理科为陈明领用食盐相关依据及并无溢领食盐等事致邓锡侯的签呈（1946年8月17日）

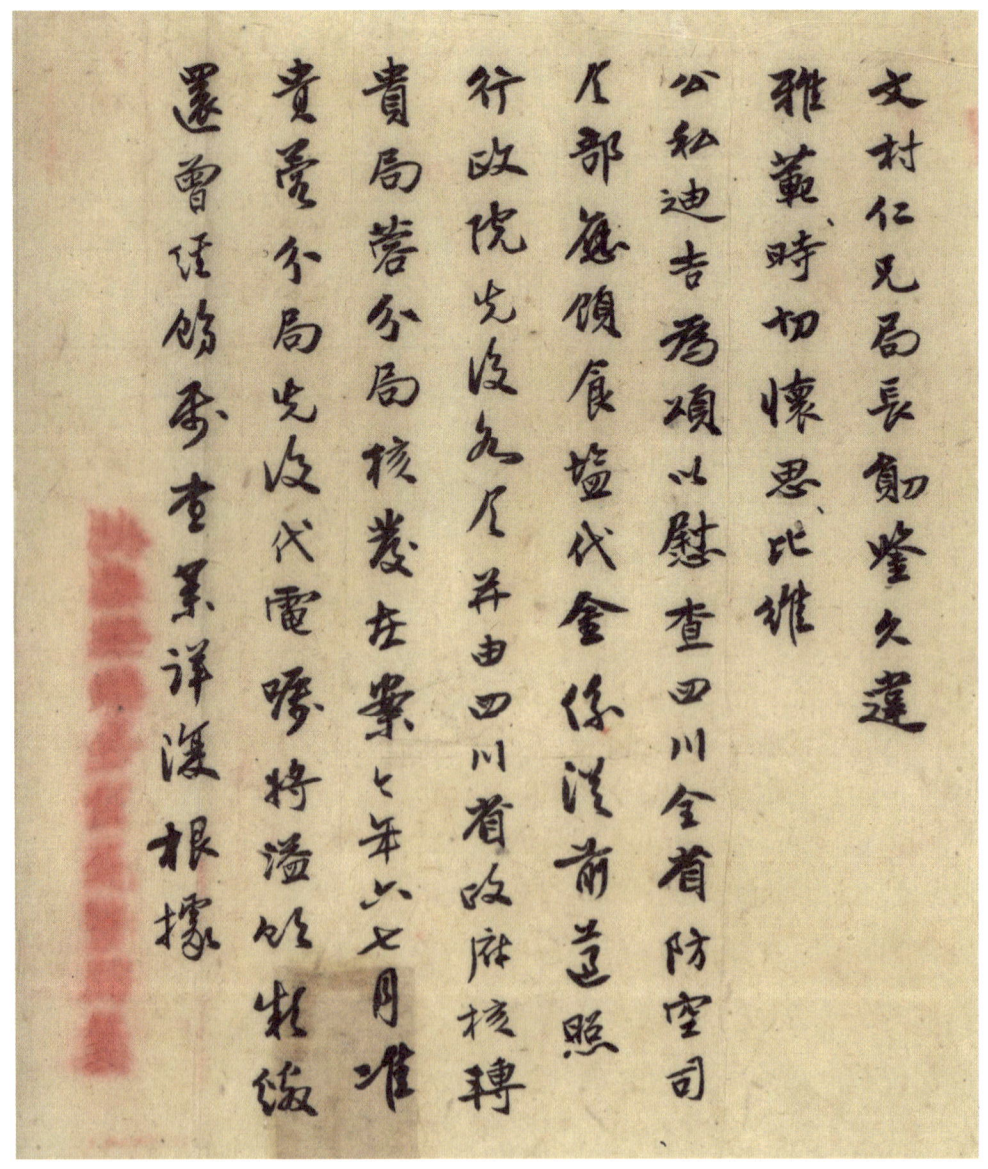

文村仁兄局长勋鉴 久违
雅范 时切怀思 比维
公私迪吉 为颂 兹查四川全省防空司
令部历领食盐代金 系遵照前军
政部颁发食盐代金 系遵照前军
行政院先后令尺 并由四川省政府核转
贵局荟分局核卷在案 七年六七月准
贵营分局先发代电嘱将溢领 部饭
还曾饬飭查 兹详陈根据

注：文村，即陈纪铨，字文村，时任川康盐务管理局局长。

政院名尺實無溢頒之數乞又難
貴黨分局自未又代賣參將溢頒數
借予保存如將來不能辦理核發時
仍諸登還云復餉原之發部作查
登乞飭撫登之名情核委實在
又之事務過去辦理似查棟手抄
謝原登發諸
惠予關注飭知黨分局查𡘹

政院原任辦理俾免久懸particularly至要
迅尚祈
朗照並希
示復元任感盼專此祇頌
勛祺

弟鄧錫侯拜啟 廿二、八、廿二
附抄件壹件

查案速核复
Ｒ下光

附：前四川全省防空司令部经理科为陈明领用食盐相关依据及并无溢领食盐等事致邓锡侯的签呈（1946年8月17日）

奉

发下川康区盐务管理局成都分局三十五年八月未文代电一件为电请将溢领食盐代金暂予保存如将来不能奉准核发时仍请签还过局以资清结一案饬即详查签呈等因遵查此案前准该局三十五年六月十三日盐字第二六四号已元及七月二十二日午养两代电为迭奉层令严饬应将本部溢领三十三年十月至三十四年六月军盐代金三、五一九、二二五〇元收回归帐嘱予追缴归还各等由准此伏查本部前准四川省政府三十三年十二月二十六日计甲一字第一三八八号公函为调整蜀首武职官兵待遇办法奉行政院戌养渝四电核示办法六项其第四项部队官兵食盐八合给月支十二两其第六项上项调整办法自三十三年十月份起实施经四川省政府规定办法四項其第四項官於部隊官兵食鹽公給月支十二兩一節業經由商咨請財政部轉飭鹽務機關核發并囑本部逕向所在地鹽務機關洽領以供食用除分別承令外准予査照又准四川省政府三十四年二月二十三日計乙一字第一八〇八號公函為函復本部咨詢前轉

行政院令領調整省武職官兵待遇辦法六項一案節開第二項關於所詢第三點査部隊官兵食鹽

院頒辦法既規定公給應由財政部轉飭鹽務機關就地撥發至機關官兵食鹽上項辦法并未規定公給復請査照又准四川省政府三十四年七月三十一日秘人字第一三三一號公函開奉

行政院已感興四代電該省武職機關士兵及照舊薪級支薪并領副食費

之官佐准自七月份起比照部隊官兵支給標準公給食鹽除分行外電仰
遵照等因即請查照各等由到部本部係武職機關而經臨各費向由四川
省政府分為機關官兵及部隊官兩種待遇在案前次向鹽局領食
鹽亦係遵照

行政院先後各令分別機關官兵及部隊官兵兩種與夫規定公給鹽量辦
理即係屬於部隊待遇者應自三十三年十月份起屬於機關待遇者應自
三十四年七月份起分別領給根據各案并無溢領之數再查

行政院規定省級待遇分為職與武職兩種機關待遇即係文職部隊待遇
即係武職本部係武職機關如遵

行政院先後各令則本部及所屬各單位官兵食鹽一律均應自三十三

年十月份起公給因四川省政府既將本部及八個指揮部暨兩個防護團劃為機關待遇其餘各單位劃為部隊待遇故本部前次所領三十三年十月至三十四年六月官兵食鹽僅限於四川省政府所劃定屬於部隊待遇之官兵未及其他果遵

院頒定則本部及八個指揮部暨兩個防護團均應自三十三年十月份起開始公給如此則本部所領食鹽尚有差額兩相比較更屬明顯兹准護局未文代電囑將溢領食鹽代金暫予保存如將來不能奉准核發時仍予歸還一節核與本部所奉

院頒各令既無溢領之數且事屬過去更實無法辦理奉

令前因理合將本案經過情形查案簽呈

敬請
鑒核示遵
　謹呈
兼司令鄧

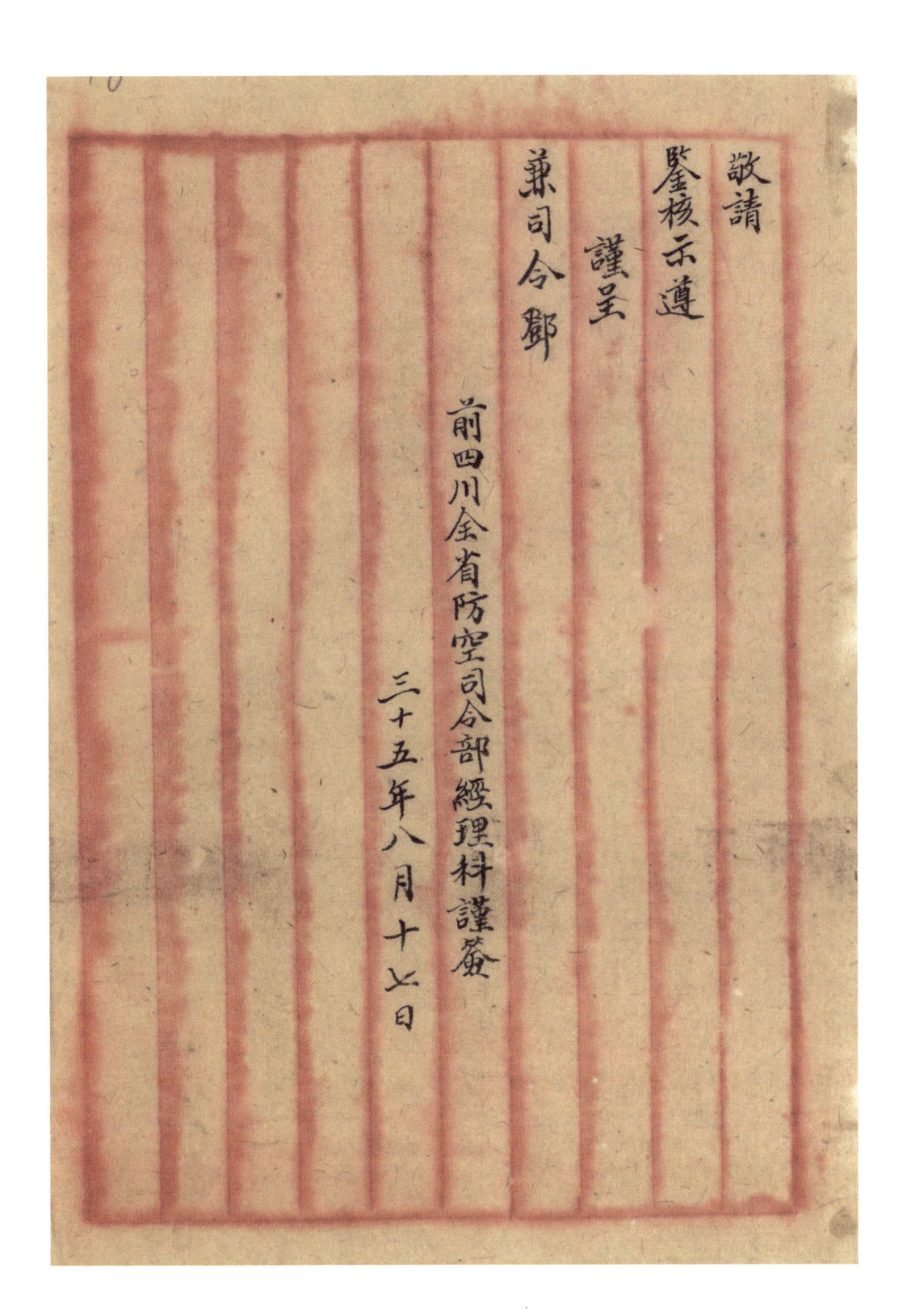

前四川全省防空司令部經理科謹簽
三十五年八月十七日

59　　0005-004-0729-111

邓锡侯、刘文辉为请予劝募补助成华大学三千万元基金事致陈纪铨的信函（1946年）

子村局长仁兄大鉴：崇启者，前光华大学成都分校由谢霖南先生入川创办八年以来，毕业学生甚多，以输人士佔其大半。前因抗战胜利，谦将该校复校、估值一亿四千万之馆谠，川人士捐办各项华大学甚热，忱可佩。拟于春揽收的各项华大学建续办理的设立习理学高等三院，具上海光华大学成为兄弟学校，慨仍诸咸因艰刻，经费不佑一切推诿，决增募基金两亿元，以资补助，人拟仪

邓锡侯

焘兄：

台谕谨悉，发作育风，具挹忱，弟倩自克节

担任壹千万元助饷（虔）集为方一致勖

勉俾收众擎易举之效，全仰师生

同仁感祷，专此布肌，并盼

见复，恢恢

时绥

邓锡侯
刘文辉 再拜

60　　0005-004-0729-112

邓锡侯、刘文辉为陈明劝募成华大学基金未印制捐册并请商同自贡市市长李泽民酌情办理事致陈纪铨的信函（1946年）

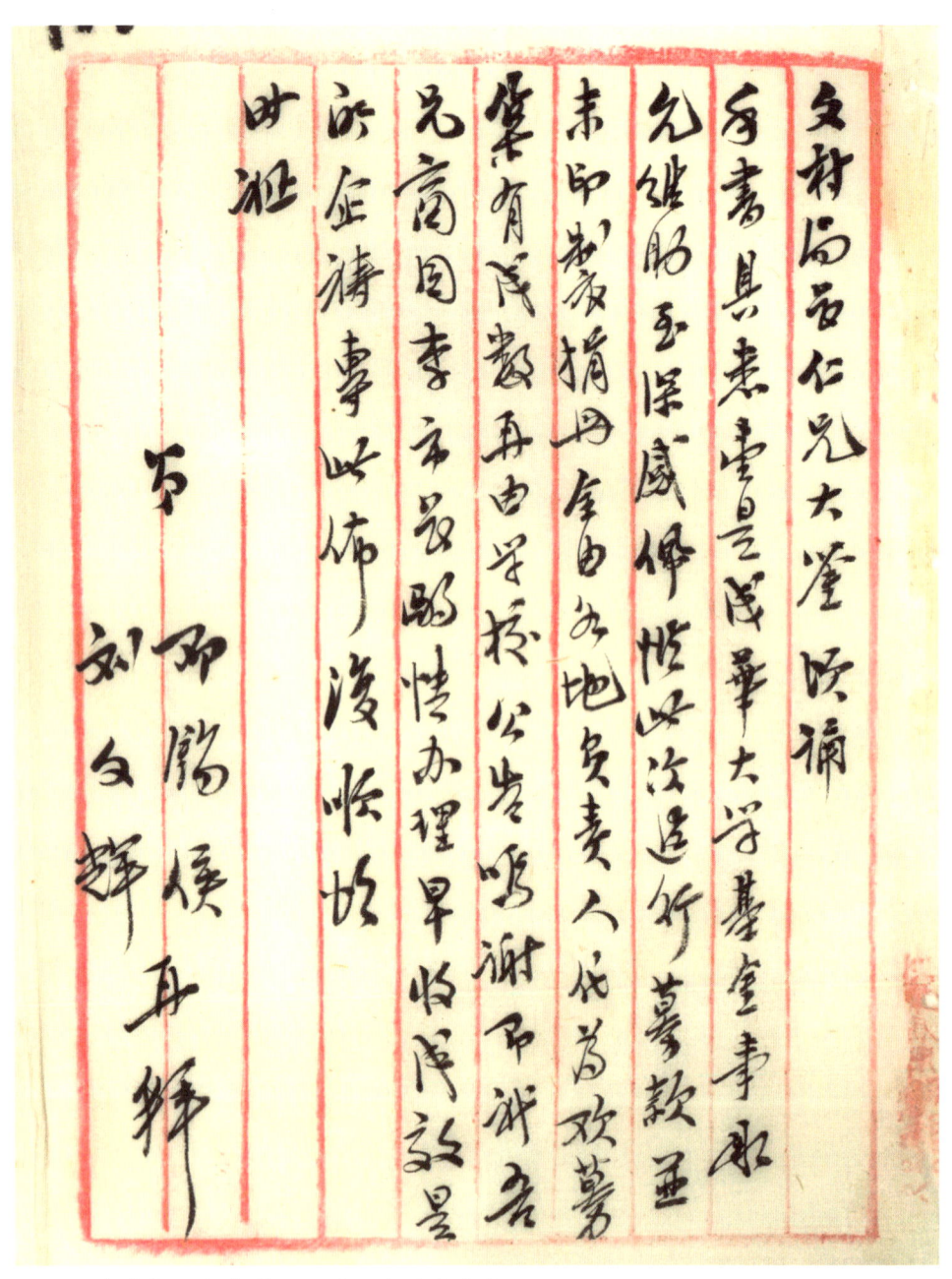

纪铨局长仁兄大鉴：顷诵

手书具悉。成华大学基金事承

允雄助至深感佩，惟此次进行募款匪

未印制募捐册再由学校公洽，吗谢不敏者

纂有民款再由学校公洽人代为欢募

兄尚且李市长邸情办理早昐成政复是

所企祷。专此佈复顺颂

时祉

弟　邓锡侯　再拜
　　刘文辉

注：李市长，即李泽民，时任自贡市市长。

61   0003-001-0005-089

邓锡侯为莅蓉期间疏于款接致歉事致曾仰丰的信函（10月17日）

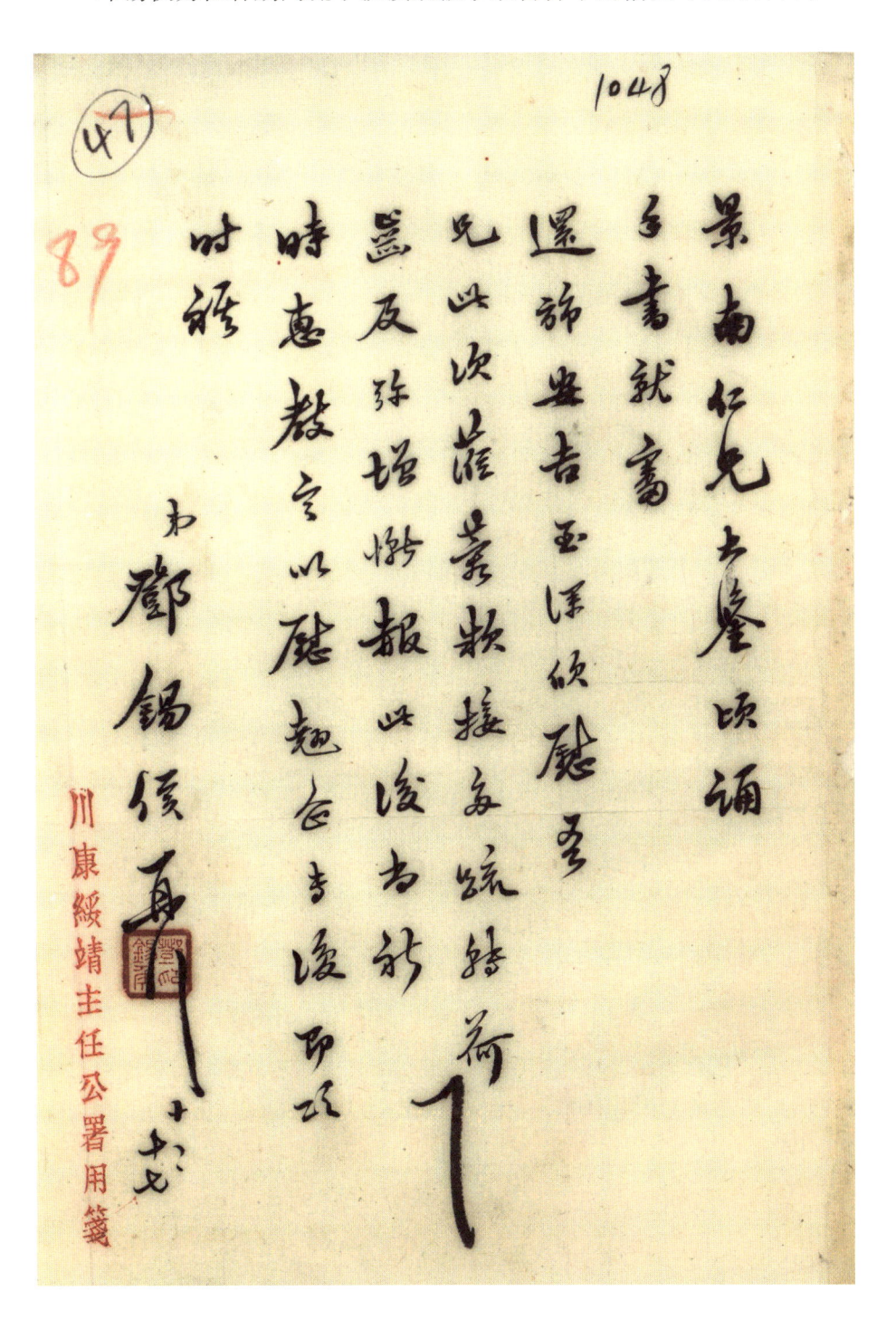

景南仁兄大鉴 顷诵
手书就审
还节安吉至深欣慰 昨
兄此次莅蓉敝接多疏转
益反承培惠报以俊书新
时惠教言以慰翘企 专复 即颂
时绥

邓锡侯 拜启
十·十七

冯 飞

人物简介

冯飞（生卒年不详），字若飞（或说号若飞），四川江安人，擅长书画，曾任张群的私人秘书，人脉颇广。全面抗战期间，促成国立戏剧专科学校迁往四川江安县。新中国成立后，任江苏省文史馆馆员。

62   0003-001-0011-133

冯飞为郭有守请求支持筹款整顿立达中学并筹办自贡图书馆事致缪秋杰的信函（1943年5月21日）

附：郭有守致冯飞的信函（1943年5月16日）

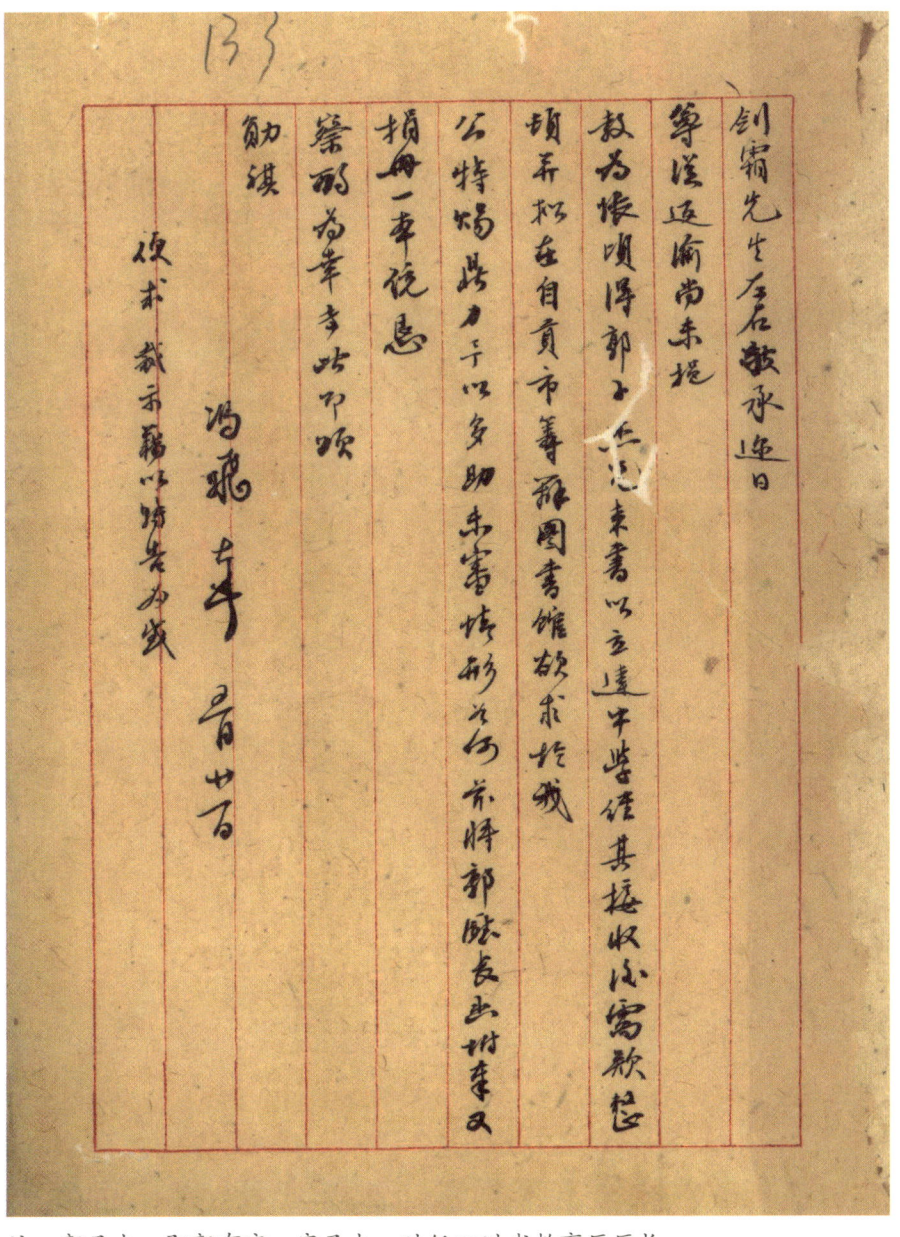

剑霸先生左右敬承旧日等洽返渝常承

教为振顷得郭子杰兄束书以立达中学继其捂收沁需欵恐

顷苦松在自贡市筹办图书馆故未抬戒

公特嘱为力于以多助未盖情形另何荷特郭隊长此附来又

捐册一率饬惠

荣鹏为牵李此叩颂

勋祺

冯琨手牛旨廿首

俟求裁示薅以犒告另裁

注：郭子杰，即郭有守，字子杰，时任四川省教育厅厅长。

附：郭有守致冯飞的信函（1943年5月16日）

善飞吾兄赐鉴，久未拜聆，曷胜

岳公谈及吾兄华英颇思有为子雄芳闰之，其有愿者主达

中华自年捐款必立之家颁元宝拟至自贡市等三

十新选图书馆而以自贡图书馆为名但恐收颁用难

拟求修促罗设法一助弟曾与修到校与学生训话似不

便冒昧相托特将话足下名进一言弟曾数咤胃十三

赴自贡市一行致话

勋安

弟 有守敬上 五、十六 后朱

杜月笙

人物简介

杜月笙（1888—1951），原名月生，后改名镛，号月笙，以号行。江苏川沙（今属上海市）人。中国近代上海青帮头目。曾任上海法租界商会总联合会主席兼法租界纳税华人会监察、上海市地方协会会长、中国红十字会副会长、中国通商银行董事长、新界青山酒店董事、中国航联保险公司香港分公司董事长等职。

63　　0003-001-0012-064

杜月笙为请予接见骆清华及指导通商银行自贡办事处业务事致曾仰丰的信函（1943年7月14日）

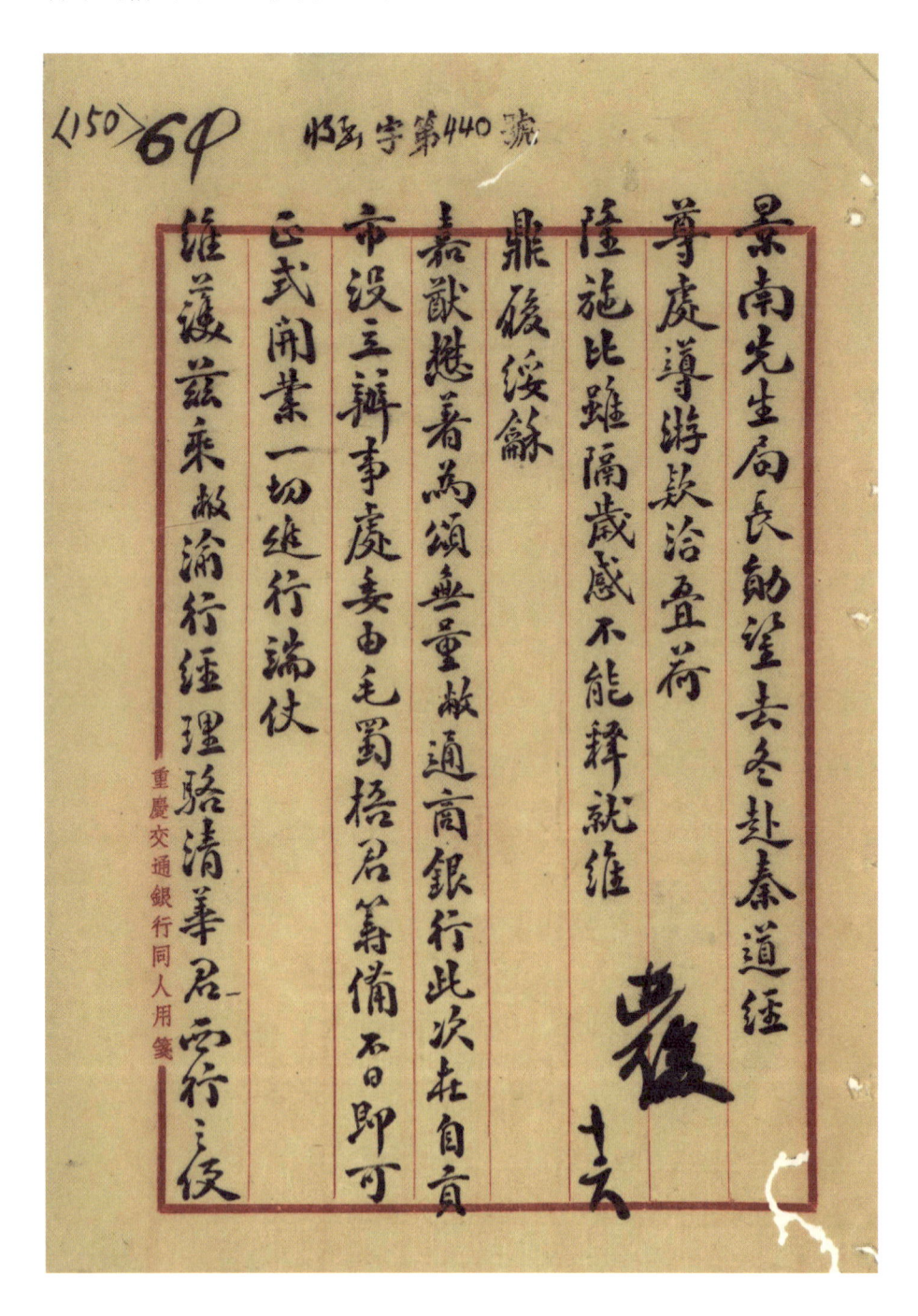

景南先生局长勋鉴：去冬赴秦道经
尊处，导游欵洽，至荷
隆施，比虽隔岁，感不能释。就维
鼎裀绥祺
嘉猷懋著，为颂无量。敝通商银行此次在自贡
市设立辦事处，委由毛蜀梧君筹备，不日即可
正式开业，一切进行端仗
雒荫兹乘敝渝行经理骆清华君东行之便

重庆交通银行同人用笺

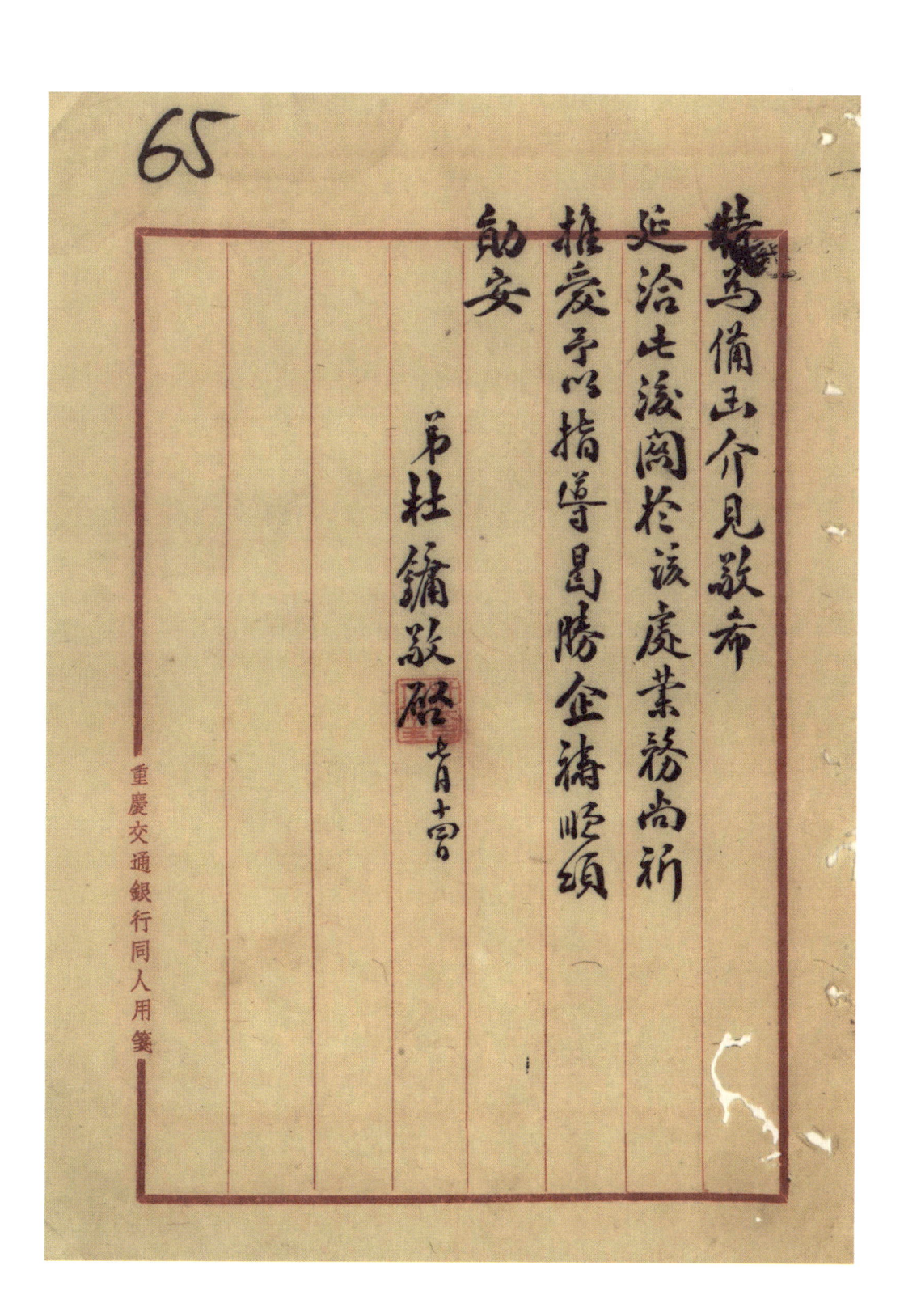

笙兄為備玉介見敬希
延洽此後商於該處業務尚祈
推愛予以指導曷勝企禱順頌
勳安

弟 杜鏞 敬啟

64　　0003-001-0014-064

杜月笙为恳请鼎力相助所办井灶保险等事致曾仰丰的信函（1944年12月8日）

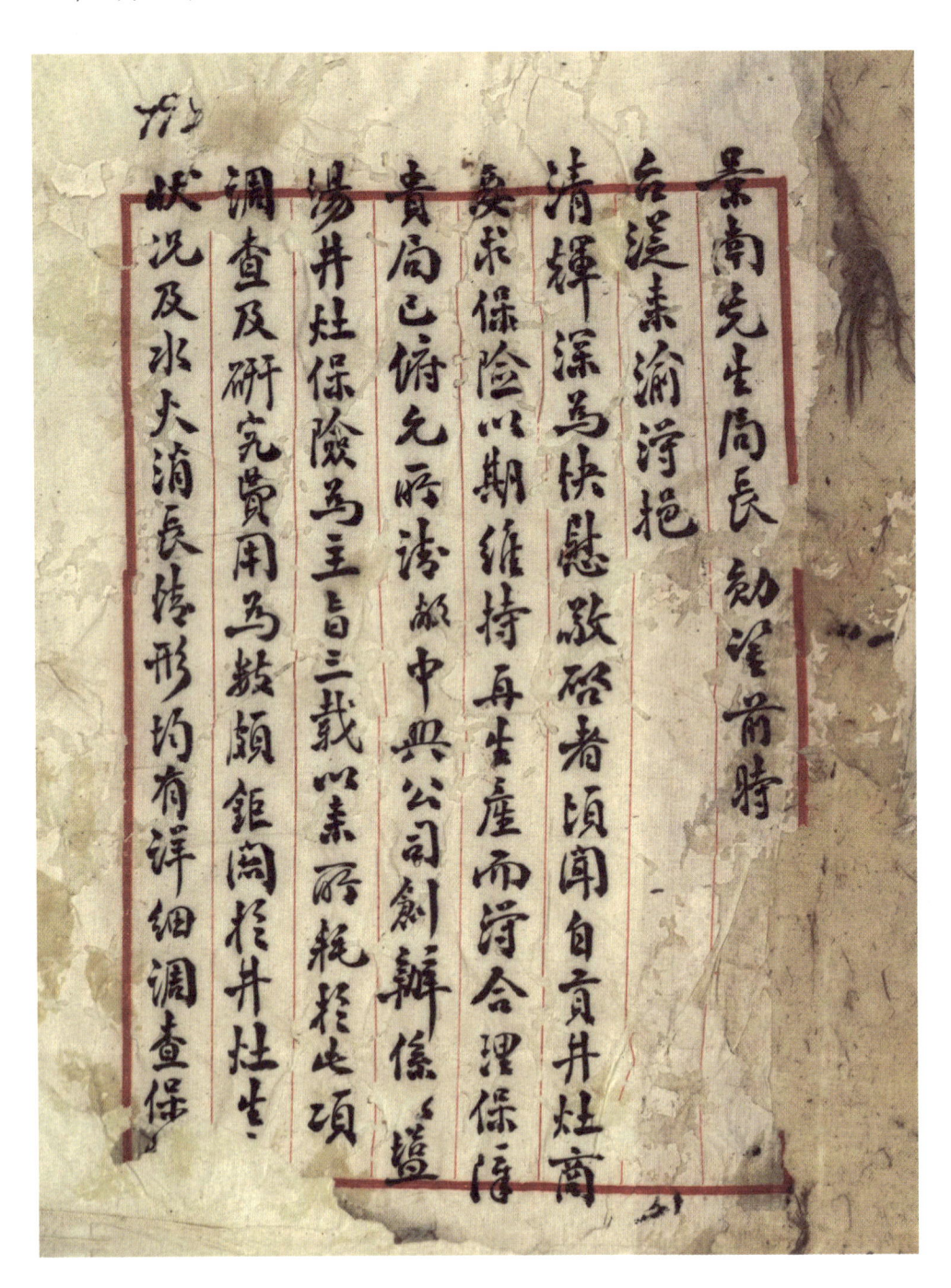

仰南先生局长勋鉴：前时
台从来渝得挹
清辉深为快慰。敬启者顷闻自贡井灶商
要求保险以期维持再生产而谋合理保障
贵局已俯允所请。敝中兴公司创办保险
汤井灶保险为主旨三载以来耗损此项
调查及研究费用为数颇钜。兹关于井灶生
状况及水火消长情形均有详细调查保

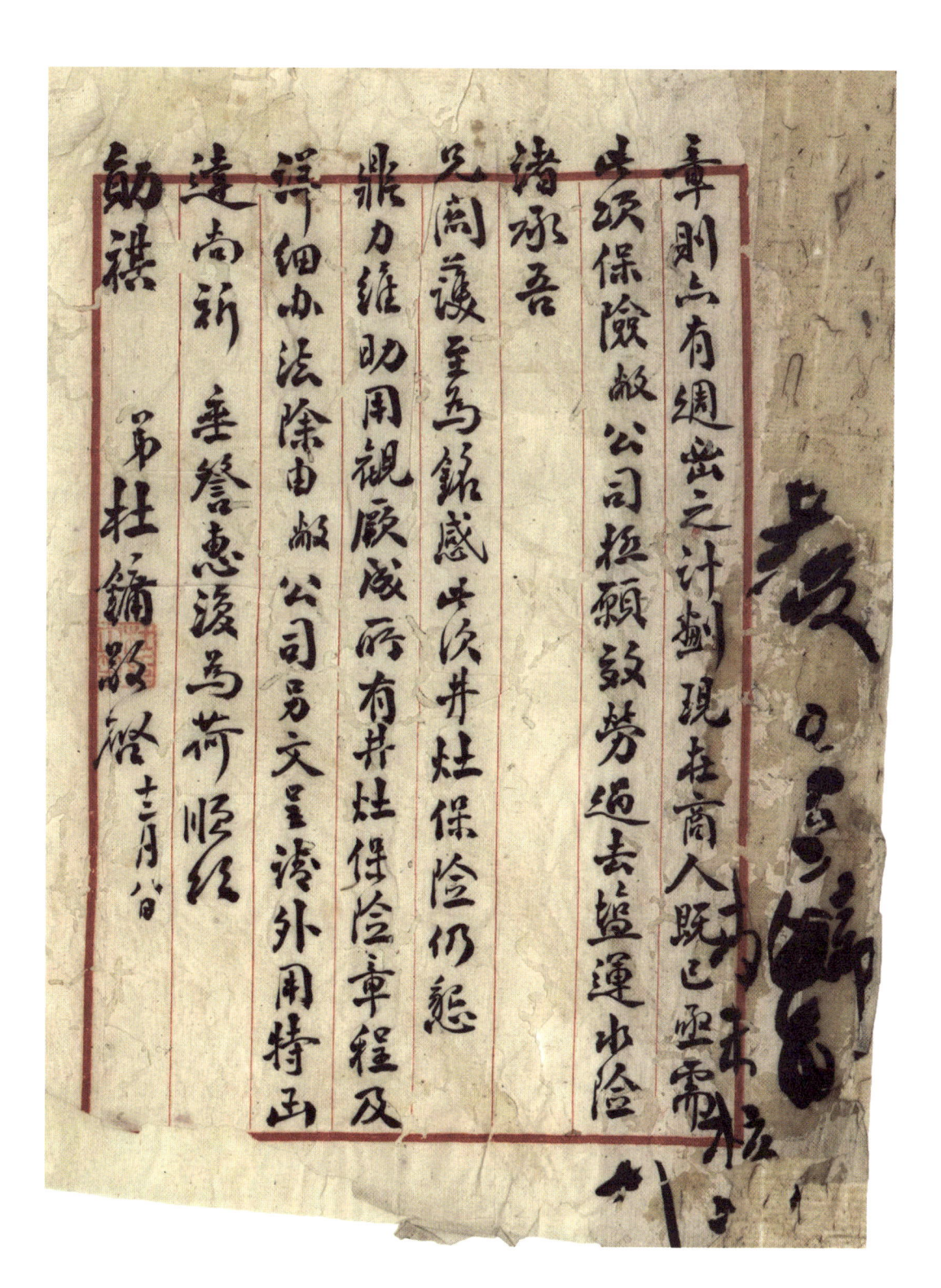

章則亦有週密之計劃現在商人既已亟需
此次保險敝公司極願效勞過去上鹽運抄險
諸承吾
兄周護至為銘感此次井灶保險仍懇
鼎力維助周覘厥咸所有井灶保險章程及
詳細辦法除由敝公司另文呈請外用特函
達尚祈 垂詧惠覆為荷順頌
勛祺
　　　　弟 杜鏞敬啓 十二月八日

喻传鉴

人物简介

喻传鉴（1888—1966），原名鉴，号廛涧，又号传鉴，以号行，浙江嵊县（今嵊州市）人。毕业于北京大学。曾任南开中学教务主任、重庆私立南开中学校长、自贡市私立蜀光中学校长等职。新中国成立后，任重庆南开中学校长、重庆市教育局副局长，当选第三、第四届全国政协委员及第五届民进中央委员。

65　　0003-001-0013-208

喻传鉴为敬请协助吴麟若在自流井举行展览事致曾仰丰、陶守贤的信函（1943年7月22日）

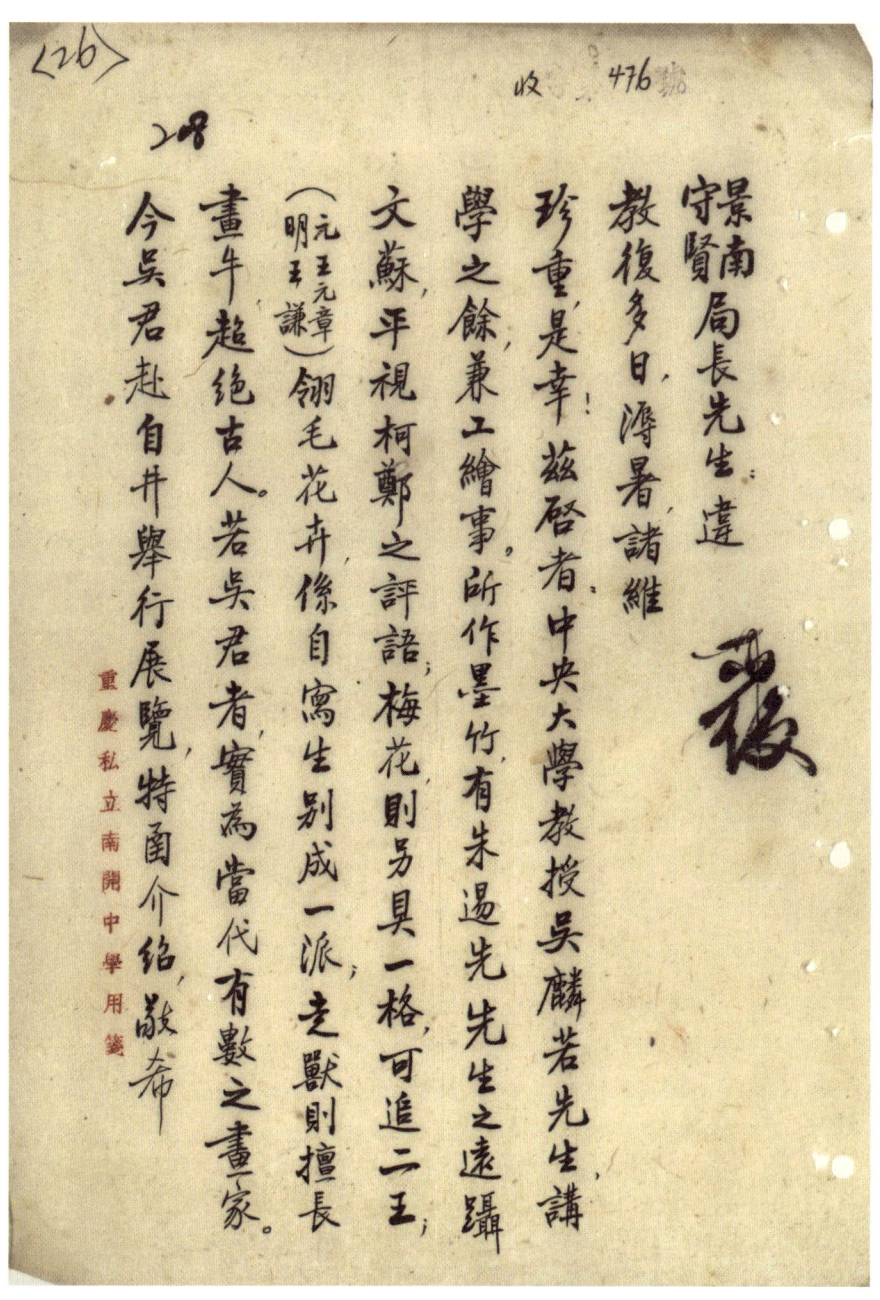

景南局长先生、
守贤局长先生道鉴：

敬复多日溽暑，诸维
珍重，是幸。兹启者，中央大学教授吴麟若先生讲
学之余兼工绘事，所作墨竹有朱竹垞先生之遗躅，
文苏平视柯郑之评语；梅花则另具一格，可追二王
（元王元章、明王谦）；翎毛花卉俱自写生别成一派，走兽则擅长
画牛，超绝古人。若吴君者，实为当代有数之画家。
今吴君赴自井举行展览，特函介绍，敬希

重庆私立南开中学用笺

注：守贤，即陶守贤，字仲良，时任川康盐务管理局副局长。

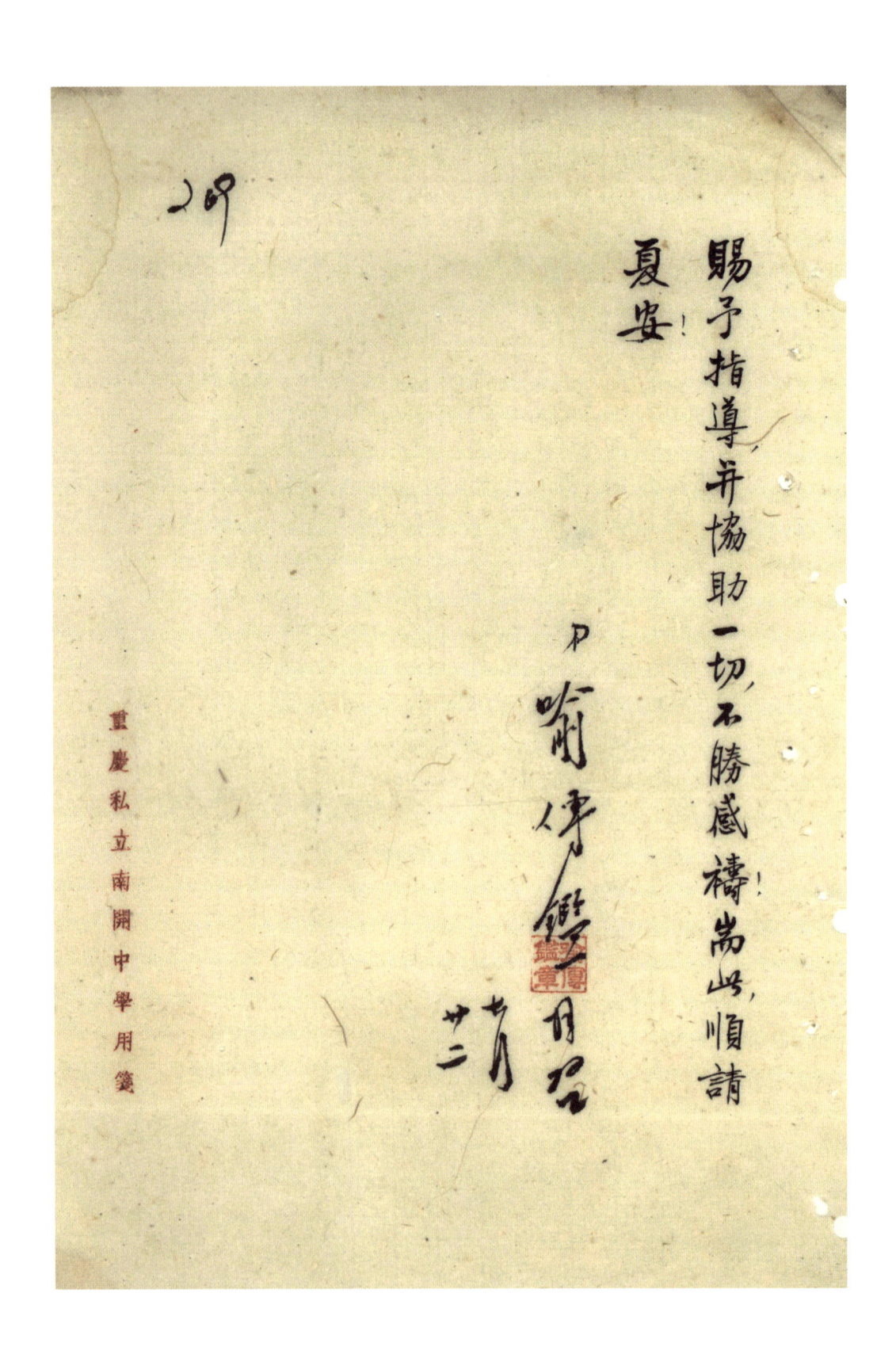

赐予指导并协助一切不胜感祷耑此顺请

夏安！

喻传鉴 启
 卅二

重庆私立南开中学用笺

66 0003-001-0013-007

喻传鉴为详陈"伯苓四七奖助金"发起缘由并盼鼎力提倡指导劝募事致曾仰丰的信函（1943年11月29日）

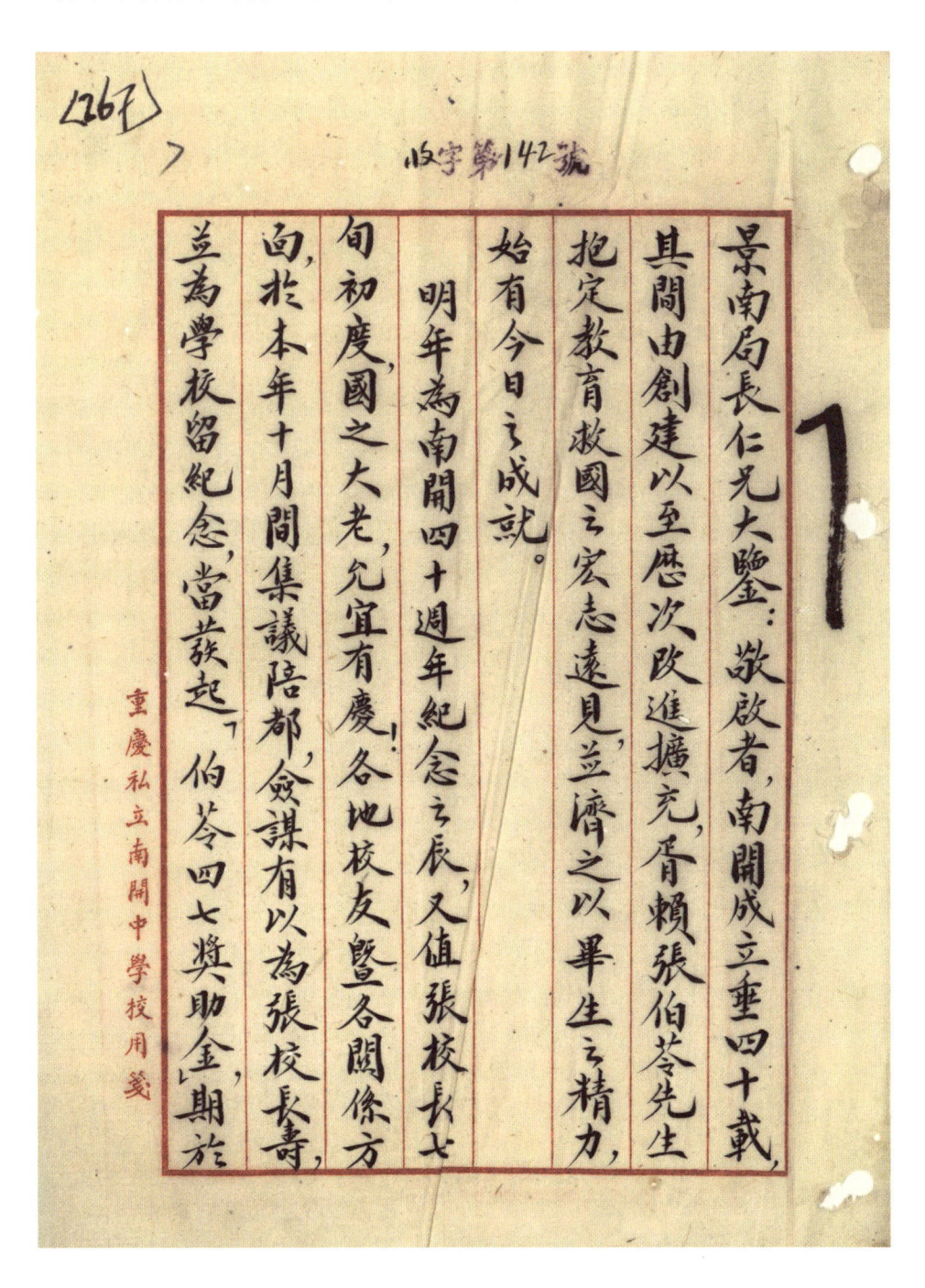

收字第142号

景南局长仁兄大鉴：敬启者，南开成立垂四十载，其间由创建以至历次改进扩充，胥赖张伯苓先生抱定教育救国之宏志远见，兰济之以毕生之精力，始有今日之成就。

明年为南开四十周年纪念之辰，又值张校长七旬初度，国之大老，允宜有庆！各地校友暨各团体方向，於本年十月间集议陪都，佥谋有以为张校长寿，益为学校留纪念，当兹起"伯苓四七奖助金"，期於

重庆私立南开中学校用笺

明年二月底前完成,現正分頭進行中。

伏念自貢地方,自二十七年新蜀光成立五載以還,地方人士與南開暨張校長善緣締結,與日俱深,茲以我

公主持川康鹾綱,駐驛釜溪,愛護教育,尤佩熱誠!此次募集「四七獎助基金」之舉,定獲

贊同。自貢方面,倘得

鼎力倡導,登高一呼,自必群峯響應,盛舉共襄,

重慶私立南開中學校用箋

幸何如之！茲託韓校長叔信、郭礦長悅民、田廠長立先三先生面陳關於勸募事宜，尚乞不吝指教，無任感禱！專肅，祗候

公綏，諸維

鈞照不宣！

喻傳鑑謹啓十一月十六日

沈祖堃

人物简介

沈祖堃（生卒年不详），化学专家。毕业于北洋工艺学堂。曾任云南盐务管理局技术室主任、经济部资源委员会天原电化厂经理、盐政总局技术处主任、四川盐业公司化学工程师等职。

67　　0003-001-0013-242

沈祖堃为盼调回盐务系统服务等事致曾仰丰的信函（1943年8月5日）

仰翁总办吾师赐鉴：别又数月，荣作与居佳胜定符下忱。前以吴蕴初先生筹辦天原电化厂宜宾分厂一再向剑云总办请借调派充该厂经理，荃以总局以必要时仍调回服务为原则，暂允调用并准属以当资停薪政就新职，溯自追随左右于兹卅载，仰荷训诲时深感念，今谁替离盐务但仍努力於用盐工业猶憶今春面聆

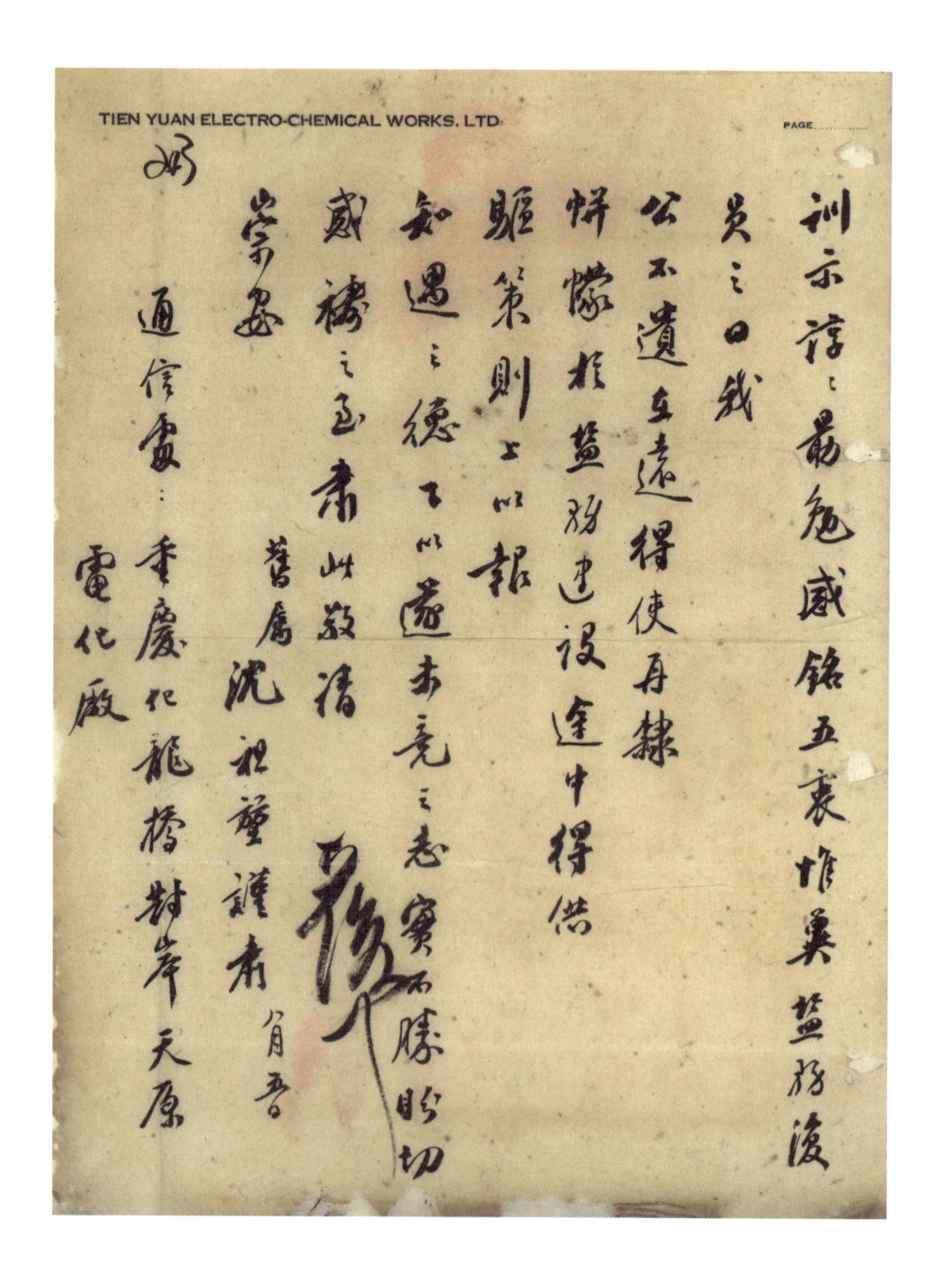

TIEN YUAN ELECTRO-CHEMICAL WORKS, LTD.　　　　　　　　　　PAGE

训示谆〻，尤感铭五衷，惟襄盐务後
炎之曰我
公不遗之远，得使再隶
惟惨推盐务建设，途中得偿
驱策则上以报
知遇之德，下以遂平亮之志，实不胜盼切
感祷之至，肃此敬请
　崇安

　　　　　　　菩属 沈祖壂谨肃 八月吾

通信处：重庆化龙桥对岸天原
　　　　电化厂

68　　0003-001-0020-138

沈祖堃为即将调回自贡筹设真空制盐工厂请求指示方针事致曾仰丰的信函（1944年8月5日）

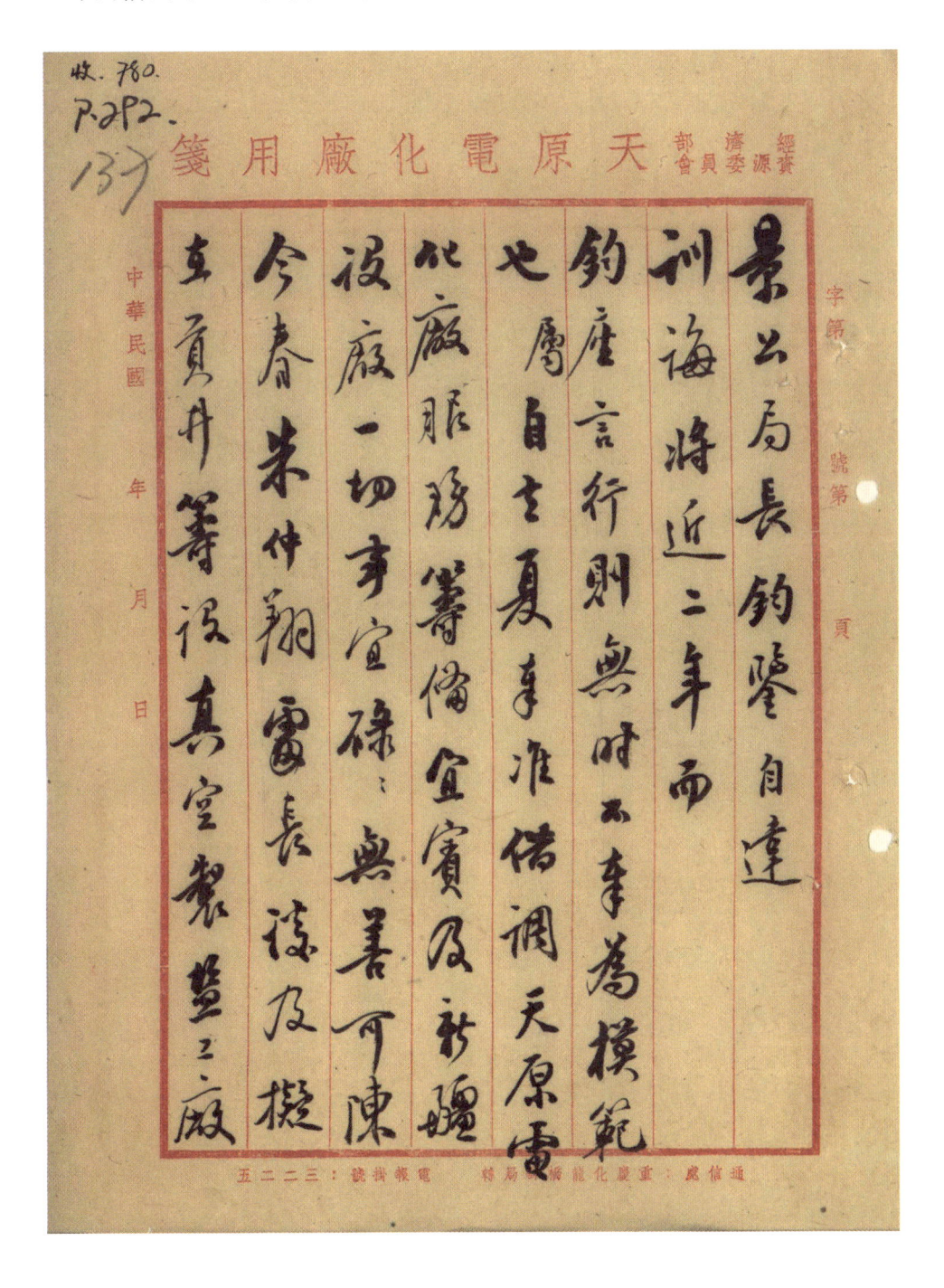

景公局长钧鉴，自违
钧诲将近二年，而
钧座言行则无时不奉为模范
也。厪自去夏奉准借调天原电
化厂服务，筹备宜宾及新疆
设厂一切事宜。碌碌无善可陈。
今春朱仲翔電長徐及擬
自贡井筹设真空製盐工廠

现奉 锦西二公函谕即将令调回自贡井等筹备以为真空制盐周密重代化兴最经济之制盐方法惟垦日前盐业及社会经济状况之下究应如何进行端赖 钧座领导是请 指示方针俾得遵循去任仓碌敬请

崇安

属 沈祖尧谨肃 八月晋日

刘仁庵

人物简介

刘仁庵（1909—1951），号淑身，四川华阳（今属成都市）人。曾任四川省财政厅烟酒局主任科员、四川省政务视察员、江津及富顺等县县长、自贡市市长、四川省第五区行政督察专员兼保安司令、国民党特种工作委员会主席等职。

69　　0003-001-0010-313

刘仁庵为请予证实提高盐价及提供低利贷款消息事致曾仰丰的信函（1943年10月13日）

景南局长吾兄勋鉴：昨接渝方办函称，当局已决定提高盐价百分之五十并有以盐业贷款方式救济之说，又闻业已呈请委座核示，俟奉批复即可公布。惟自贡五通桥等处子金较高，仅恃此一端恐仍不能维持生产，又决定以五万元、五千万元乃至六万万元以低利贷予厂商

俾得減輕成本等語特以奉達如
貴局得有證實消息并希
示知爲感即頌
勳祺

　　　弟 劉仁庵 拜啓 十月十三日

70   0055-001-0003-052

刘仁庵为自贡市市立图书馆图书募捐事致曾稚松的信函（1943年10月20日）

稚松董事长畅鉴

窃本市市立图书馆创始逾年，名不副实，架上余书久假而非已有，案头索铢，展卷而叹，阙如斯真长卿无书矣。余四壁，就门有志庋藏，象名山者矣，惟司卿有赠言之训。中郎著既书之，美碎锦之集，可成大衣零玑争投无殊全璧，斯则不能不属望於本市之高贤达士，楚弓楚得，当邀长老之同心爱国爱乡足上流风之未沫。谨此奉达，无任盼祷

刘仁庵

注：稚松，即曾稚松，时任自贡市银行董事长。

刘仁庵

西陵尊兄惠鉴

耑此 顺颂

時綏

附回书篆方捐册一本

劉仁庵 十月二十日

奉谢 十月廿日

自貢市市政府用箋

71　　0003-001-0010-221

刘仁庵为自贡市市立图书馆图书募捐事致曾仰丰的信函（1943年10月）

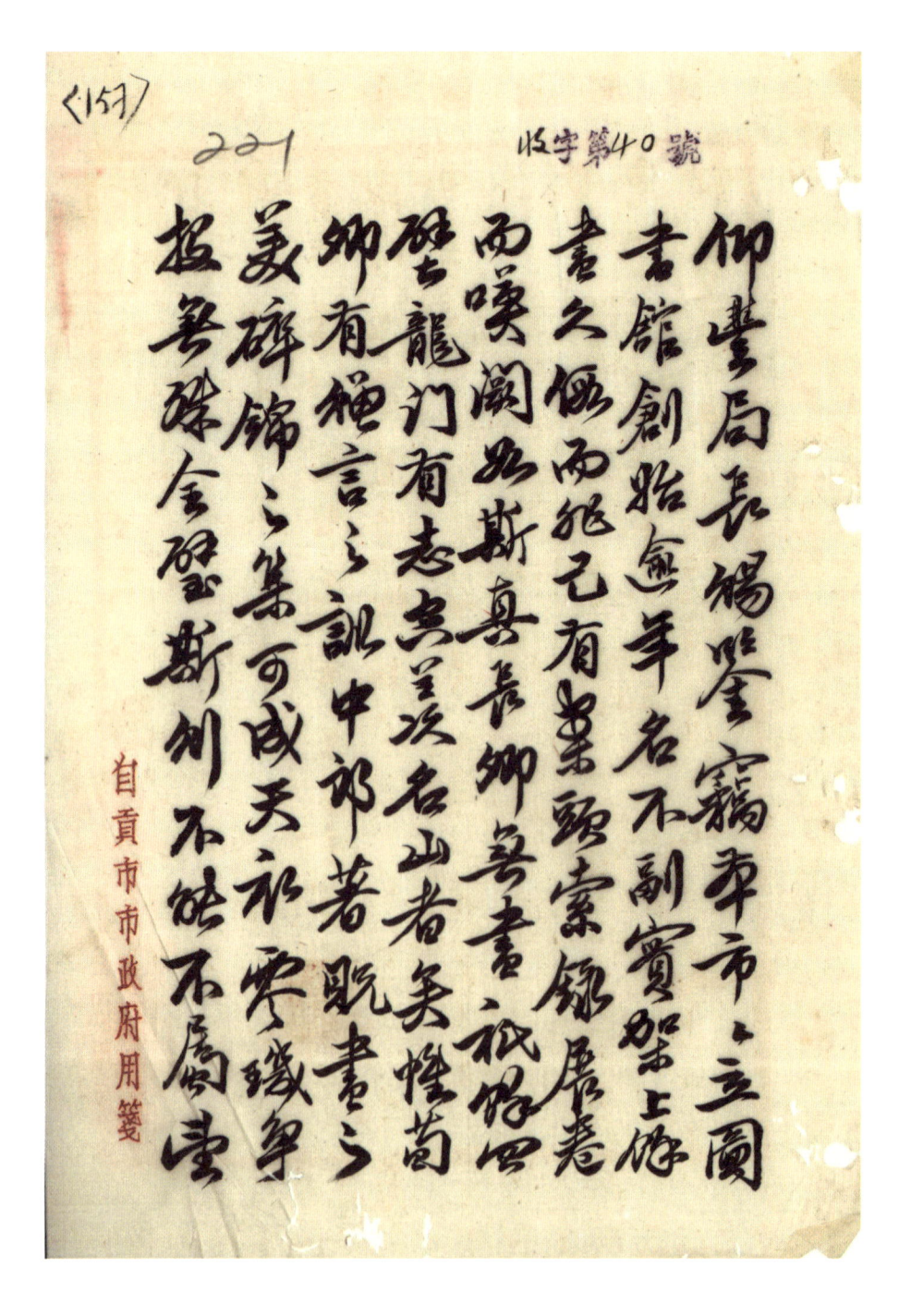

仰丰局长锡鉴：窃来市之立图书馆创始逾年，名不副实，架上仅书久馈，而抛己有者，头索录居卷，而叹湖如斯，真长卿等书祝晤四邻龙门有志，是次名山者美惶苟，乡有植言之讯中邵著赋书之美碑锦之集，可成天永索践争起等珠余磬斯判不然不属尘

於市府之

高賢達士林諸公諸同當數長者
三同心愛國憂鄉宜上下流風之末
沫謹以奉達善收照儻
尚祈
時經
順頌

附園書古芳楷母一份

劉仁庵 再拜

72　　0003-001-0010-122

刘仁庵为借用盐务文献以资纂拟自贡市盐场概况及过去盐场情形事致曾仰丰的信函（1943年11月25日）

景南吾兄局长勋鉴现奉都门友人函嘱篡拟本市盐场概况及过去阅於盐场一切情形以为文献之助特以做府成立未久既无成案可揹又无书籍可考捉影捕风究非事实贵局不特有相当历史且多阅於盐务著作过去如林缵诸先生有所谓川盐记要盐法撮要盐法志等凡此之颣名目颇多

徧詢各方求一觀而不得又吾

兄任職多年饒有研究苇身著作當亦

不少擬請

賜神各撿一種以供參考事竣即行璧還

如何、、佇盼

裁覆專此順頌

勛祺

弟 劉仁庵 十一月廿五日

73　　0003-001-0008-263

刘仁庵为请准李伟年调回泸县盐务管理分局工作事致曾仰丰的信函（1944年5月26日）

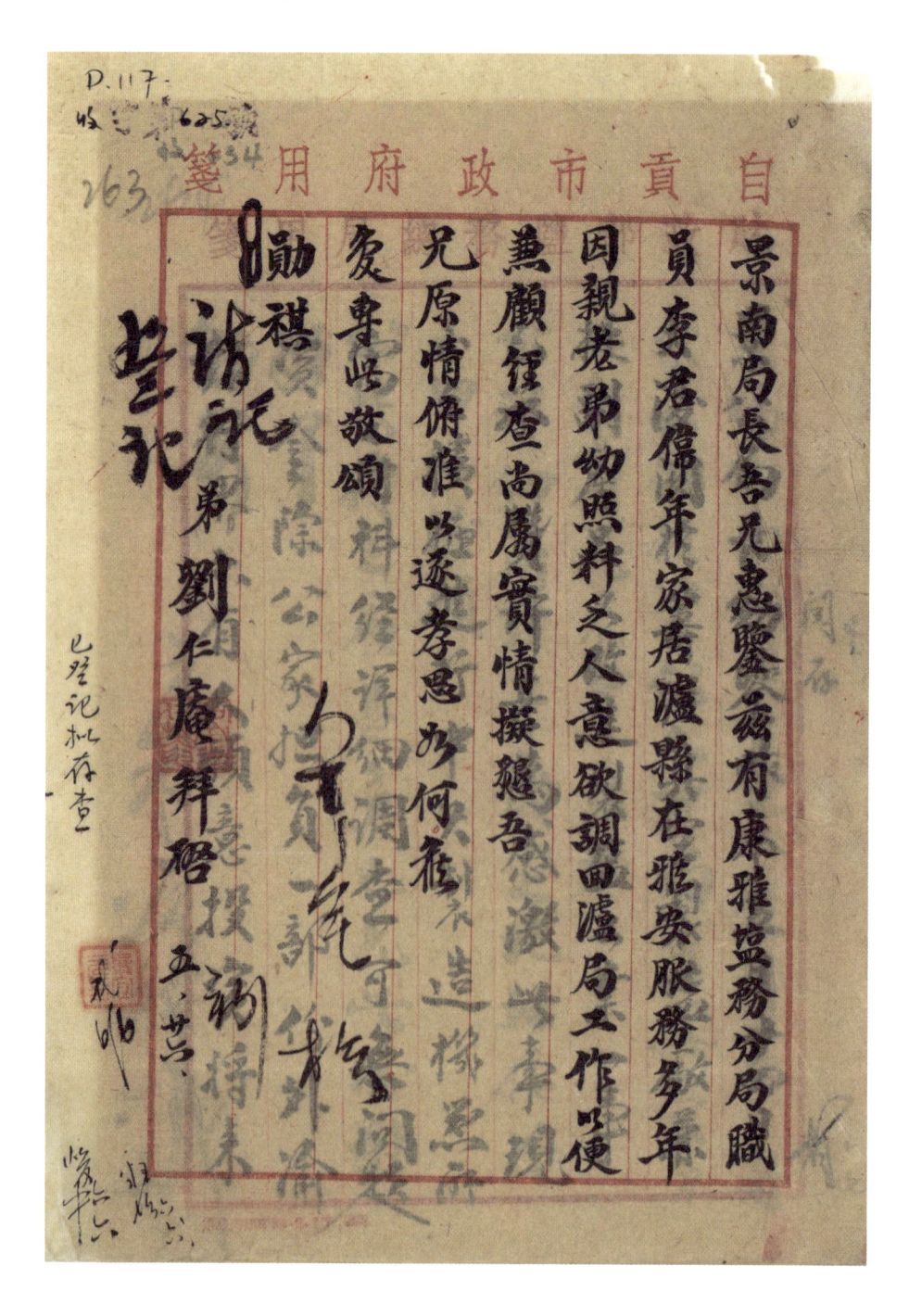

景南局长吾兄惠鉴：兹有康雅盐务分局职员李君伟年家居泸县，在雅安服务多年，因亲老弟幼照料乏人，意欲调回泸局工作，以便兼顾锺查尚属实情，撰忒吾兄原情俯准，以遂孝思，如何在荷，复专肃敬颂

勋祺

弟　刘仁庵　拜启　五、廿六

张子奇

人物简介

张子奇(1892—1976),号云峰,山西五台人。毕业于山西陆军小学堂。参加辛亥革命太原起义后留学日本。曾任天津电话局局长、财政部视察室主任、天津市副市长等职。

74　　0003-001-0010-206

张子奇为祈给视察人员研究班刊物并请妥为招待冯玉祥事致曾仰丰的信函（1943年10月19日）

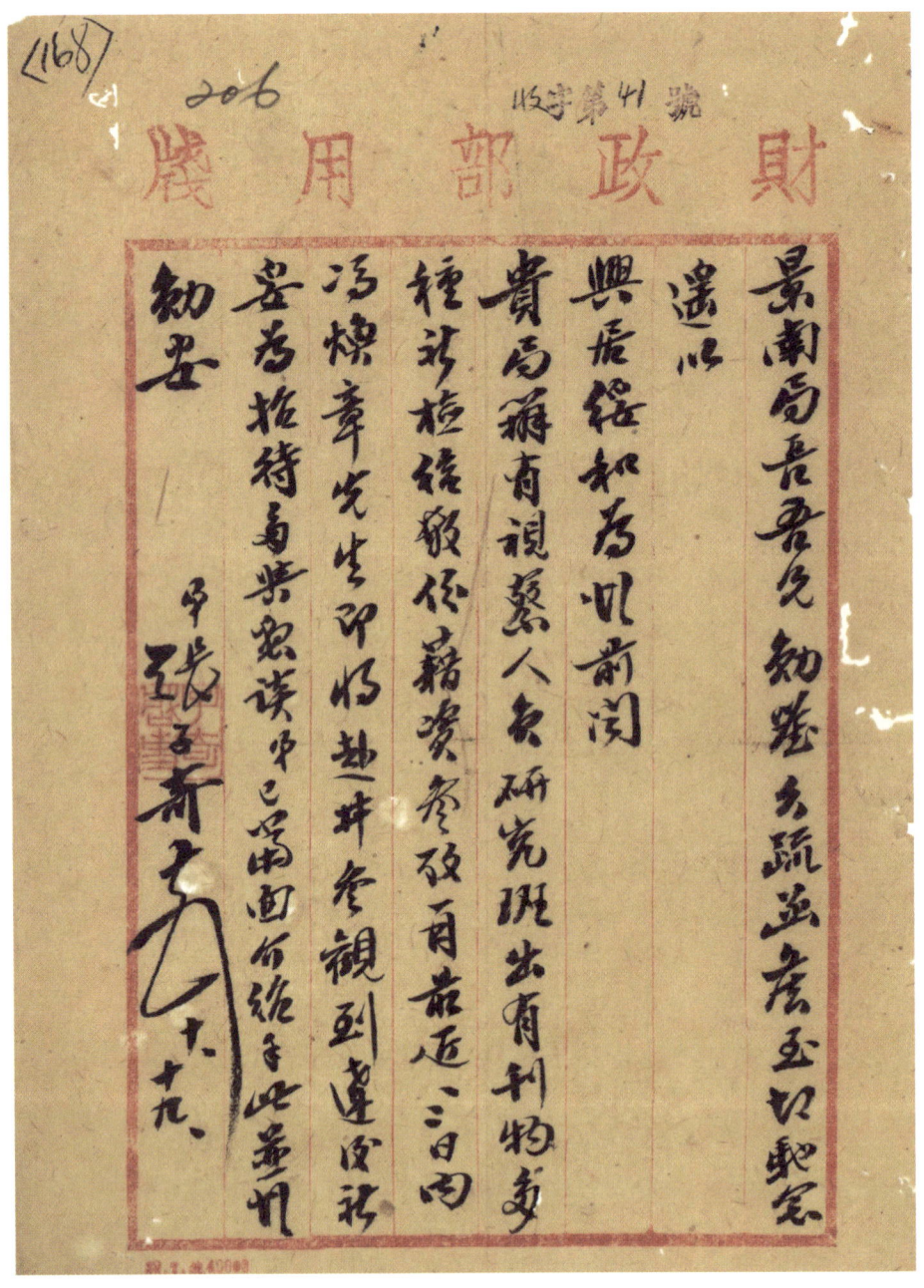

景南局长吾兄勋鉴：久疏函候，至以为念。兴居铭祝为祝。前闻贵局将有视察人员前来研究班，此有刊物，并此种种，恳发给、籍资参致，有甚近三日内冯焕章先生印将抵井参观，到达时并望吾兄妥为招待，至要。敬谈中已属由省垣径寄此函。并颂

勋安

弟 张子奇 拜启
　　　　十、十九

注：冯焕章，即冯玉祥，字焕章。

75 0003-001-0010-171

张子奇为告知冯玉祥自流井之行延期并请妥为招待等事致曾仰丰的信函（1943年11月4日）

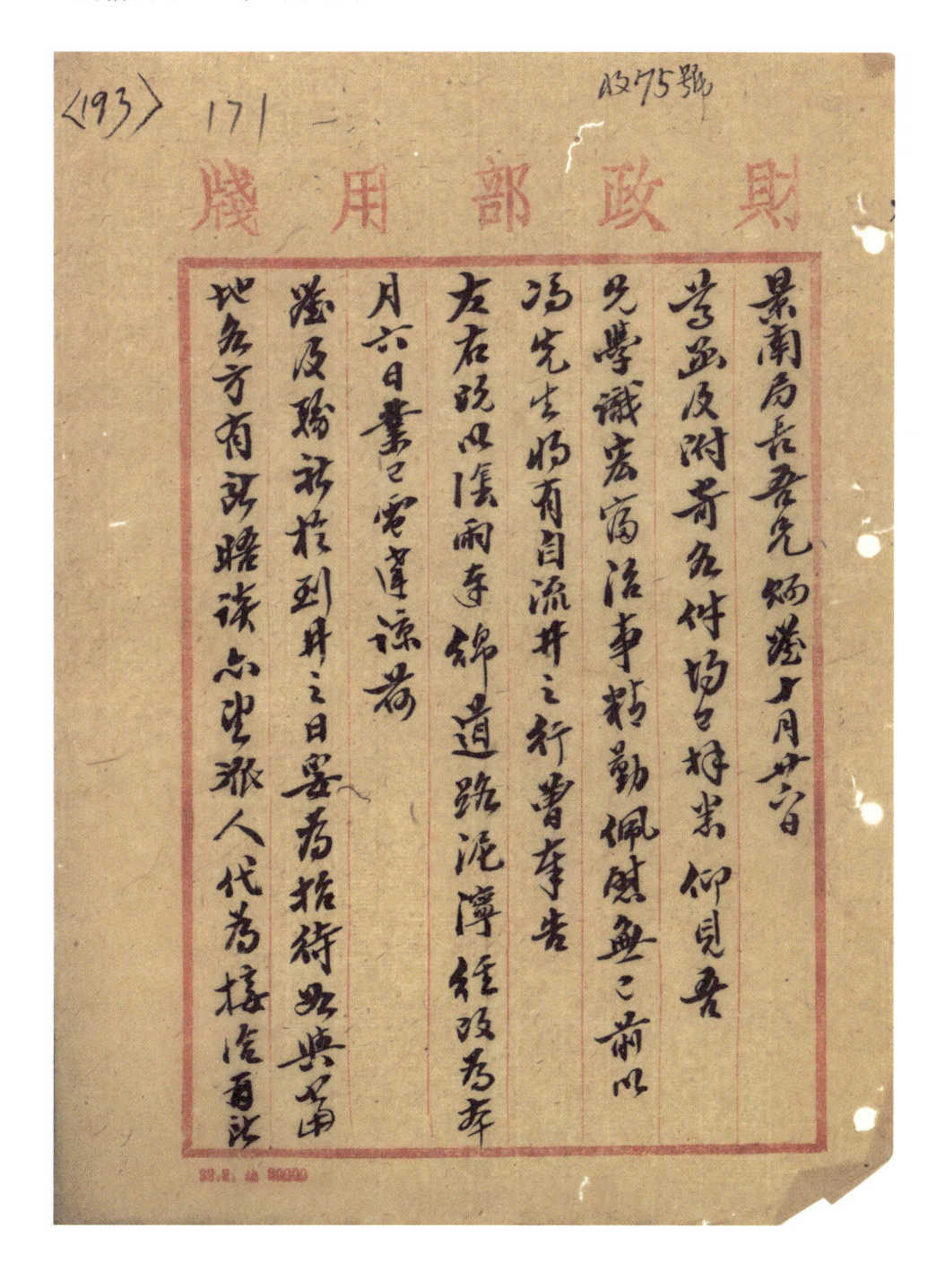

仰丰局长吾兄炯鉴：上月廿六日奉函及附寄名件均已拜米，仰见吾兄学识宏富，治事精勤，佩慰无已。前以冯先生拟有自流井之行，曾奉告左右，晚以连雨来，锦道路泥泞，经改为本月六日业已电达谅荷。滋及骑初校到井之日，当为招待以兴贵地名方有所瞻读。尚望派人代为接洽為荷。

財政部用牋

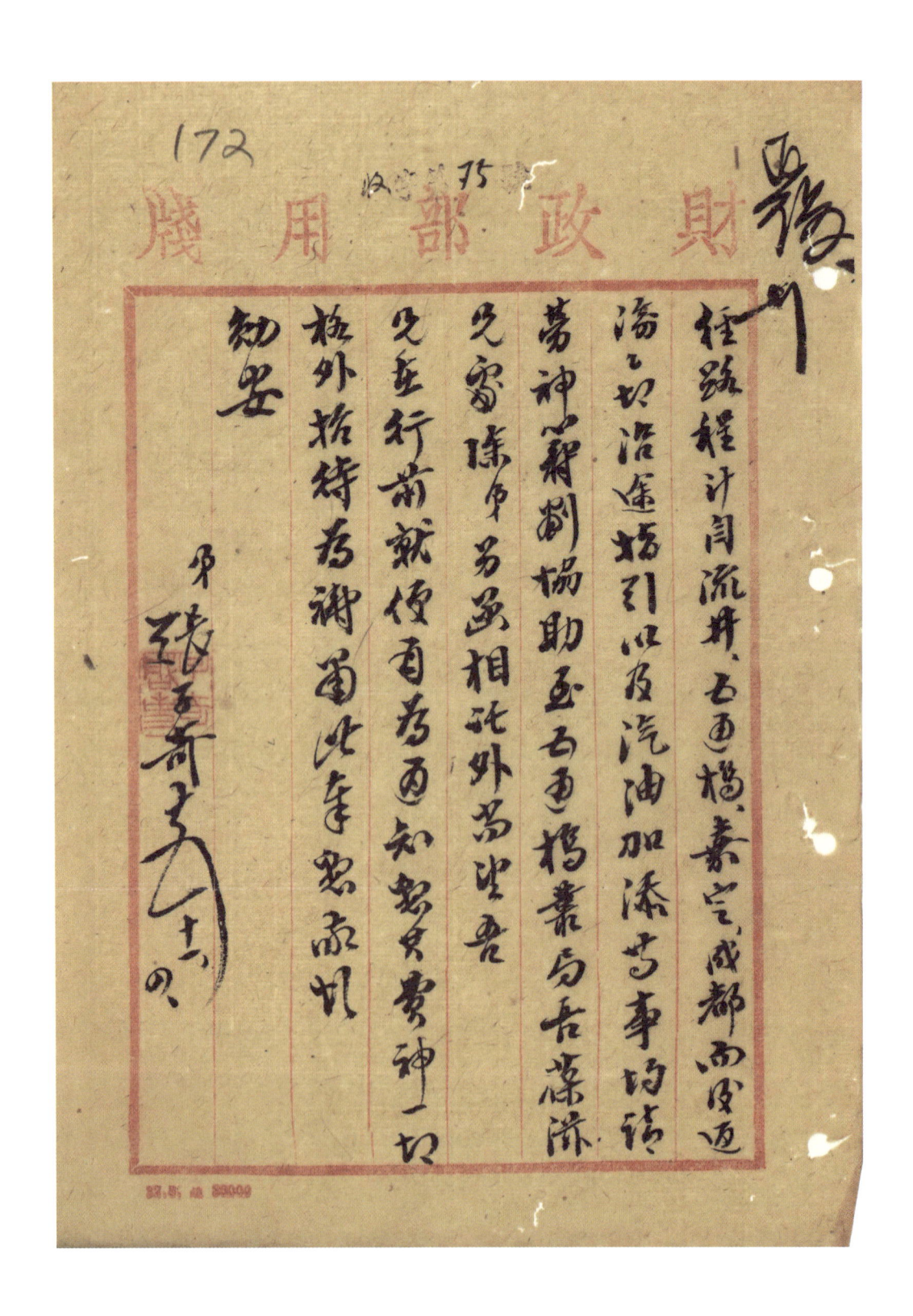

逕啟者 計自流井、五通橋、犍為、自流井、成都四次邁

滄心切洽途姆引以及汽油加添等事均悉

蒙神心籌劃協助至五通橋業務吾儕深

受窘境另函相託外為迪君

先生此行前就便有為而[行] 知對費費神一切

格外招待為禱耑此奉懇祇頌

勳安

弟 張玉嶄 鞠躬 十六○

76　0003-001-0008-208

张子奇为告知孔祥熙赴美即将返国并张廉卿赴自流井公干请予协助事致曾仰丰的信函（1944年6月19日）

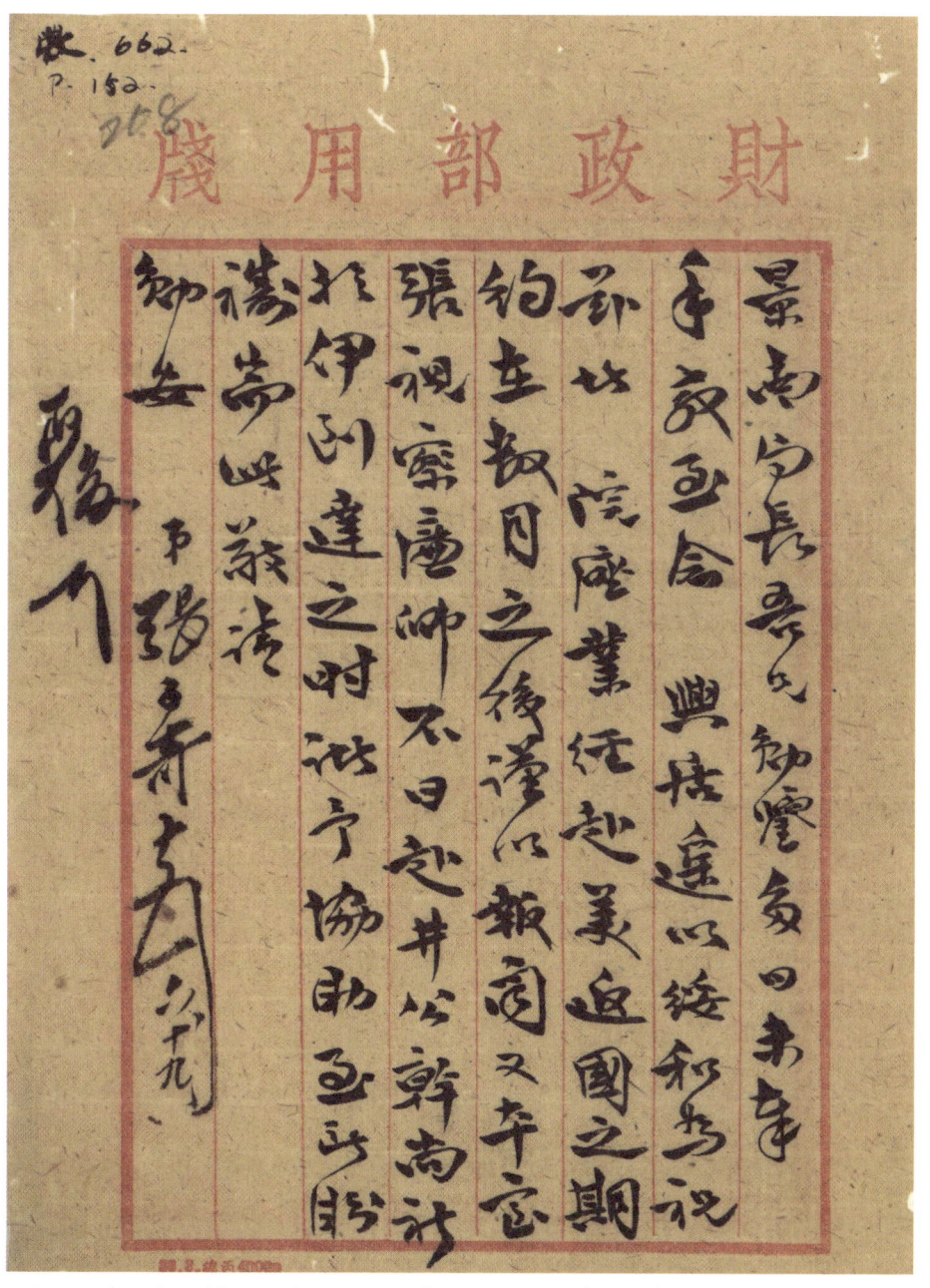

景南宁长吾兄勋鉴：久叩未奉手教至念，兴居违以遥和为祝。敬此院座业经赴美，迨国之期钧座敬日之后，谨以报闻又本室张视察廉卿不日赴井公干，尚祈于伊到达之时诸宁协助至荷，肃此敬请

勋安

弟张子奇顿首 六月十九日

注：院座，即孔祥熙，时任国民政府行政院院长兼财政部部长。

王锡钧

人物简介

王锡钧（1906—1966），字克廉，湖南宁乡人。国民革命军陆军少将。毕业于黄埔军校第一期。曾任首都警察厅保安总队总队长、陆军大学政治部少将主任、安徽省保安处处长、成都中央陆军军官学校政训处处长、陆军总司令部第二十八军官总队总队长等职。

77   0003-001-0010-168

王锡钧为聆听教言深受启发致谢及告知离开自流井后行程等事致曾仰丰的信函（1943年11月9日）

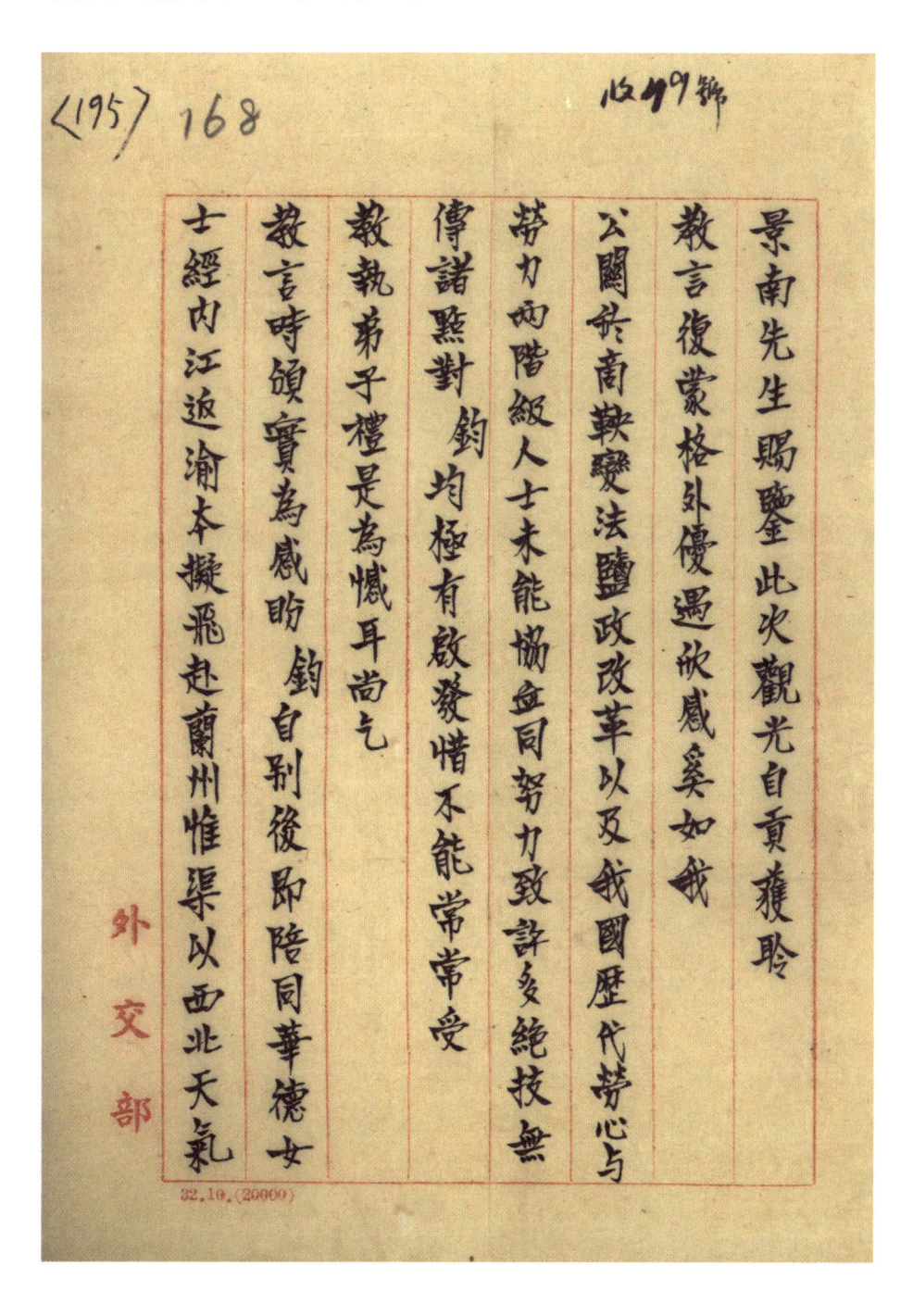

景南先生赐鉴 此次观光自贡获聆
教言复蒙格外优遇欣感奚如我
公对于商鞅变法盐政改革以及我国历代劳心与
劳力两阶级人士未能协力同努力致许多绝技无
传诸点对钧均极有启发惜不能常常受
教执弟子礼是为憾耳尚乞
教言时颁实为感盼 钧自别后即陪同华德女
士经内江返渝本拟飞赴兰州惟渠以西北天气

转寒恐到彼处后雨雪载途未克如期返渝乃中止前往並已於本月四日偕同英大使飞印矣钧座两週以来终日冗忙是以未克早日肃函致谢尚

乞

鉴原是幸我

公何日来渝务请 示知以便趋谒也耑此敬请

冬安

幸福基先生及自贡市各界领袖麓恳代问候

LUCY 好否念念

王锡钧谨启 十一月九日

外交部

冯玉祥

人物简介

冯玉祥（1882—1948），字焕章，原名基善，安徽巢县（今巢湖市）人。国民革命军陆军一级上将。曾任陕西督军、国民军总司令兼第一军军长、西北边防军督办、国民革命军第二集团军总司令、行政院副院长、察哈尔民众抗日同盟军总司令、国民政府军事委员会副委员长、抗日战争第三及第六战区司令长官、中国国民节约献金救国运动总会会长等职。

78　0003-001-0010-130

冯玉祥为感谢热情款待及告知节约献金运动在荣县与五通桥发动情形等事致曾仰丰的信函（1943年11月19日）

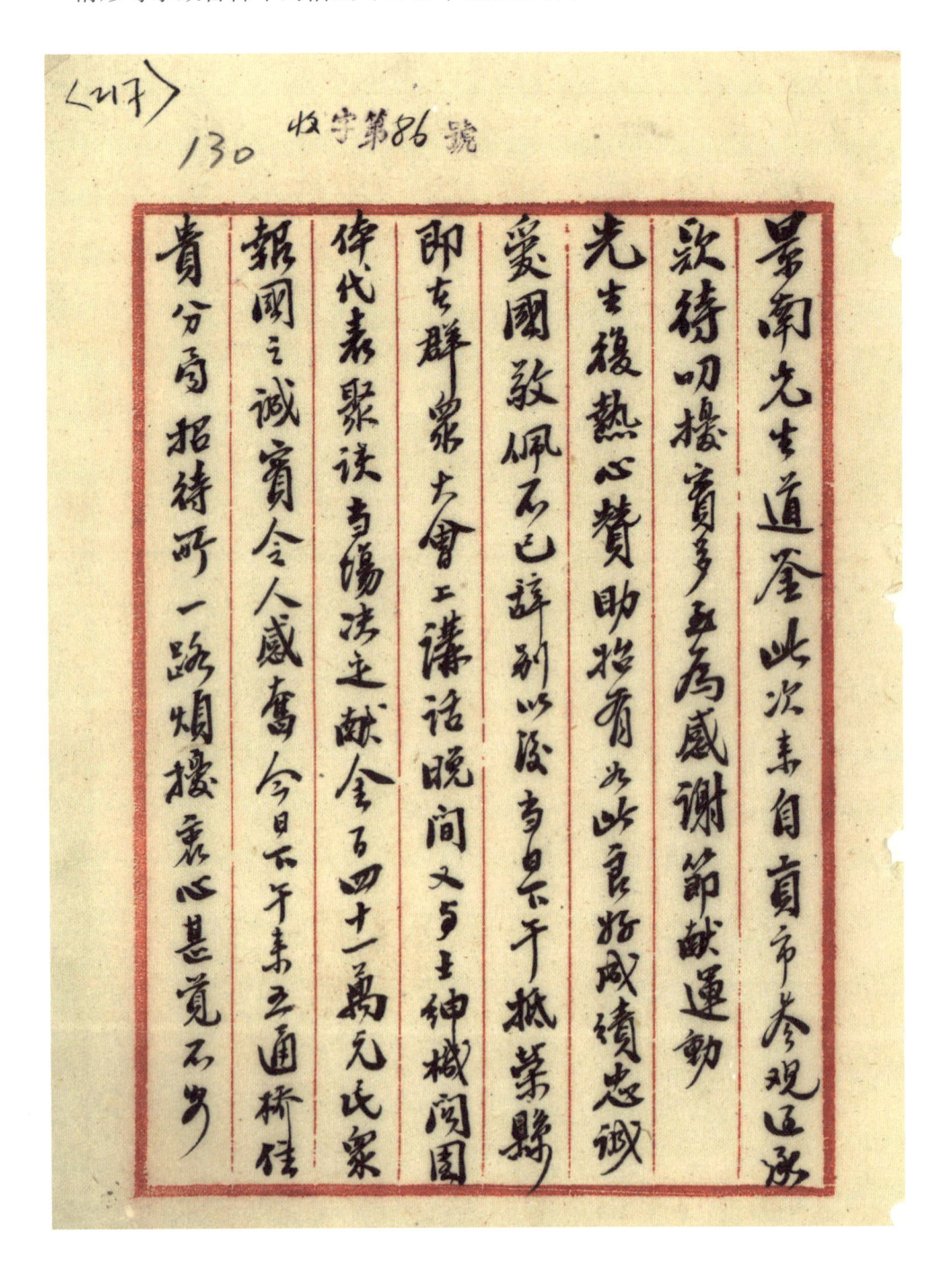

仰丰先生道鉴：此次来自贡市参观延及款待，叨扰实多，至为感谢。节约献金运动，先生复热心赞助，极有成绩，良好感德忠诚爱国，敬佩不已，辞别以后，直至长于抵荣县，即专群众大会，工谦话晚间又与士绅磋商，俾代表聚谈，当踢诸立献金二百四十一万元，民众报国之诚，实令人感奋。今日下午来五通桥，佳贵分号招待所，一路烦扰，衷心甚觉不安。

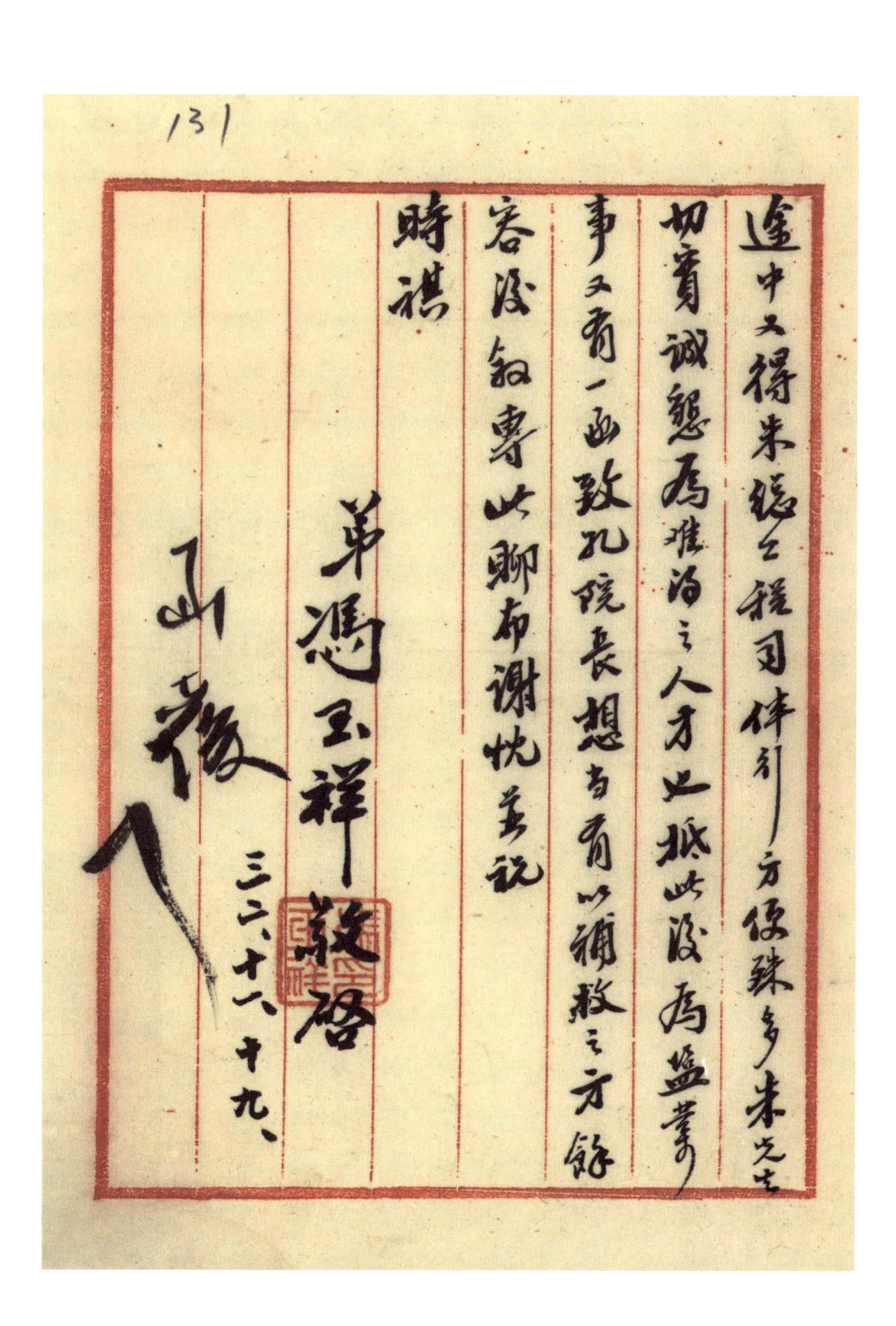

途中又得朱總之轉囑伴引方便殊多朱先生
切實誠懇為難治之人才此抵此殺為盆業
事又有一函致孔院長想吉有以補救之方餘
容俟叙專此聊布謝忱並祝
時祺

弟馮玉祥敬啓
三八十八十九

79　　0003-001-0010-033

冯玉祥为牛华溪至嘉定沿途节约献金热烈并盼长期赞助事致曾仰丰的信函（1943年11月30日）

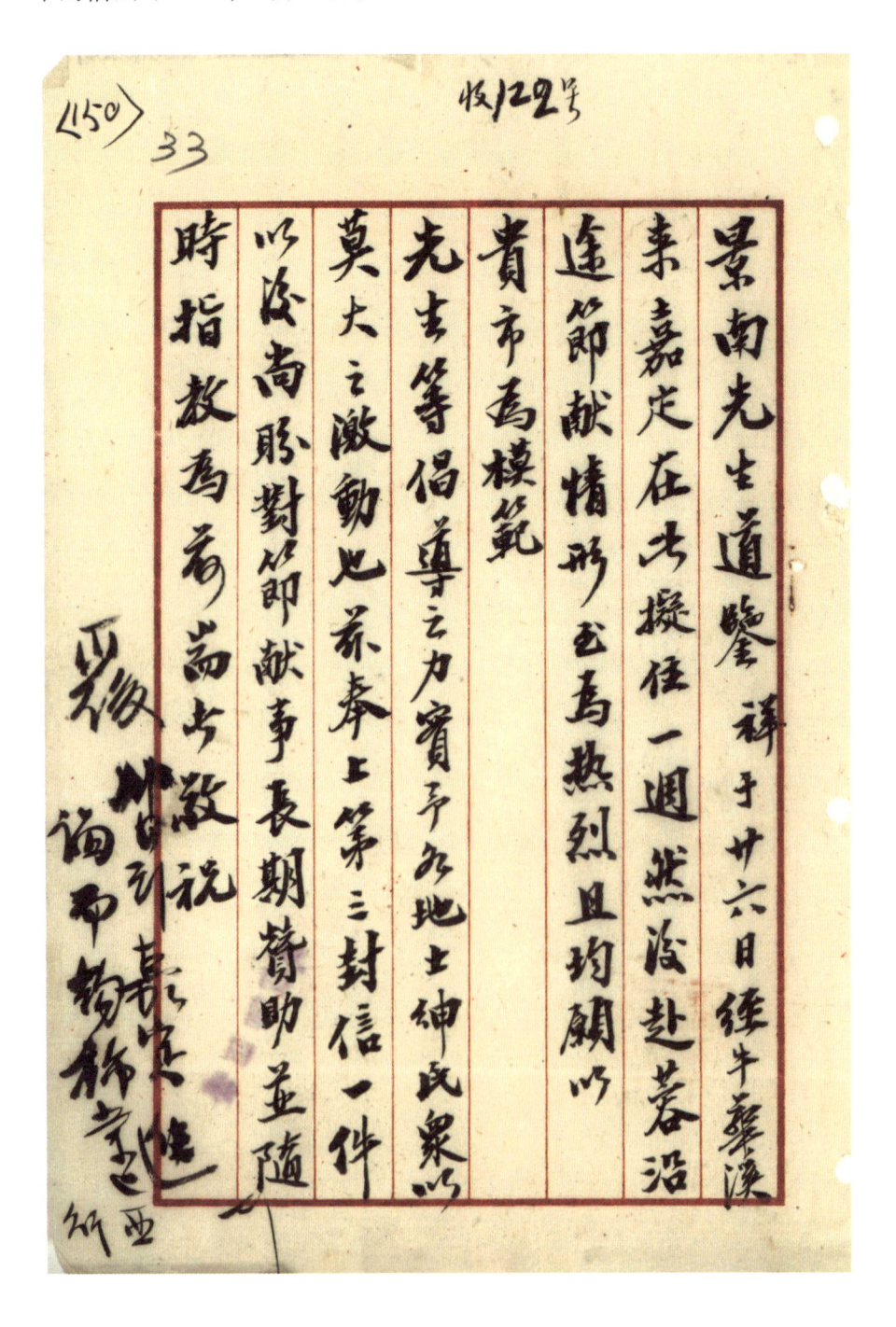

景南先生道鉴：祥于廿六日经牛华溪来嘉定在此拟住一週然後赴蓉沿途节约献情形亦为热烈且均愿以
贵市为模范
先生等倡导云力宾亭为地士绅民众以
莫大之激动也兹奉上第三封信一件以资尚聆对节约献事长期赞助並随时指教为荷耑此敬祝
勋綏
冯玉祥
诸希转致
曾仲宣
盐务
卅一一日

時祺

馮玉祥
卅八、十八、三十

80   0003-001-0008-234

冯玉祥为请广为宣播《给爱国朋友的第十封信》及内江曾仲海先生突破个人献金纪录事致曾仰丰的信函（1944年6月9日）

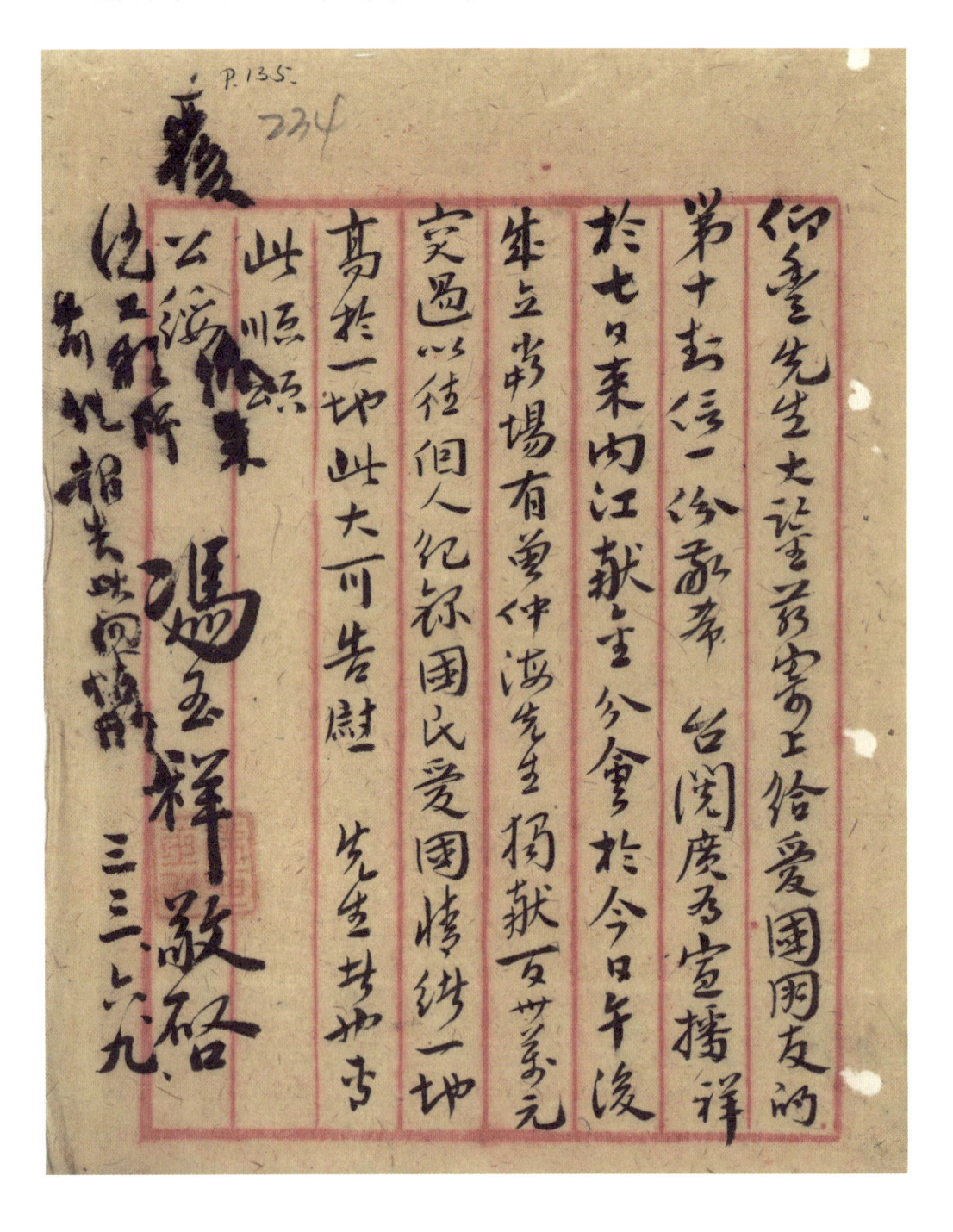

仰丰先生大鉴：弟前寄上给爱国朋友的第十封信一份，务希台阅广为宣播。祥于七日来内江献金，分会于今日午后集会於场，有曾仲海先生捐献一百卅万元，突过以往个人纪录，国民爱国情绪一班高涨，此地大可告慰。此顺颂

公绥

弟冯玉祥敬启

三三、六、九

81　　0003-001-0008-226

冯玉祥为内江节约献金大会举行后拟赴自流井会晤事致曾仰丰的信函（1944年6月16日）

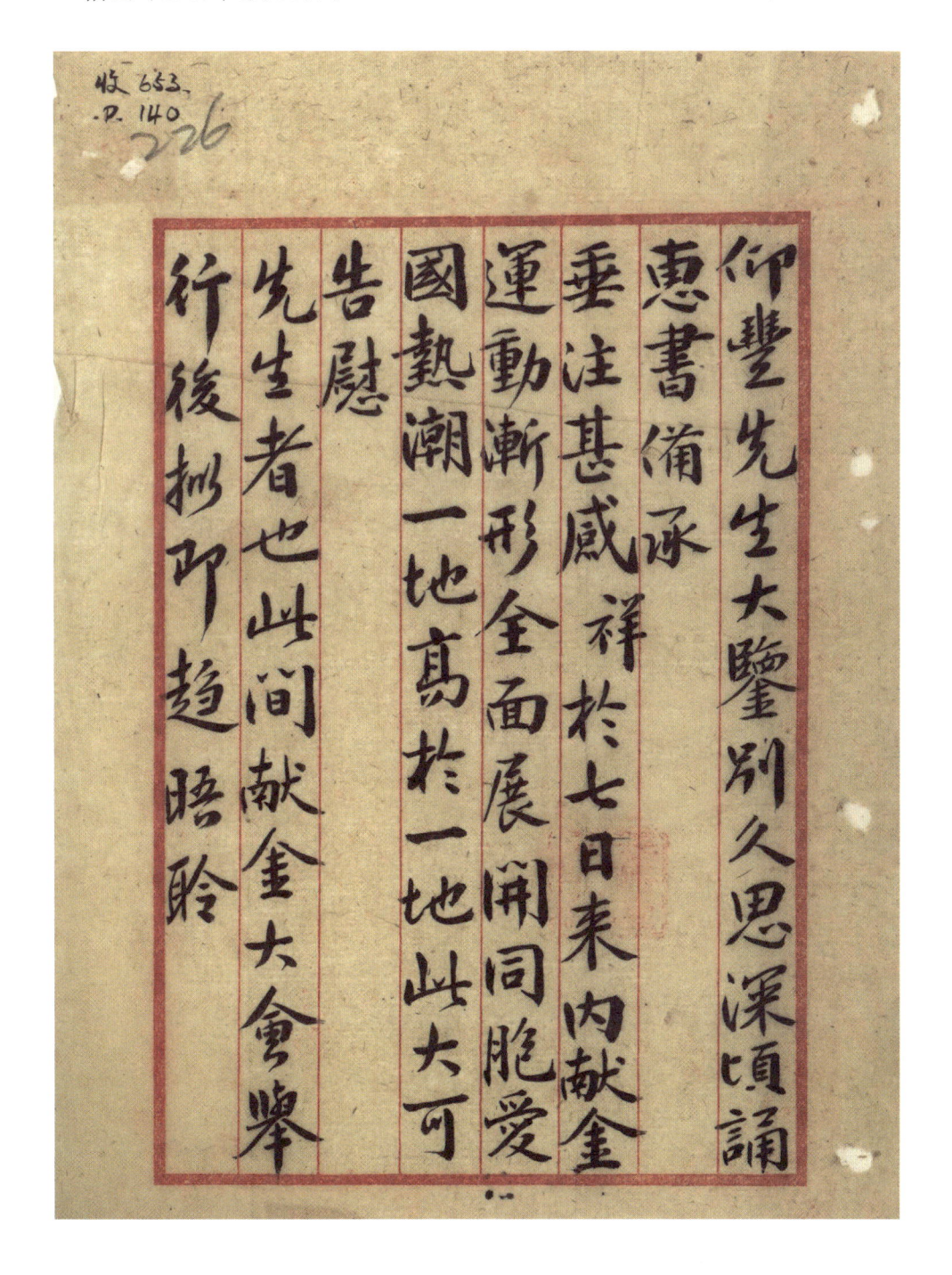

仰丰先生大鉴别久思深顷诵
惠书备承
垂注甚感祥於七日来内献金
运动渐形全面展开同胞爱
国热潮一地高於一地此大可
告慰
先生者也此间献金大会举
行後拟即趋晤聆

敬特复顺颂

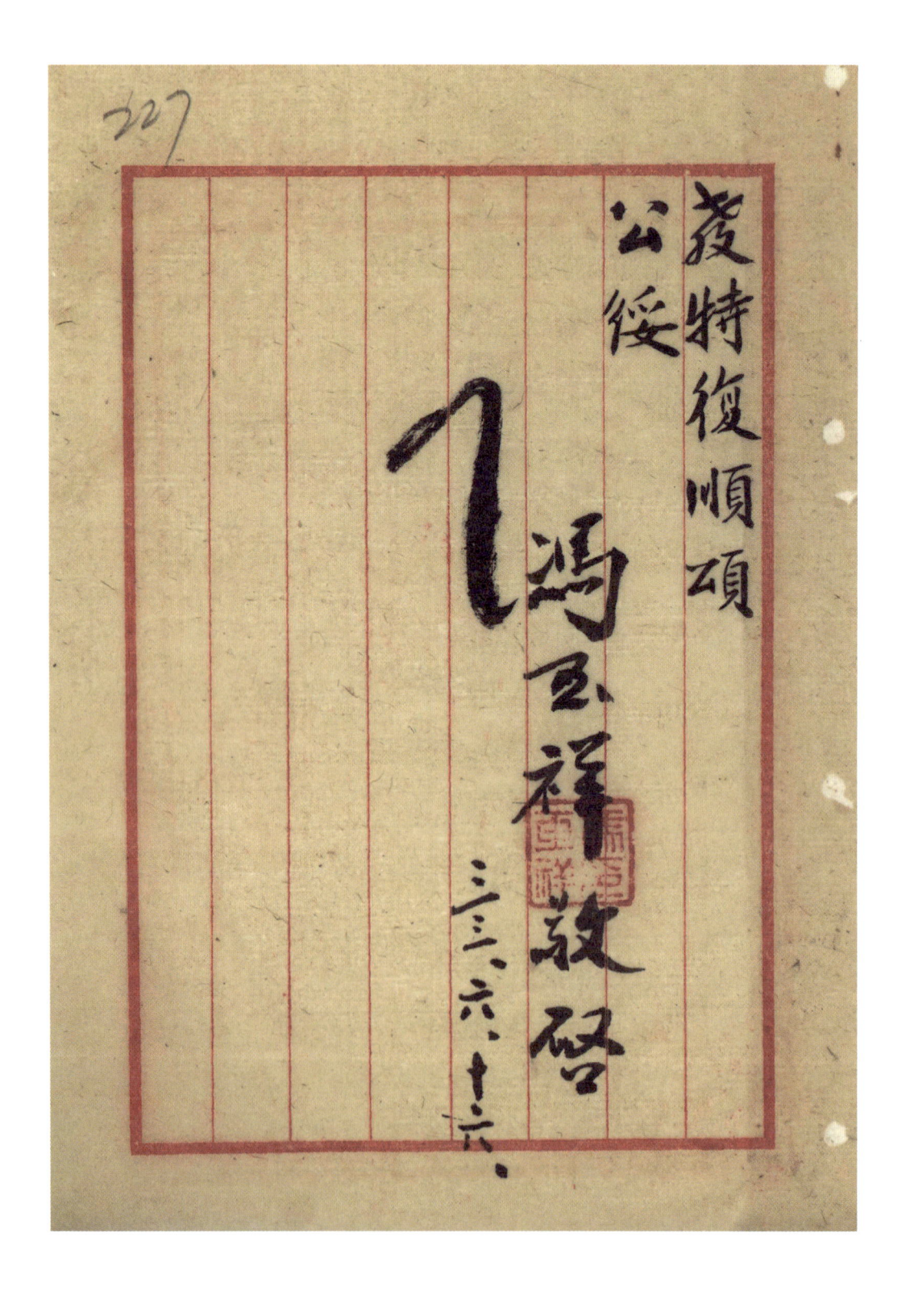

公绥

冯玉祥敬启

三三、六、十六。

82　0003-001-0008-014

冯玉祥为感谢在自流井期间的照顾及对节约献金运动的大力赞助等事致曾仰丰的信函（1944年8月1日）

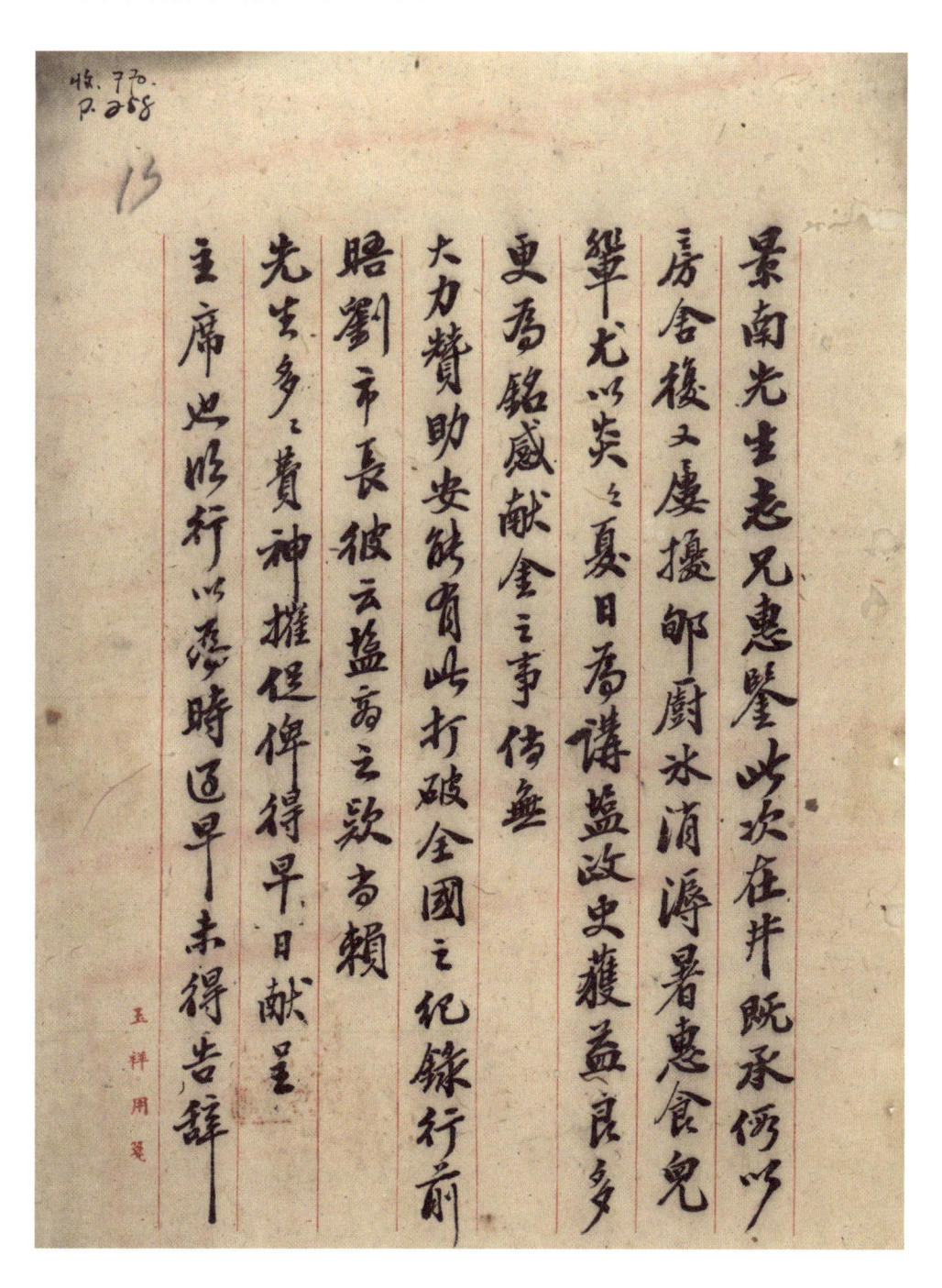

景南先生志兄惠鉴 此次在井既承俯以房舍復又屡扰郇厨水消溽暑惠食兒毕尤以炎炎夏日畅谈盐政史获益良多更为铭感献金之事仰蒙大力赞助安能有此打破全国之纪录行前晤刘市长彼云盐高之歇业赖先生多之费神摧促俾得早日献呈主席迎明行以逄时匆匆未得告辞

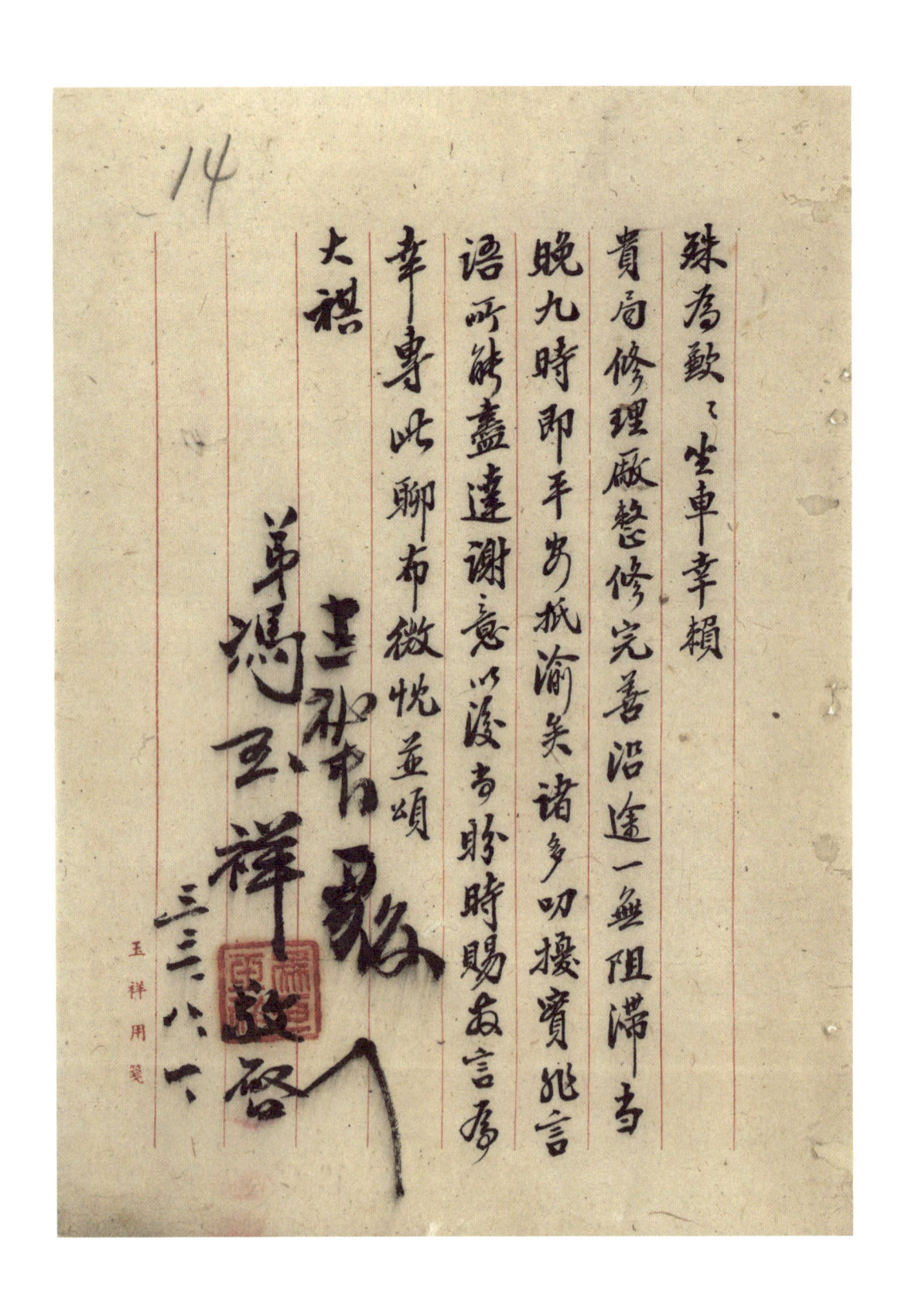

殊為歉〻坐車幸賴
貴局修理廠整修完善沿途一無阻滯昨
晚九時即平安抵渝矣諸多叨擾實难言
語所能盡達謝意以後奇盼時賜教言属
幸專此聊布微忱並頌
大祺

弟馮玉祥草啟
三三八八

83　　0003-001-0014-166

冯玉祥为敬致谢忱并报平安抵渝事致曾仰丰的信函（1944年11月15日）

景南先生志兄道鉴：数次过自贡市，都是打搅您，住房、吃饭、修车，以及其他种种的事情，给您添了许多烦扰，衷心至觉不安，在此敬致谢忱。八日由自贡动身，当晚住永川，次日午间抵渝，一路平安，祈释锦注。匆匆奉聆务乞

指教为荷 耑此

敬颂

焕

健康

弟 鴻玉祥 敬啟
三六、十、五、

84   003-001-0019-112

冯玉祥为盼先行速寄编印献金文献所需两类资料事致曾仰丰的信函（1944年12月10日）

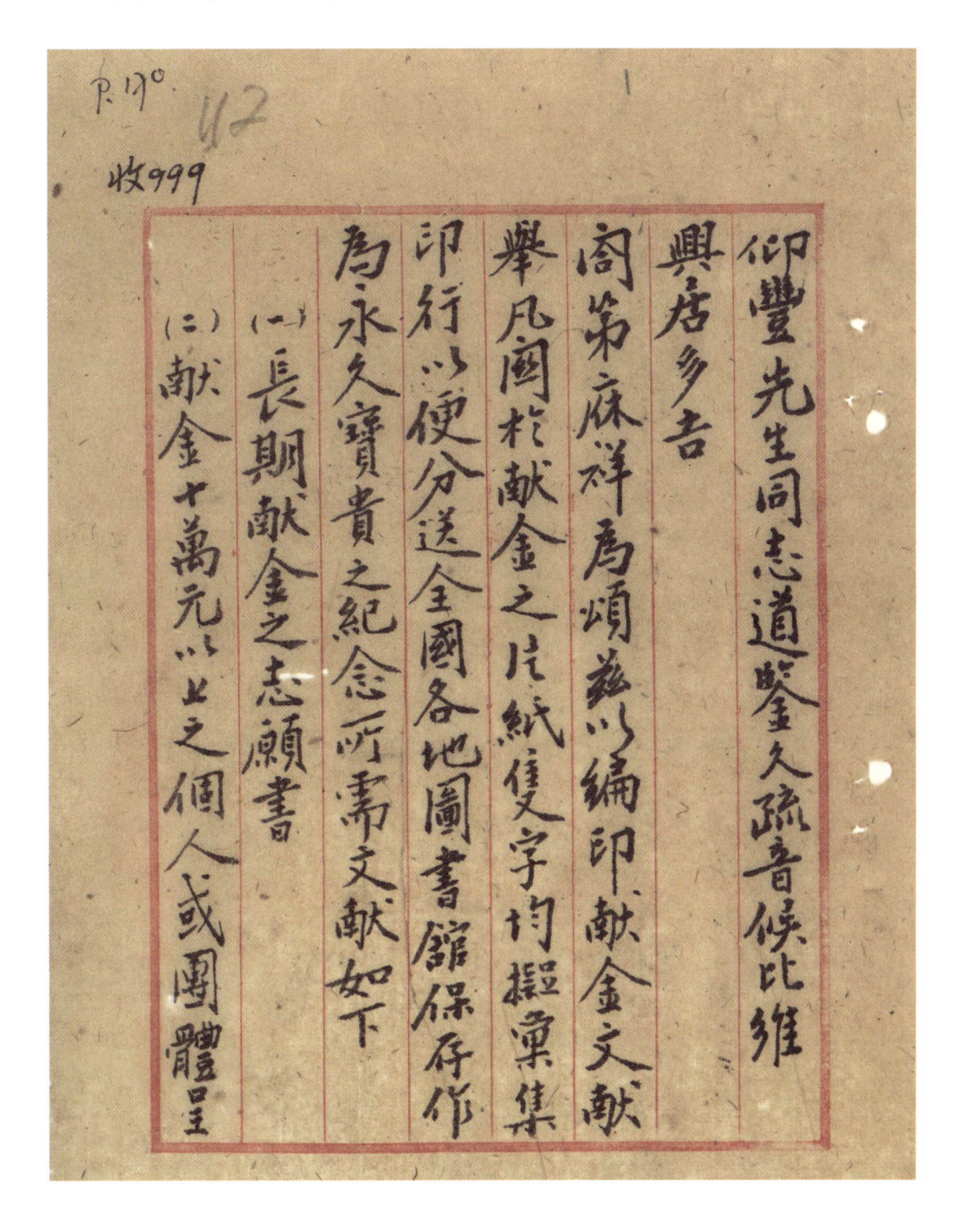

仰丰先生同志道鉴久疏音候比维
兴居多吉
弟麻祥为筹兹以编印献金文献
举凡関扵献金之片纸隻字均搜罗集
印行以便分送全国各地圖書館保存作
為永久寶貴之紀念所需文獻如下
（一）長期獻金之志願書
（二）獻金十萬元以上之個人或團體體呈

蒋主席之函件（自贡市已有）

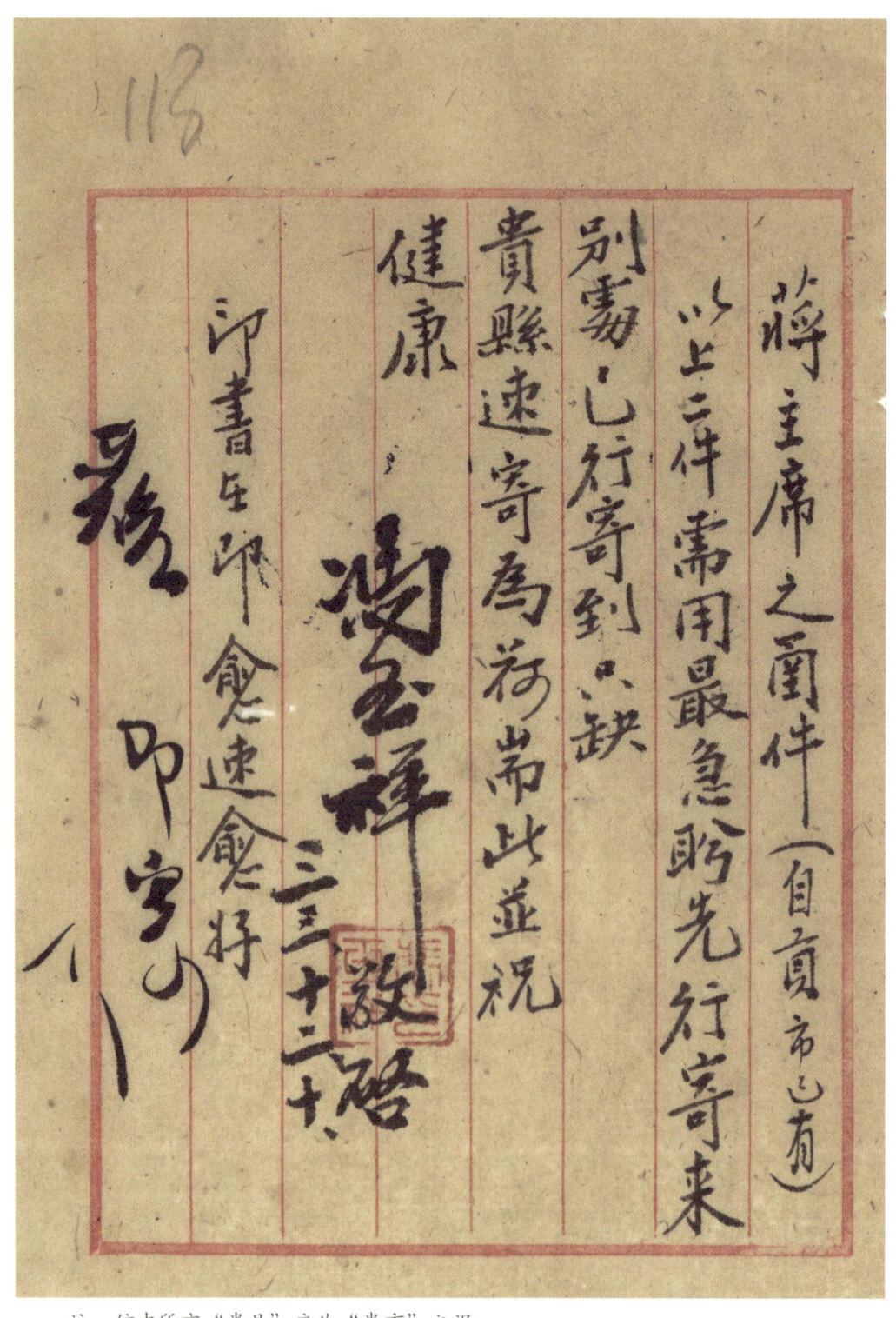

以上二件需用最急盼先行寄来

别墅已行寄到以缺

贵县速寄为荷耑此并祝

健康

冯玉祥 敬启

卅三、十二、六

印书生邱愈速愈好

稔 卯宁

注：信中所言"贵县"应为"贵市"之误。

85　0003-001-0014-029

冯玉祥为感谢主持威远节约献金大会并预祝顺利事致曾仰丰的信函（1944年12月22日）

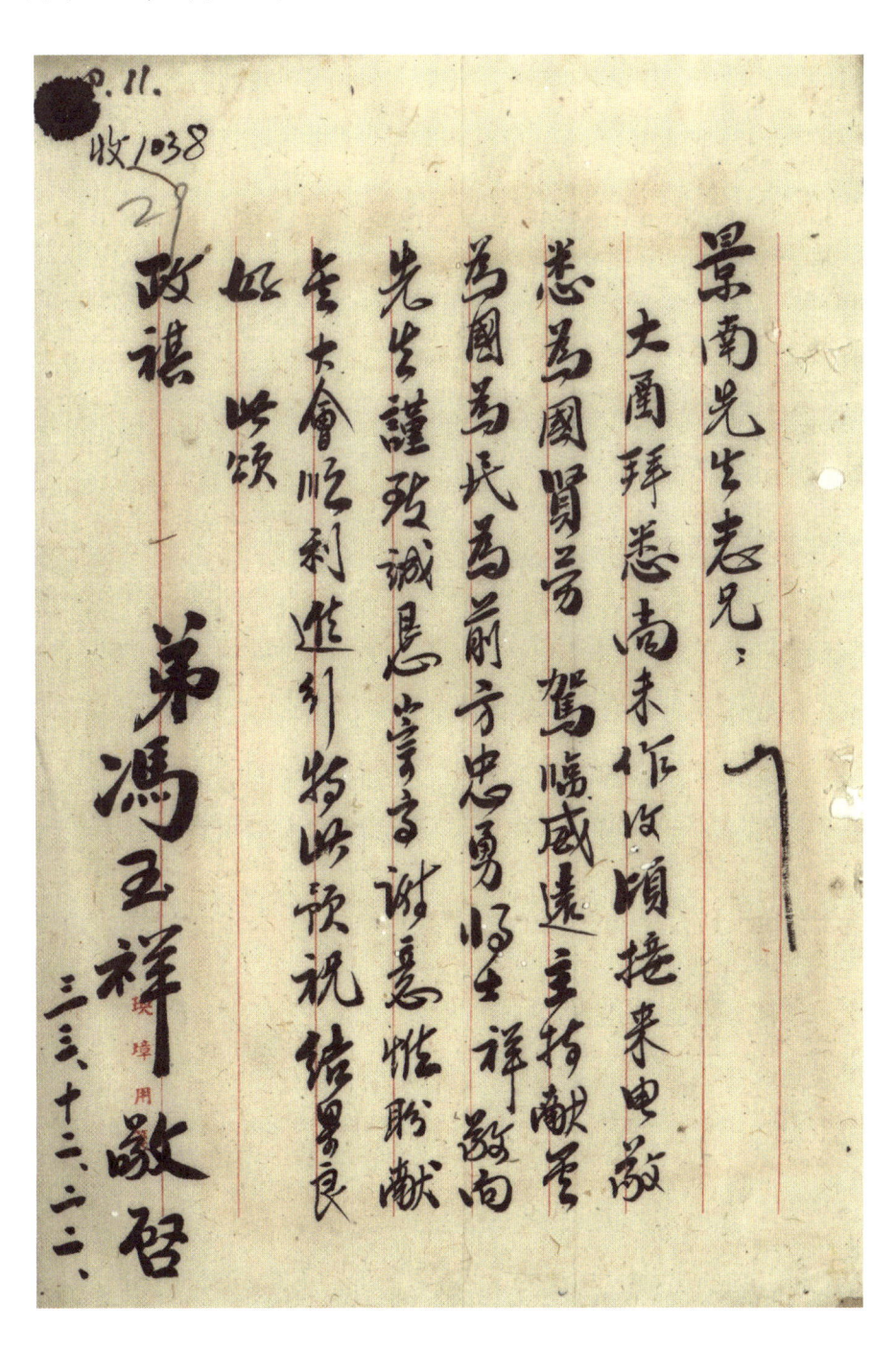

景南先生老兄：

大函拜悉，尚未作答，顷接来电敬悉，为国贸劳，驾临威远主持献金，为国为民为前方忠勇将士祥致向先生谨致诚恳崇高谢意怅盼献金大会顺利进行，特此预祝，结果良好，此颂

政祺

弟冯玉祥敬启
三三、十二、二二、

孙学悟

人物简介

孙学悟（1888—1952），字颖川，山东威海人。毕业于美国哈佛大学，获化学博士学位。化工专家，中国化工科技事业的开拓者。创办了黄海化学工业研究社，开创了中国无机应用化学、有机应用化学及细菌化学的研究。主持改造永利碱厂的碳化塔，精心研究碱、酸、盐，推动了国际闻名的"侯氏制碱法"的诞生。曾任开滦煤矿总化学师、久大盐业公司化学室主任、黄海化学工业研究社社长、中国科学院工业化学研究所所长等职。

86 0003-001-0010-012

孙学悟为现时情况下黄海化学工业研究社恐不能与川康盐务管理局再续定一年合约事致曾仰丰的信函（1943年12月6日）

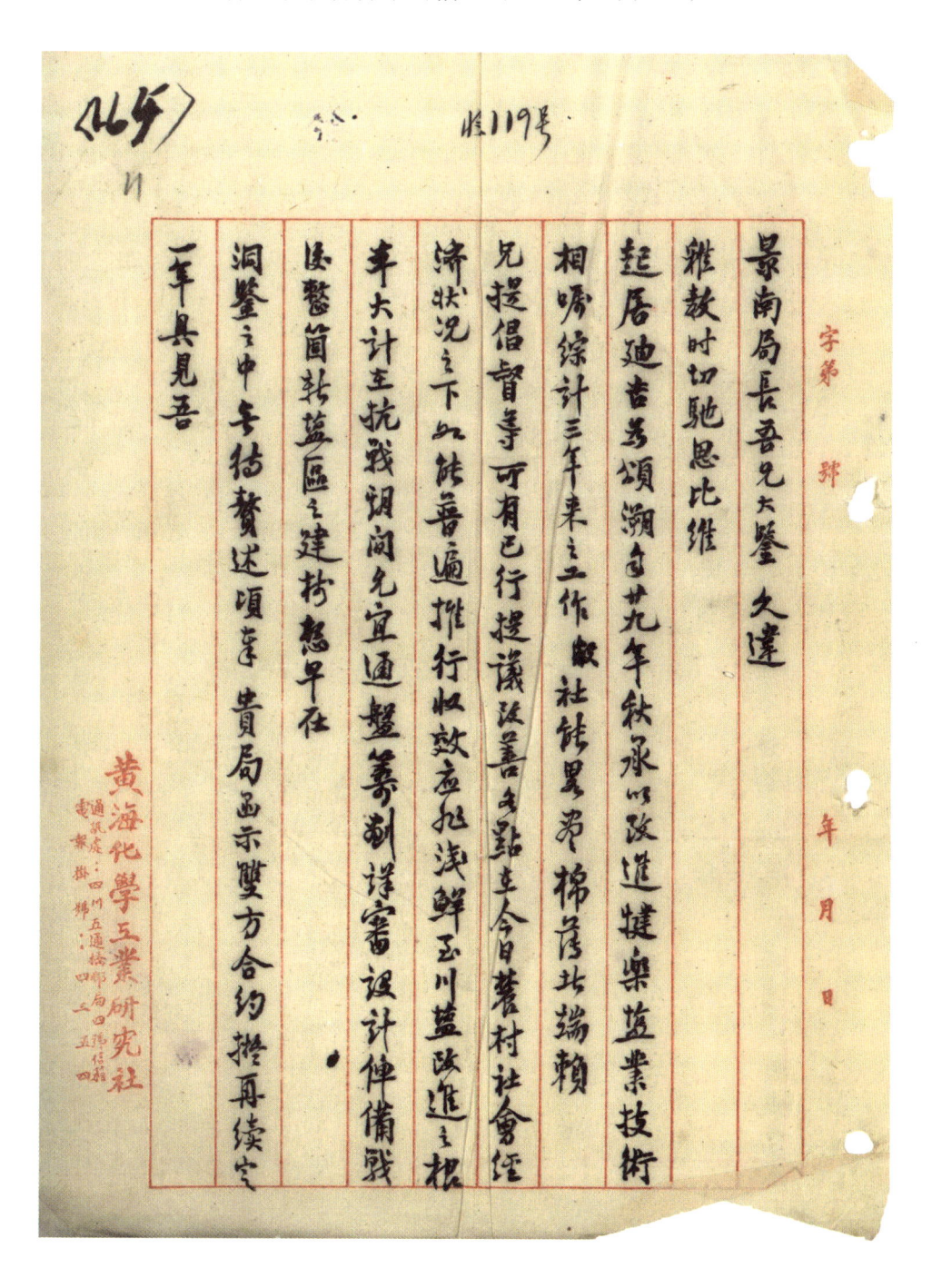

景南局长吾兄大鉴 久违雅教时切驰思比维

起居迪吉为颂溯自廿九年秋承以改进犍乐盐业技术

相嘱综计三年来之工作敝社诎悉君棉薄此端赖

兄提倡督导可有已行提议改善之点立今日誉村社会经

济状况之下如能普遍推行收效必不浅鲜玉川盐政进之根

本大计正抗战期间允宜通盘筹划详审迟计俾备战

后犍新盐区之建树恕早在

洞鉴之中毋待赘述顷奉贵局函示双方合约拟再续定

一年具见吾

黄海化学工业研究社

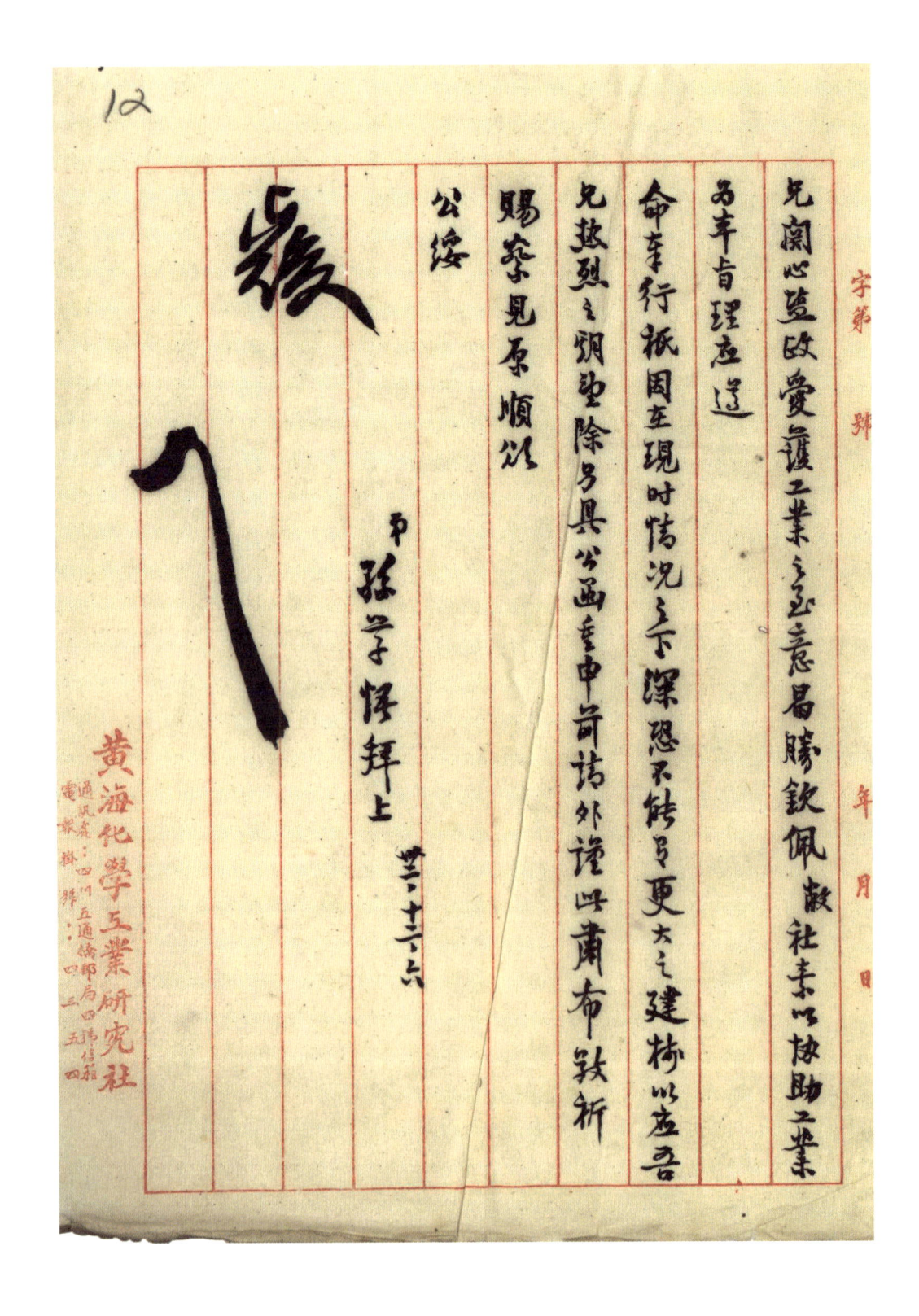

兄筹心盬政愛護工業之至意昌媵欽佩敝社素以協助工業

为丰旨理应遵

命奉行抵因在现时情况之下深恐不能兑现大之建树以益吾

兄热烈之期望除另具公函呈申荷诸外谨此肃布敬祈

赐察见原顺颂

公绥

弟 孙学悟拜上 卅一、十一、六

发

黄海化学工业研究社

张万里

人物简介

张万里（生卒年不详），曾任《时事新报》社总经理。

87　0003-001-0010-043

张万里为恳转请赵熙书写条幅和对联作为入川纪念事致曾仰丰的信函（1943年12月9日）

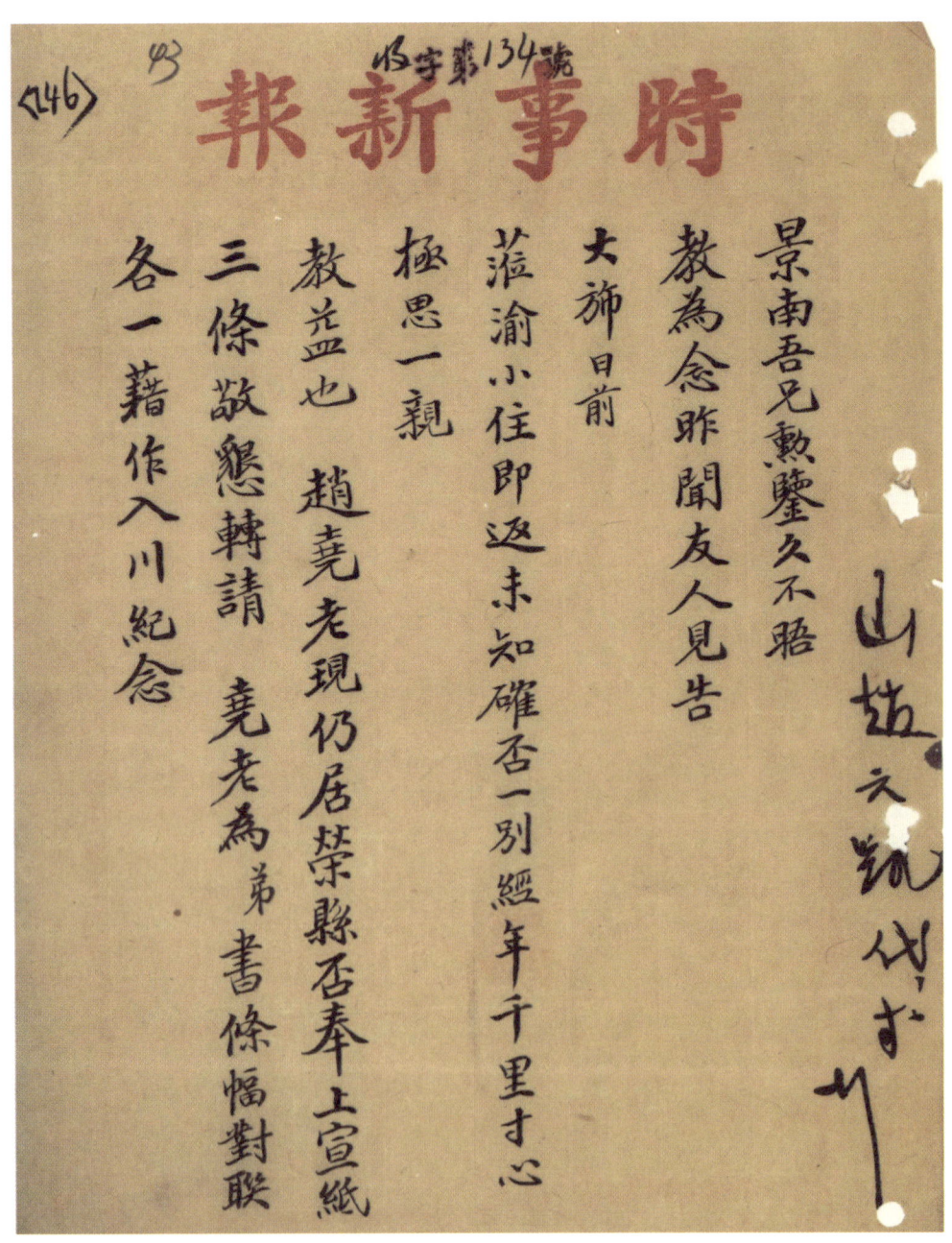

景南吾兄勋鉴 久不晤
教为念 昨闻友人见告
大旆日前
莅渝小住即返 未知确否 一别经年 千里寸心
极思一亲
教益也 赵尧老现仍居荣县否 奉上宣纸
三条 敬恳转请 尧老为弟书条幅对联
各一藉作入川纪念

注：赵尧老，即赵熙，字尧生。

時事新報

分神至感，容當面謝。不情之請，尚祈
鑒諒。專此祗頌
勳綏
宣紙附寄

弟 張萬里 拜上 十二月九日

韩叔信

人物简介

韩叔信（生卒年不详），曾任自贡市私立蜀光中学校长、自贡市私立蜀光小学校长、自贡市知识青年从军征集委员会常务委员、自贡市政府理事、四川省禁烟协会自贡市分会理事等职。

88   0003-001-0008-220

韩叔信为请予莅临指导自贡市私立蜀光中学毕业典礼并对学生训话事致曾仰丰的信函（1944年6月20日）

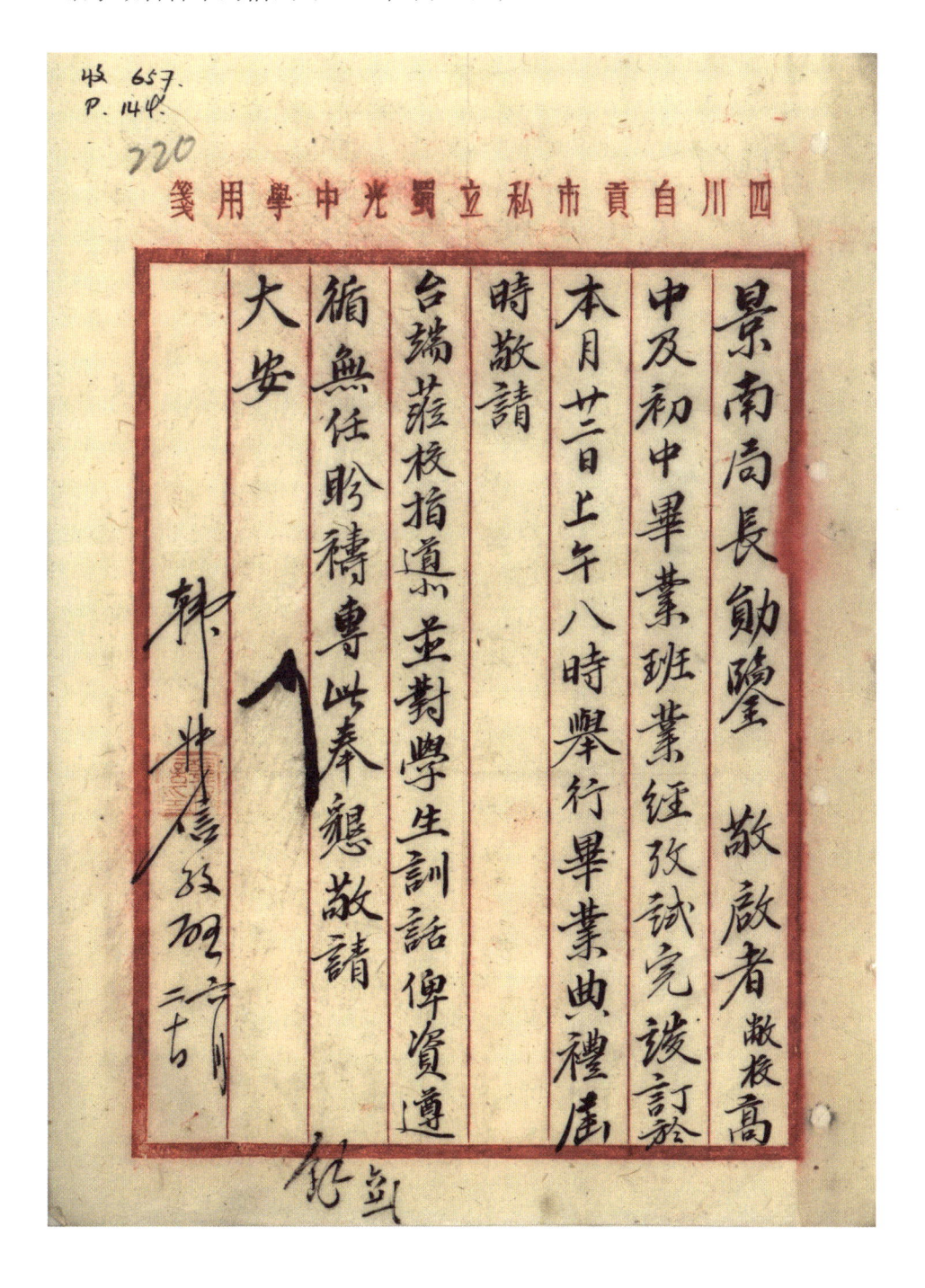

景南局长勋鉴 敬启者 敝校高中及初中毕业班业经考试完竣 订於本月廿二日上午八时举行毕业典礼届时敬请

台端莅校指导 並对学生训话俾资遵循 无任盼祷 专此奉恳 敬请

大安

韩叔信 敬启 六月二十日

89 0003-001-0023-009

韩叔信为请予莅临指导自贡市私立蜀光中学毕业典礼并对学生训话事致陈纪铨的信函（1946年6月12日）

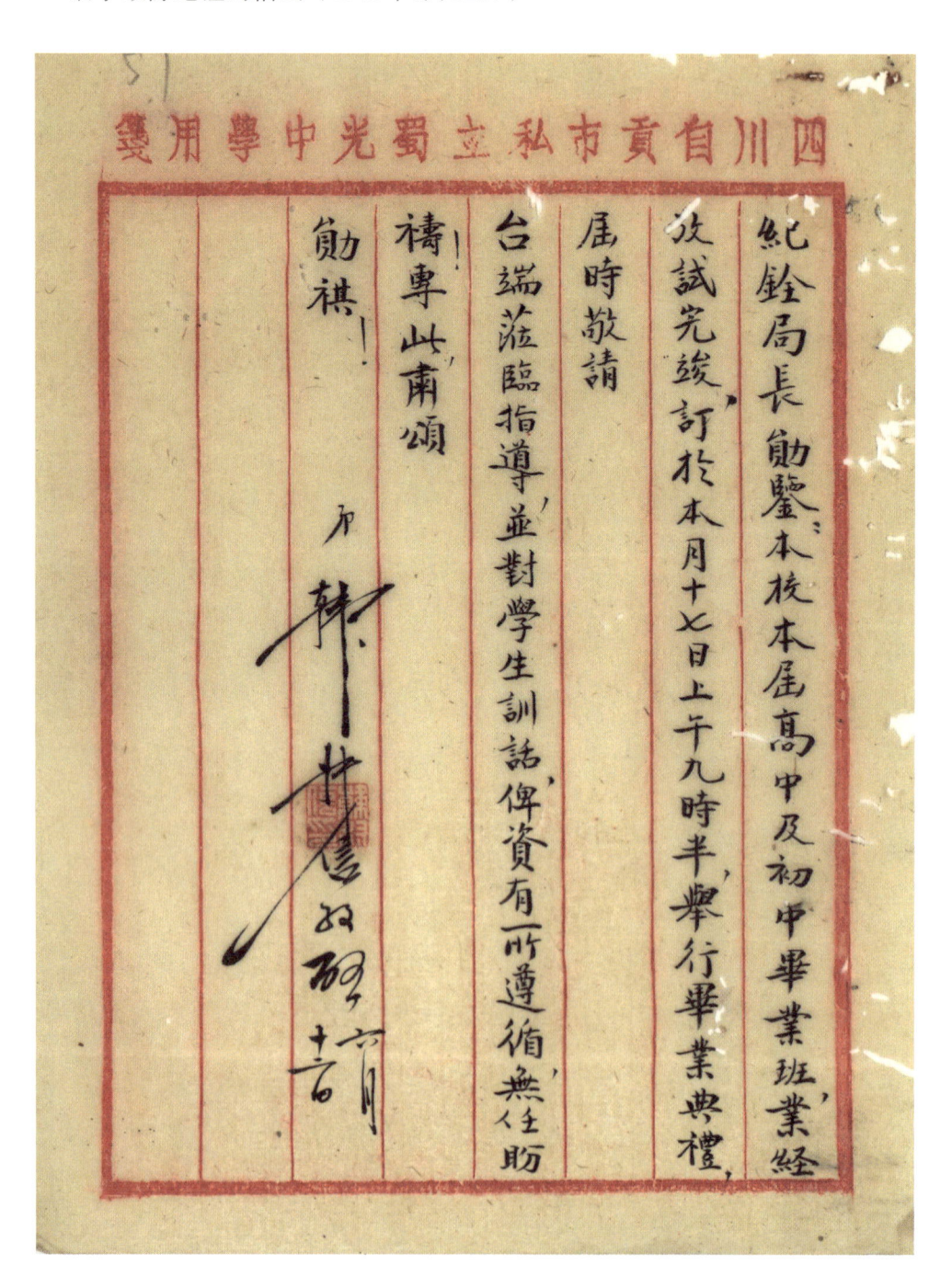

纪铨局长勋鉴：本校本届高中及初中毕业班业经放试完竣，订于本月十七日上午九时半举行毕业典礼，届时敬请

台端莅临指导並對學生訓話，俾資有所遵循，無任感

禱專此肅頌

勛祺！

韩叔信 六月十二日

90　　0003-001-0026-198

韩叔信为如有出国之事复函到达自流井请即通知事致陈纪铨的信函（1947年7月26日）

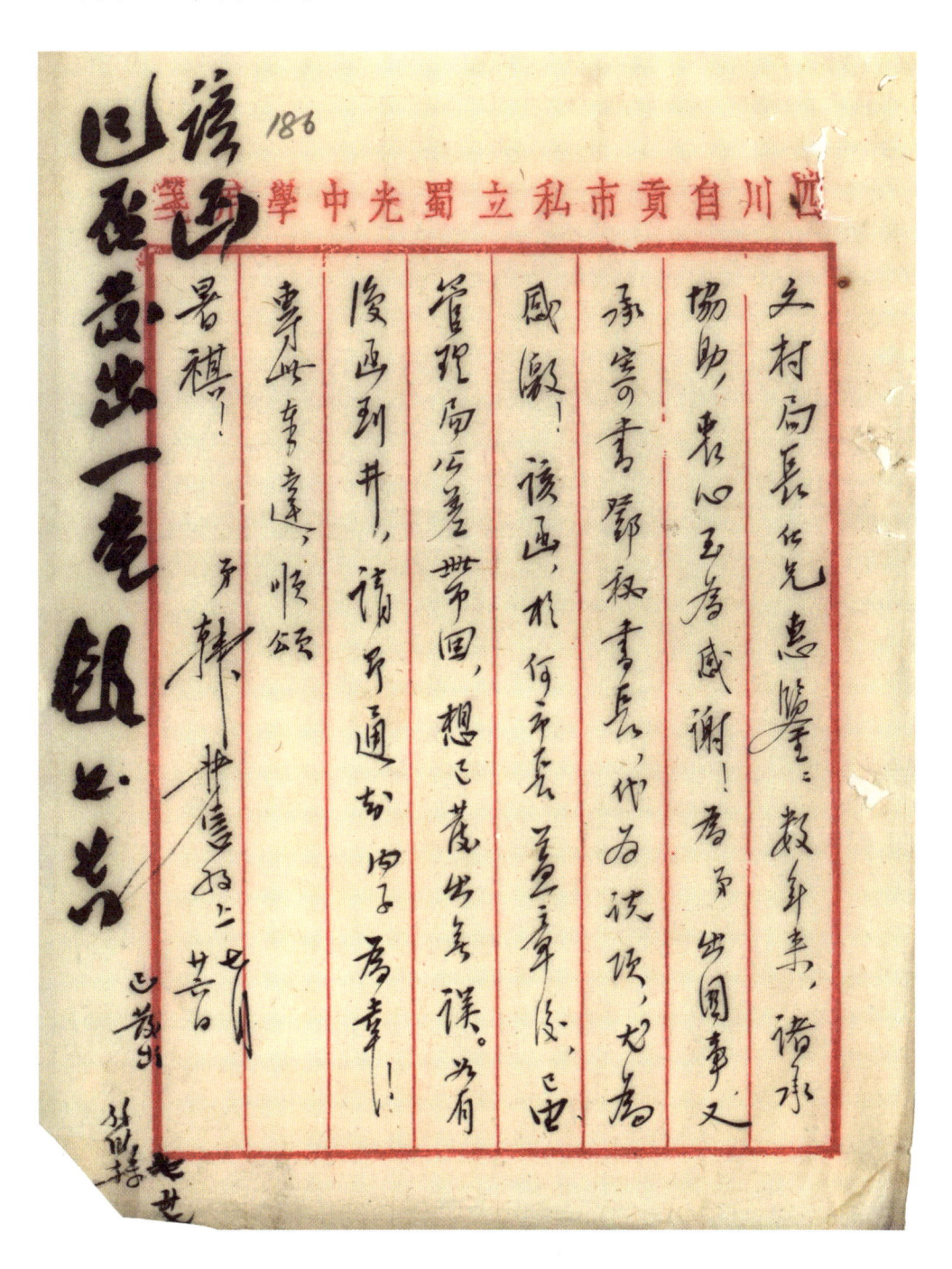

文村局长仁兄惠鉴：敬肃者，谍承协助，衷心无比感谢！唐局长出国事，又承寄书邓叔书长，极为妥协，尤为感激。该函，极有不妥之处已由管理局派人带回，想已携出无差误。俊函到井，请即通知内子为幸！

专此奉达，顺颂

暑祺！

弟 韩叔信拜上 七月
廿六日

91　　0003-001-026-127

韩叔信为请予函询签办出国呈文等事致陈纪铨的信函（1947年8月23日）

纪村局长仁兄惠鉴：日前弟上一函，想已
达览。弟出国事，邓秘书长离三台至文
宜滨参展，俟其签办，但远离本月廿日止，盐厅方面
仍未见到公事，弟另乔兰任秘书（舍）事函所告。
此非有其他原因，不得而知，可否由
先再向邓秘书长函询一次，究竟悬审府
呈文积压何处？为何无者府，请兄分别交
盐厅签办，甚迟速航寄行政院为幸！弟

奉諭靜候，惟近頃，不能再留，擬於本
月苦日搭民聯輪赴京，如有確息
到來，乾告告或直接
主幻均可。通訊處為南京衛生部韓立
民吟轉。囑子已於今日代搭
區山鐵支局農局卡車返井，幸可回家
長所復稱。
先乘神，至為感
激！多謝多謝！專此順頌
台祺！
董壽夫人順此問好
弟韓井信敬上七月廿三日

國府市長 就近查詢俾毋致以失

重慶私立南開中學用箋

92　0003-001-0027-162

韩叔信为报知教育部已准许出国一年及缪秋杰垫付外汇等事致陈纪铨的信函（1947年10月3日）

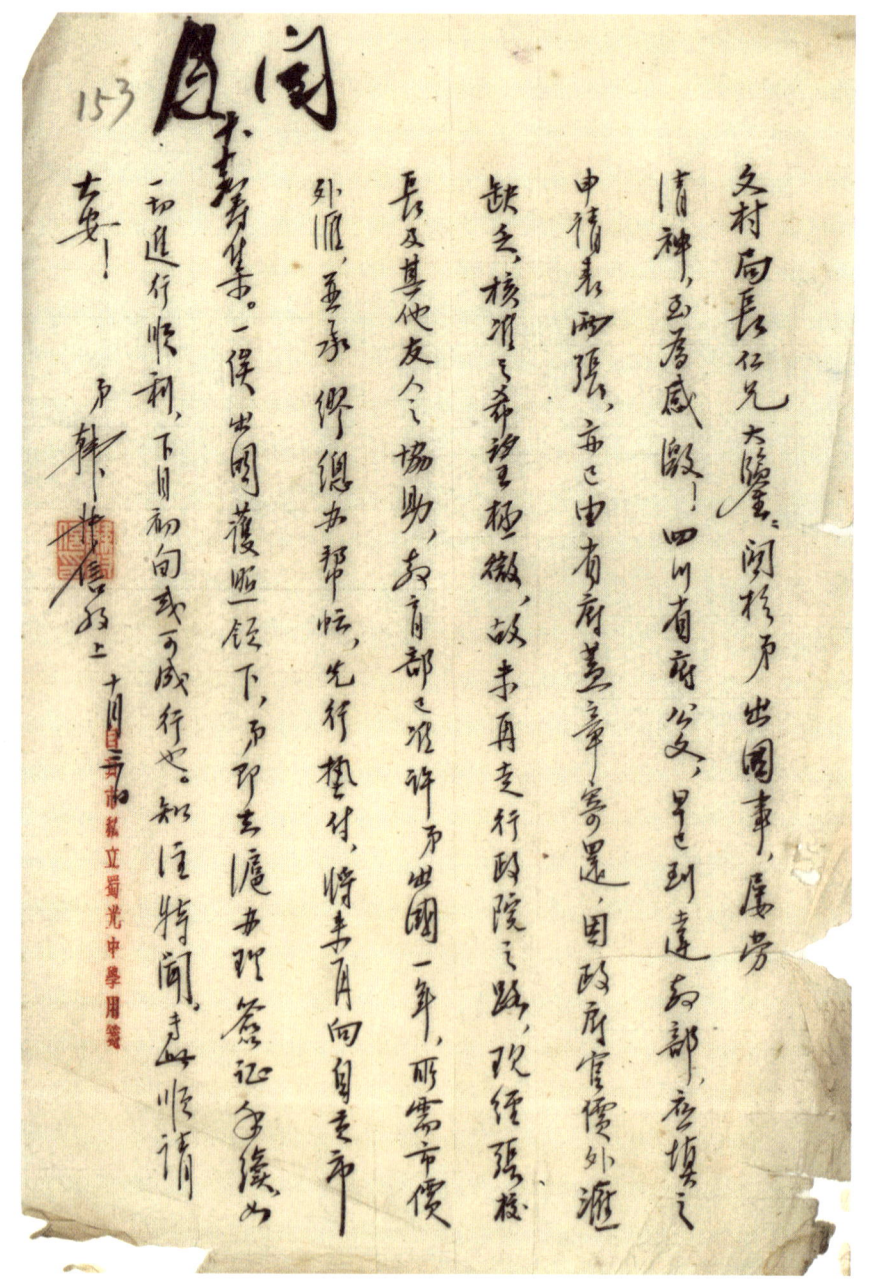

纪村局长仁兄大鉴：阅报知兄出国事，属劳清神，至为感激！四川省府公文，早已到达教部，应填之申请表两张，亦已由省府盖章寄还，因政府官价外汇缺乏，核准之希望至极微，故未再走行政院之路，现经张秘长及其他友人之协助，由教部之准许兄出国一年，那需市价外汇，蒙承缪总办帮忙，先行垫付，将来再向自走市长请总办覆照一致下，兄即去汇丰办签证手续，如一切进行顺利，下月初向或可成行也。耑佈特闻，专此顺请

公安！

弟 韩叔信拜上 十月三日

注：缪总办，即缪秋杰，时任盐务总局总办。

范旭东

人物简介

范旭东（1883—1945），原名源让，字明俊，后改名锐，字旭东，以字行。祖籍湖南湘阴，生于湖南长沙。毕业于日本京都帝国大学化学系。中国化工实业家，中国重化工业奠基人，被誉为"中国民族化学工业之父"。先后创办和筹建久大精盐公司、永利制碱公司、黄海化学工业研究社、永裕盐业公司、永利碱厂、永利硫酸铵厂，并生产出中国第一批硫酸铵产品，更新了中国联合制碱工艺。

93   0003-001-0008-073

范旭东为马杰博士承教育部派赴自贡设立专门工业学校特为介绍事致曾仰丰的信函（1944年6月21日）

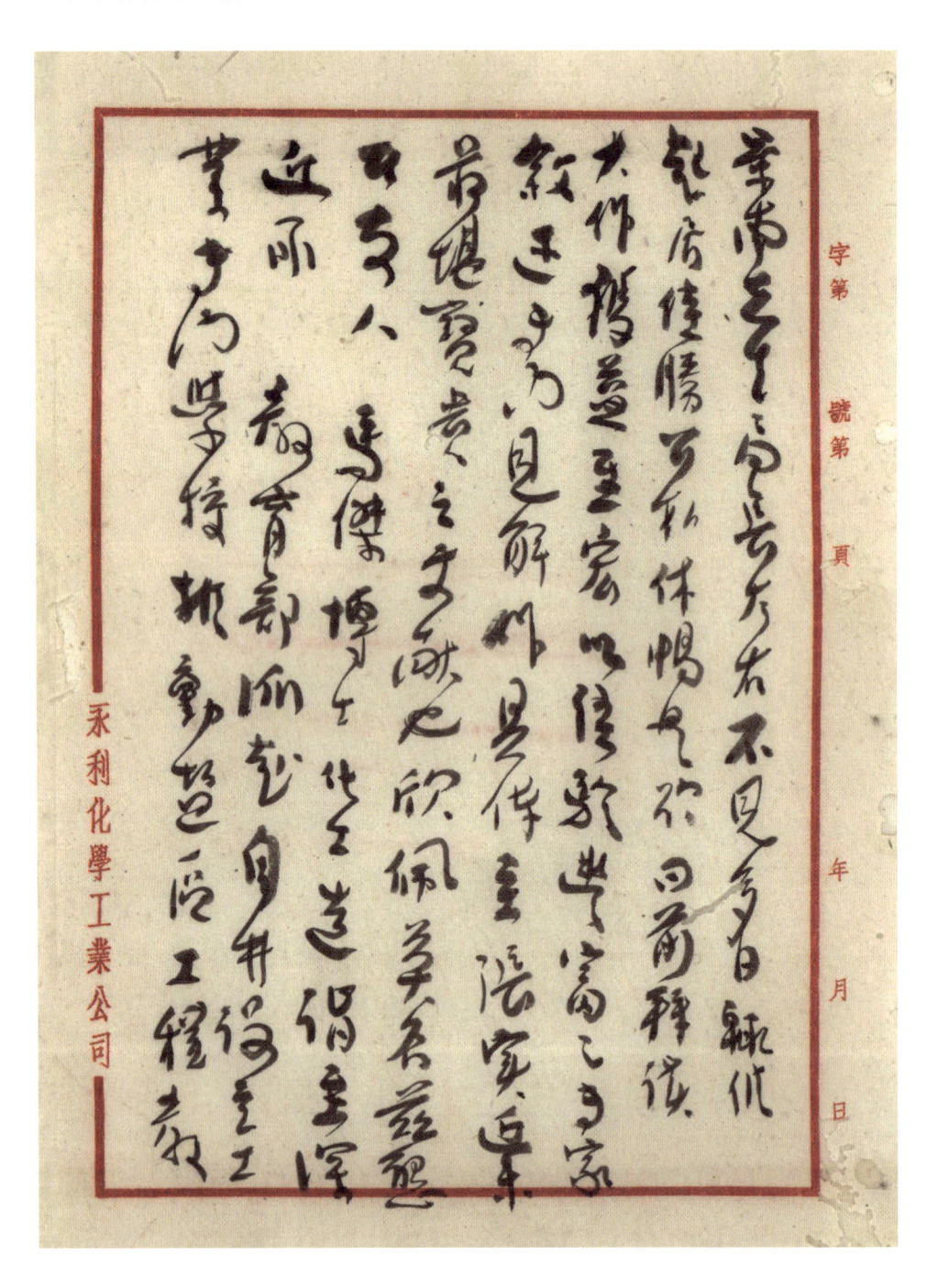

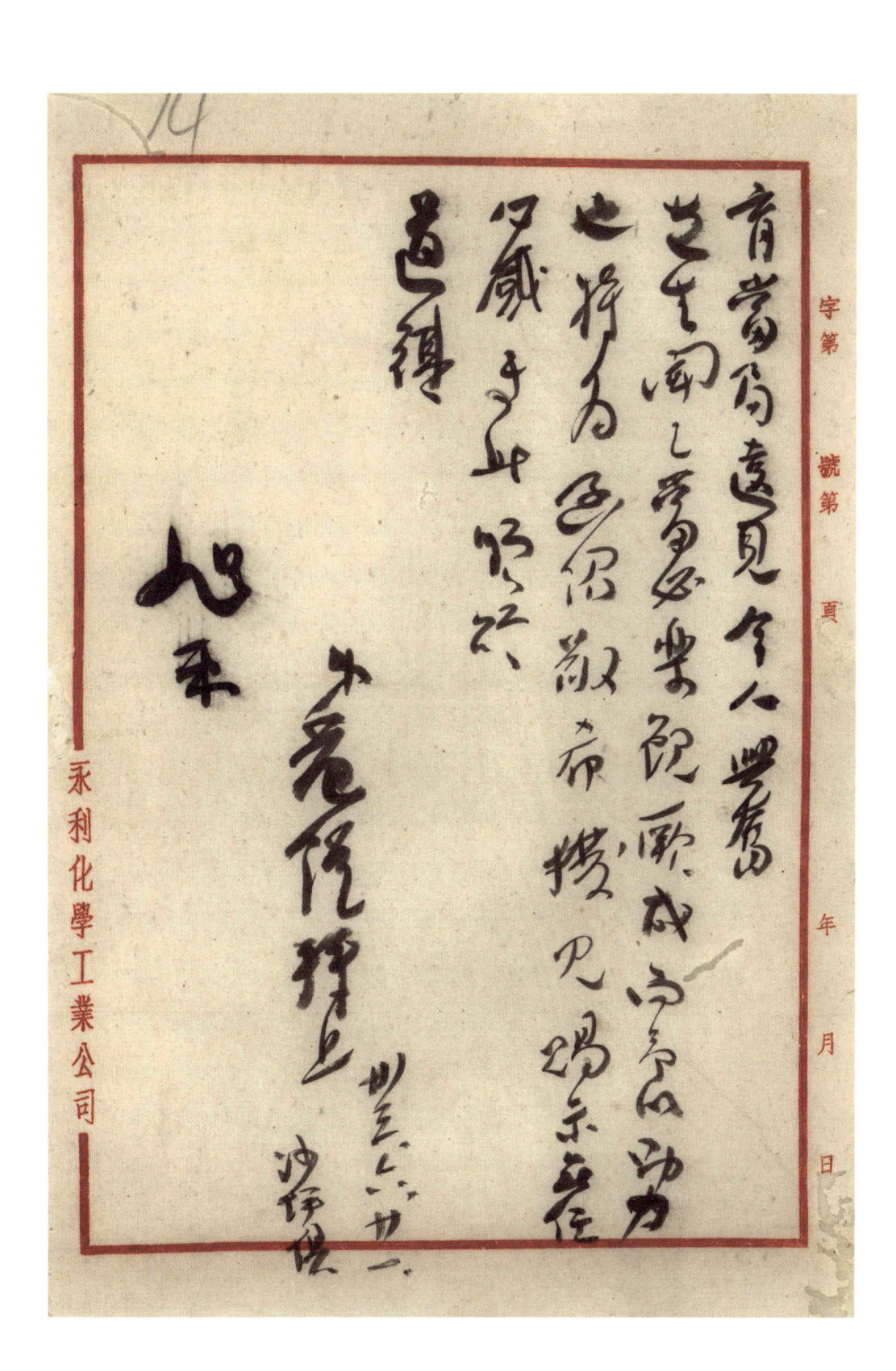

育蓀吾兄遠見令人興奮
芝老聞之尤覺需要飽領盛心之指介盈紙敬希擲還拜賜無任
感禱手此佈達敬頌
道綏

旭東

芃老樣上
卅二、六、廿一
沙伊侶

孙越崎

人物简介

孙越崎（1893—1995），原名毓麒，浙江绍兴人。著名爱国主义者、实业家和社会活动家，中国现代能源工业的奠基人之一，被尊称为"工矿泰斗"。曾任国防设计委员会专员兼矿室主任、陕北油矿探勘处处长、中福煤矿总经理、河北平津敌伪产业处理局局长、资源委员会副委员长、行政院政务委员、经济部部长兼资源委员会主任委员等职。新中国成立后，曾任中央财政经济委员会计划局副局长，开滦煤矿总管理处副主任，河北省人大常委会副主任，河北省政协副主席，煤炭工业部顾问，第二、第三、第四、第八届全国政协委员，第五、第六、第七全国政协常委，中国国民党革命委员会中央副主席、名誉主席等职。

94 0003-001-0008-076

孙越崎为购买唐夫人之万国卡车未能成交事致曾仰丰的信函（1944年6月22日）

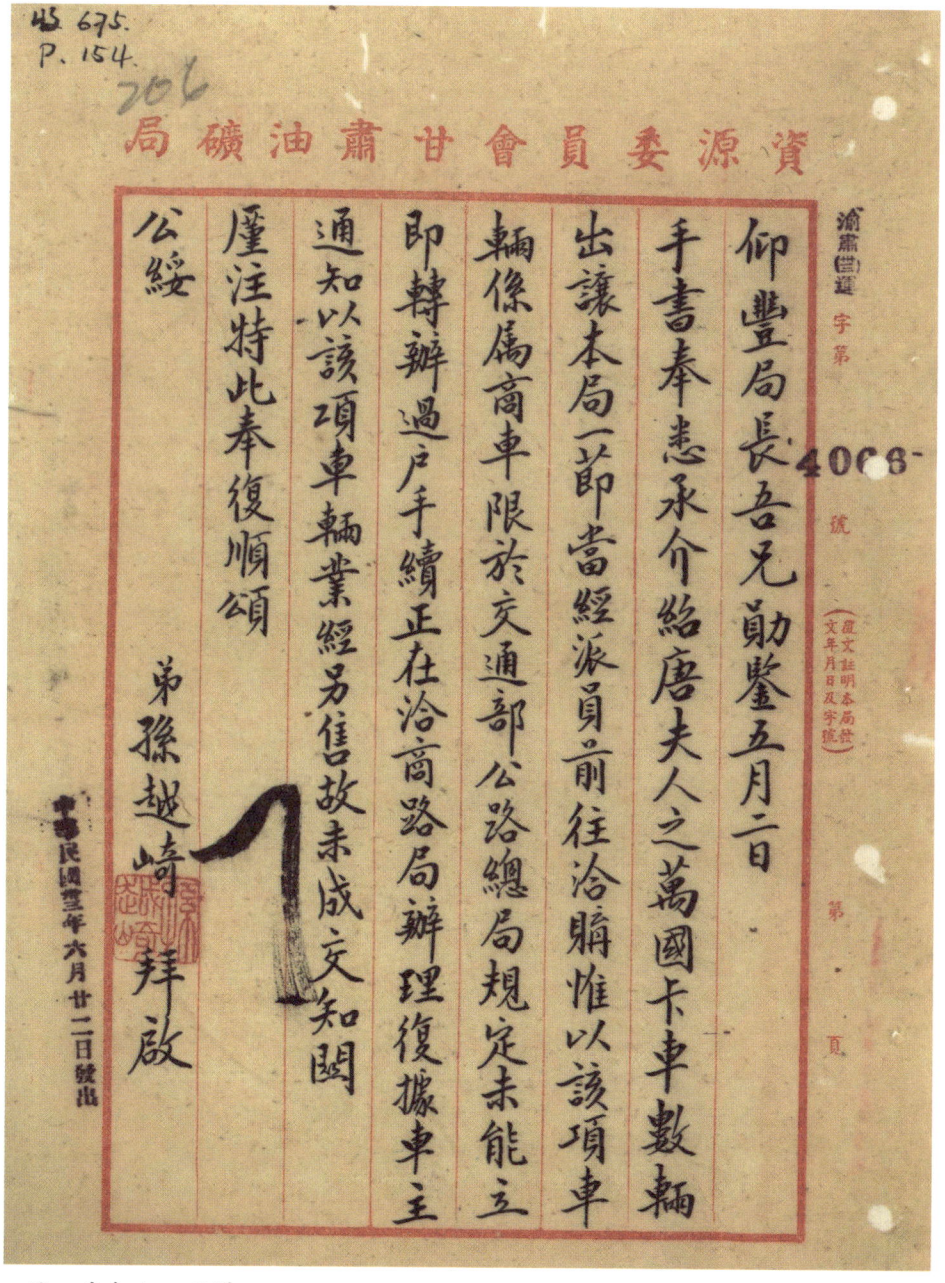

資源委員會甘肅油礦局

仰豐局長吾兄勛鑒：五月二日手書奉悉，承介紹唐夫人之萬國卡車數輛出讓本局一節，當經派員前往洽購，惟以該項車輛係屬商車，限於交通部公路總局規定未能立即轉辦過戶手續，正在洽商路局辦理。復據車主通知，以該項車輛業經另售，故未成交，知關厪注，特此奉復。順頌

公綏

弟 孫越崎 拜啟

中華民國卅三年六月廿二日發出

注：唐夫人，不详。

徐 堪

人物简介

徐堪（1888—1969），字可亭，四川三台人。曾任国民政府上海交易所监理官、金融管理局副局长、财政部钱币司司长、粮食部部长、财政部部长、中央银行总裁、国民党第五届中央执行委员及中央政治会议财政专门委员会主任委员等职。

95　　0003-001-0014-221

徐堪为请予持平处理自贡盐商与王绩良涉讼一案事致曾仰丰的信函（1944年6月27日）

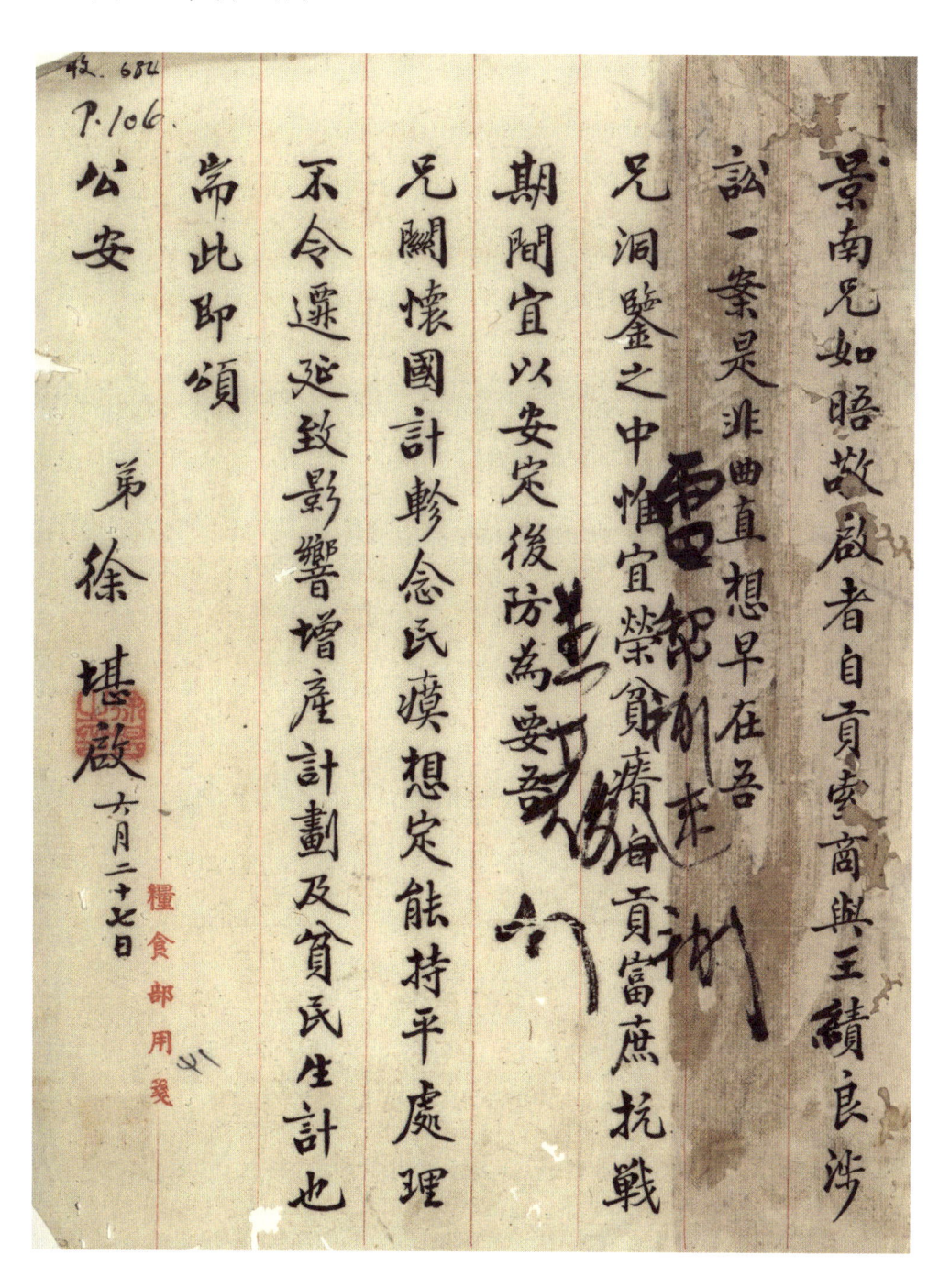

景南兄如晤，敬启者自贡盐商与王绩良涉讼一案是非曲直想早在吾

兄洞鉴之中惟宜荣贫瘠自贡富庶抗战期间宜以安定后防为要

兄关怀国计轸念民瘼想定能持平处理不令迁延致影响增产计划及贫民生计也耑此即颂

公安

　　弟 徐 堪 启　六月二十七日

傅霞山

人物简介

傅霞山（生卒年不详），曾任职于重庆《商务日报》社，担任过重庆盐业通讯社社长等职。

96　　0003-001-0008-034

傅霞山为待战事稳定后张绣文当去自流井与五通桥等事致曾仰丰的信函（1944年6月30日）

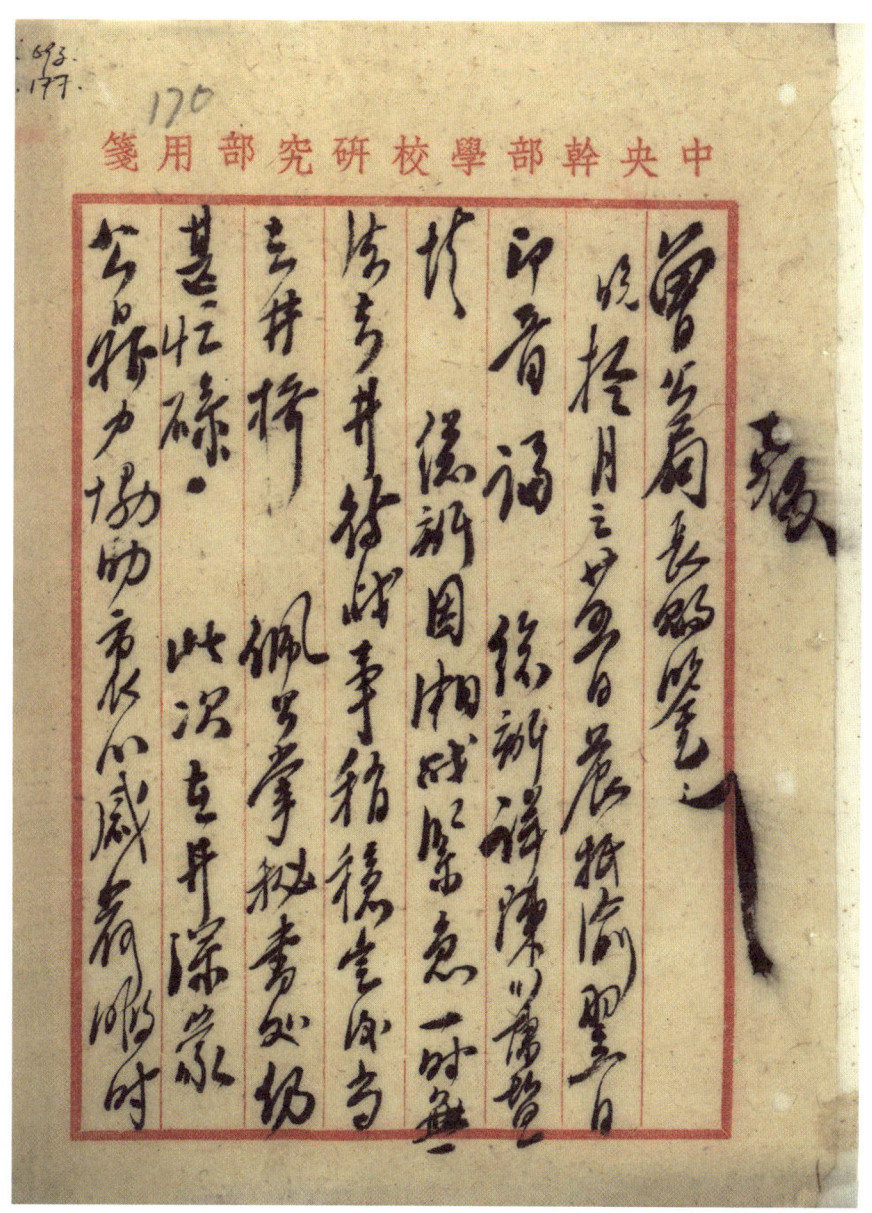

曾公局长钧鉴：

晚抵月三日曾展抵宜宾印奉福，续新详陈川盐督办因湘战已紧急一时无法离川，待印事稍稳定方去井桥佩兄掌秘书处协甚忙碌，此次去井深蒙公鼎力协助不胜感荷即叩

注：曾公，即曾仰丰。
　　总办，即盐务总局总办张绣文。
　　井桥，即自流井与五通桥。

报祈时赐信 粉多持书此致

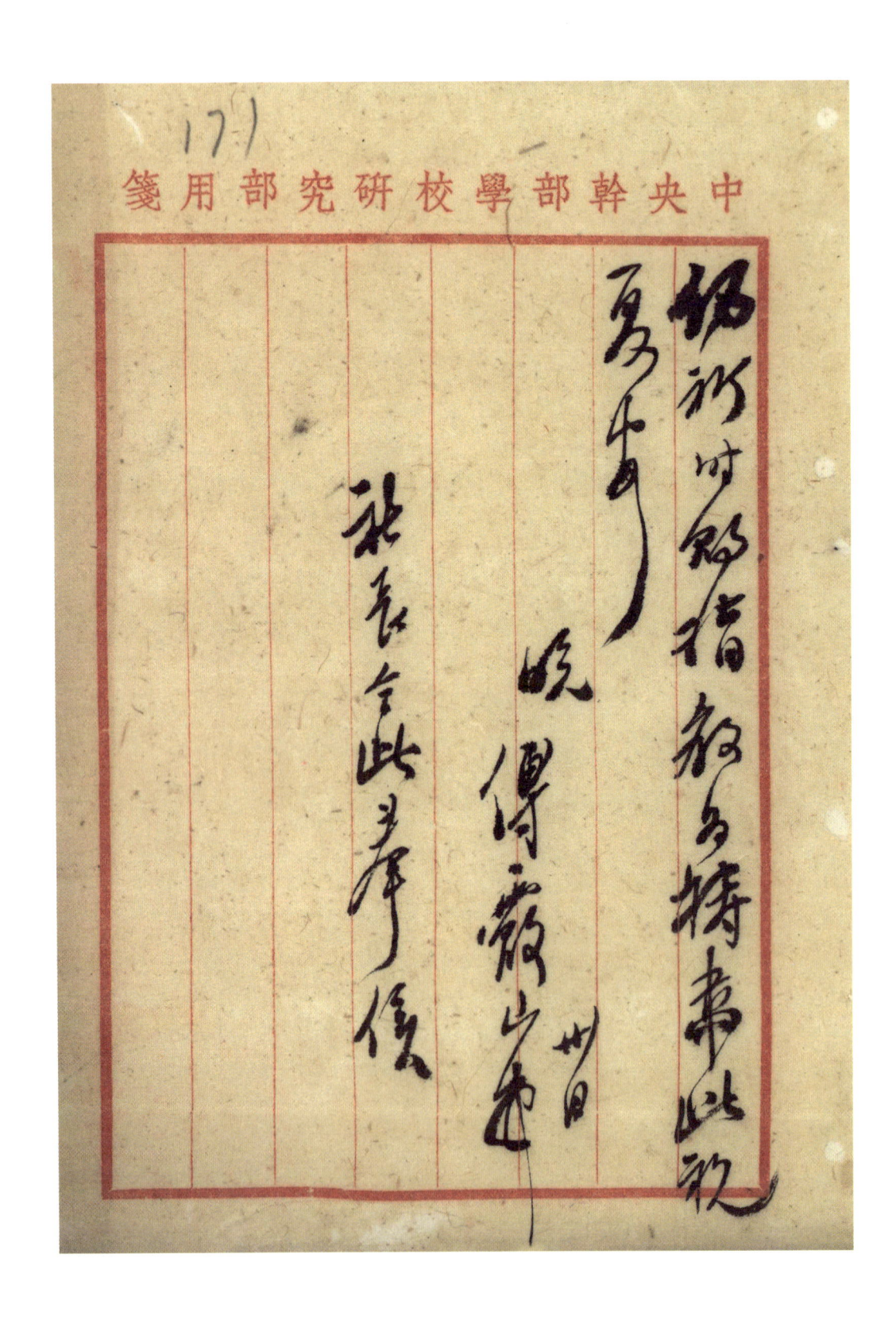

敬

颂

傅霜山兄

社长金此并候

陈倚石

人物简介

陈倚石(1907—?),号万石堂主,福建人。曾任大夏大学、国立艺术专科学校、中国艺术专科学校等校金石、书画教授。

97   0003-001-0008-080

陈倚石为拟于暑期往五通桥办展祈赐品题并送呈拓印事致曾仰丰的信函（1944年7月10日）

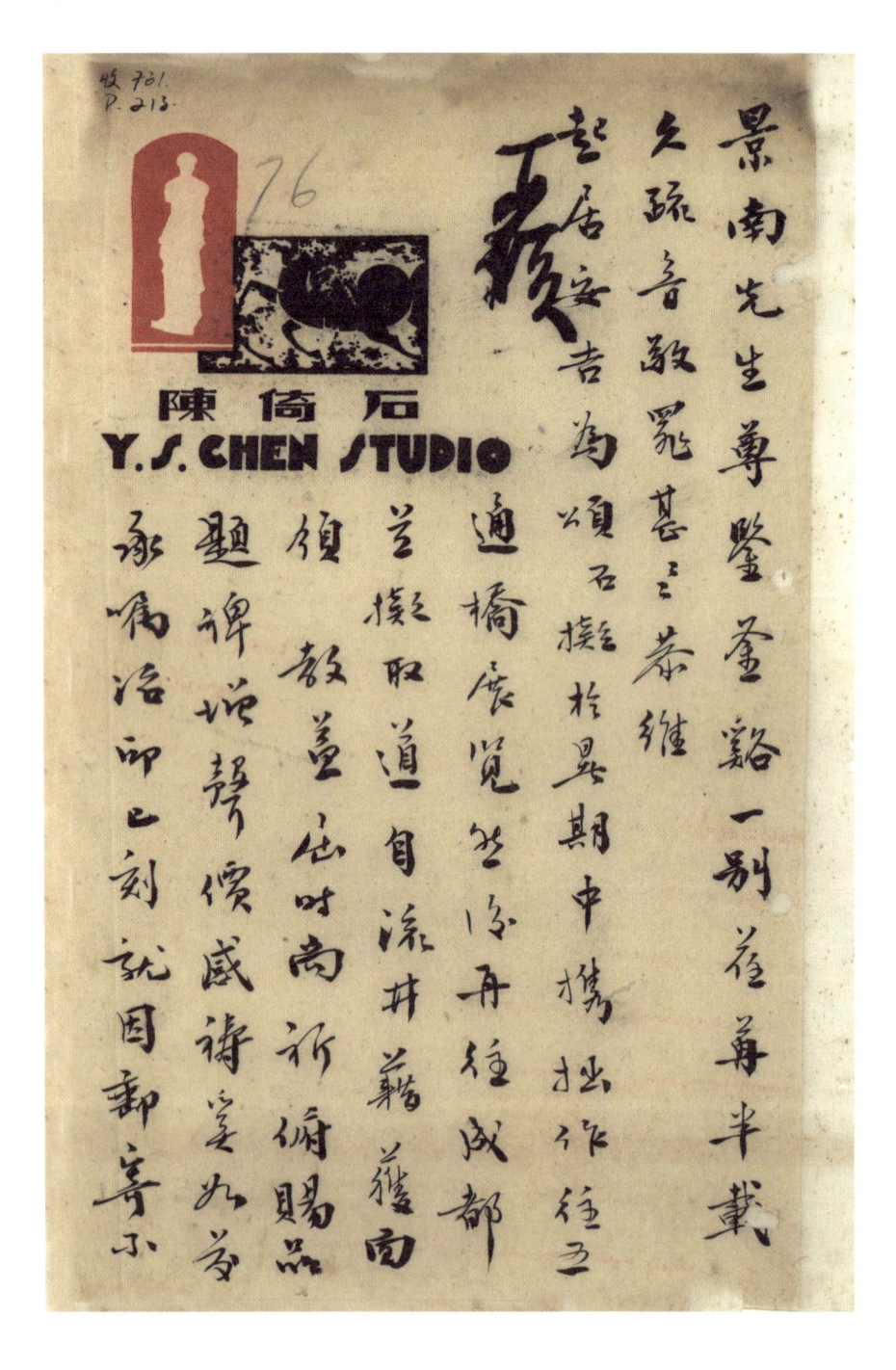

景南先生尊鉴：荏苒一别忽逾半载，久疏音敬，罪甚。兹恭维起居安吉为颂。石拟于暑期中携拙作往五通桥展览，兹拟道自沪井转赴蓉南，俟此时尚祈俯赐品题弹垞声价，感诗望无穷。承嘱治印已刻就，因邮等小

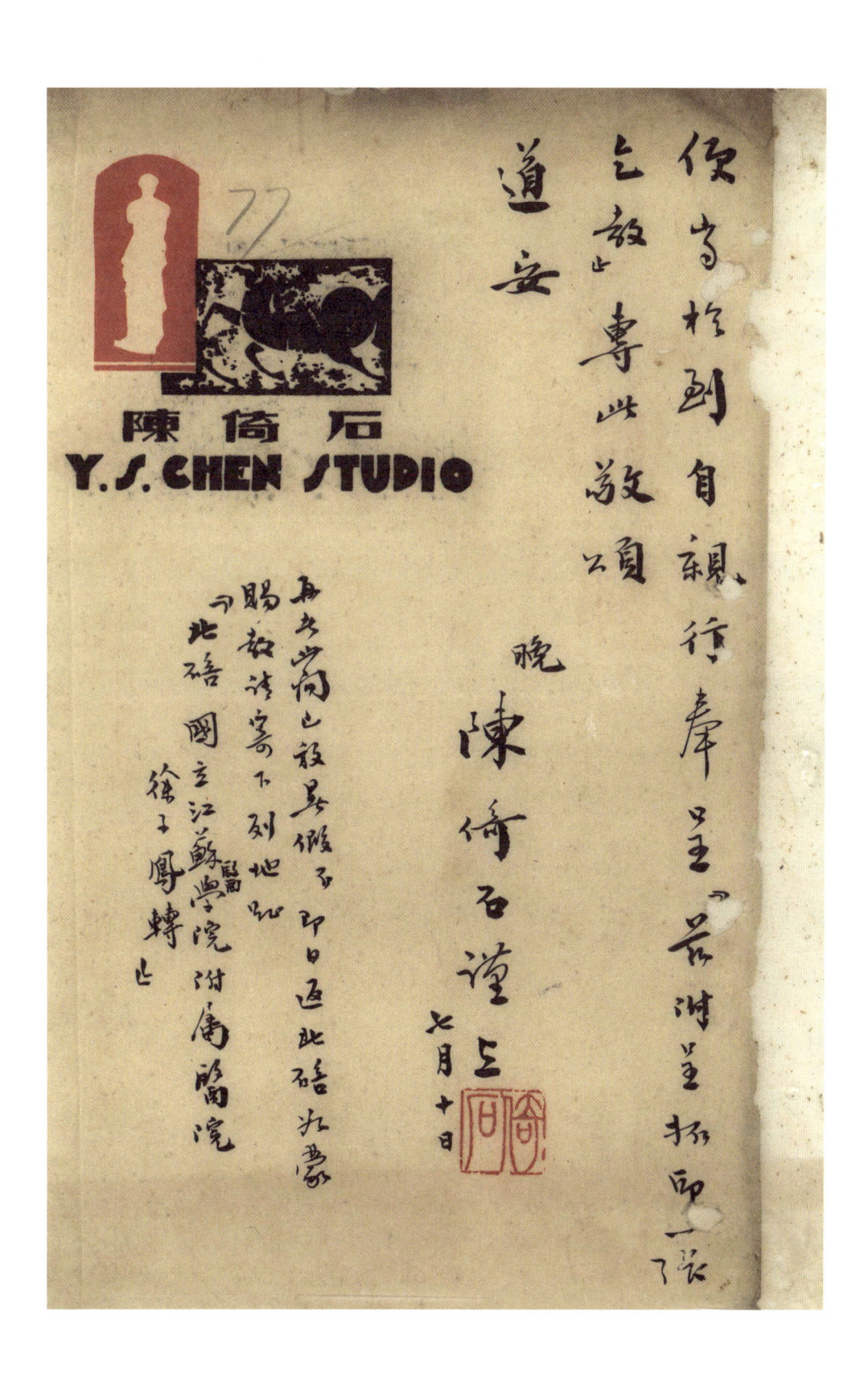

陳倚石
Y.S. CHEN STUDIO

頃當於到自親行奉呈一若冊呈一張
之故此專此敬頌
道安
晚 陳倚石謹上
七月十日

再者此間此次暑假不即日返北碚故暑
賜如諸寄下列地址
此碚 國立江蘇學院附屬醫學院
徐子鳳轉上

翁文灏

人物简介

翁文灏（1889—1971），字咏霓，浙江鄞县（今宁波市鄞州区）人。曾留学比利时，专攻地质学，获理学博士学位。中国近代著名地质学家，在中国地质学教育、矿产开探、地震研究等多方面做出过杰出贡献。曾任国民政府行政院秘书长及国民政府行政院副院长、院长等职。新中国成立后，当选第二、第三届全国政协委员。

98 0003-001-0008-071

翁文灏为收到赵熙所书立轴致谢并恳向赵熙代为转达敬佩之意事致曾仰丰的信函（1944年7月15日）

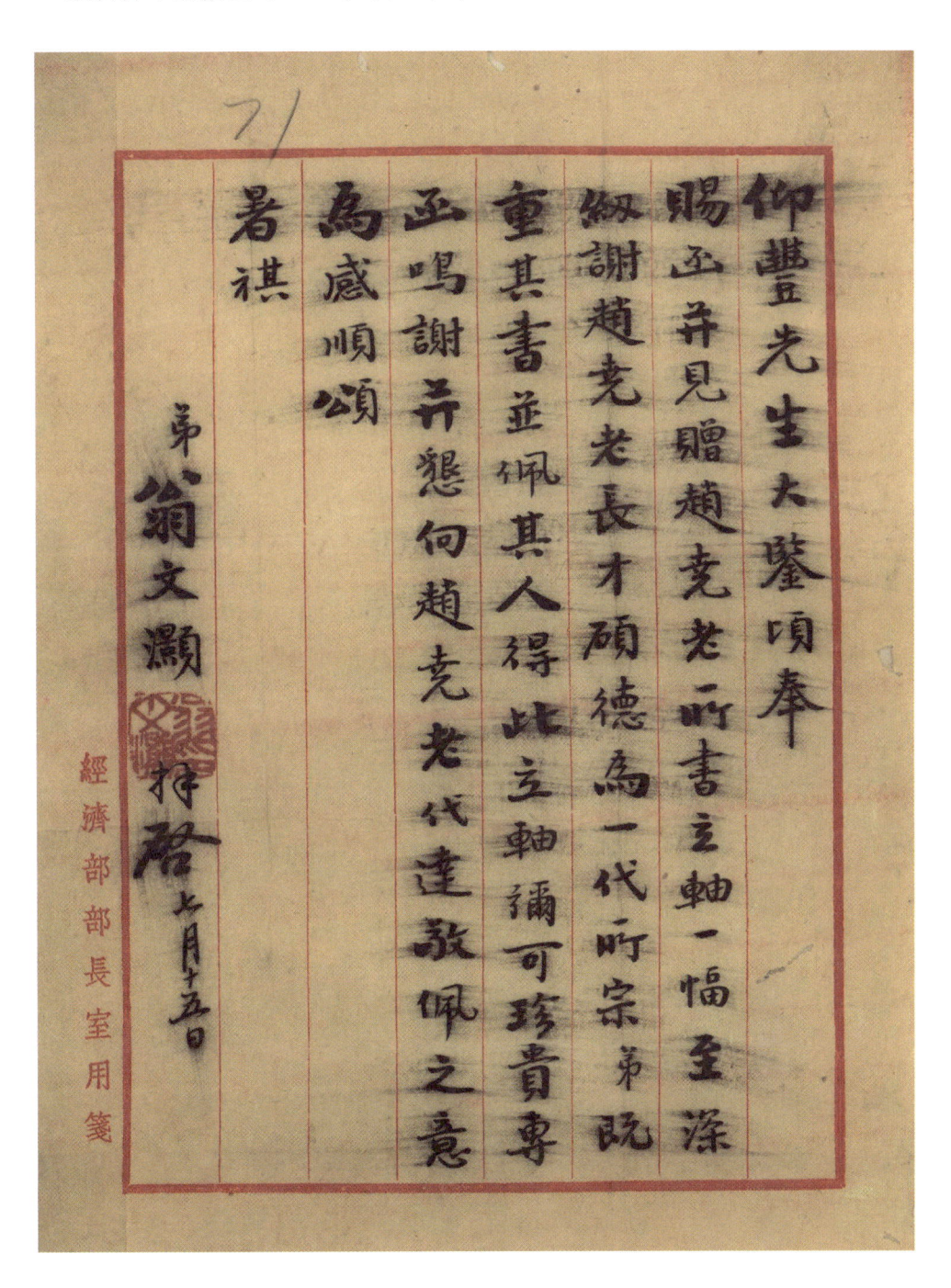

仰豐先生大鑒頃奉
賜函并見贈趙堯老所書立軸一幅至深
紉謝趙堯老長才碩德為一代所宗弟既
重其書並佩其人得此立軸彌可珍貴專
函鳴謝并懇向趙堯老代達敬佩之意
為感順頌
署祺

弟 翁文灏 拜啓 七月十五日

經濟部部長室用箋

99　　0003-001-0019-149

翁文灏为当此战时田立先不宜出国考察事致曾仰丰的信函（1944年10月13日）

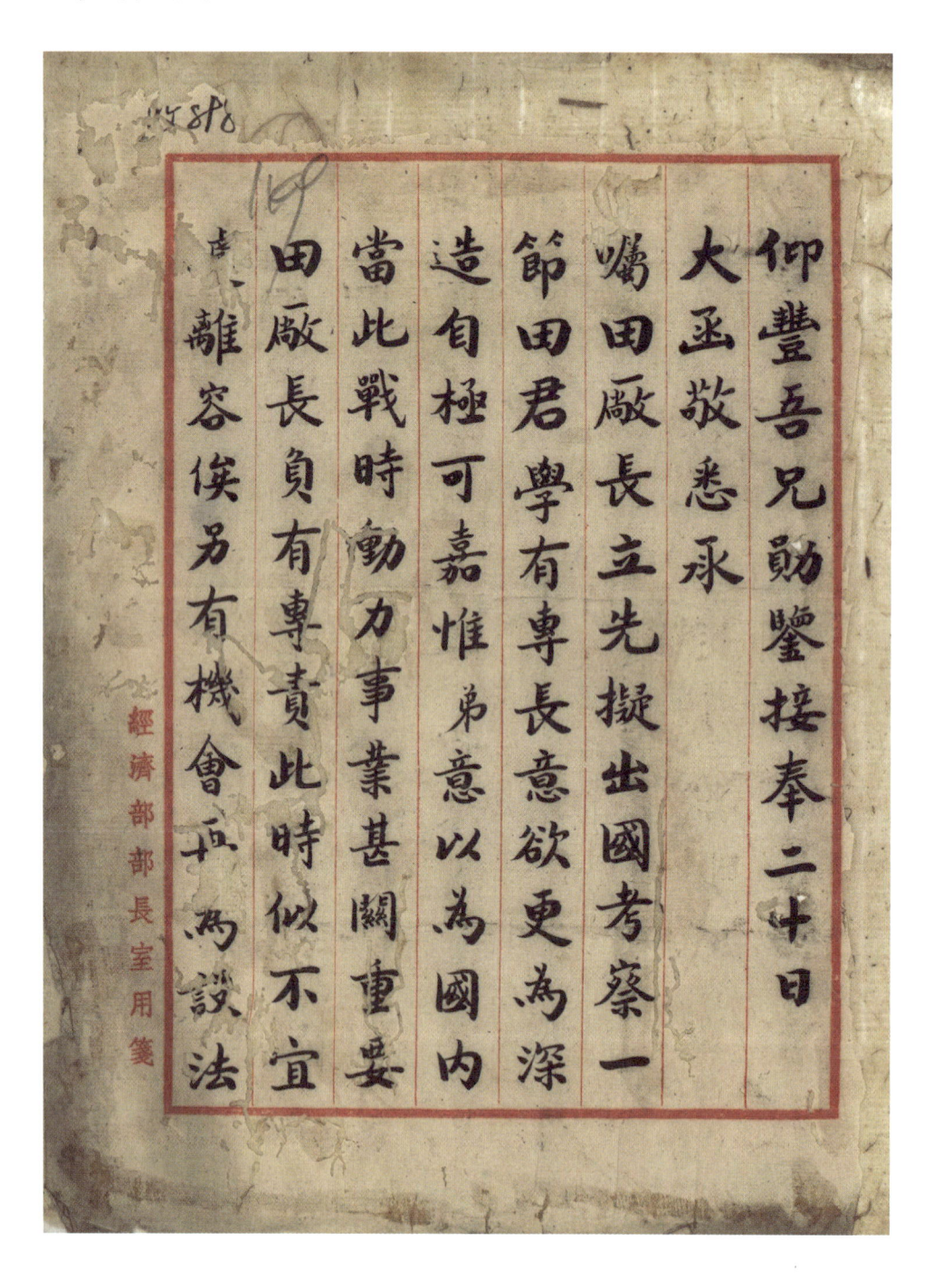

仰豐吾兄勛鑒接奉二十日
大函敬悉承
囑田廠長立先擬出國考察一
節田君學有專長意欲更為深
造自極可嘉惟弟意以為國內
當此戰時動力事業甚關重要
田廠長負有專責此時似不宜
離容俟另有機會再為設法

經濟部部長室用箋

特函奉復即希
察照為荷順頌
勛綏

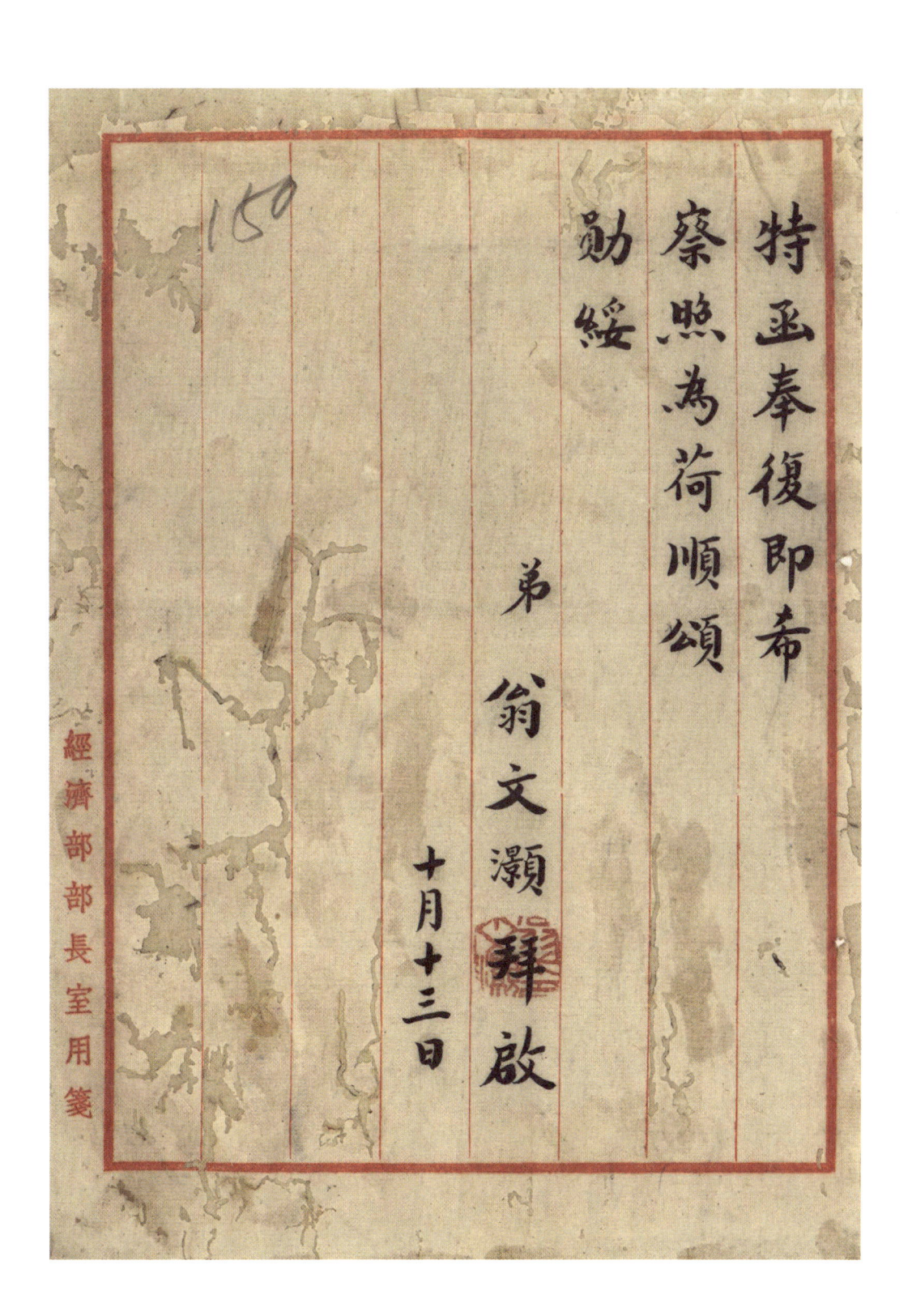

弟 翁文灝 拜啟

十月十三日

100 0003-001-0019-013

翁文灏、钱昌照为经济部资源委员会蔡专员赴自流井洽商业务事致曾仰丰的信函（1944年）

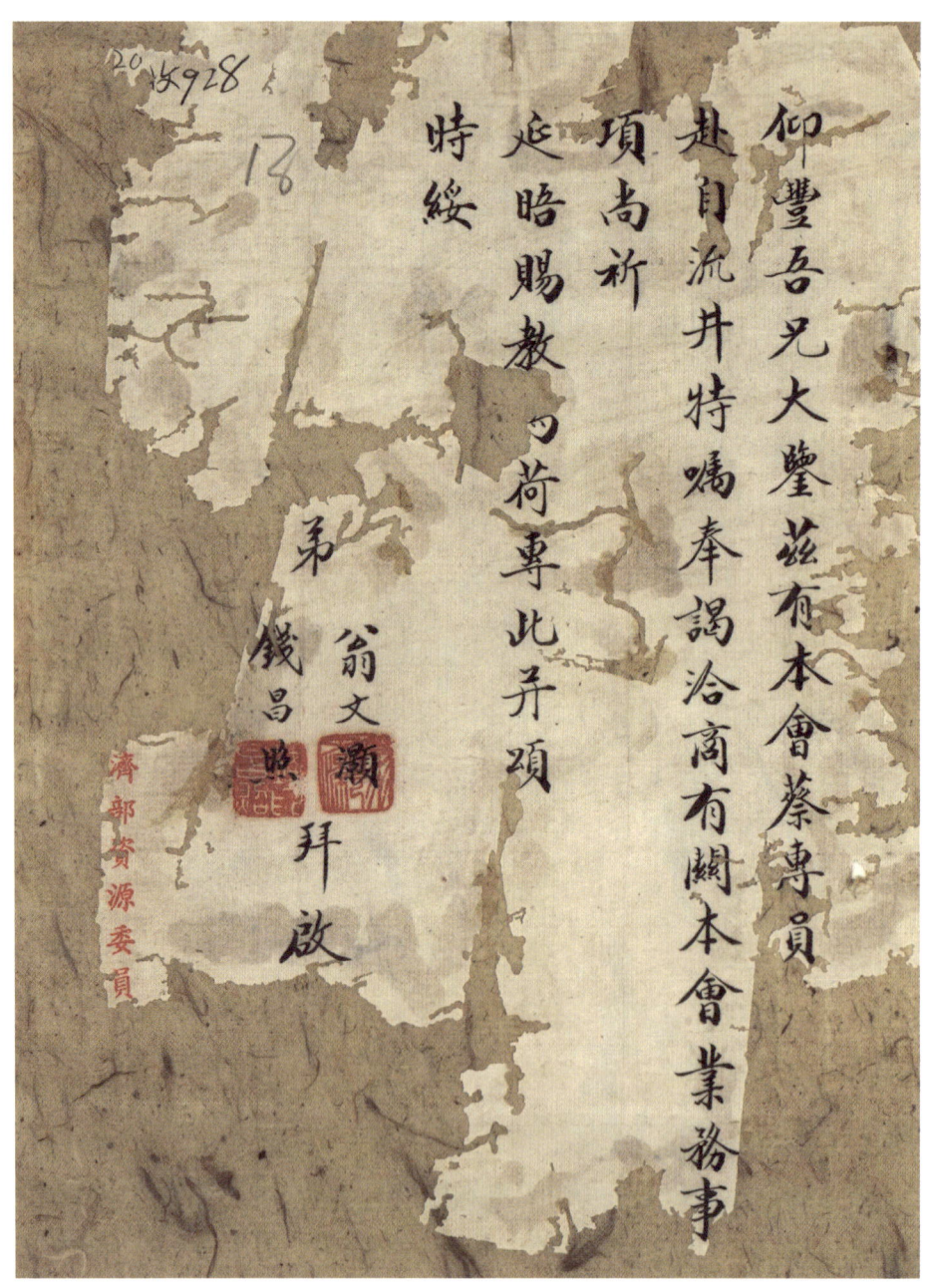

仰丰吾兄大鉴：兹有本会蔡专员赴自流井特嘱奉谒洽商有关本会业务事项，尚祈延晤赐教，曷荷，专此并颂

时绥

弟 翁文灏
　钱昌照 拜启

注：蔡专员，其信息不详。

黄镇球

人物简介

黄镇球（1898—1979），号剑灵，广东梅州人。毕业于湖北陆军第二预备学校、保定陆军军官学校。国民革命军陆军一级上将。1931年赴德国研习防空学，后回国筹建防空学校。曾任防空学校校长、航空委员会防空总监、联合勤务总部总司令。后赴台湾。

101　　0003-001-0008-030

黄镇球为已再去函劝勉白鉴宇继续承担自贡防务事致曾仰丰的信函（1944年7月26日）

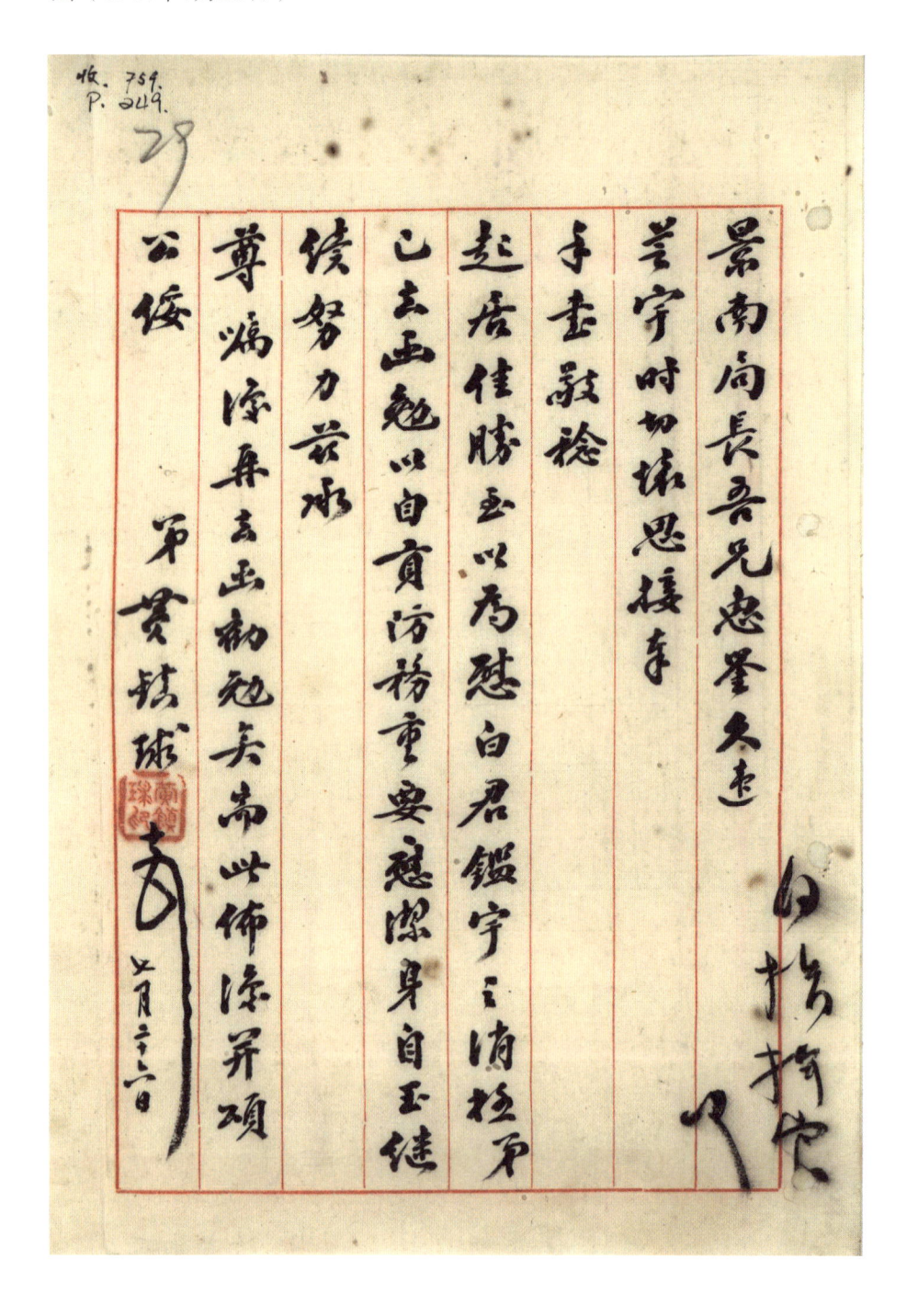

景南局长吾兄惠鉴久违
芝宇时切驰思接奉
手书敬悉
起居佳胜至以为慰白君鉴宇之请辞
已去函勉以自贡防务重要恳渠洁身自玉继
续努力并希
尊处深再去函勖勉矣希此佈复并项
公绥
弟 黄镇球
七月二十六日

陈 仪

人物简介

陈仪（1883—1950），字公洽，号退素，浙江绍兴人。国民革命军陆军二级上将。毕业于日本陆军大学。曾任浙江省省长、福建省政府主席、行政院秘书长等职。

102　0003-001-0008-007

陈仪为感谢赠送《盐政新义》事致曾仰丰的信函（1944年8月3日）

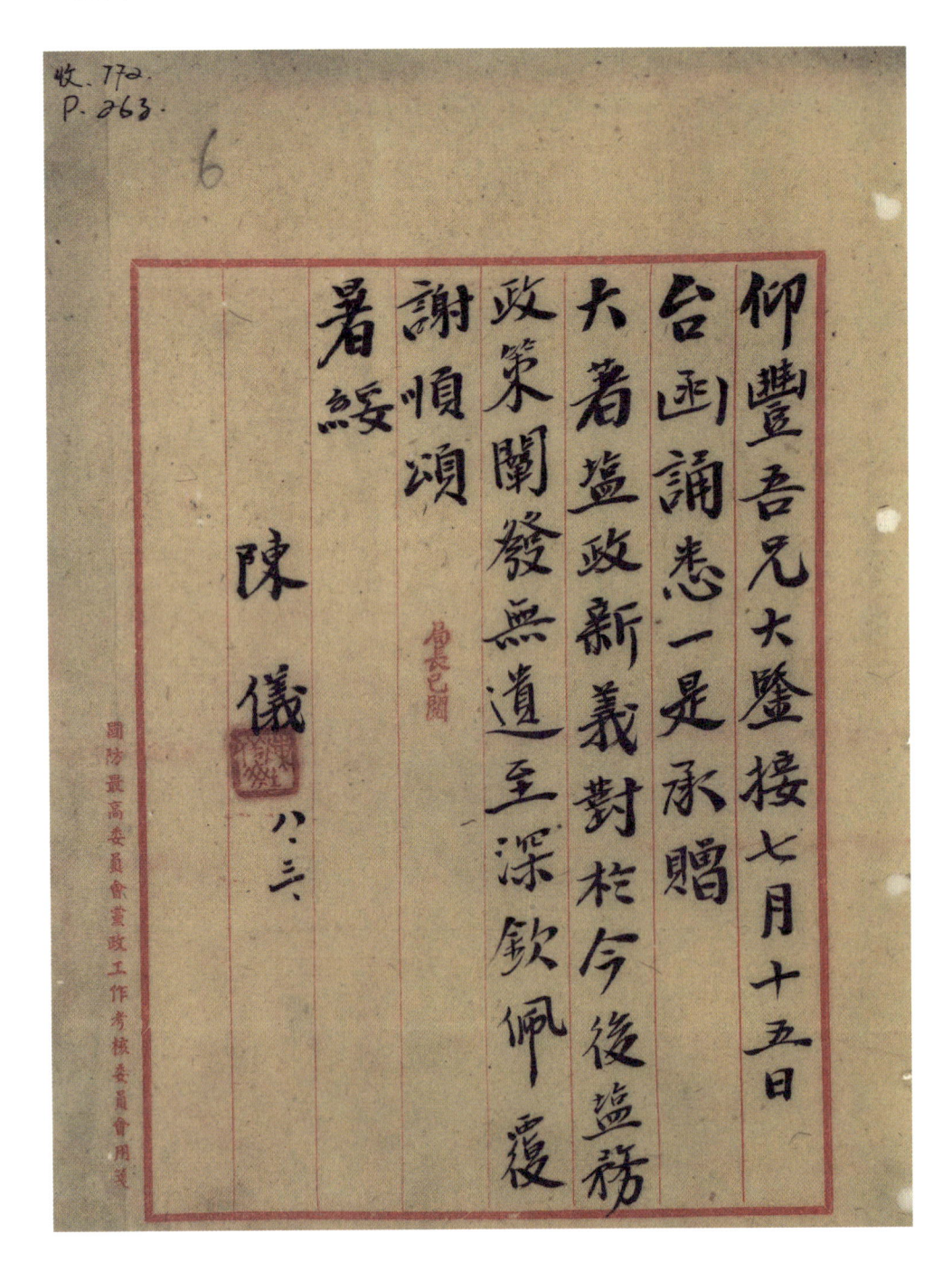

仰丰吾兄大鉴：接七月十五日台函，诵悉一是。承赠大著《盐政新义》，对于今后盐务政策阐发无遗，至深钦佩。覆谢顺颂

署绥

陈仪　八•三

沈天灵

> **人物简介**
>
> 沈天灵（生卒年不详），曾任冯玉祥在重庆发起成立的利他社总干事，负责该社日常事务。

103 0003-001-0014-215

沈天灵为报知内江之行情形及在渝通信地址等事致曾仰丰的信函（1944年11月10日）

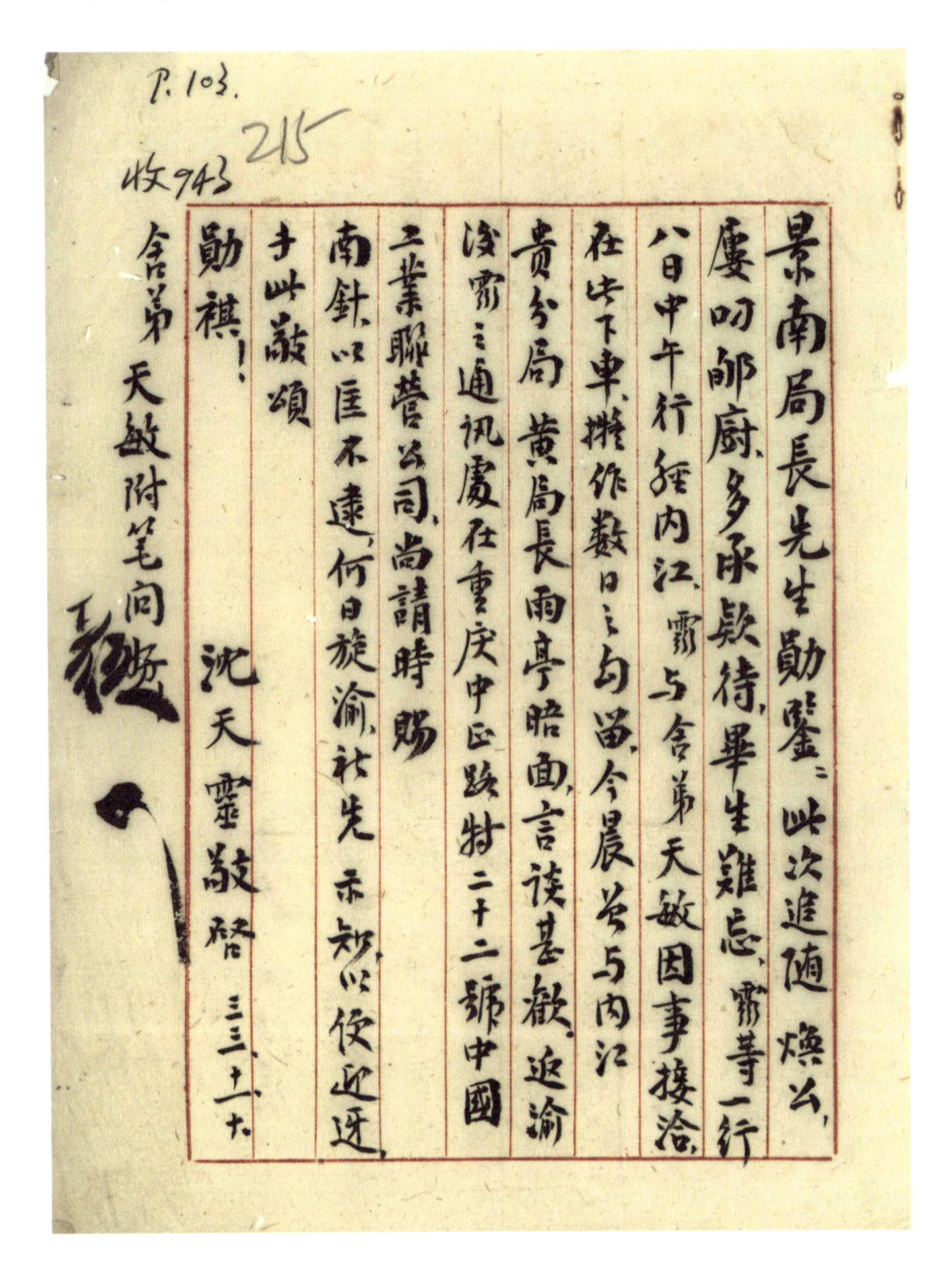

景南局长先生勋鉴：此次进随，焕么，庆叨郇厨多承歇待，毕生难忘，霁等一行八日中午行经内江，霁与舍弟天敏因事接洽，在此下车，搁作数日之勾留，今晨弟与内江贵分局黄局长雨亭晤面言谈甚欢，迓渝后弟之通讯处在重庆中区较场二十二号中国工业联营公司，尚请时赐南针，以匡不逮，何日旋渝，祗先奉恕，以俟迎迓。手此敬颂

勋祺，

沈天灵敬启 三三、十、六

舍弟天敏附笔问勋祺

104　　0003-001-0014-212

沈天灵为恳请代运《给爱国者的第十三封信》及《国人不忘五十问》至渝事致曾仰丰的信函（1944年11月11日）

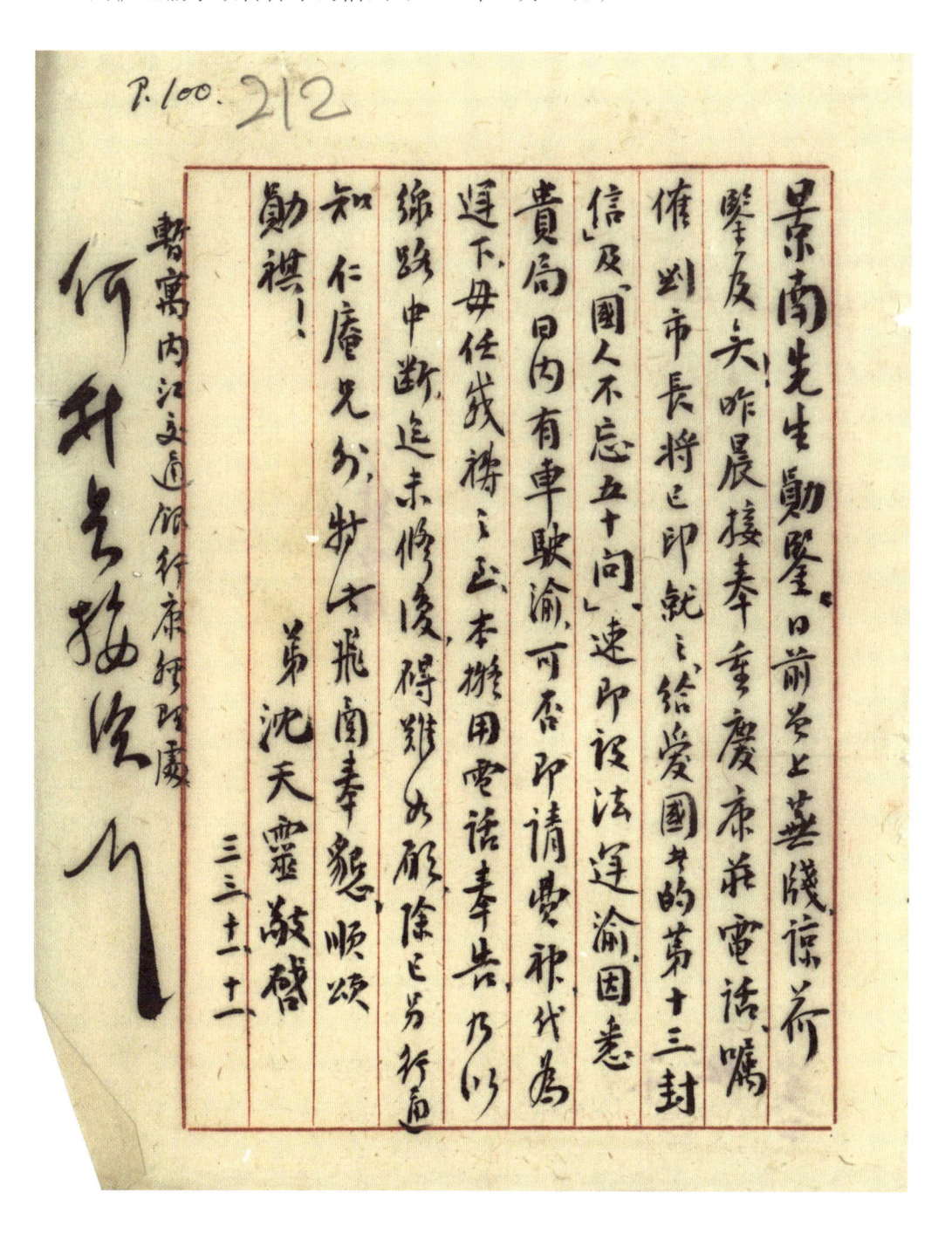

景南先生勋鉴：日前荣上芜缄谅荷

鉴及。兹昨晨接奉重庆康莊电话，嘱

俟刘市长将已印就之《给爱国者的第十三封

信》及《国人不忘五十问》速即设法运渝因恶

贵局日内有车驶渝，可否即请费神代为

递下毋任感祷之至。本拟用电话奉告乃以

乡路中断迄未修复，碍难接洽，徒已易行启

知仁厓先兄，歩七飞南奉恳顺颂

勋祺！

弟 沈天灵敬启

三三、十一、十一

暂寓内江交通馆招行康经理处

黄 骥

人物简介

黄骥(生卒年不详),曾任府河护商处副处长、川康绥靖公署副官处处长等职。

105　　0003-001-0014-230

黄骥为感谢增配懋功县食盐并请继续酌量增配事致曾仰丰的信函（1944年12月10日）

景南局长仁兄勋鉴：十月十六日手书奉悉。阅于懋功食盐增配问题，多承关怀，增配月额二百担，已转知该县县府及县参议会与该县两公卖店矣，似此惠及边民，实属感激无既，惟懋功近来日益繁荣，外间前往开拓者，络绎不绝，该县人口，实与过去所报数字增加太大。兹接该县县府及县参议会来函请转要求大量增配，如该县有正式公文

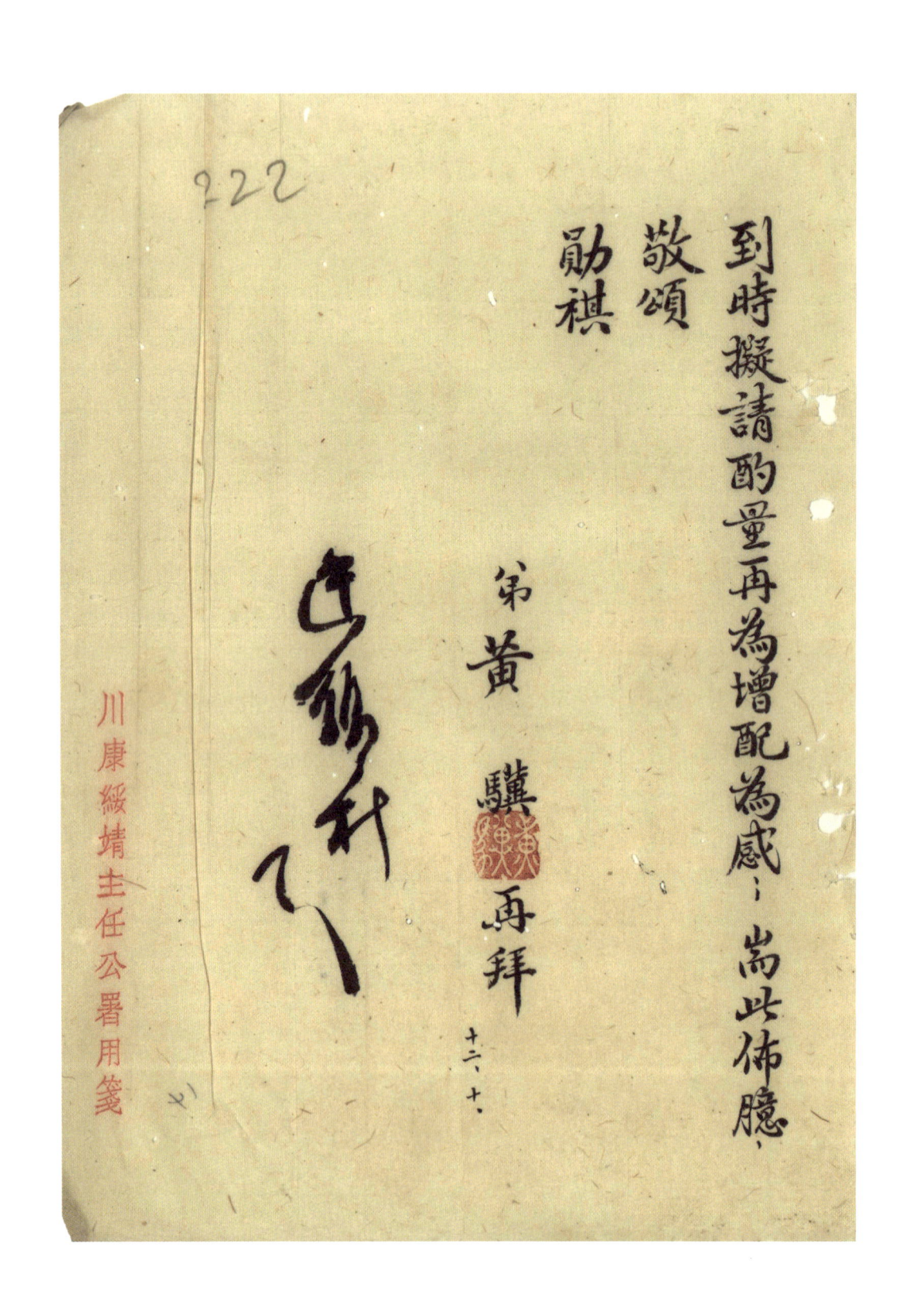

到時擬請酌量再為增配為感。耑此佈臆

敬頌

勛祺

弟 黃 驥 再拜

十二、十

王善政

人物简介

王善政（生卒年不详），曾任经济部中央工业试验所盐碱试验室代理主任、油脂试验室主任等职。

106　　0003-001-0014-025

王善政为寄送四川省天然气行车公路网计划书请予斧正事致曾仰丰的信函（1944年12月15日）

附：四川省天然气行车公路网计划书

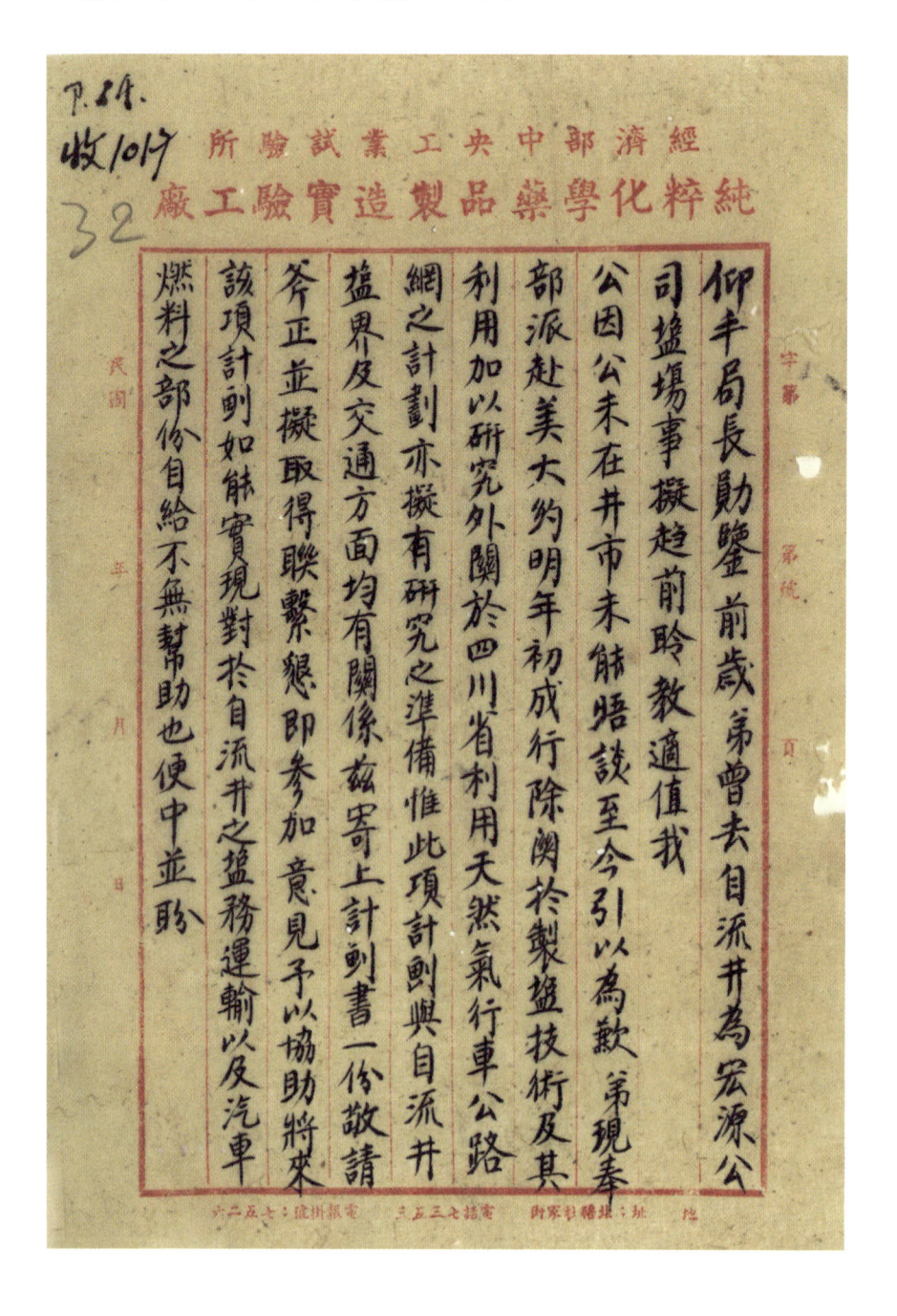

仰丰局长勋鉴 前岁弟曾去自流井为宏源公司盐场事拟趋前聆教适值我公因公未在井市未能晤谈至今引以为歉 弟现奉部派赴美大约明年初成行除关于制盐技术及其利用加以研究外关于四川省利用天然气行车公路网之计划亦拟有研究之准备惟此项计划与自流井盐界及交通方面均有关系兹寄上计划书一份敬请斧正并拟取得联系恳即参加意见予以协助将来该项计划如能实现对于自流井之盐务运输以及汽车燃料之部份自给不无帮助也便中并盼

經濟部中央工業試驗所
純粹化學藥品製造實驗工廠

勳鑒逕啟者
自貢據估計商二百方尺
瓦斯製黃磷數噸仰
賴於此若以之倍稱包辦
不特無償高貴而且無法可謀代
新於技術之候除但挹
（有辛亥三年）

弟 王善政 拜啟
十二月十五日

賜覆為感 專此順請
勳安

附：四川省天然气行车公路网计划书

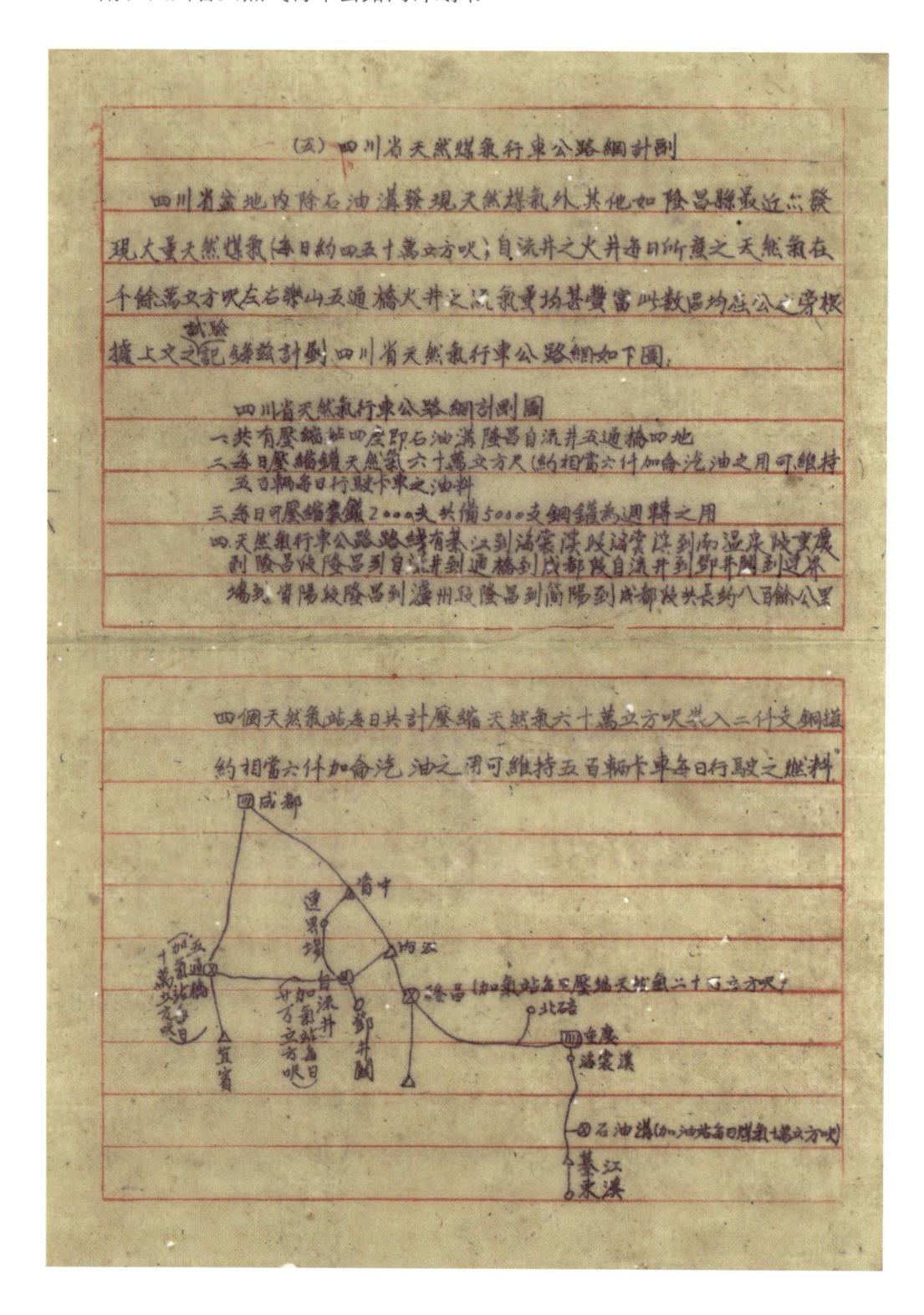

（五）四川省天然煤气行车公路网计划

四川省盆地内除石油沟发现天然煤气外，其他如隆昌县最近亦发现大量天然煤气（每日约四五十万立方呎），自流井之火井每日所产之天然气在千余万立方呎左右，乐山五通桥火井之沼气蕴蓄甚丰富，此数品均应公之实根据上文之记录试验，拟定计划四川省天然气行车公路网如下图。

四川省天然气行车公路网计划图

一、共有压缩站四处即石油沟隆昌自流井五通桥四地
二、每日压缩储天然气六十万立方尺（约相当六仟加仑汽油之用可维持五百辆每日行驶卡车之油料）
三、每日可压缩装钢瓶2000支共备5000支钢瓶为週转之用
四、天然气行车公路路线有綦江到潼灊溪段泸宾段到南温泉段北碚到隆昌段隆昌到自流井到通桥到成都段自流井到邓井关到过界场到資阳段隆昌到泸州段隆昌到简阳到成都段共长约八百余公里

四个天然气站每日共计压缩天然气六十万立方呎装入二仟支钢瓶约相当六仟加仑汽油之用可维持五百辆卡车每日行驶之燃料

由上圖中可看出吾人之計劃並非理想如器材能得解決實為解四川汽車燃料之一永久計劃約需下列材料需向國外訂購如能得租借法案物資之幫助則更易舉辦.

(1) "Ingersal-Rand"式高壓壓縮機(High Pressure compressor)八具(附帶零件設備)四具較大者每具每日壓縮天然煤氣二十萬立方呎,壓至每平方吋三仟磅壓力裝設於隆昌及自流井兩氣站,平時只用兩具為備覽.四具較小者每具每日壓縮天然煤氣十萬立方呎裝設於石池滴及五通橋兩加氣站.

(2) 高壓鋼金屬鋼罐(High Pressure Steel cylinder)共五千具兩仟具裝氣其餘三千具為週轉之用每具重約六十公斤共重約為三百噸.

(3) 汽車上化氣器,減壓器改裝設備共計六百套(擬採用Ensign式Gas regulator & Gas Carburetter)可為改裝六百輛大汽車之用每套重約十公斤共重為三噸.

上述三種機件共重約為350餘噸,均以向美國訂購為宜如滇緬路通車即可由公路開始內運,按裝時間則較為迅速,有數月即可定竣將來改裝後每卡車可攜車六罐共重約三百公斤里程可行240-300公里,則石油溝至隆昌之換氣站得以銜接其他短期加氣站則更無問題矣.

最後關於組織機構及實現此項計劃步驟點願略提出數點意見如下

(1) 應在生產局指揮領導之下派員向美國接洽機料之設計訂購及內運

(2) 現在石油溝及隆昌天然氣屬於資源委員會所有但自流井及五通橋之自然氣則多為本地鹽商所有,而大汽車方面又多為公路局及交通機構所管轄故此项计划之推动须与此诸数方面均有联系而组成一新机构以完成之，此项新机构似可命名为"天然气行车供应公司"。

吾人现已具备之条件为已有充足供应之天然气价格甚为低廉公路网业已修成国内因油料缺乏而停驶之卡车估计亦有数千辆以上现所感困难者为高压压缩机械及罐钢瓶之订购及内运问题之解决法颇有信于美国之协助则较易推动实现

此项计划如能在战时完成战后对于四川汽车燃料问题亦可解决一部分困扰现在估计四川境内天然气之储量于最少十数年以甚至百年内尚不致用罄也。

王冠英

人物简介

王冠英（生卒年不详），原名蕴三，河南巩县（今郑州市巩义市）人。曾任国民参政会参政员、国立自贡工业专科学校校长、自贡市兵役协会委员、自贡冀鲁豫三省同乡会理事等职。

107　0003-001-0022-096

王冠英为自贡市总工会认捐国立自贡工业专科学校第二期建筑经费尚未送到请予鼎力倡导事致陈纪铨的信函（1946年5月）

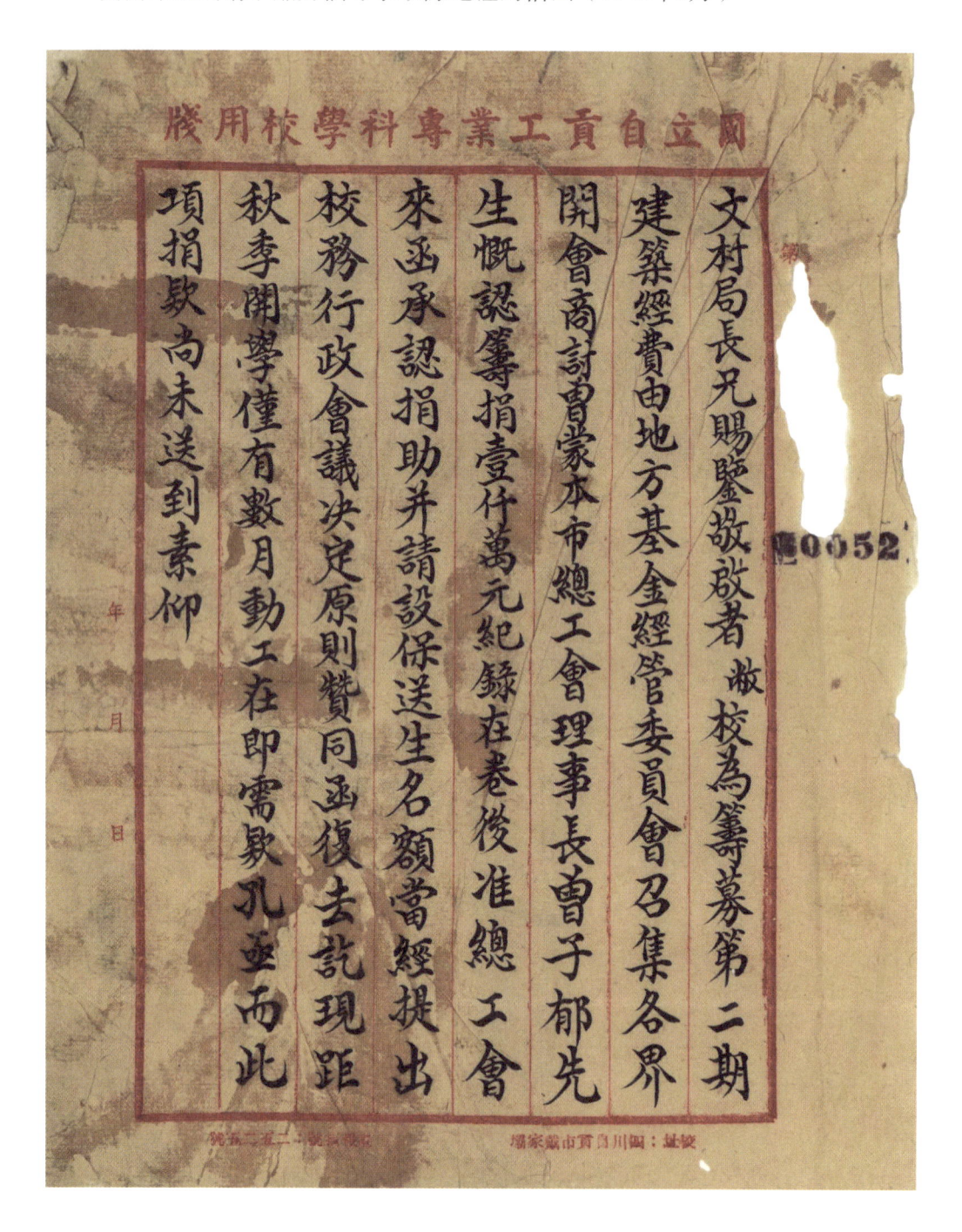

文村局长兄赐鉴敬者　敝校为筹募第二期建筑经费由地方基金经管委员会召集各界开会商讨曾蒙本市总工会理事长曾子郁先生慨认筹捐壹仟万元纪录在卷后准总工会来函承认捐助并请设保送生名额当经提出校务行政会议决定原则赞同函复去讫现距秋季开学仅有数月动工在即需款孔亟而此项捐款尚未送到素仰

立自貢自業專科學校用牋

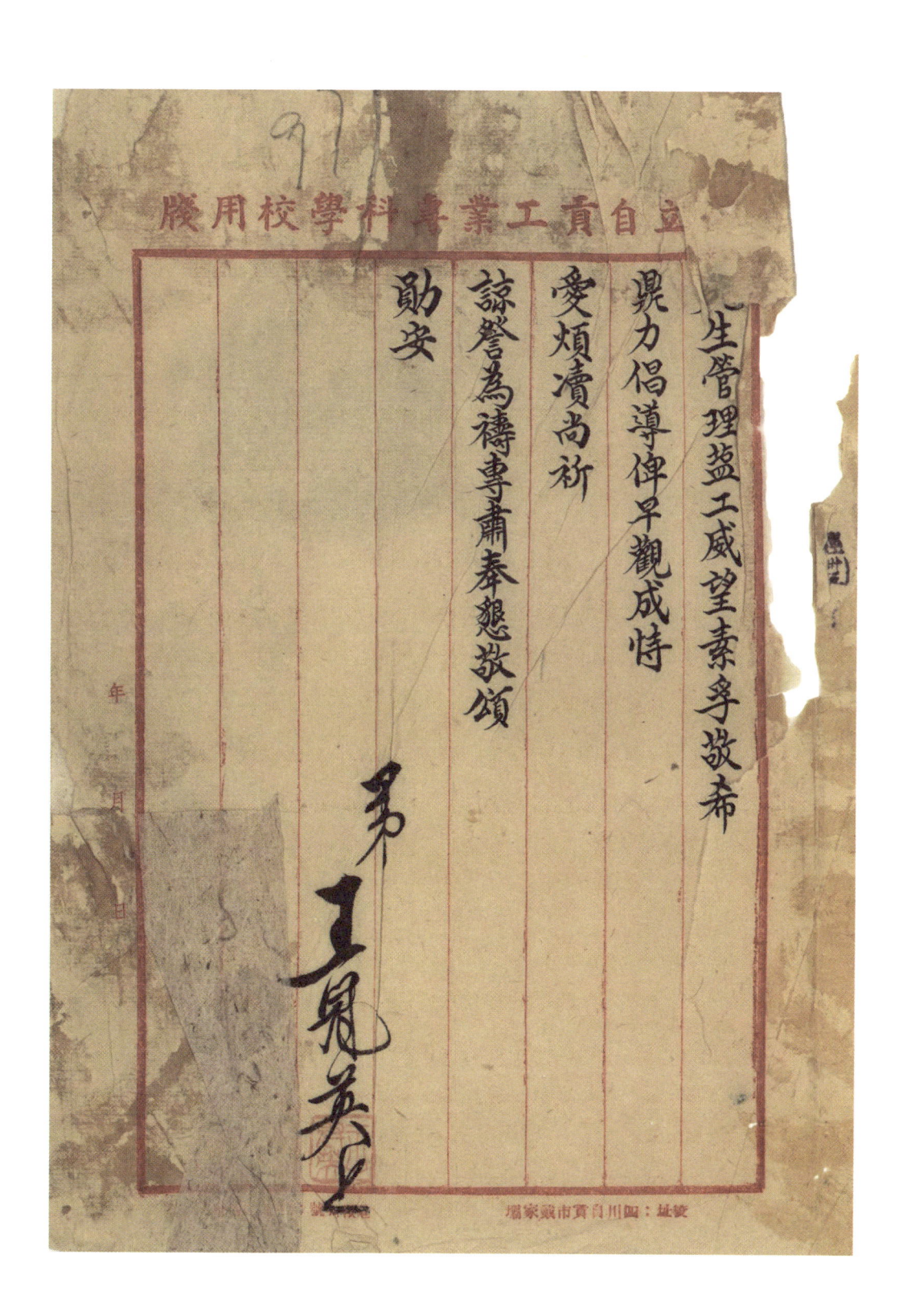

先生管理鹽工威望素孚敬希
晃力倡導俾早觀成特
愛煩瀆尚祈
諒詧為禱專肅奉懇敬頌
勛安

弟 王冠英 上

年 月 日

108　　0003-001-0026-226

王冠英为国立自贡工业专科学校学生暑期前往国立重庆大学实习请准免费搭乘盐车或盐船往返邓井段及邓泸段事致陈纪铨的信函（1947年7月23日）

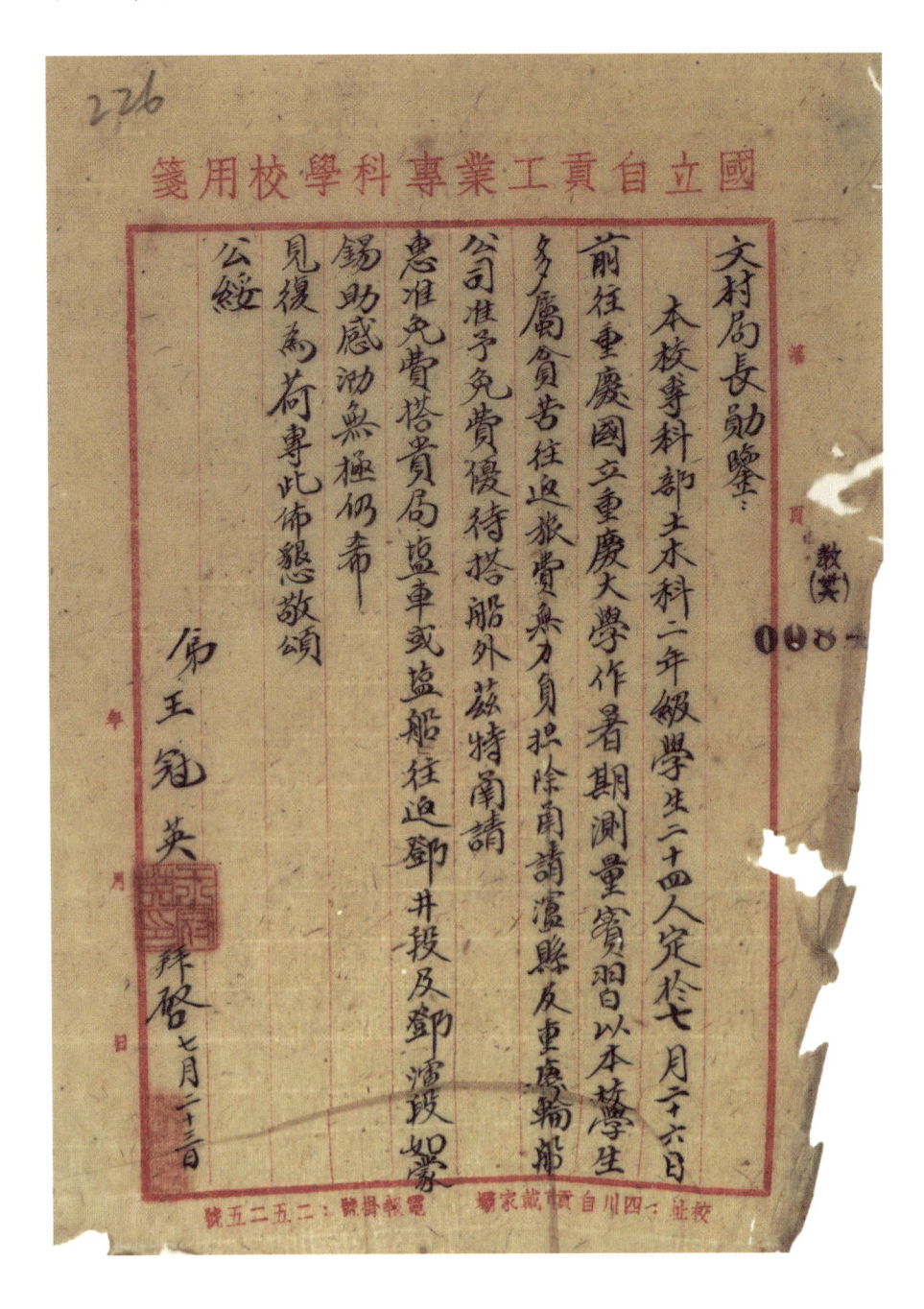

文村局长勋鉴：

本校专科部土木科二年级学生二十四人定于七月二十六日前往重庆国立重庆大学作暑期测量实习以本校学生多属贫苦往返旅费无力负担除函请泸县及重庆轮船公司准予免费优待搭船外兹特函请惠准免费搭贵局盐车或盐船往返邓井段及邓泸段如蒙锡助感泐无极仍希见复为荷专此佈悃敬颂

公绥

　　　　　　弟王冠英拜启 七月二十三日

黄锡恩

人物简介

黄锡恩（生卒年不详），曾任职于经济部资源委员会天原电化厂。

109　　0003-001-0036-396

黄锡恩为感谢帮助出让天原电化厂自流井厂基并已向上海总公司汇报事致郑福楠的信函（1946年7月3日）

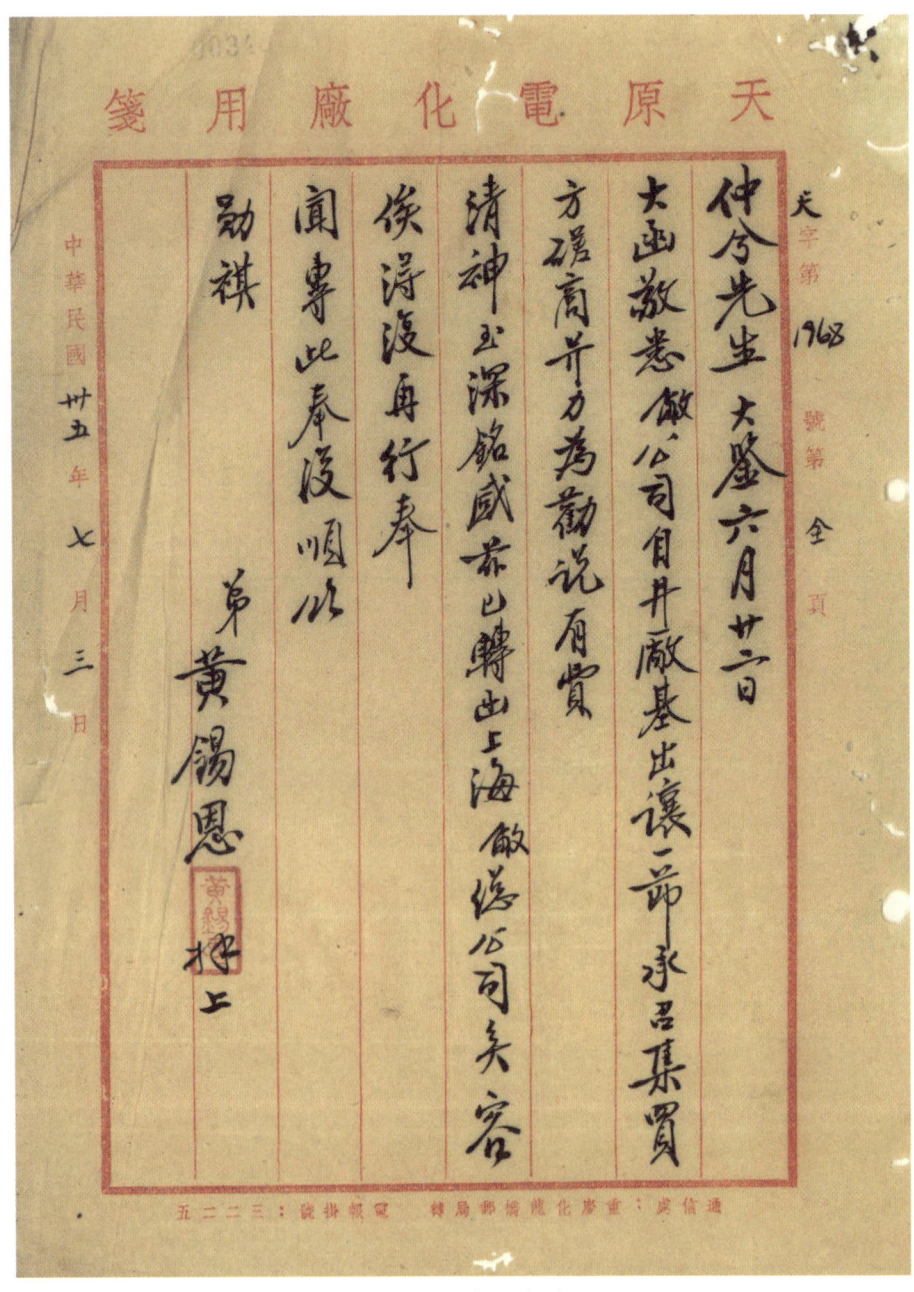

仲兮先生大鉴：六月廿一日大函敬悉。敝公司自井厂基出让一节承吕集贤方磋商并力为劝说有贤清神玉深铭感荷此转呈上海敝总公司矣。容俟得暇再行奉闻，专此奉复，顺叩

勋祺

弟 黄锡恩 拜上

中华民国廿五年七月三日

注：仲兮，即郑福楠，字仲兮，时任川康盐务管理局副局长。

110　　0003-001-0036-311

黄锡恩为天原电化厂自流井厂基拟请按当时购进原价照物价指数比例计算价格事致郑福楠的信函（1946年8月22日）

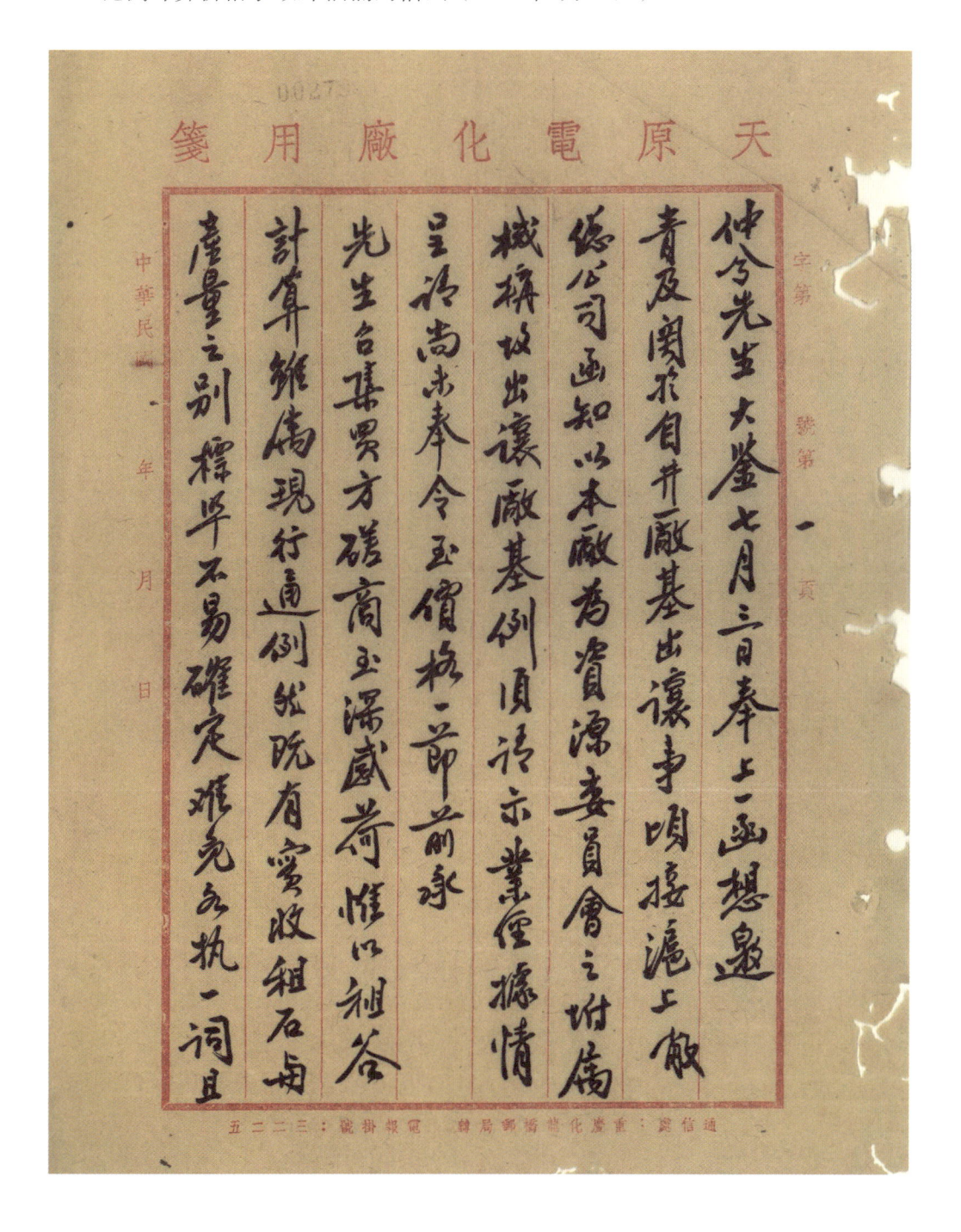

仲今先生大鉴　七月三日奉上一函想邀

青及阅及自井厂敞基出让事顷接沪上敞

饬公司函知以本厂为资源委员会之附属

机构故出让敞基例须请示业经据情

呈报尚未奉令玉覆格一节前承

先生台集买方磋商玉复感荷惟以祖答

计算难属现行通例然晚有鉴於租石丹

产量之别标准不易确定难免多执一词且

顷来敝公司申报资源委员会亦难措辞，不如依做公司当时购进原价照物价指数比例计算似较简捷，俟公司购地时多承

鼎力玉成其价格想在

洞鉴之中何恶

贵神速向前途洽商并乞

赐示为感专此奉恳顺颂

勋祺

黄䂮恩谨上

中华民国三十三年八月廿二日

周有洪

人物简介

周有洪(生卒年不详),曾任川盐银行储蓄部主任、川盐银行重庆总行储蓄部襄理兼重庆储蓄分部主任等职。

111 0003-001-0036-395

周有洪为已代收"妇女之家"捐款事致郑福楠的信函（1946年7月5日）

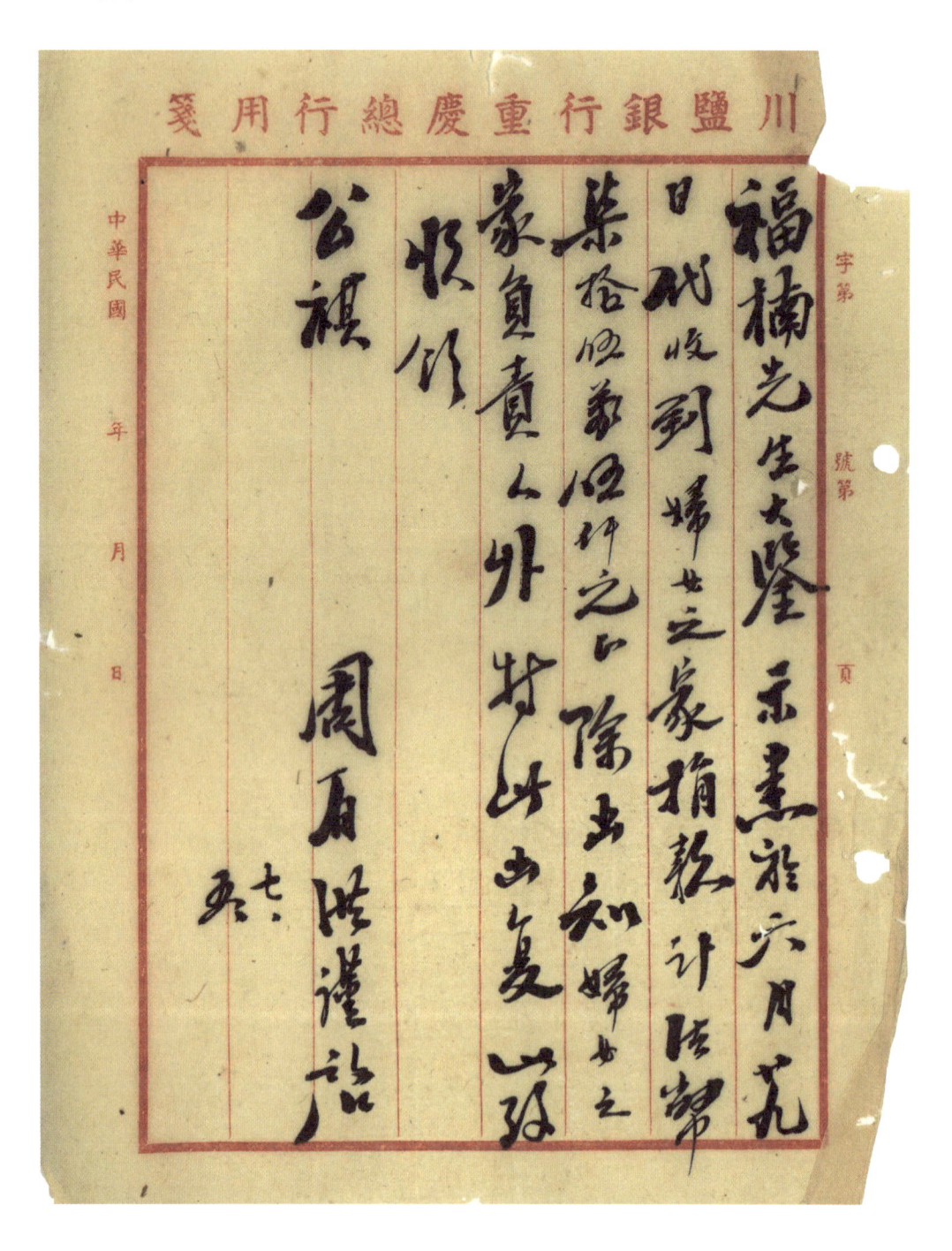

福楠先生大鉴：示悉。於六月九日所收到妇女之家捐款，计陆零柒拾伍元什之。除五知妇女之家负责人外，并此函复。收竹

公祺

周有洪谨启

七、五

陈子显

人物简介

陈子显（生卒年不详），曾任中国交通银行经理、衡源盐业股份有限总公司总经理、通运盐号重庆总号总经理、川康区重庆盐业办事处干事、上海大昌裕盐号总经理、大昌裕盐号重庆总号总经理、裕安产物保险股份有限公司重庆总公司总经理等职。

112　　0003-001-0024-142

陈子显为陈明当前处理渝宜段船户运输亏损与返空之办法及请予核准大昌裕等盐号所报呈文等事致陈纪铨的信函（1946年7月6日）

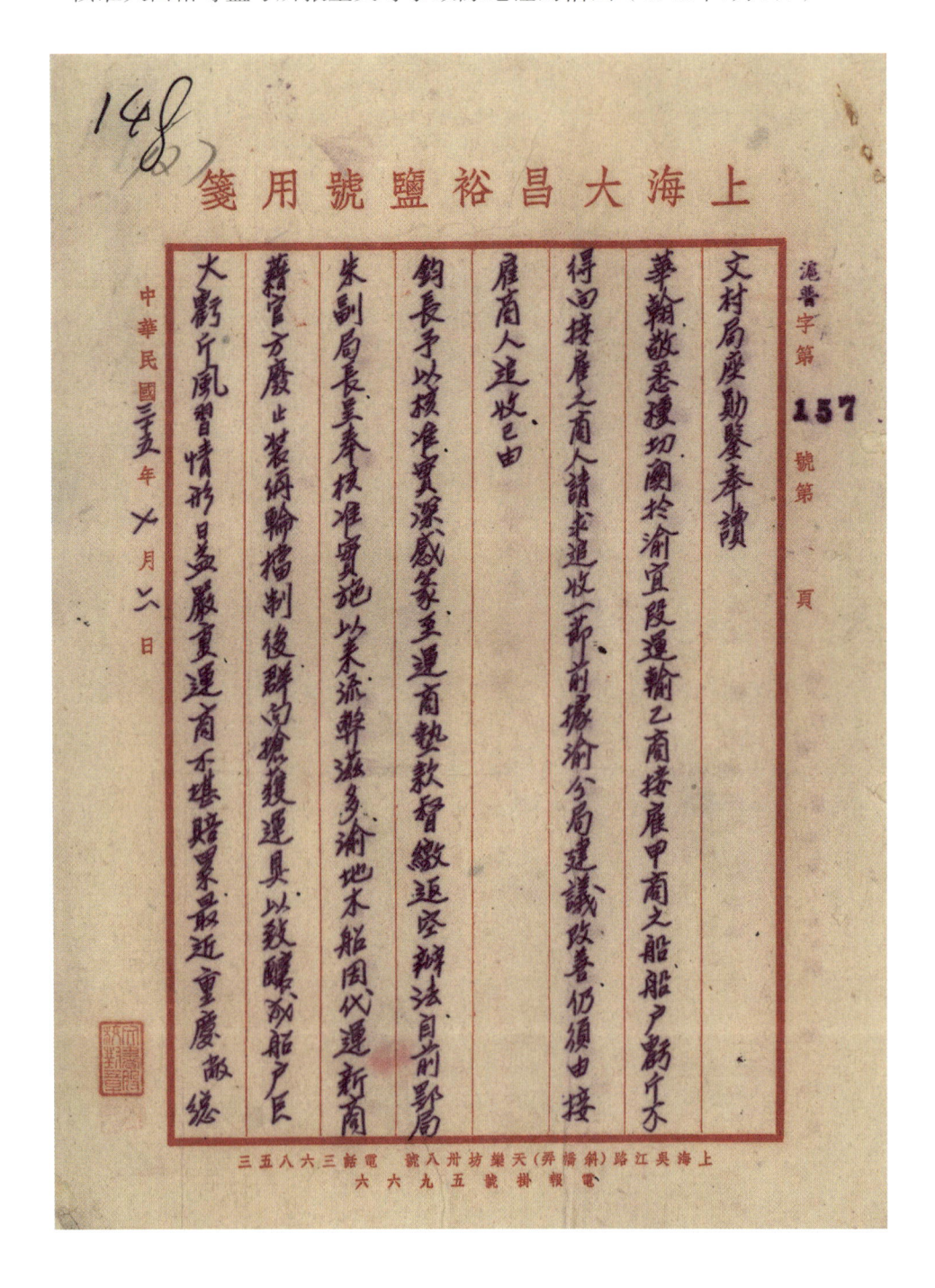

上海大昌裕盐号用箋

沪酱字第 157 号第　　页

文村局座勋鉴奉读

华翰敬悉猥荷

钧团於渝宜段运输乙商接雇甲商之船船户亏於不得向接雇之商人请求追收一节前据渝分局建议改善仍须由接雇商人追收一由

钧长予以核准实属深感荷谢至运商塾款缴运堅辦法目前部局

朱副局长业奉核准实施以来流弊滋多渝地木船因代运新商

蒋官方厲止装缉檔制後纷纷搁逮具以致醸成船户民

大鬧罷工風習情形日盆嚴重運商不堪賠累最近重慶散緒

中華民國三五年七月六日

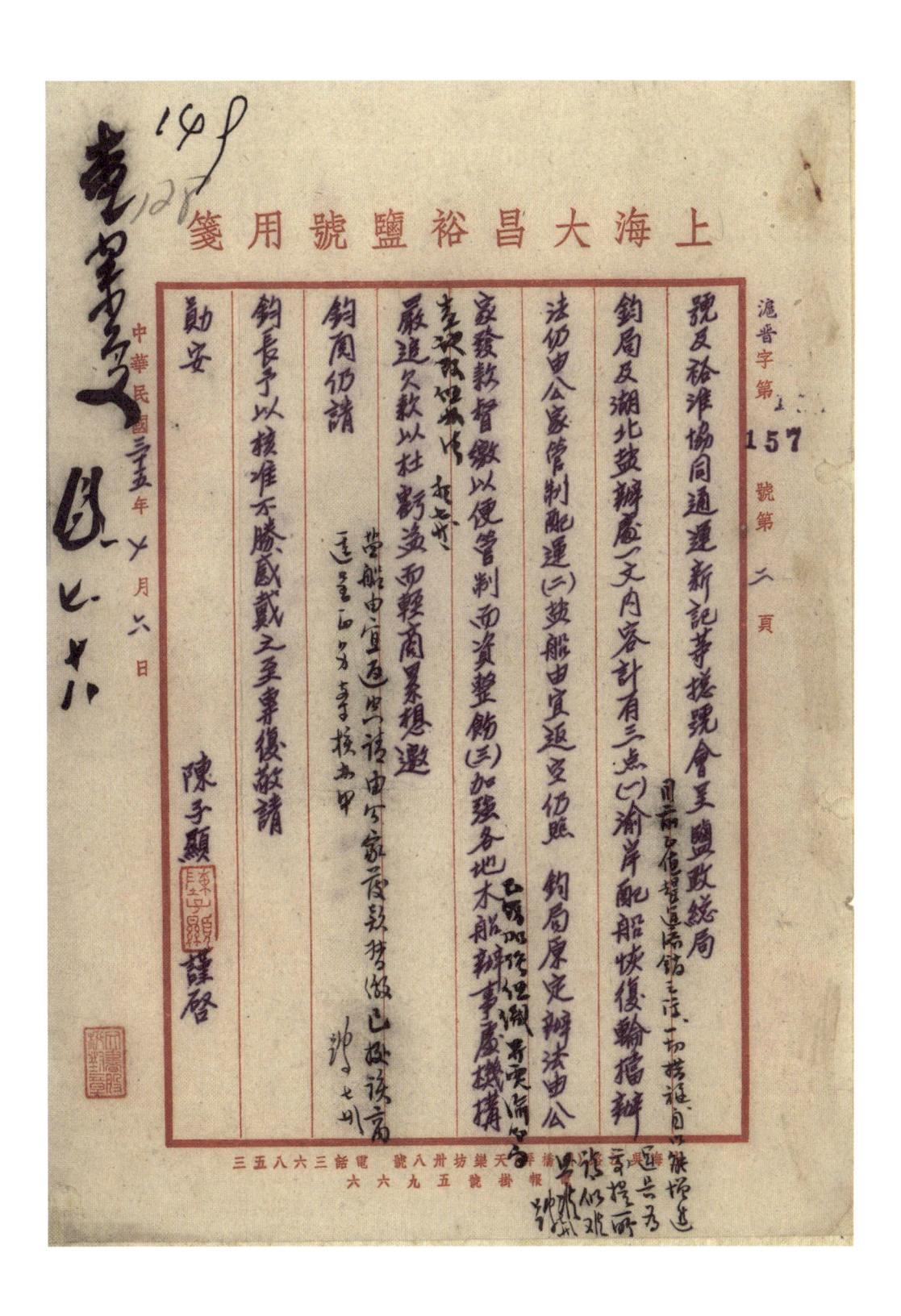

上海大昌裕鹽號用箋

滬晉字第 157 號第二頁

覩及裕淮協同通運新記等搪現會呈鹽政總局
周南五佰噸暨運滬銘五涇一柚搭匪自以縱增運
鈞局及湖北籌辦處一文內容計有三點(一)渝岸配船快復輪據辦
法仍申公家管制配運(二)裝船由宜返至仍照
鈞局原定辦法由公
家發款督繳以便管制而資整飭(三)加發各地水船辦事處機構
查設欠款但年來 趙公亦 正商以作但網 哥亮倫皇
嚴追欠款以杜斷滋而輕商累想邀
鈞局仍請
鈞長予以核准不勝威戴之至率復敬請
勳安
　　　　陳子顯謹啟
中華民國三十五年八月六日

電話三六八五三
天樂坊卅八號
報掛五九六六

113　　0003-001-0026-147

陈子显为川盐成本过高请求增加运盐押汇数目比例事致陈纪铨、郑福楠的信函（1947年7月25日）

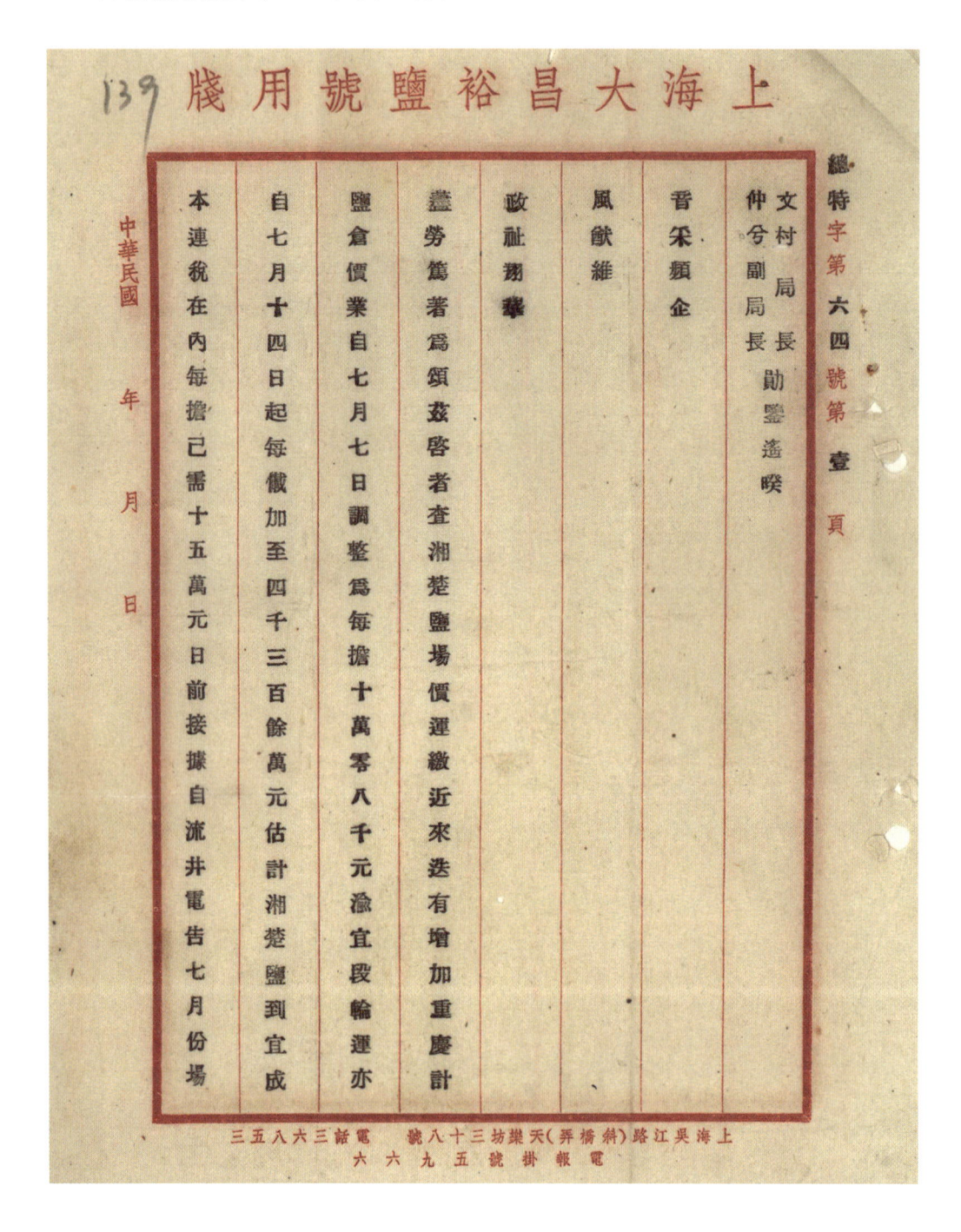

上海大昌裕盐号用牋

139

总特字第六四号第壹页

文村局长 勋鉴
仲兮副局长 遙曖

香采颜企
风猷维
政祉翔釐

敬劳駕著爲頌茲啓者查湘楚鹽場價運繳近來迭有增加重慶計

鹽倉價業自七月七日調整爲每擔十萬零八千元渝宜段輪運亦

自七月十四日起每儎加至四千三百餘萬元估計湘楚鹽到宜成

本連稅在內每擔已需十五萬元日前接據自流井電告七月份場

中華民國　年　月　日

上海吳江路(斜橋弄)天樂坊三十八號
電報掛號五九六六　電話三六六八五三

上海大昌裕鹽號用牋

字第　號第 貳 頁

價花鹽已漲至每儎七千餘萬元巴鹽亦至九千餘萬元則將來到
宜成本自必不止上數惟查井宜押匯每儎迄今仍爲二千六百五
十萬元計每擔僅合二萬一千餘元不及目下成本七分之一以海
鹽鹽貸押匯而言早已自本年四月份起調整皖豫徐蚌已由每擔
一萬二千元調整爲二萬七千元湘鄂贛亦由一萬三千元改爲三
萬元近因蔴袋運費均已增價押匯款額又在續請調整中竊以川
鹽成本日高資金調度事實困難
公等洞悉商艱必蒙

中華民國　年　月　日

上海吳江路（斜橋弄）天樂坊卅八號　電話三六三八五
電報掛號五九六六

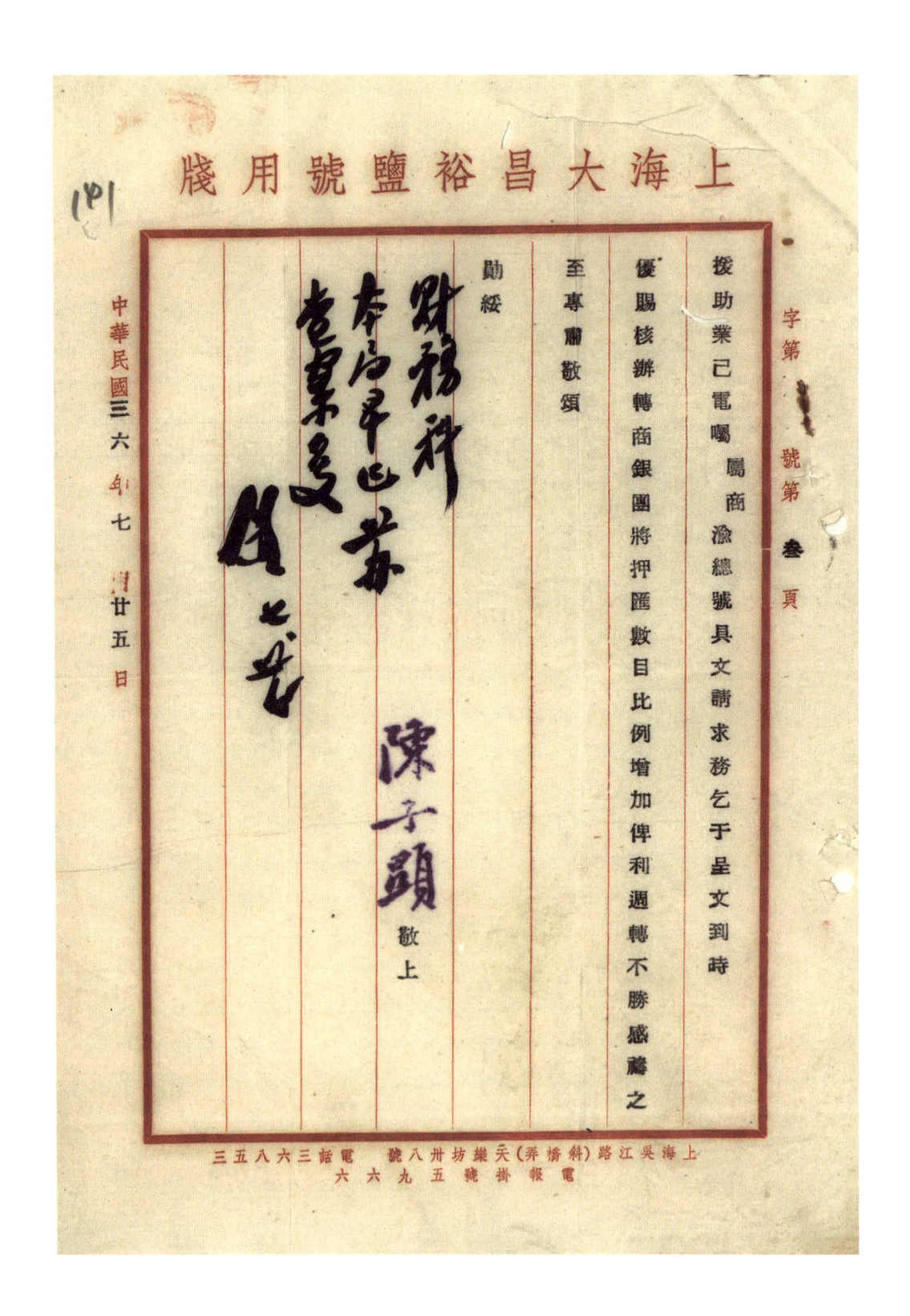

上海大昌裕鹽號用牋

字第　　號第 叁 頁

撥助業已電囑屬商渝總號具文請求務乞于呈文到時
優賜核辦轉商銀團將押匯數目比例增加俾利週轉不勝感禱之
至專肅敬頌

勛綏

財務科

李局長廷芳

老棠吾兄

陳子顗 敬上

中華民國三六年七月廿五日

上海吳江路(斜橋弄)天樂坊卅八號　電話三六三八五
電報掛號五九六六

陈能芬

人物简介

陈能芬（生卒年不详），字馨明。曾任隆昌县参议会参议长、隆昌县私立楼峰初级中学校长、四川隆圣企业股份有限公司董事长等职。

114　　0003-001-0024-192

陈能芬为恳向陈纪铨、郑福楠请求批准隆圣公司于盐贷款内借贷并从速转函内江中国银行事致丁德立的信函（1946年7月31日）

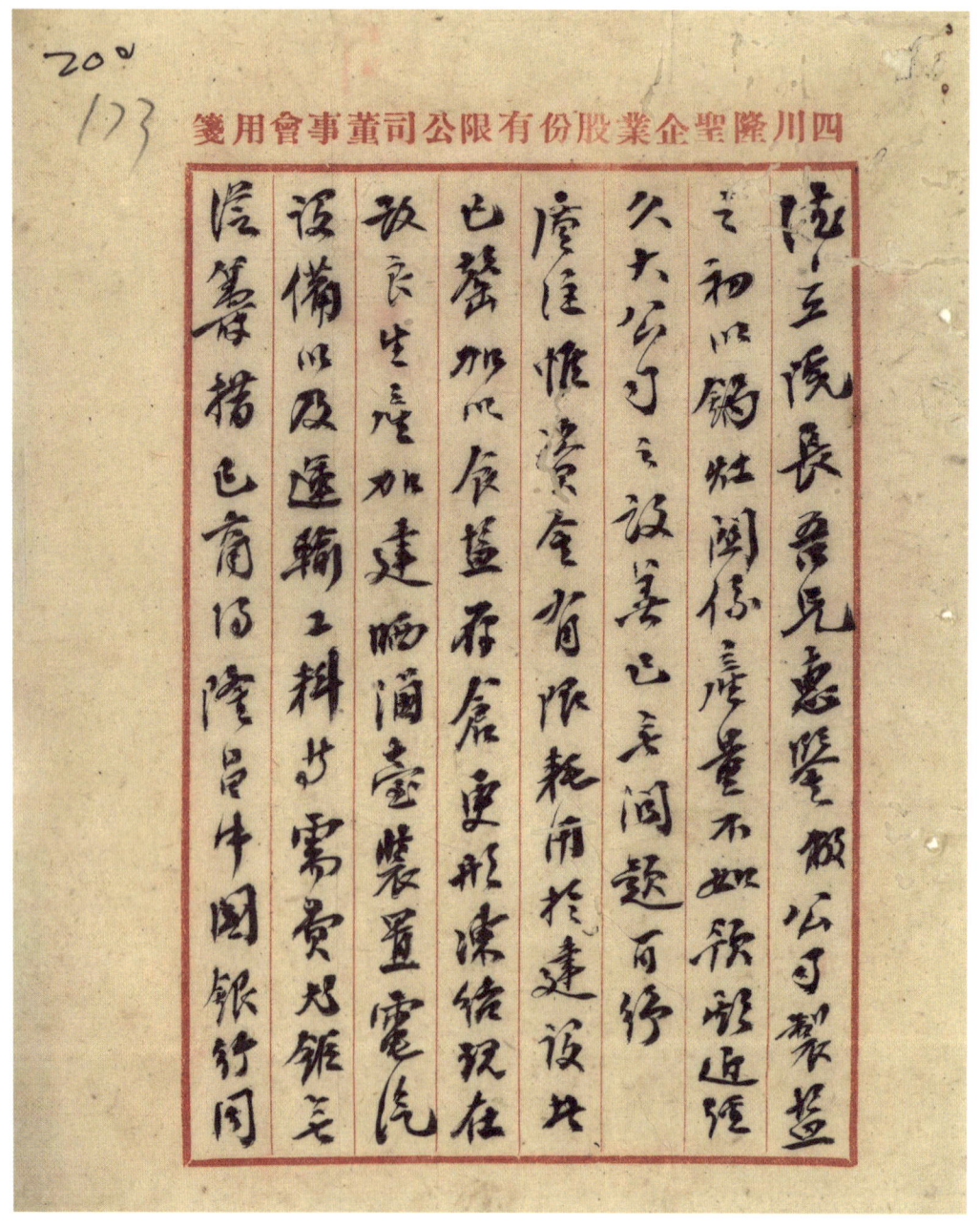

德立院长吾兄惠鉴：做公司製盐之初，以锅灶关係，产量不如预期能迄速之大。兹为改善此类问题，可行广征股资金有限，耗用於建设共已尽，加以食盐存仓更形冻结现在故良生之处，加建晒滷台装置电汽设备，以及运输工料等需费颇鉅，此项筹措已商得隆昌中国银行同

注：德立，即丁德立，时任自贡地方法院院长。

四川隆聖企業股份有限公司董事會用箋

意以金部存鹽及化學產品作抵
並鹽貸款內償借一萬元以資周
特業有成說但需鹽發為出知
內江中國銀行授權隆昂亦可處進
行辦理以免往返諸承延誤時間於
昨日當詢鹽發為標待查無
先洽信專候辦理
仍請文材為長鄭福楠副為長一

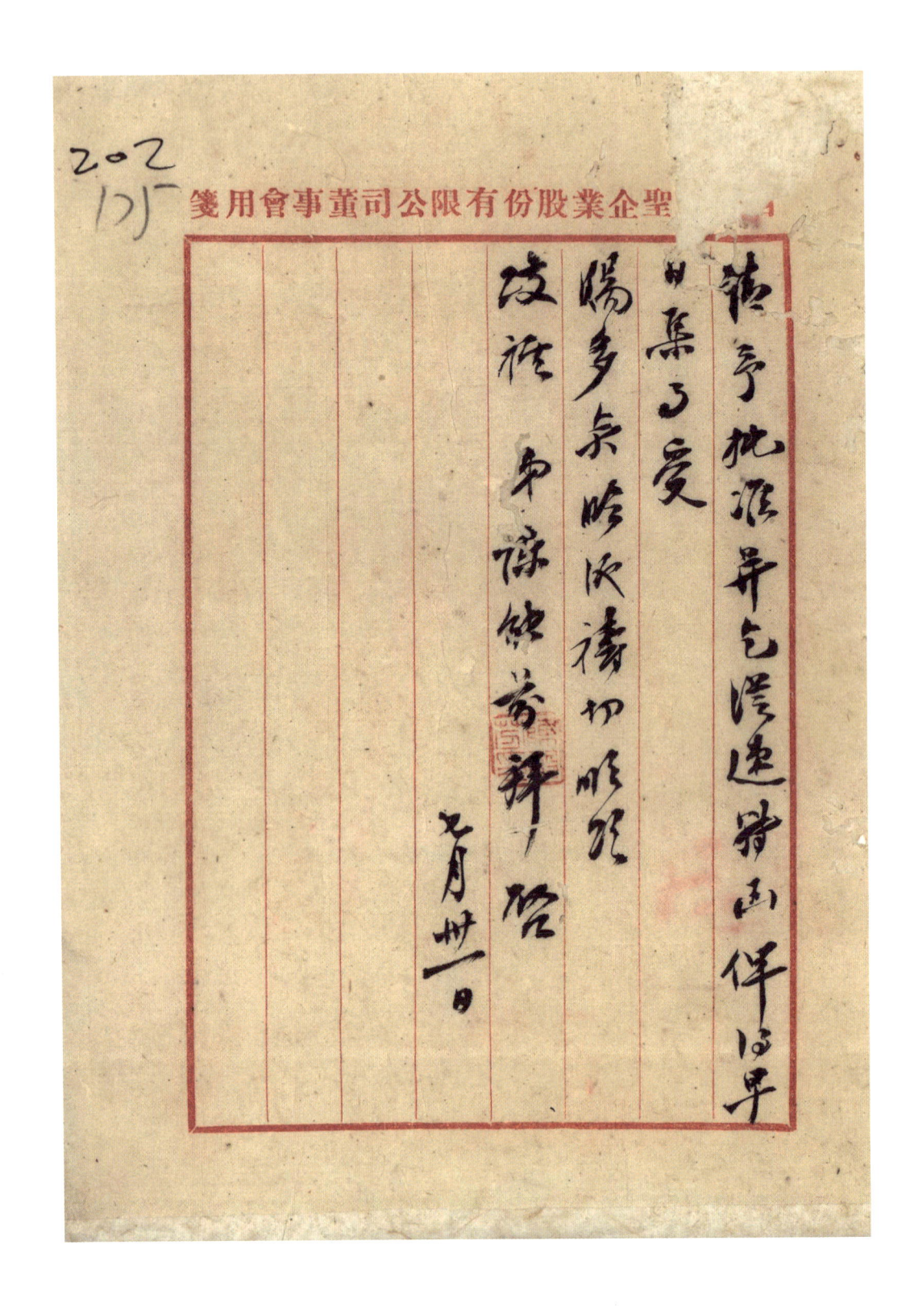

筱亭先生台鉴：异包湾邀特函伴仿早日乘子爱赐多余岭次祷切顺颂

筹祺

弟陈饮芳拜启

六月卅一日

115   0003-001-0024-070

陈能芬为请在给盐务总局关于隆昌食盐自食的呈文上加具意见并函陈缪秋杰事致陈纪铨的信函（1946年9月6日）

文村吾长宗兄惠鉴：顷张加一兄见回隆道及隆盐自食备荷赞同仰见俯顺舆情之至忘颂盛莫名惟特呈总局文尚希加具对此之言见併吟函陈缪局长详述隆人渴望殷切伴抹上邀俞允列合孙民众受

四川省隆昌县参议会用笺

赐大笺欣不一、专此鸣谢

公祺 宗愚弟陈继孟拜启

九月六日

存阅九十一

116　　0003-001-0024-066

陈能芬为陈明正积极筹备隆盐运销湘鄂办法及请予考量民意核准先行供应隆昌再行外销事致陈纪铨的信函（1946年9月12日）

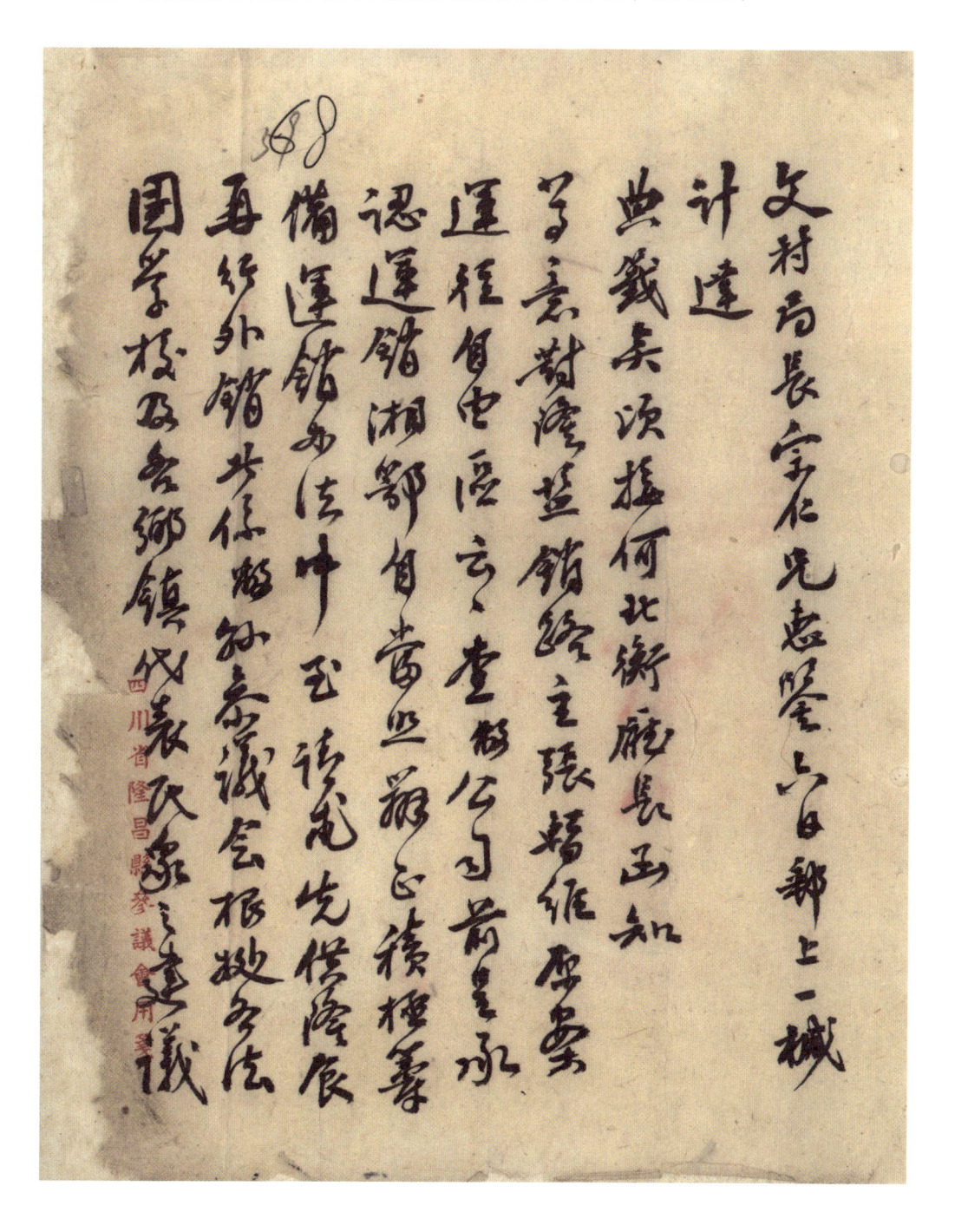

文树吾长官先惠鉴：上官鄴上一械

计达

典箴矣，顷据何北衡廰长函知

予贵对湾盐销路主张竭维座云

运程自忠區之壹部份可前号永

认运销湘鄂自當必需已積極筹

備運銷办法中玉諸先惟俾隆辰

再行外銷共保略知奏議会根拠办法

國等校及各鄉鎮代表民眾之建議

四川省隆昌縣參議會用箋

竑树兄台鉴：敬启者，言之现立隆人对此
问题实加注意，言及胜筹独移㧞中司
实观方面乞之偏顺舆情悭的隆市
送盐业运销沁鄂水而安与贵乃方商
酌之兰会暨筹寓家静会任尭
油盐税经
鉴察民意予以核准列贺足徯鐷永
拜荷
先生威之注其与此顺颂
勋绥

四川省隆昌县参议会用笺

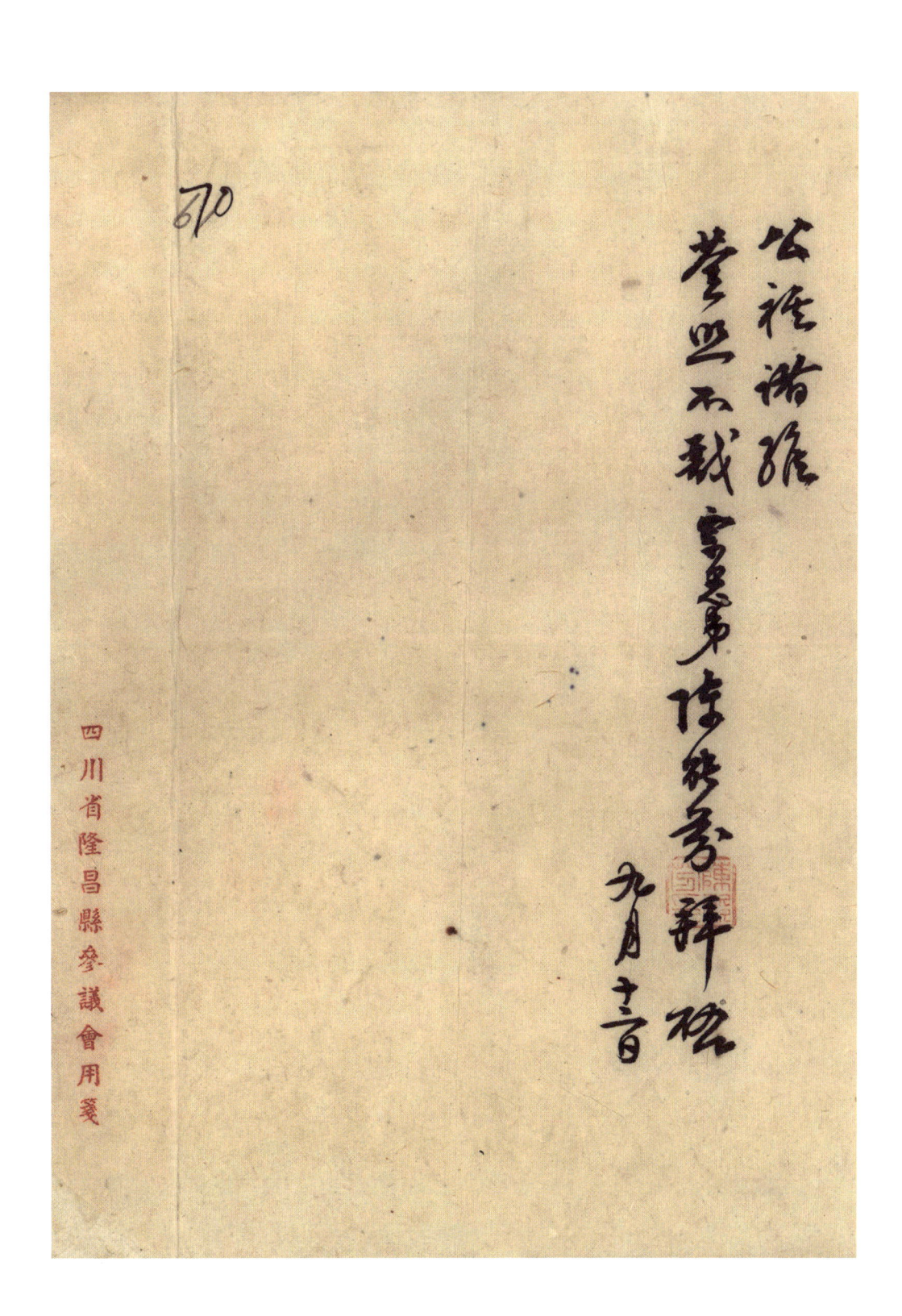

陈能芬

公祖谘振
荣照不戢 实感等 陈能芬拜启
九月十二日

四川省隆昌县参议会用笺

117　　0003-001-0026-188

陈能芬为在圣灯山开采瓦斯卤水并恳代请侯德榜早日设计制碱程序等事致陈纪铨的信函（1947年7月14日）

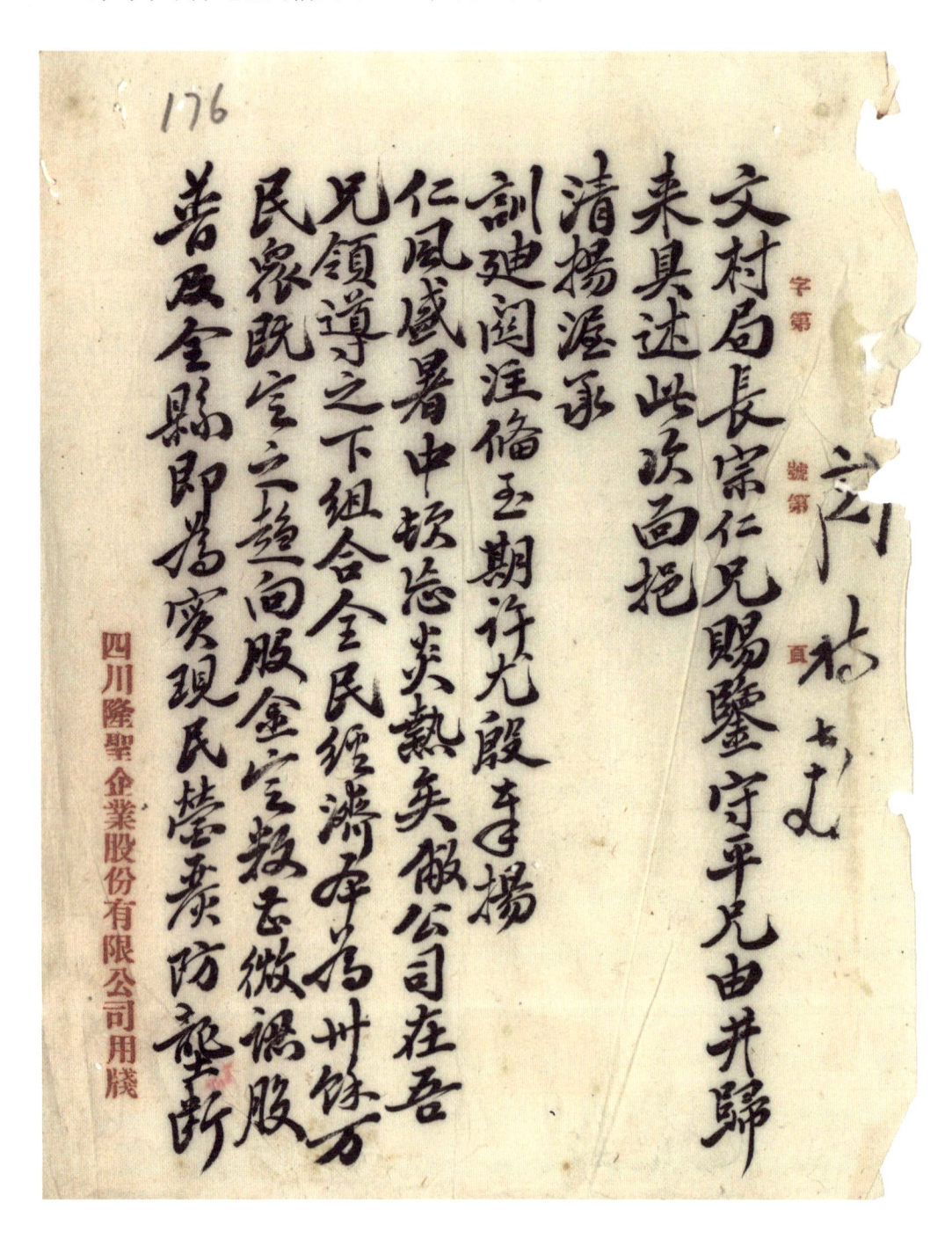

文村局长宗仁兄赐鉴守平兄由井归来具述此项面托清扬涯承剖迪阁注俯玉期许尤殷车扬仁风盛暑中殒慰炎热矣敝公司在吾兄领导之下组合全民经济存筹州馀万民众既定之趋向服金定数去微谋股普及全县即扬实现民莹养防敵断

之限制至於瓦斯滷水早經檄泰議會呈
准鹽筆交歸地方經營已成定案並
經呈請
省府在聖燈山二十平方公里內設定採
礦權今後繼續鑽井瓦斯滷水應由敝
公司經營如發現石油當交探勘處探
煉民營國營界劃極清公道揚鑣各
自開發當不有何種牽制今後必

丞吾
兄鑒
竭力於前途之發展仰望
指導扶植者至多至切引領馳心禱甚
無鹽亦化工完全原為主要之業務素
緣廣誕而併已致力於工業用鹽自茲
滷水製鹽品質可分之十供給民食尚
餘概以作鹼惟是資金技術兩皆不勝

此種暌姓雖逢之天能當源底与當世賢達共同開發敬懇代諸侯德榜先生為製鹼程序早予設計玉學術方面承坐領導侯先生同情民營热心經達月前莅臨極其贊許當荷俯允諾不我遺二所需資金做公司能力有限非寬為籌首不能集事允呀

登高一呼偿外债俾得及时努力早日观厥成回念一年以来仰赖雨露乃昙邢岷陵业务更繁使令愈壹充坌随时随地欽承程令规矩準绳有所秉承不特敝县一隅建设倚赖措施即建川建国以图攀附以求贡献戴薰山知重缙

日方長叨隸
幨懹伝候
驅策本擬晉謁
崇階面罄衷曲以朱莊嚴重地方不靖
張鼎長下車伊始誑待贊襄稍緩再圖
趨候謹此肅陳祗雅
垂照天〇翼〇伏火熾揚威
八彥起在當帝

字第　號第

加意擁衛不勝盼禱，耑請
崇安宗長市陳熊諸公祗禧
仲全兄暨此紹未易具

曾啟 七月十

李泽民

人物简介

李泽民（生卒年不详），曾任自贡市市长、四川省第十二区行政督察专员等职。

118   0003-001-0024-003

李泽民为中正桥修复急需杉木若干请转饬东兴寺材料分库暂借事致陈纪铨的信函（1946年9月5日）

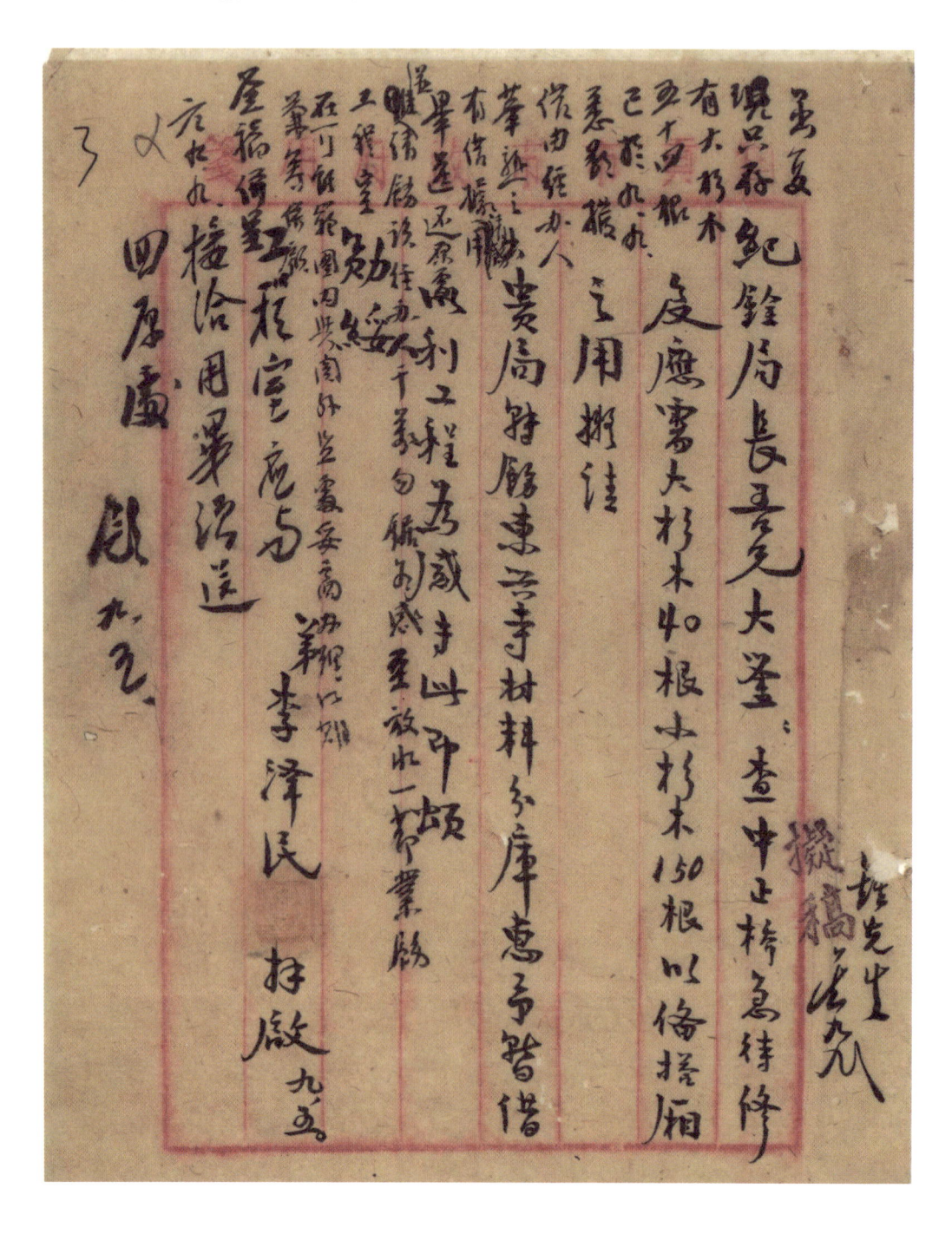

纪铨局长勋鉴：查中正桥亟待修复，应需大杉木40根，小杉木150根，以备搭厢之用。捌佳贵局特饬东兴寺材料分库惠予暂借有信福祉。笔舆之处，不胜企盼，俾利工程为盼。耑此，并颂勋祺

弟 李泽民 拜启 九·五

119　　0003-001-0026-313

李泽民为已督饬加紧修筑与盐务有关之数段公路并继续视察安岳、乐至等县事致陈纪铨的信函（1947年5月28日）

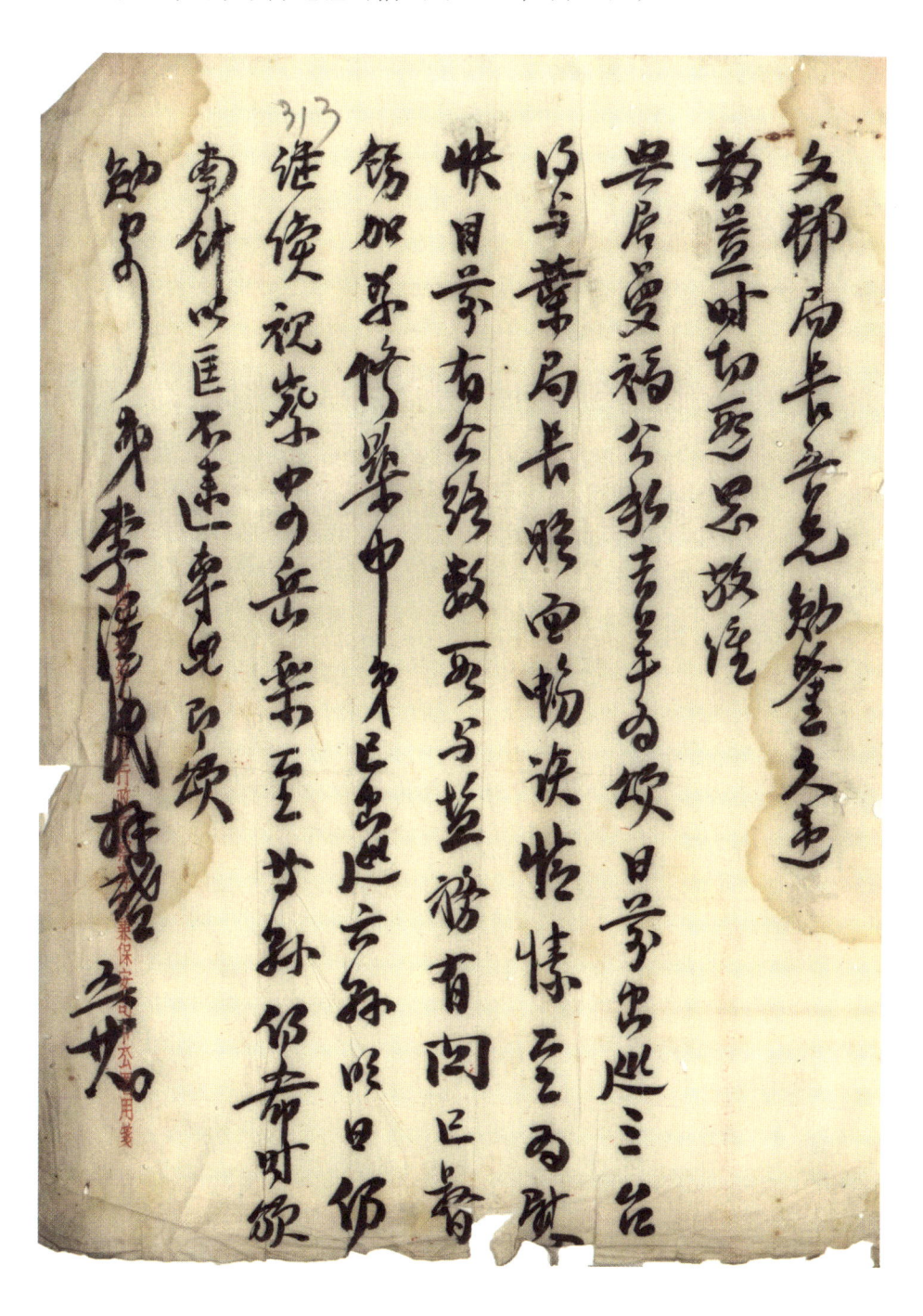

久仰局长之丰光，勉鉴久违，敬企时切，兹承
专员夏福兮君专程来访，日前出巡三台，与叶局长晤面畅谈情愫，至为愉
快，目前有关公路，敢与盐务有关之数
段加紧修筑，业中之多乡已函嘱县政
继续视察，中为岳、乐至等县巡视，明日即
专行以匡不逮，率先示及，即颂
勋安

　　　　　　　　　　李泽民　拜启
　　　　　　　　　　　　 廿八日

曾宝森

人物简介

曾宝森（1884—1952），字子玉，四川大竹人。1905年加入同盟会，后赴日本明治大学求学。1911年，参加广州起义。1913年，参加熊克武部讨伐袁世凯。1916年，参加护国战争。曾任四川省财政厅厅长、代理政务厅厅长，四川省参议会参议员，"行宪"立法委员等职。

120　　0003-001-0036-279

曾宝森为恳请同意在川康盐产额之外另增隆圣公司产额八千担并以半数作为隆昌人民自食以半数运销湘鄂事致郑福楠的信函（1946年10月22日）

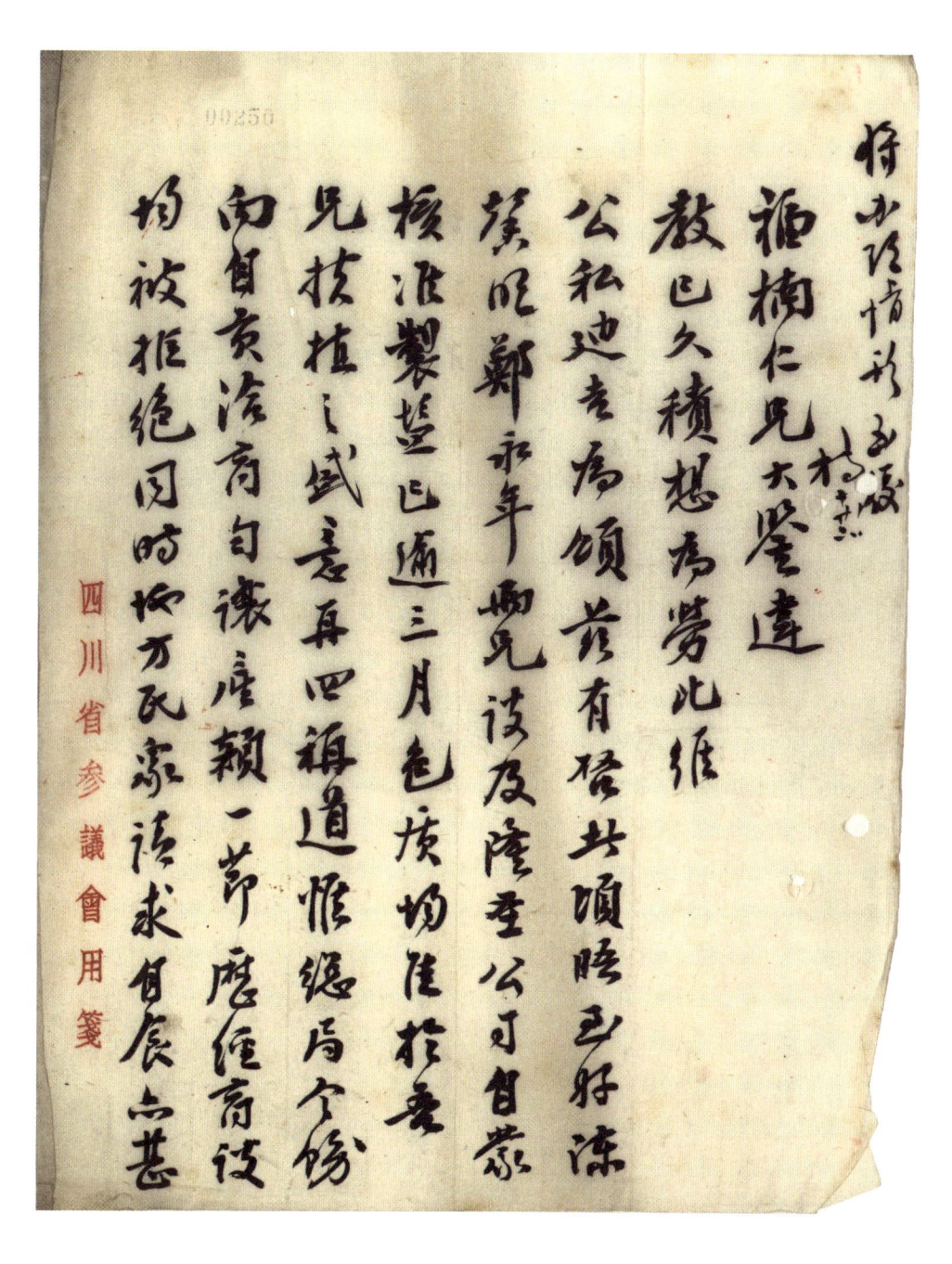

福楠仁兄大鉴違
教已久積想為勞此維
公私迪吉為頌茲有懇託頌睇玉好陳
溪眠鄭永年覡覩該及隆聖公司曾蒙
核准製鹽巳通三月色質均佳惟查
先拔植之武隆四福道惟總局个餘
知自貢塗商勾諉虐賴一節應經商議
均被拒絕因時拟万民家請求自辰六甚

坚决现偏省府电俊材邡主张于川康
渝额之外另与为隆盐月增应额八千担
以兹敷供应隆厂以兹参加运销湘鄂等
电呈去巳久甚望亮
兄子以同意特托代函说项前承郁恧
省府之主张敉后重坂今之中萧顺兴
悟声价折衰适当该公司艰苦
悌悃久滞几载上述应额与自食何迳

读邻民家祷盼尤切如蒙
推爱主持俾得早日实现刘受
惠阁报共不独傅郑蒙兑两邑人士……
闾巷布
卓裁昆俊为盼顺颂
勋祺 弟曾宝森 拜启
十月廿日

彭善承

人物简介

彭善承（1905—？），四川广元人，曾任四川永川县（今重庆市永川区）县长、自贡市国民兵团团长、自贡市市长、自贡市第二十二次物价评议会主席、自贡市财政整理委员会委员、自贡地方行政干部训练所所长、四川省第十一区及第十二区行政督察专员兼保安司令等职。

121　　0003-001-0036-026

彭善承为恳请提拔栽培李泽泉事致郑福楠的信函（1946年12月16日）

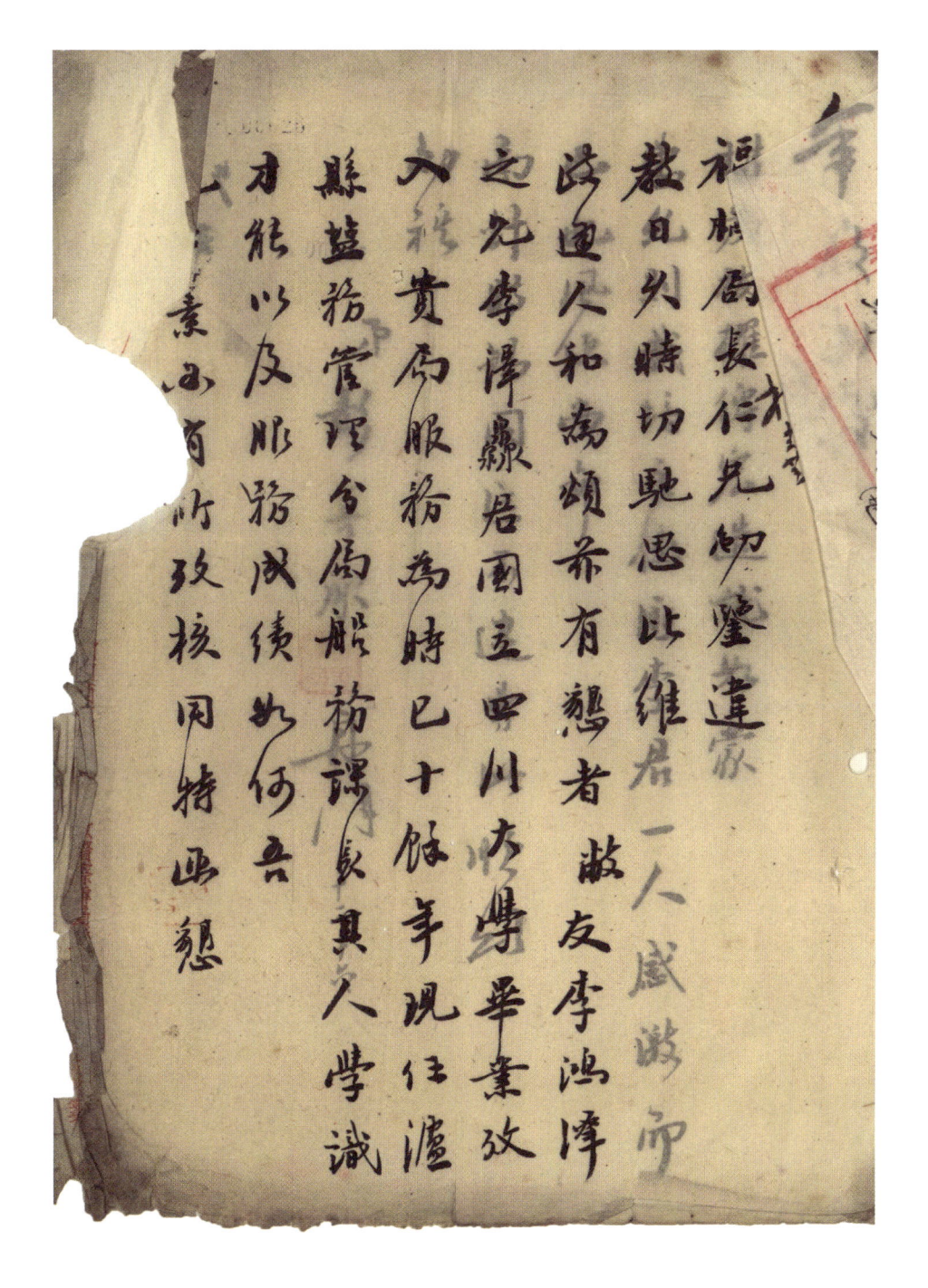

福楠局长仁兄勋鉴：违暌
教旦久，时切驰思，此维起
政通人和，为颂。兹有恳者，敝友李鸿泽
之侄李泽泉系居国立四川大学毕业，政
入贵局服务，为时已十余年，现任泸
县盐务管理分局船务课长。其人学识
才能以及服务成绩如何，务
希察核，同特函恳

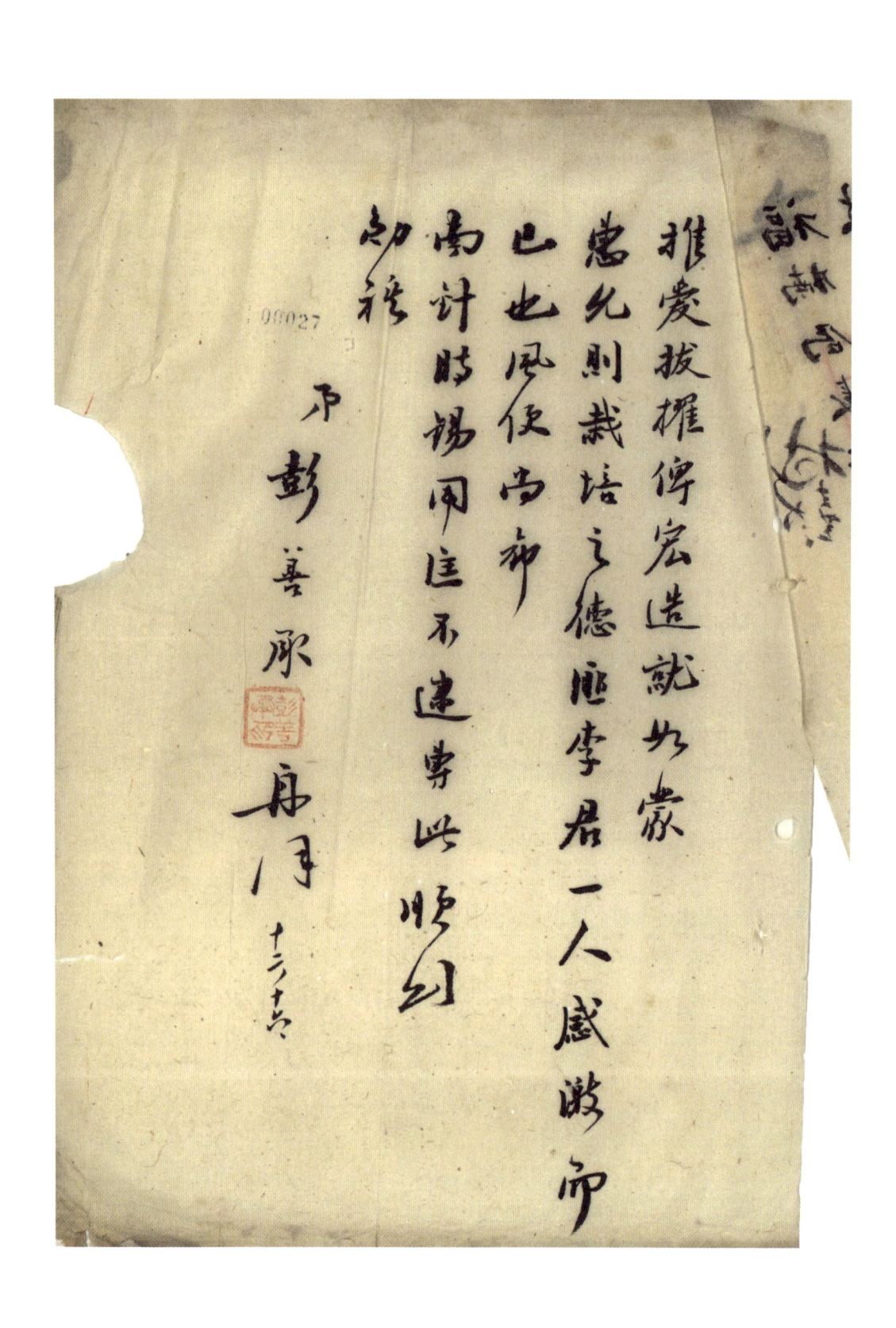

推爱拔擢俾宏造就以蒙
患允则栽培之德应李君一人感激而
已也风使南邮
南计時锡用匙不逮专此顺叩
勋祺

弟 彭善承 舟上 十二月十六

霍六丁

人物简介

霍六丁（生卒年不详），曾任四川省第一区、第六区及第十区行政督察专员兼保安司令，四川省宜井（宜宾—自流井）公路工程处处长等职。

122　　0003-001-0026-125

霍六丁为约集富顺、宜宾、南溪三县地方领袖商讨宜井公路第二期工程复工计划并拟赴自流井请教事致陈纪铨的信函（1947年7月21日）

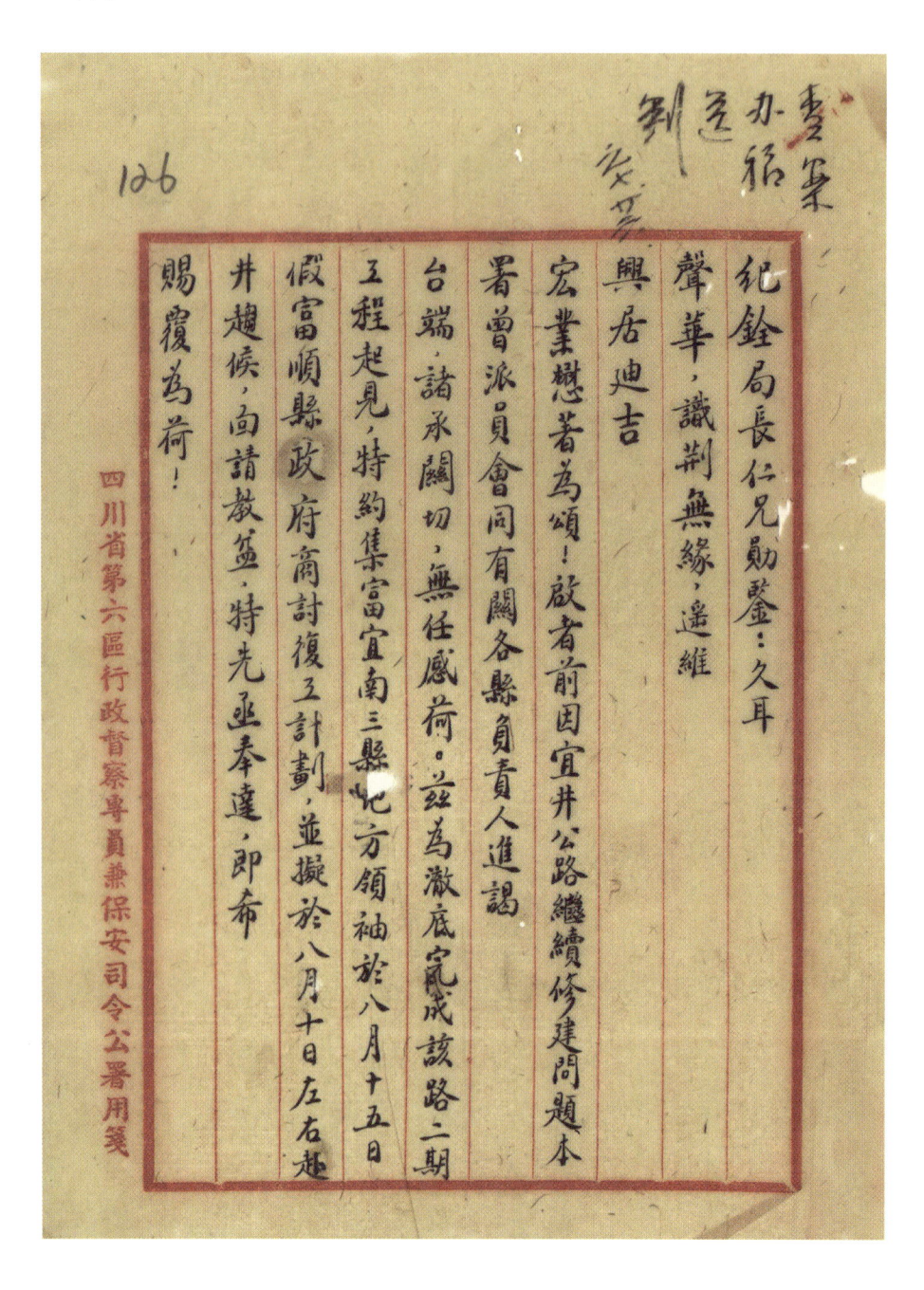

纪铨局长仁兄勋鉴：久耳声华，识荆无缘，遥维兴居迪吉宏业懋著为颂！启者前因宜井公路继续修建问题，本署曾派员会同有关各县负责人进谒台端，诸承关切，无任感荷。兹为澈底完成该路二期工程起见，特约集富宜南三县地方领袖于八月十五日假富顺县政府商讨复工计划，并拟于八月十日左右趋井趋候，向请教益，特先函奉达，即希赐覆为荷！

四川省第六区行政督察专员兼保安司令公署用笺

藉祝

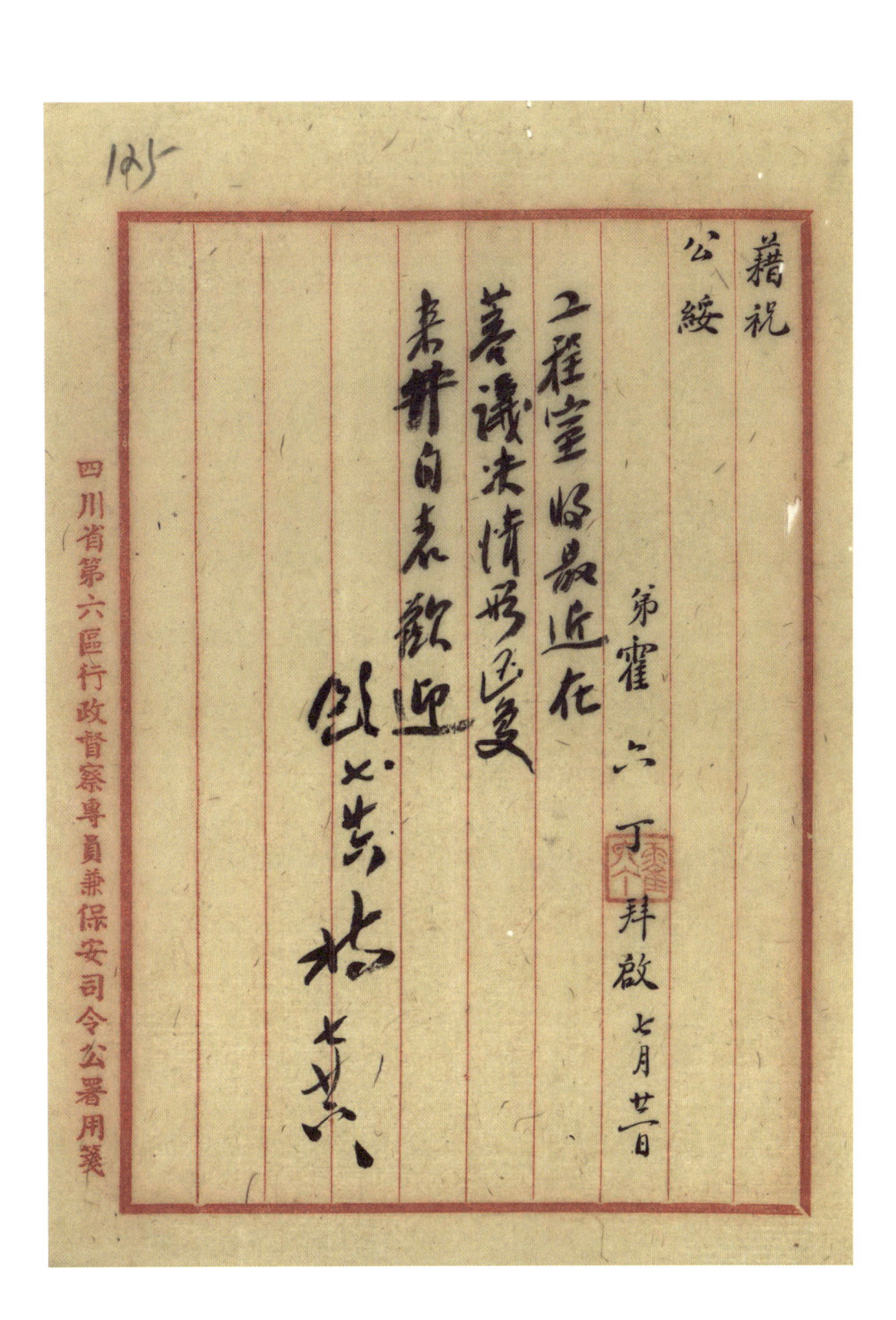

公綏

第霍六丁拜啟 七月廿日

二程臺長最近在
蓉議決情形如函及
素并白表歡迎

劉元瑄榴華

四川省第六區行政督察專員兼保安司令公署用箋

123　　0003-001-0026-096

霍六丁为省府急电召开专员会议故宜井筑路会议暂缓举行并延后拜访事致陈纪铨的信函（1947年8月8日）

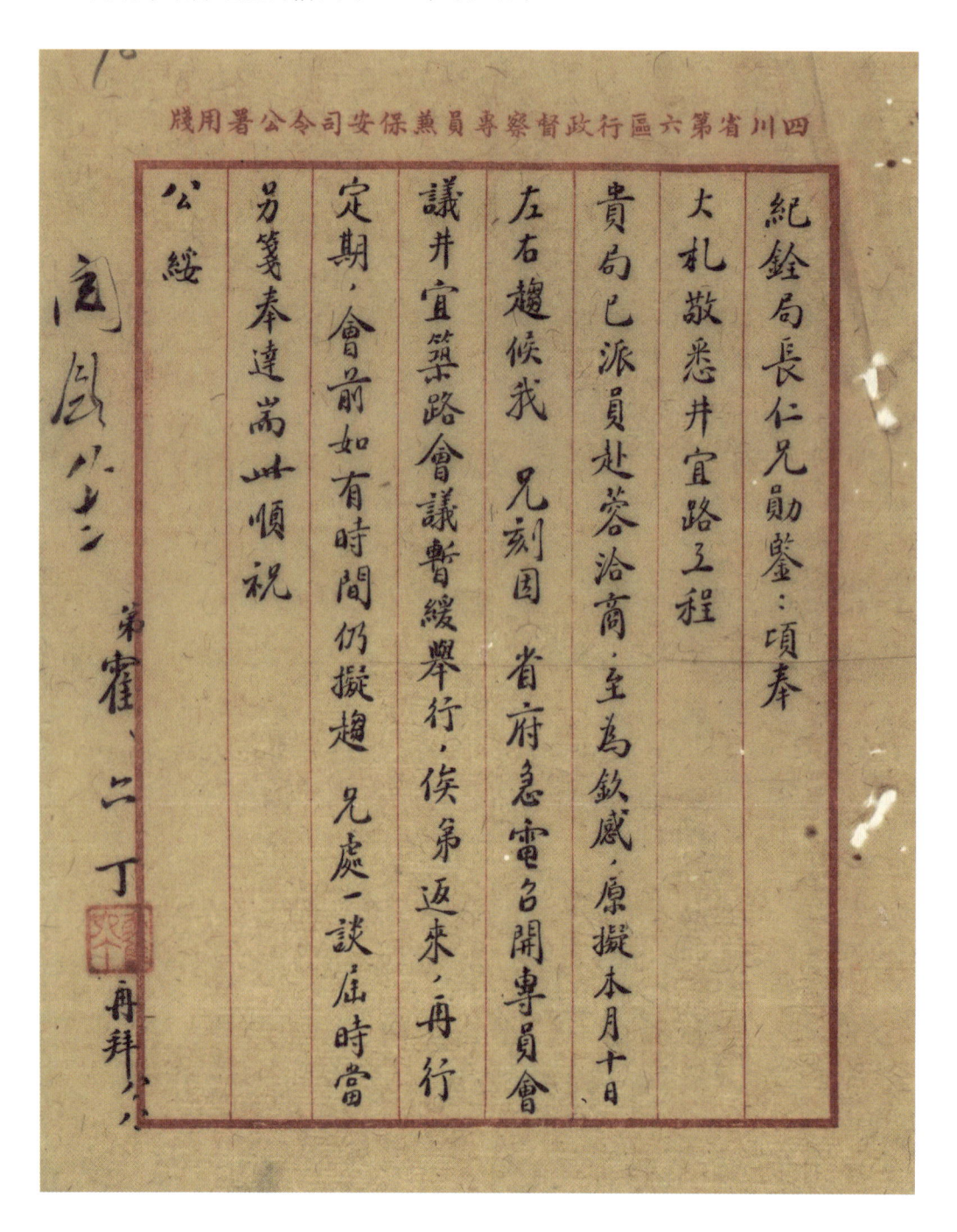

四川省第六区行政督察专员兼盐保安司令公署用笺

纪铨局长仁兄勋鉴：顷奉

大札，敬悉井宜路工程

贵局已派员赴蓉洽商，至为钦感。原拟本月十日

左右趋候我

兄，刻因省府急电召开专员会议，井宜筑路会议暂缓举行，俟弟返来再行

定期。会前如有时间仍拟趋

兄处一谈，届时当

另笺奉达。耑此顺祝

公绥

弟 霍 六丁 再拜 八、八

124　　0003-001-0027-234

霍六丁为告知富顺、宜宾、南溪三县县长并议长已议决宜邓（宜宾—邓关）路完成时间及张县长对邓关桥之意见等事致陈纪铨、郑福楠的信函（1947年9月3日）

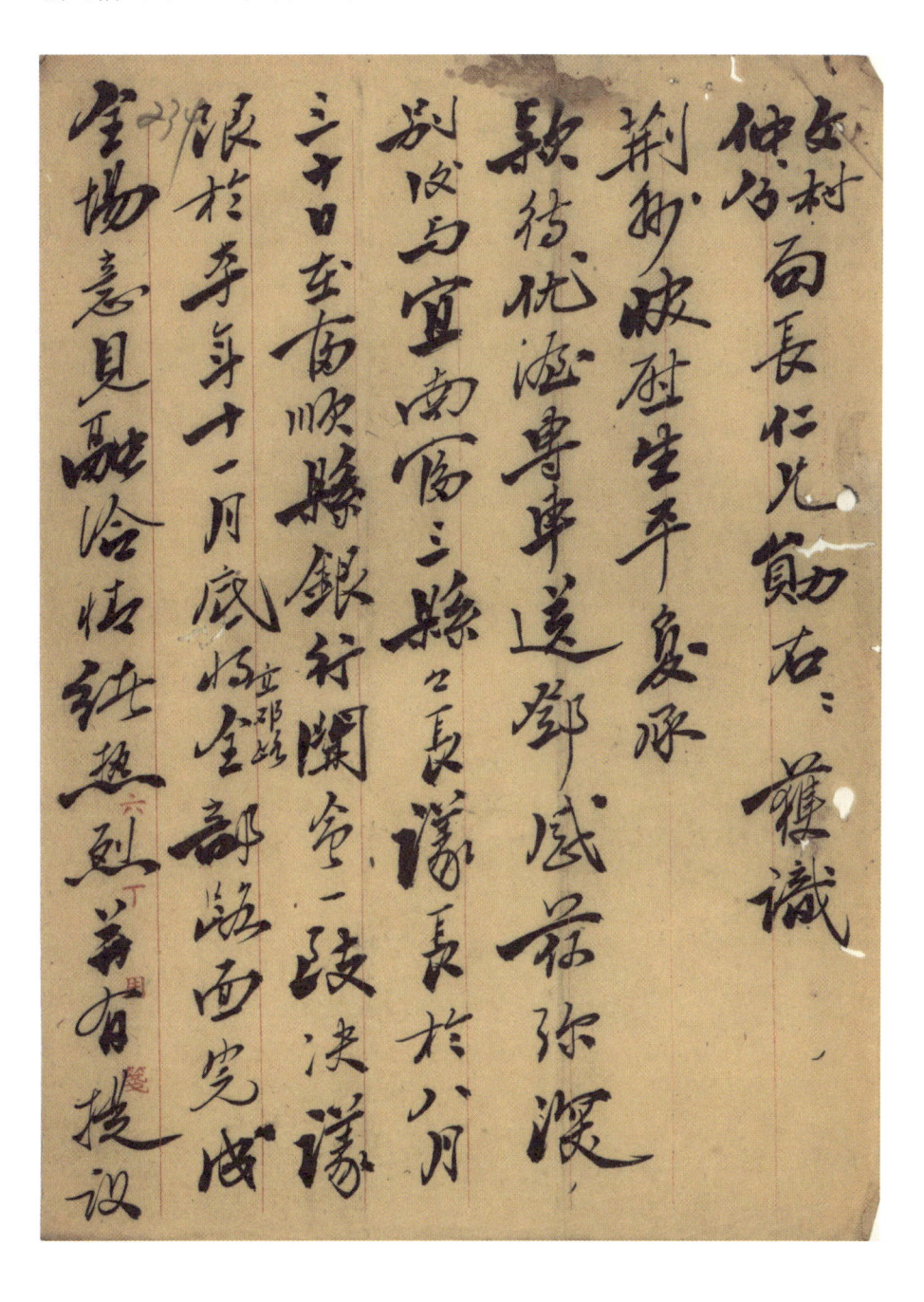

纪村、福楠仁兄勋右：顷识

荆州坡尉生平复承

欸待优逾尊專送邓咸嵜弥深

别後与宜南富三县之长晤於八月

三十日在南顺縣銀行開會，一致決議

限於本身十一月底將全部路面完成（立邓站

全場意見融洽，弟趋鬼弟有提議

话

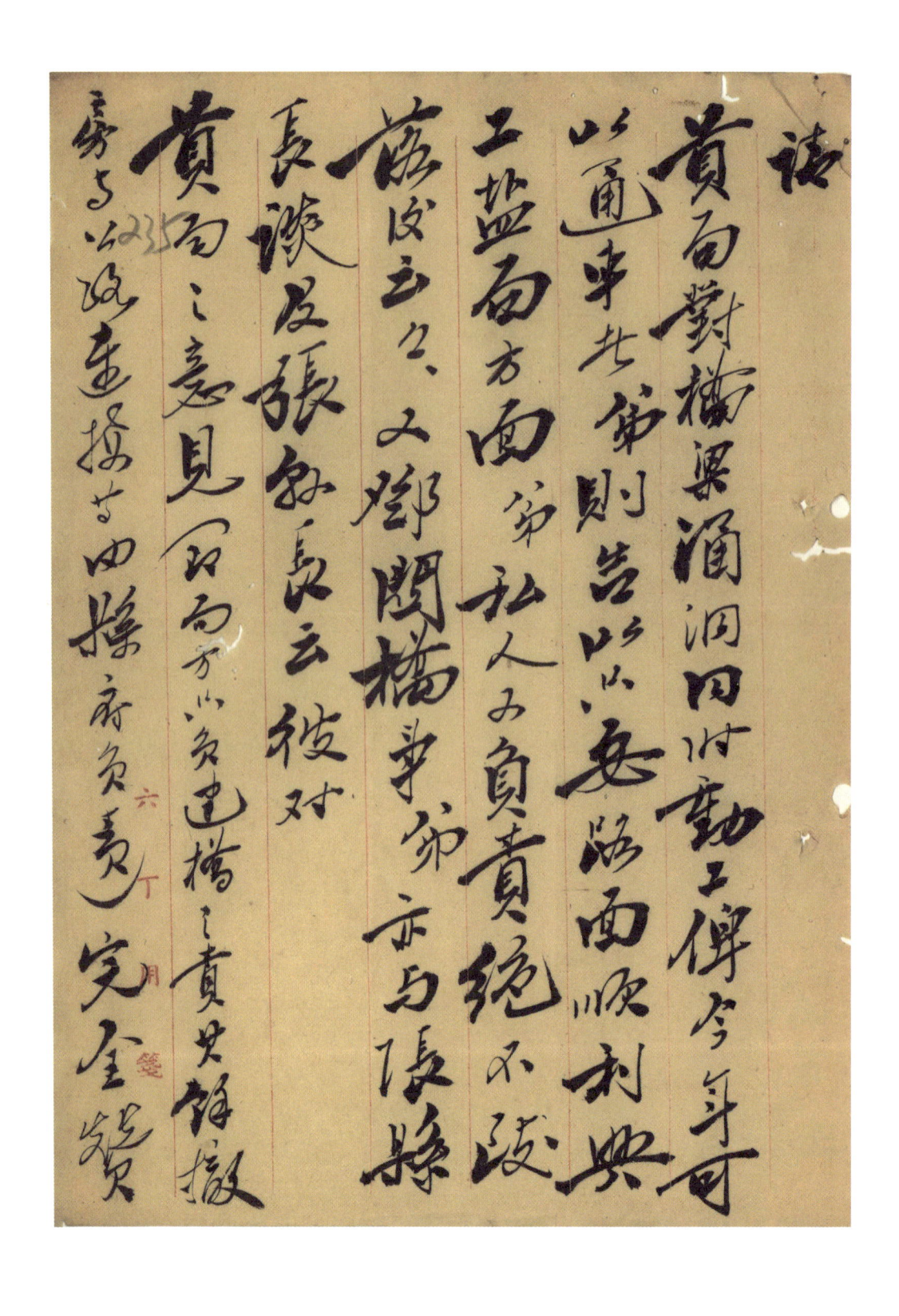

贡盐对樵渠溜洞叫叶勤工俾今年哥以道来共弟则告以免路而顺利兴工盐盐方面弟私人及贡贡绝不致落皮去之久又邻閒樵争弟亦与张縣长滋及张敘长云彼对贡之意见（贡盐方以贡运樵之贡贞館撤务与以限连接占四操府贡贡完全赞）

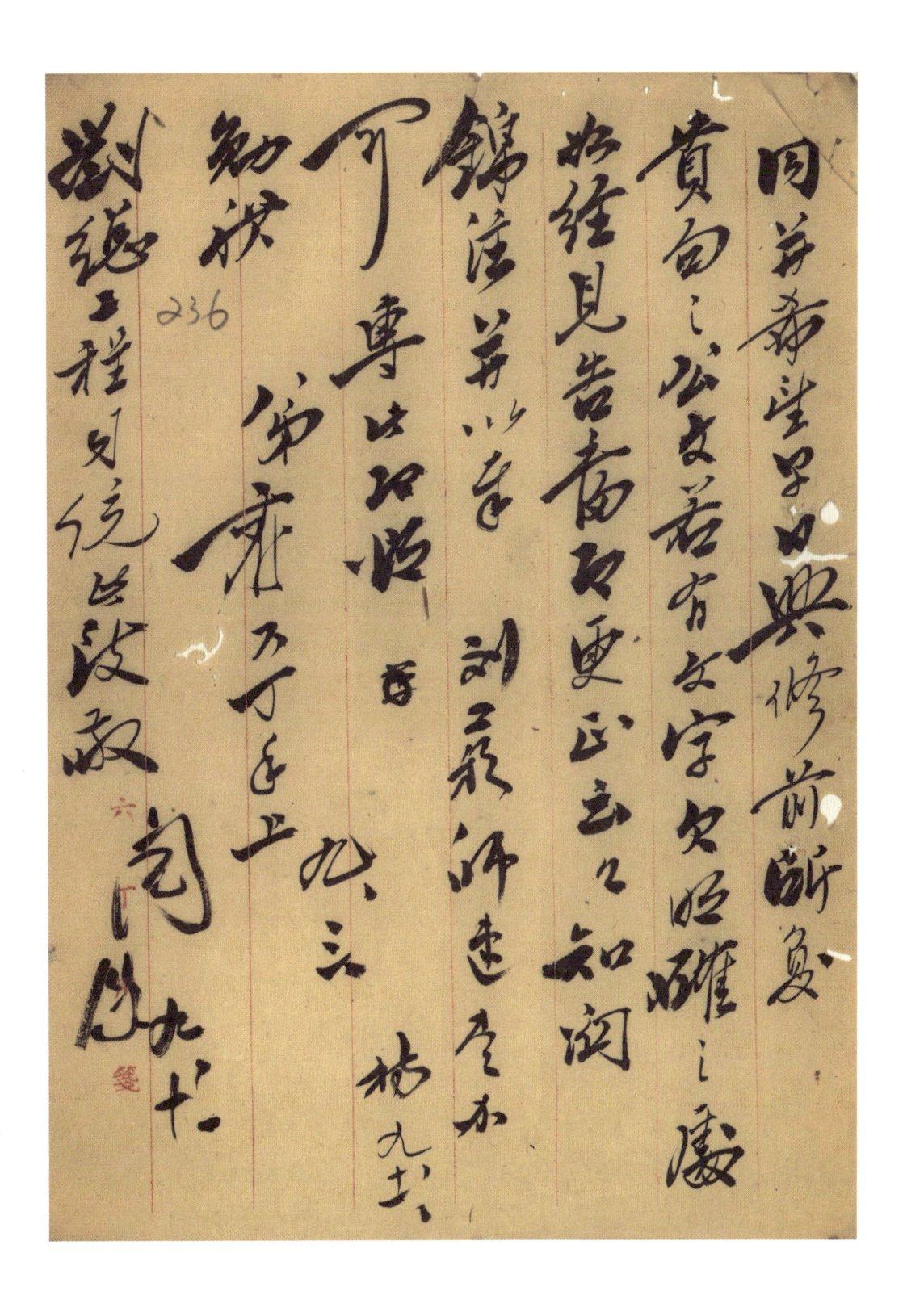

霍六丁

同芳弟生生與修前游曼
貴甸之公文若有文字欠妥確之處
如經見告當可更正也之知詢
鍚澄弟以其刻藏師速尽力
可專此即悟
勸狀 弟康乃丁手上 九、三 枯九共
樹遂工程見兒兆兹致敬
六丁 箋

125　　0003-001-0027-123

霍六丁为已电宜宾、南溪、富顺各县径寄桥涵图表预算并希重新查勘设计事致陈纪铨、郑福楠的信函（1947年9月26日）

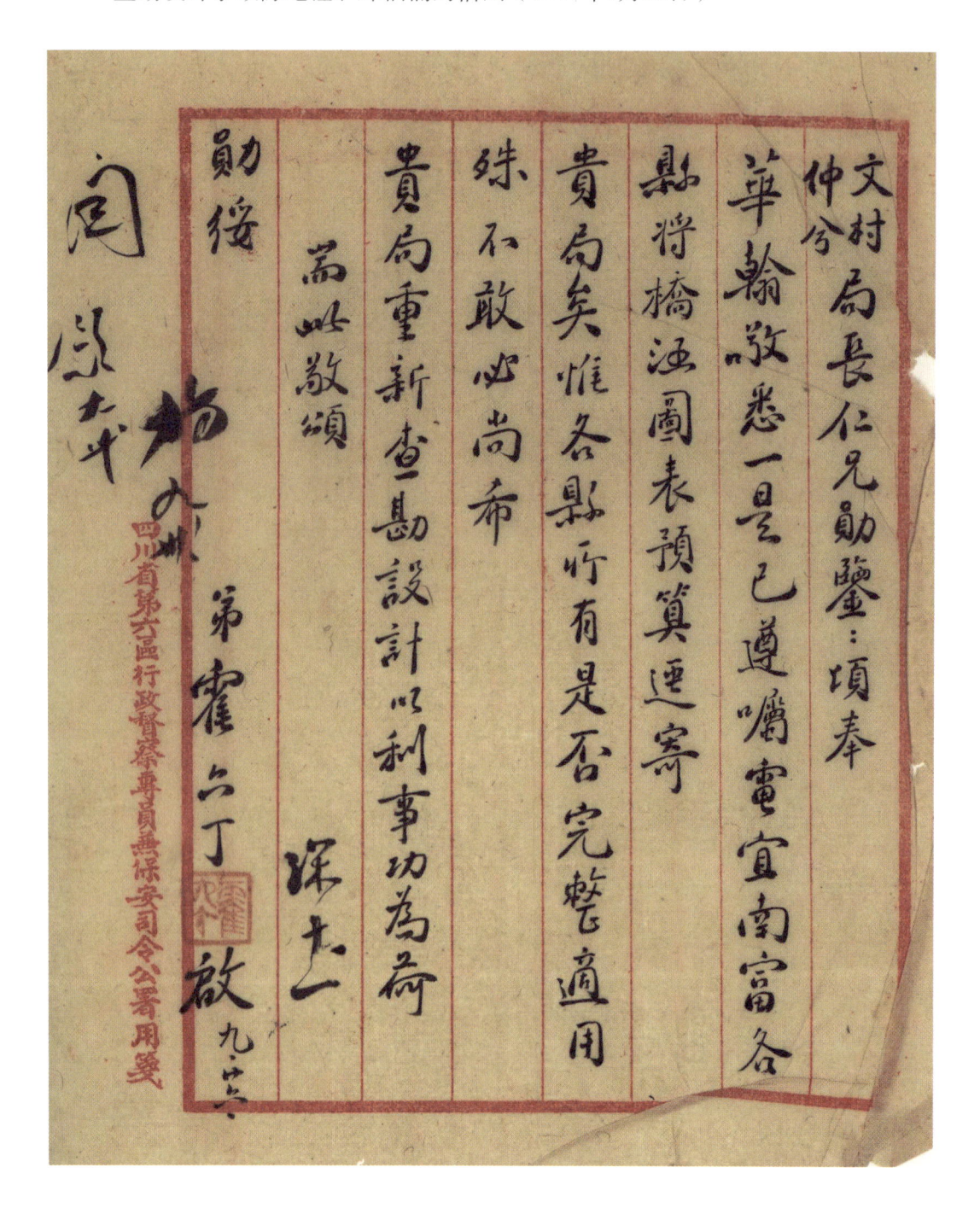

文村局长仁兄勋鉴：顷奉

仲兮

华翰敬悉一县已遵嘱电宜南富各县将桥涵图表预算迳寄

贵局矣惟各县听有是否完整适用

殊不敢必尚希

贵局重新查勘设计以利事功为荷

萧此敬颂

勋绥

弟 霍六丁 敬启 九•廿六

126　　0003-001-0027-067

霍六丁为寄呈现存桥涵图表事致陈纪铨、郑福楠的信函（1947年9月30日）

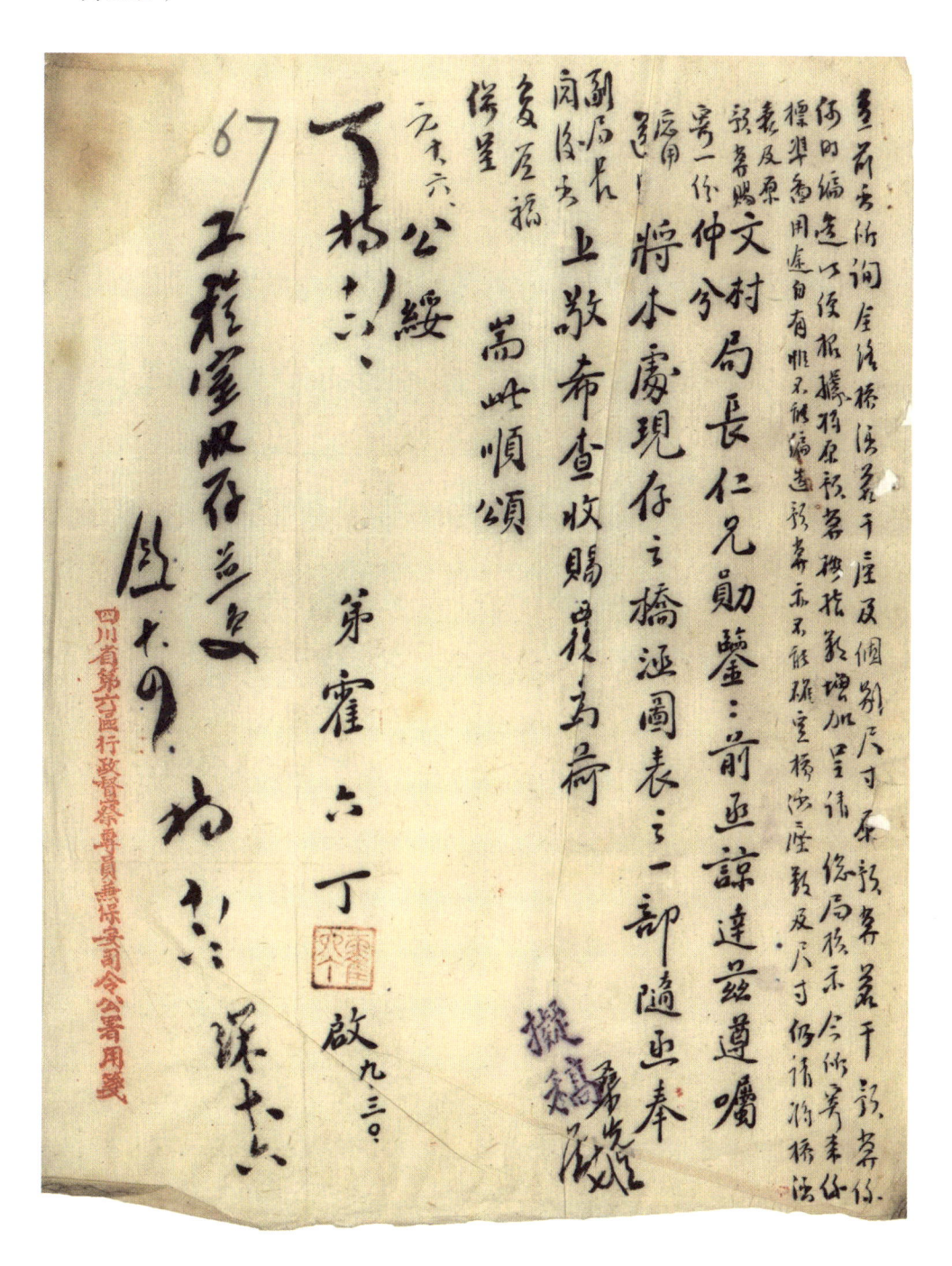

文村局长仁兄勋鉴：前函谅达兹遵嘱将本处现存之桥涵图表三一部随函奉寄一份仲分

副局长 向恳予 上 敬希查收赐复为荷
复居褐 嵩此顺颂

公绥

弟 霍六丁 启 九三〇

127　　0003-001-0034-209

霍六丁为请克速拨交宜井公路之宜南（宜宾—南溪）段工程费用及图表以便立即施工事致陈纪铨的信函（1948年7月13日）

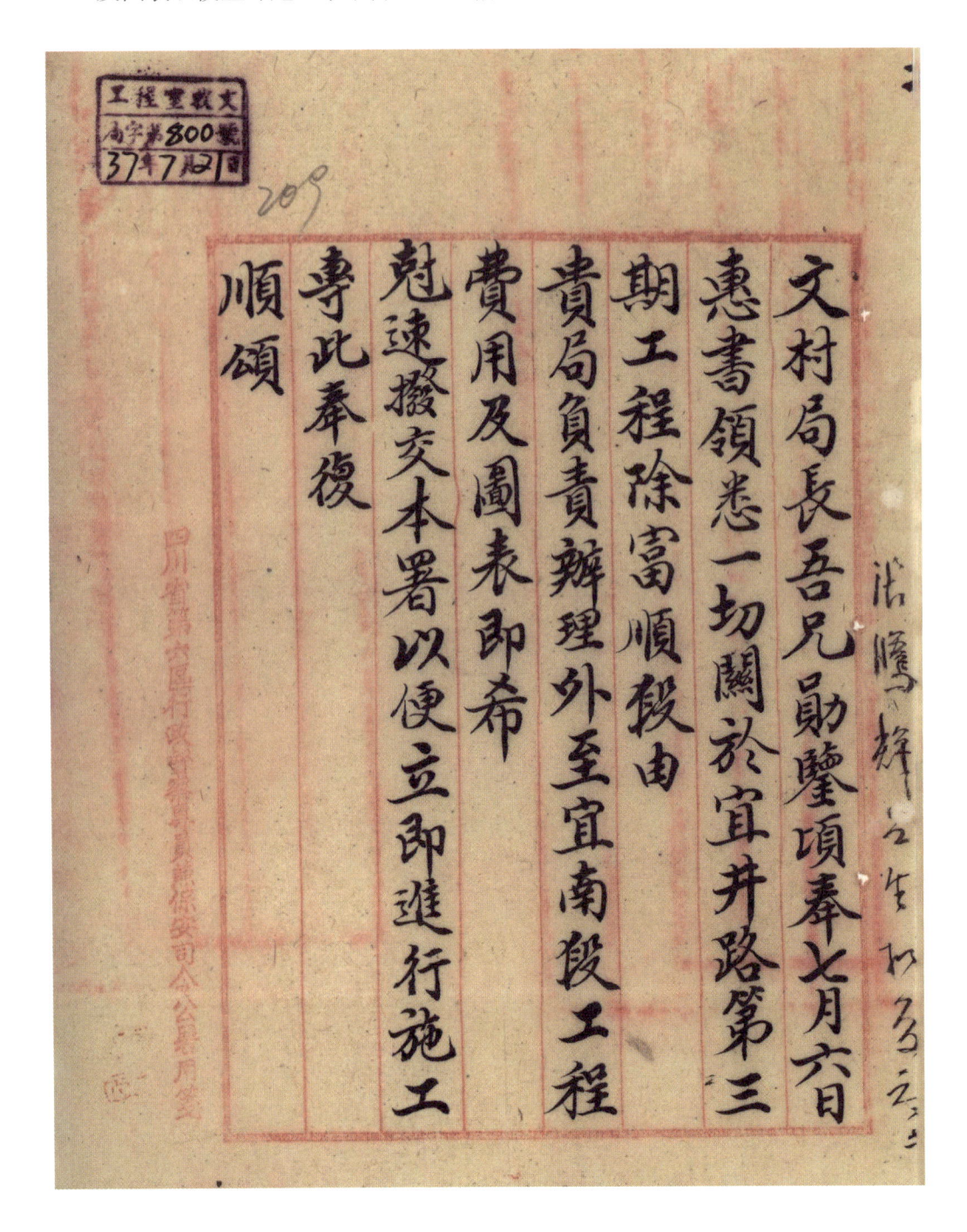

文村局长吾兄勋鉴：顷奉七月六日惠书领悉一切。关于宜井路第三期工程除富顺段由贵局负责办理外，至宜南段工程费用及图表即希

尅速拨交本署以便立即进行施工，专此奉复

顺颂

勋绥

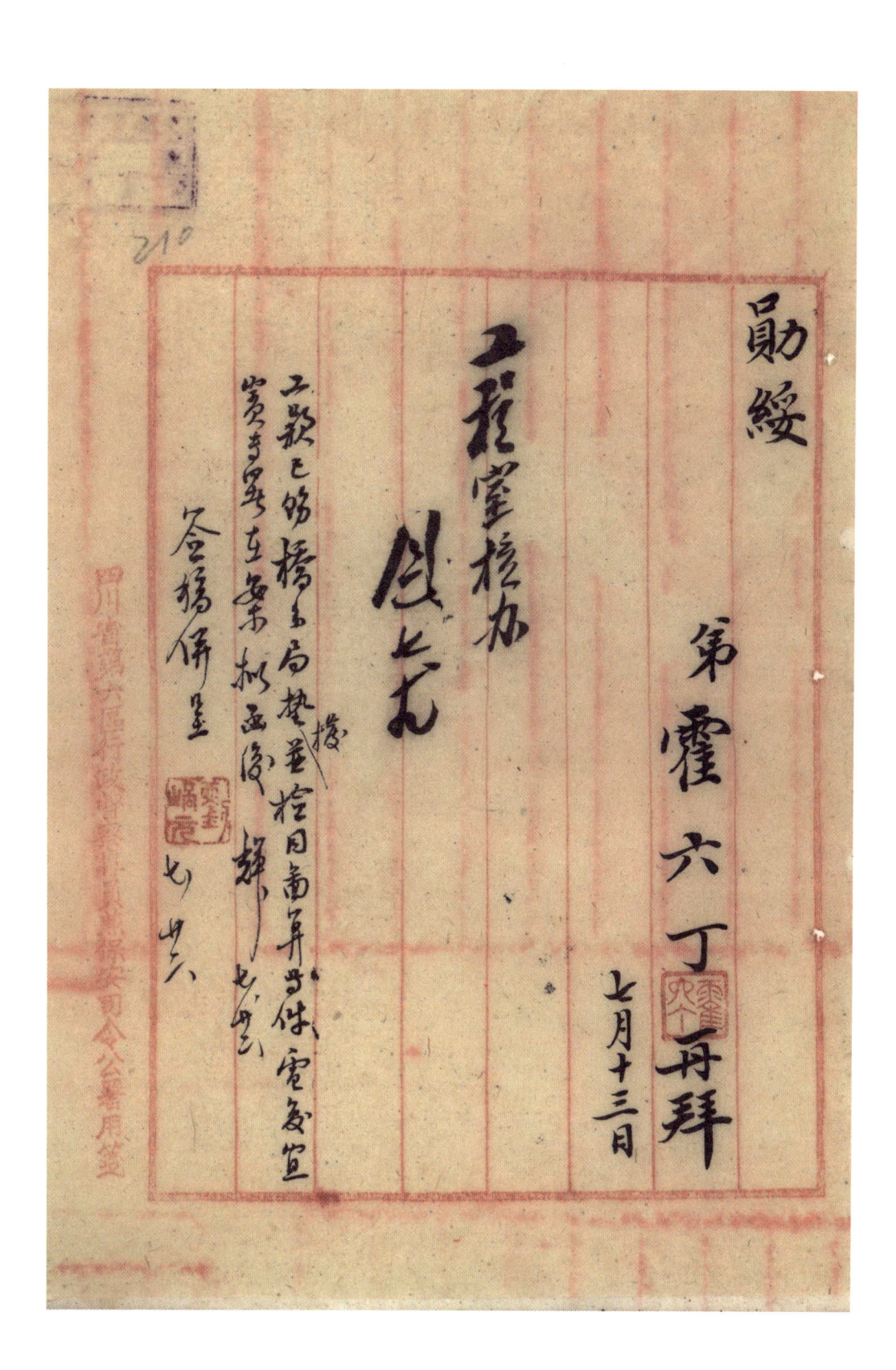

工程霍总办
钧鉴

工歇已妥桥工局垫重拾日（搬）南岸另募仆電复（笕）
赏十五元左右桃西俊搬十元左
答搞俟星

第霍六丁再拜
七月十三日

邓汉祥

人物简介

邓汉祥（1888—1979），字鸣阶，贵州盘县（今盘州市）人。曾任湖北都督府参议、北伐第一军高级参谋、临时执政府秘书、国务院秘书长、代理四川省政府主席、四川省政府秘书长、四川省财政厅厅长等职。新中国成立后，历任第一、第二、第三届四川省政协委员，第四、第五届全国政协委员。

128　　0003-001-0026-218

邓汉祥为贵州运商亏累推选孙蕴奇等晋谒请愿请予洽谈并示以具体办法事致陈纪铨、郑福楠的信函（1947年7月25日）

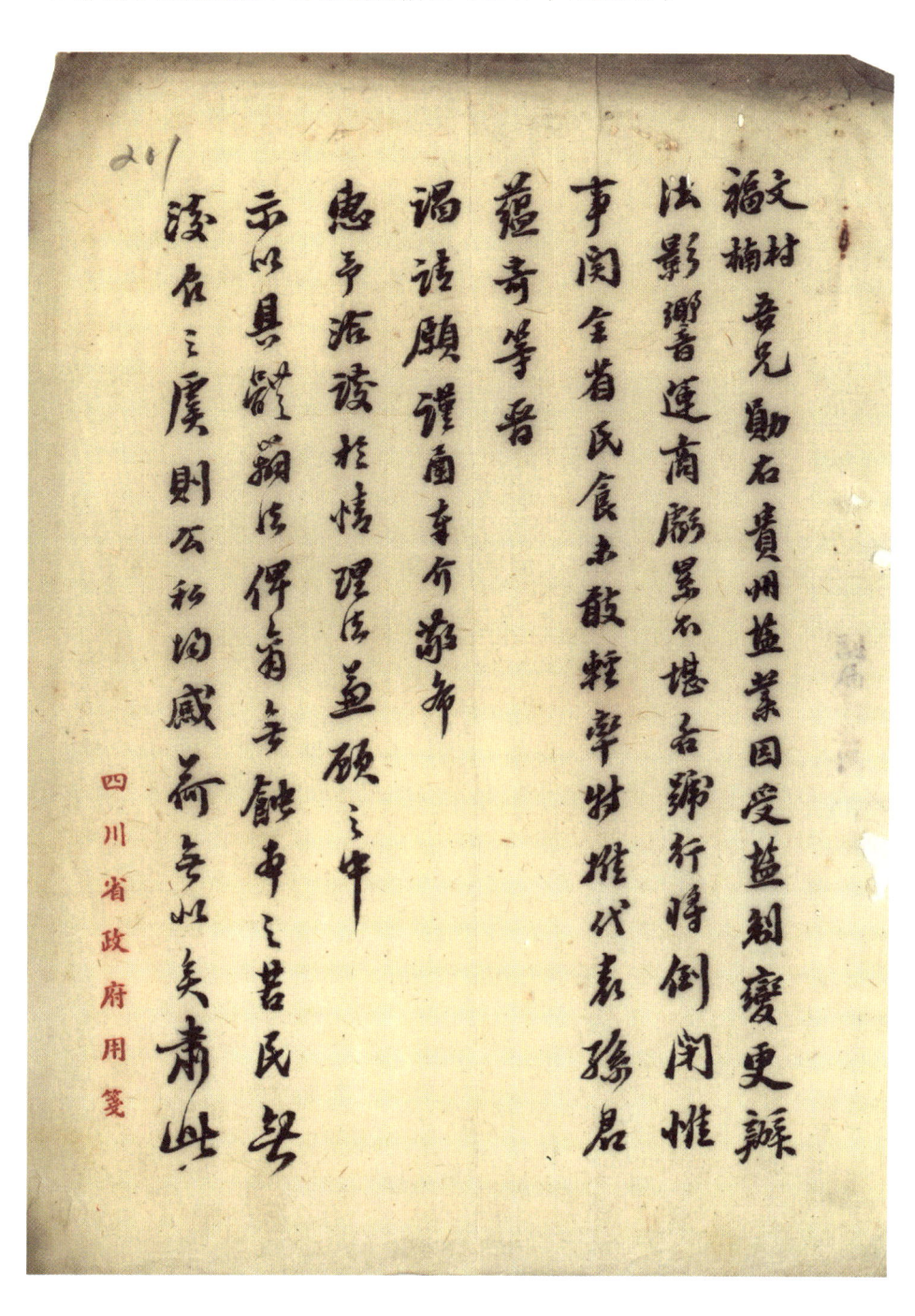

福楠文村吾兄勋右：贵州盐业因受盐划变更办法影响，盐运商亏累不堪，各帮行将倒闭，惟事关全省民食未敢轻率从事，特推代表孙蕴奇等晋谒请愿，谨肃专介绍布悃，乞洽谈详情，理宜垂顾之中正，以具体办法翔复，俾省方能向之若民众泛告之虞，则公私均感荷无似矣肃此

恭候台绥

敬祈
勋禧

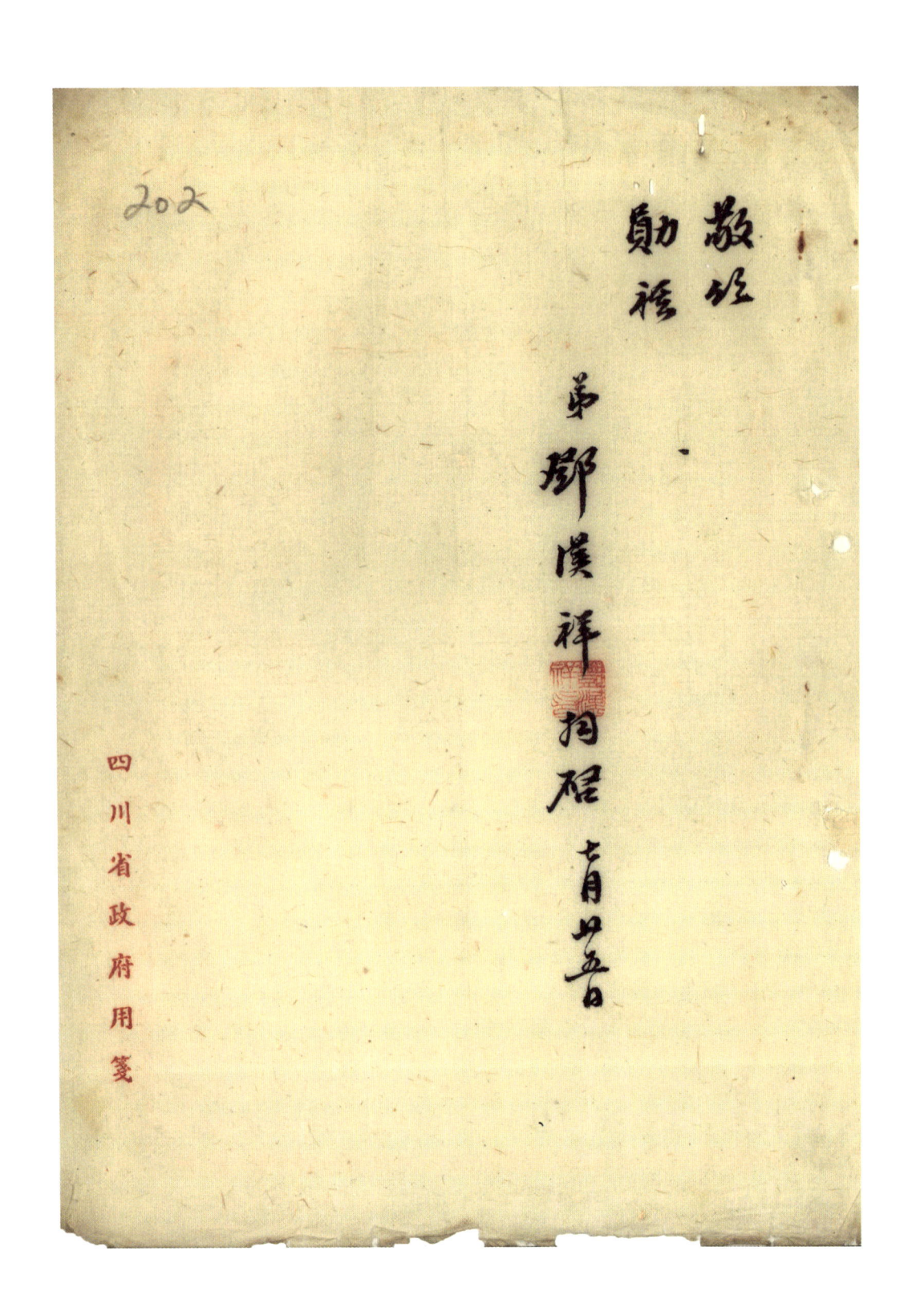

弟 邓汉祥 拍启 六月廿五日

四川省政府用笺

129　　0003-001-0026-181

邓汉祥为将妥为接待国防部吴局长和美国专家艾克上校事致陈纪铨的信函（1947年7月26日）

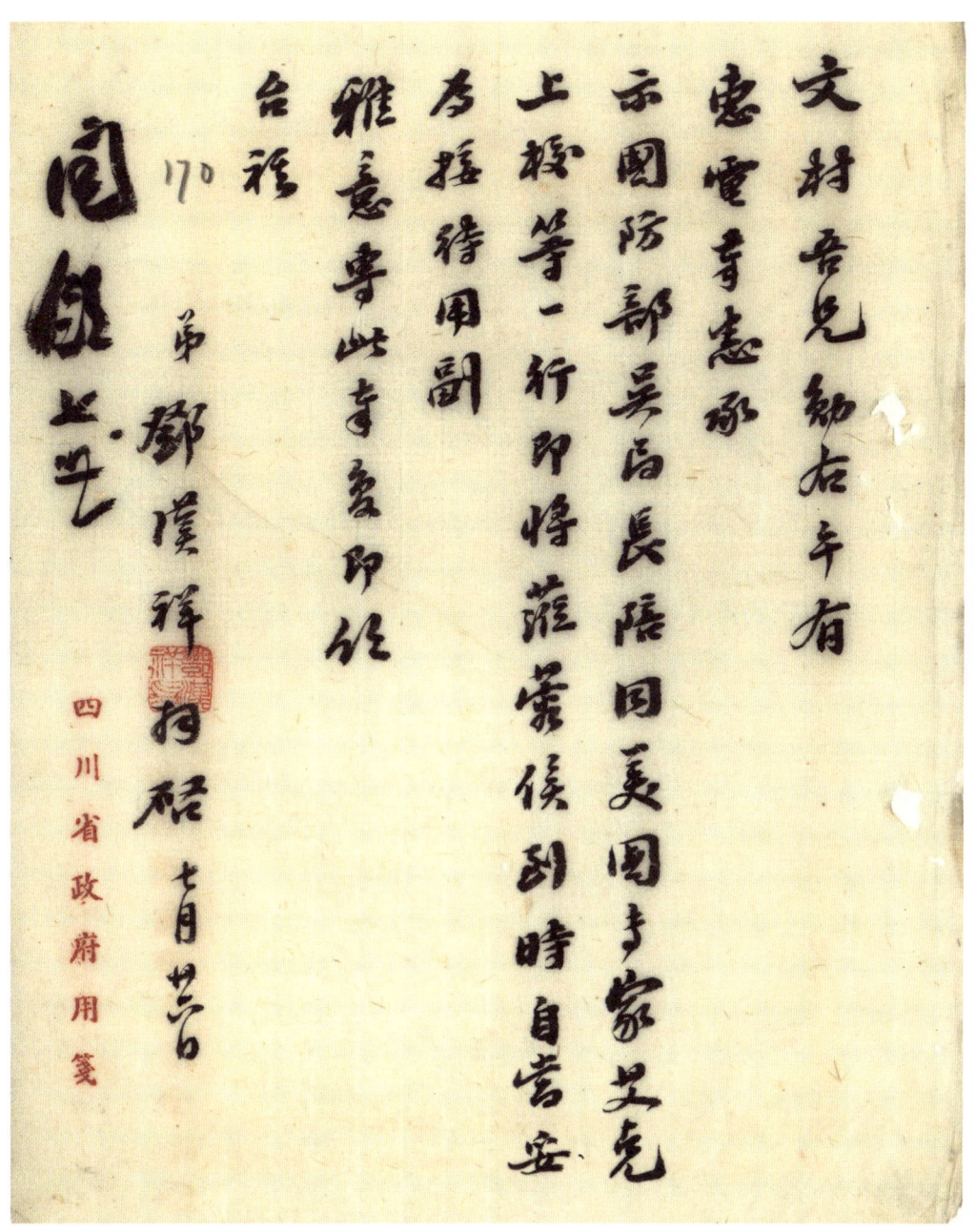

> 文村吾兄勋右　顷有
> 惠电奉悉，承
> 示国防部吴局长陪同美国专家艾克
> 上校等一行即将莅蓉，俟到时自当妥
> 为招待，用副
> 雅意，专此奉复，即颂
> 台祺
> 　　　　弟 邓汉祥 拜启　七月廿六日

注：吴局长，其信息不详。

130　　0003-001-0027-158

邓汉祥为贵阳仁岸改道运盐试办三个月期中如勉能达到任务请准继续办理事致陈纪铨、郑福楠的信函（1947年9月23日）

文村
福楠吾兄惠鉴 贵阳仁岸改道运盐事
前承
垂念艰难予试办三個月该岸顽感
便利对今後黔中盐业决端刀更求发
展近闻改道盐已由渝開始啓运正深
慶幸忽傳緫局又有電政
贵局謂改道盐於三個月後不准繼續
以维黔南運道如果屬实則試辦期

間咸歇雖好而為時有限殊覺美中不
足且黔南銷區僅包括都勻獨山鎮遠
等處并無貴陽在內貴陽係屬仁綦
兩岸合銷而綦岸裕濟監號歷係由渝
沿公路運至若仁岸仍須循合茅舊
道射運程遷速迥別仁岸業務必陷絕
境該岸商民極感惶悚特函專達方祈
於核定試為三個月期中先該畲等

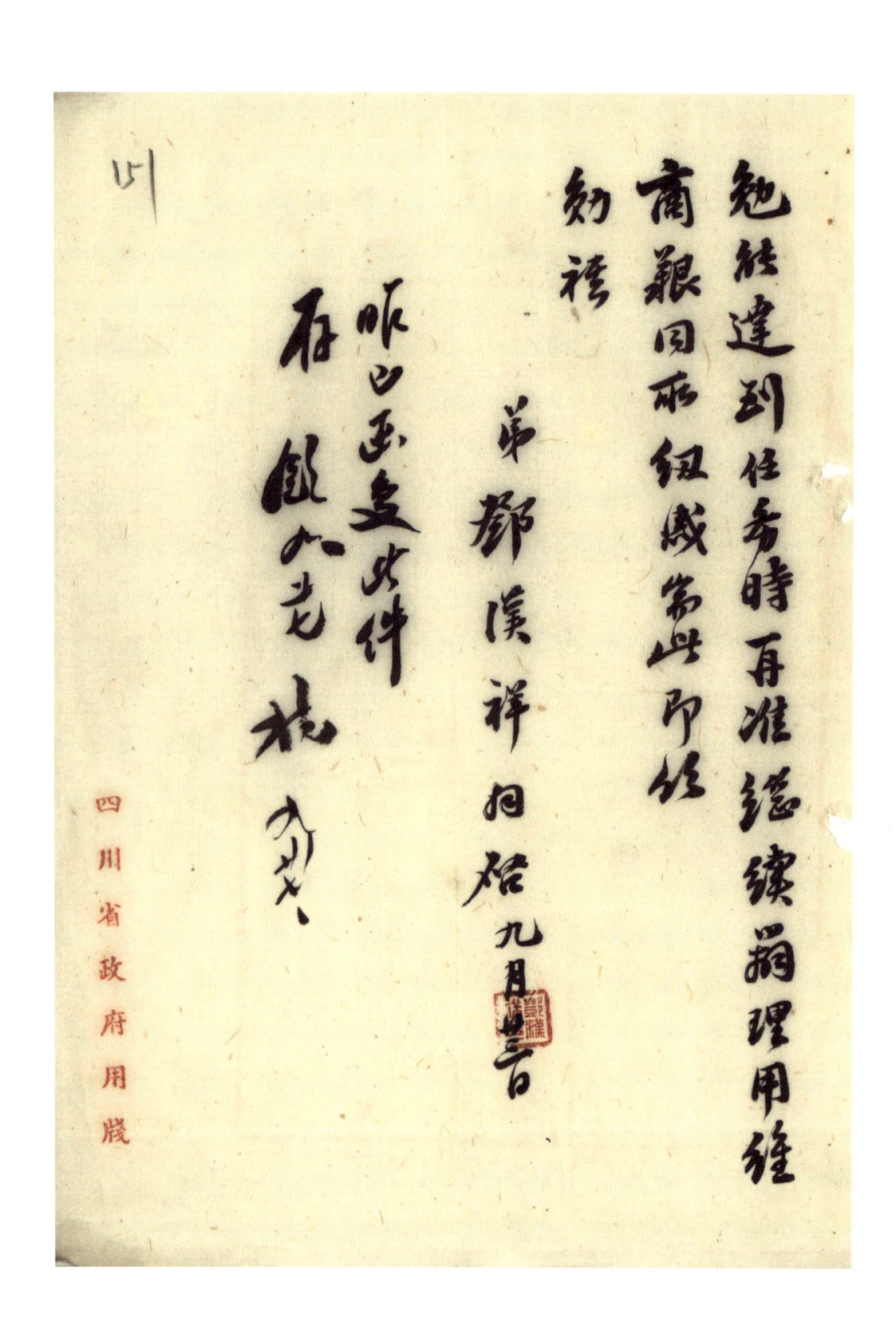

勉經遴到任多時再准繼續辦理用維商艱同冊紉感筆此所佈

勛禧

弟鄧溪祥扣啟九月二日

眠已正是火件在眼如光枕

四川省政府用箋

姜圣阶

人物简介

姜圣阶(1915—1992),黑龙江林甸人。化学工程学家。毕业于河北工业学院、美国哥伦比亚大学。曾任永利川厂主任工程师及制碱部副部长、永利宁厂高压合成车间主任工程师。新中国成立后,曾任永利宁厂副厂长兼总工程师、南京化学工业公司副总经理兼总工程师、华东化工研究设计院院长兼总工程师、第二机械工业部副部长、中国科学院学部委员等职。

131　　0003-001-0026-185

姜圣阶为隆圣公司拟请代为设计电解食盐厂已分别函报上海公司总管理处及侯德榜等事致陈纪铨的信函（1947年7月28日）

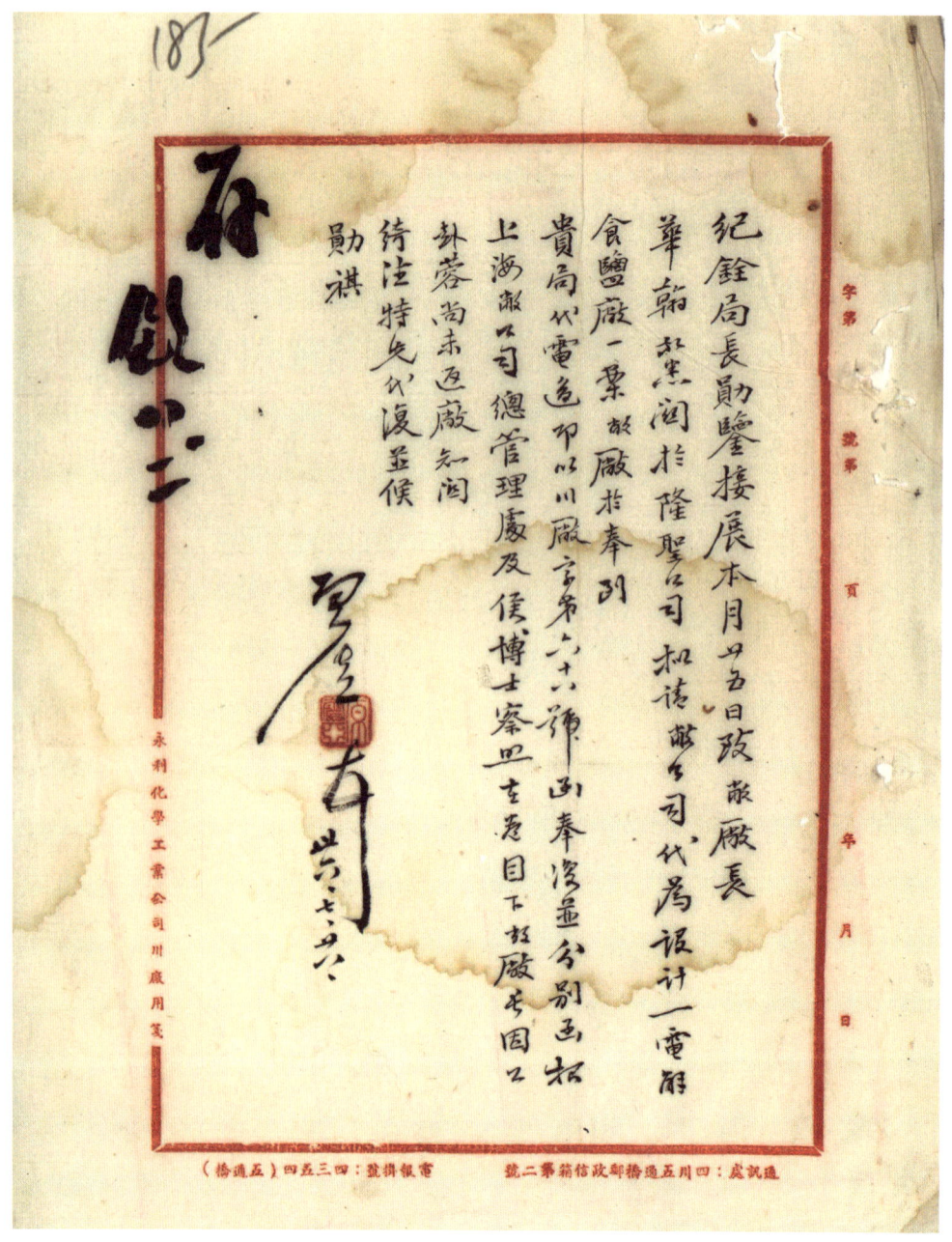

纪铨局长勋鉴：接展本月廿五日政纵厂长华翰，敬悉。润于隆圣公司拟请敝公司代为设计一电解食盐厂一案，敬于奉到贵局代电后即以川厂字第六十六号函奉复并分别函报上海淑公司总管理处及侯博士鉴。现下敝厂长因公卦蓉尚未返厂，知润谨先代复，並候勋祺

待复特先代复並候

勋祺

注：侯博士，即侯德榜。

何玉昆

人物简介

何玉昆（生卒年不详），曾任国立自贡工业专科学校教务主任、化工科主任、校长，自贡市退伍军人就业辅导员等职。

132　0003-001-0026-071

何玉昆为恳请推荐国立自贡工业专科学校毕业生至威远煤矿及贡井乾泰盐厂就业事致陈纪铨的信函（1947年8月25日）

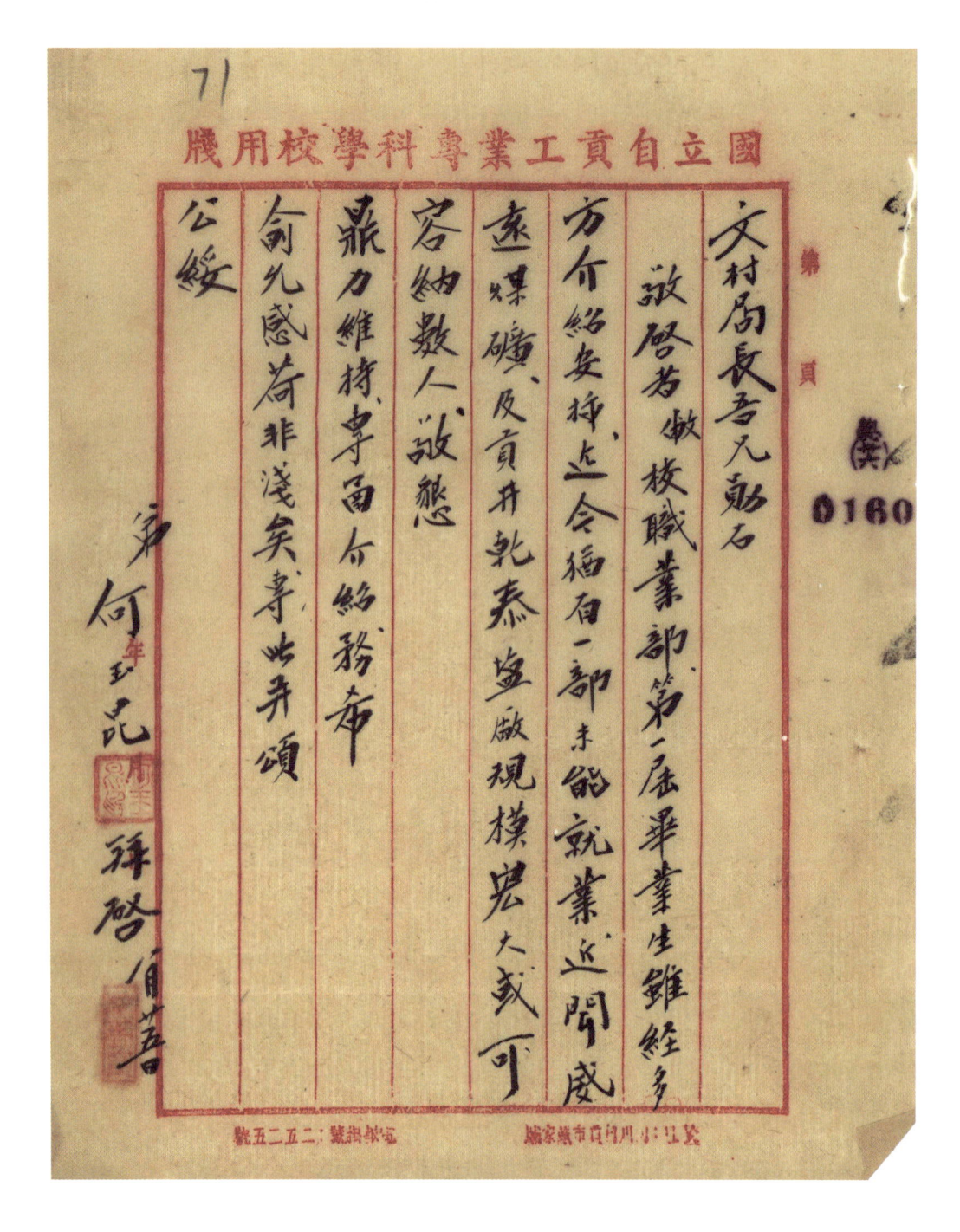

国立自贡工业专科学校用牋

文村局长吾兄勋右

敬启者敝校职业部第一届毕业生雖经多方介绍安排，迄今猶有一部未能就业近闻威远煤矿及贡井乾泰盐厂监启规模宏大或可容納數人，敬懇

鼎力维持，專函介绍務希

俞允感荷非淺矣專此并頌

公綏

弟 何玉昆 拜启 八月廿五日

133 0003-001-0026-069

何玉昆为推荐国立自贡工业专科学校毕业生至川康盐务管理局主办之铁厂就业事致陈纪铨的信函（1947年8月29日）

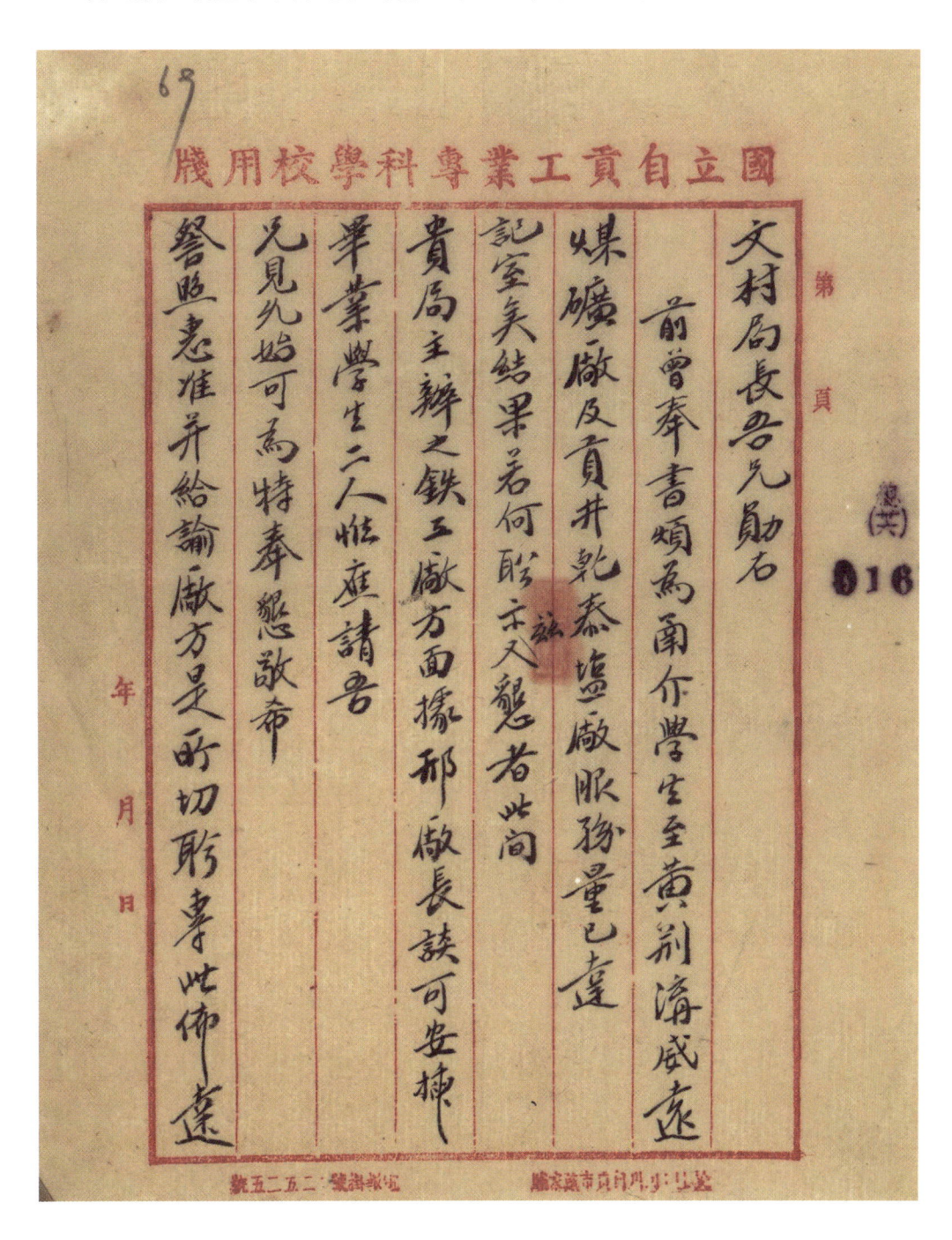

文村局长吾兄勋右

前曾奉书颂为南介学生至黄荆滃威远煤矿厂及贡井乾泰盐厂服务量已遂记室美结果若何聆示久怀者此间贵局主办之铁工厂方面据邢厂长谈可安插毕业学生二人临产请吾兄见允始可为特奉恳歇希

誉照惠推并给谕厂方是盼切聆专此佈遂

年　月　日

國立自貢工業專科學校用牋

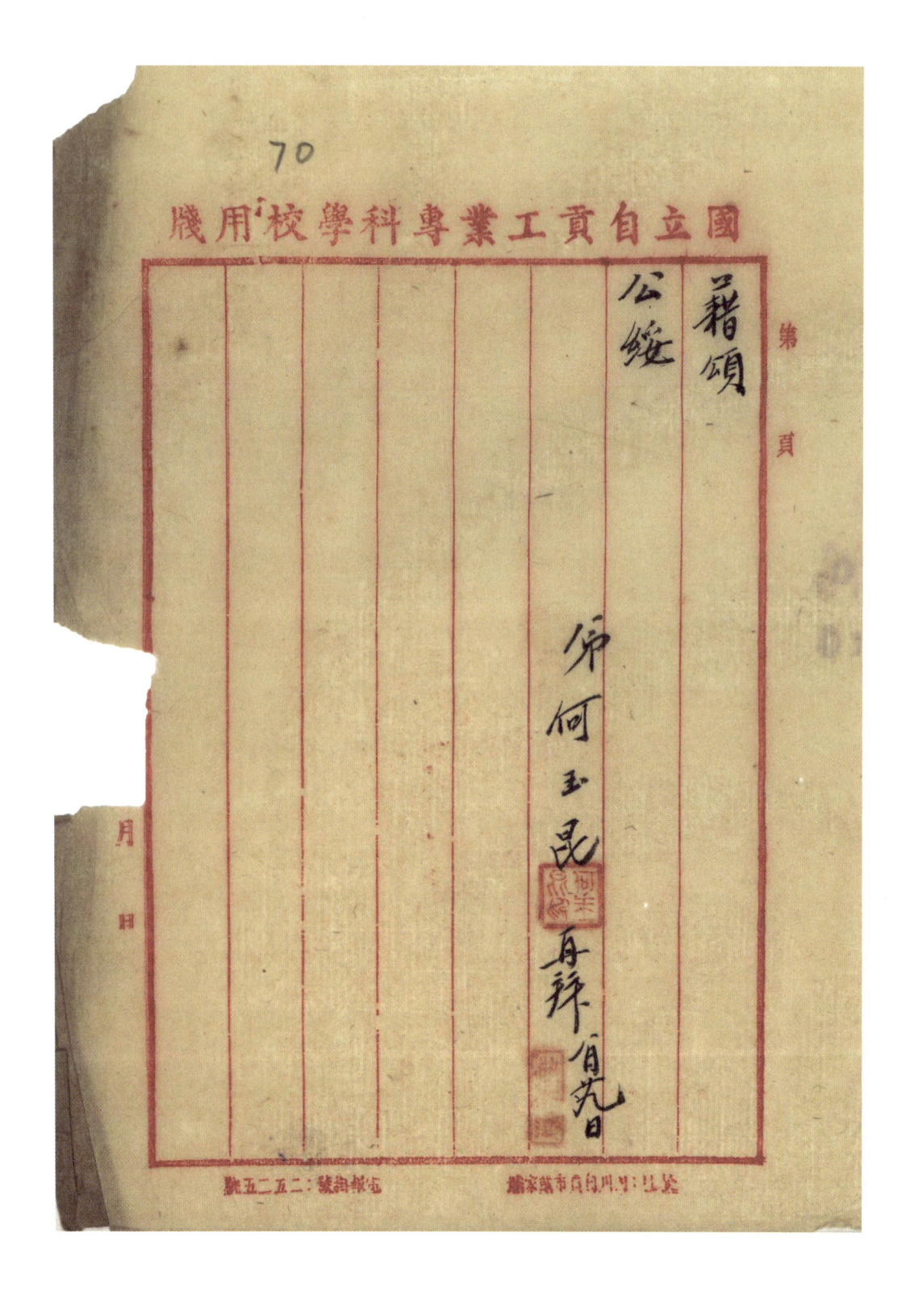

藉頌

公綏

弟 何玉崑 再拜 頁光日

134　　0003-001-0027-208

何玉昆为推荐国立自贡工业专科学校毕业生刘仁华等人担任公路局技术员工事致陈纪铨的信函（1947年9月25日）

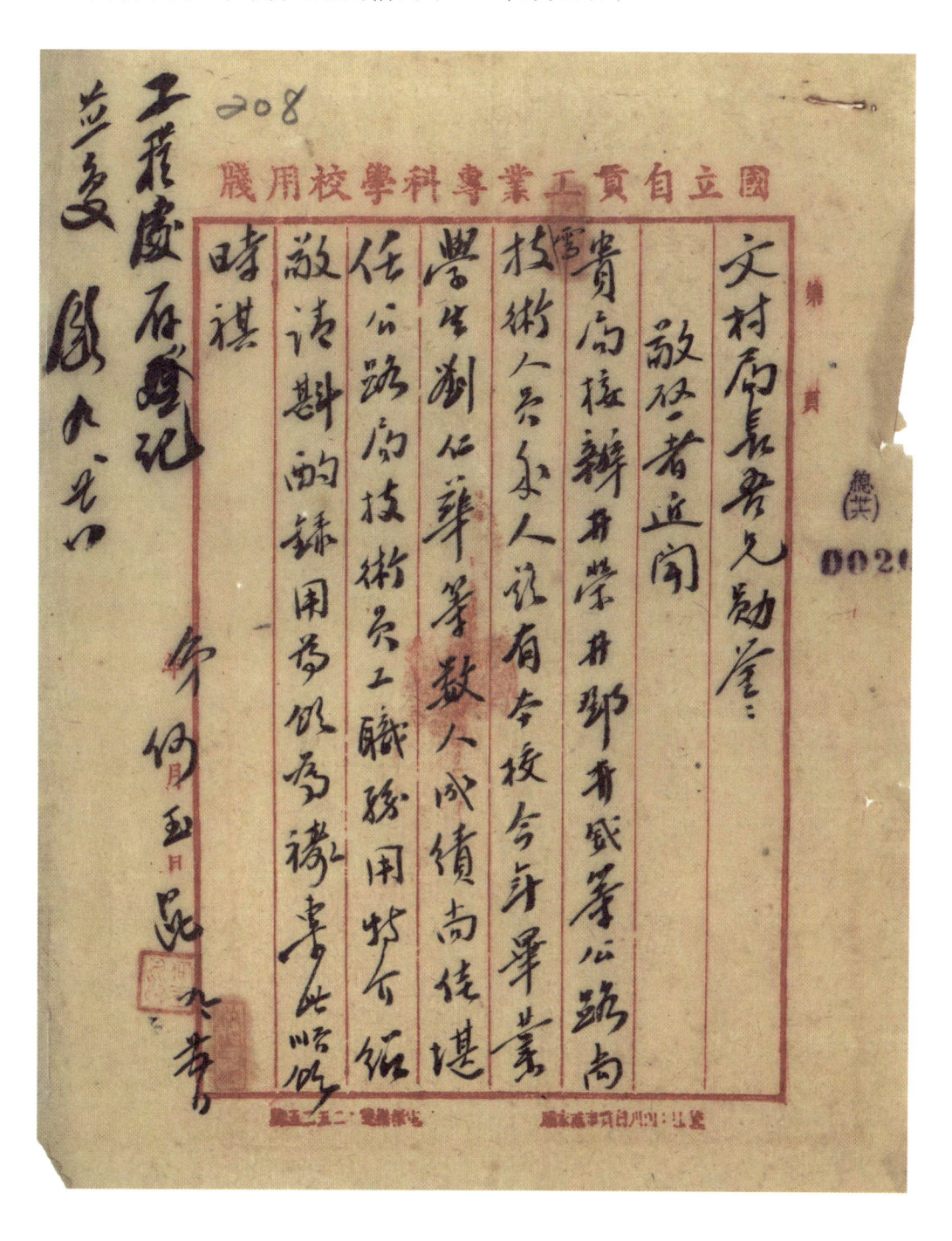

文村局长吾兄勋鉴：

敬启者近闻

贵局接办荣井邓井盐等公路，尚

拟用人员，本人谨将本校今年毕业

学生刘仁华等数人成绩尚佳堪

任公路局技术员工职务用特介绍

敬请鉴酌录用为荷，专此顺颂

时祺

弟 何玉昆 谨启

九月廿五日

侯仲康

人物简介

侯仲康（1914—？），四川自贡人，毕业于国立贵州医学院。曾任自贡市立医院妇产科主任、自贡市卫生院贡井分院主任、自贡市立医院院长、自贡市政府医务专员、自贡市兵役协会委员、自贡妇女会理事、自贡市肃清烟毒调验所副所长等职。新中国成立后，任职于重庆第一工人医院。

135　　0067-001-0063-079

侯仲康为请予免费刊登鸣谢张筱坡捐助一亿元事致□旦歊社长的信函（1948年8月27日）

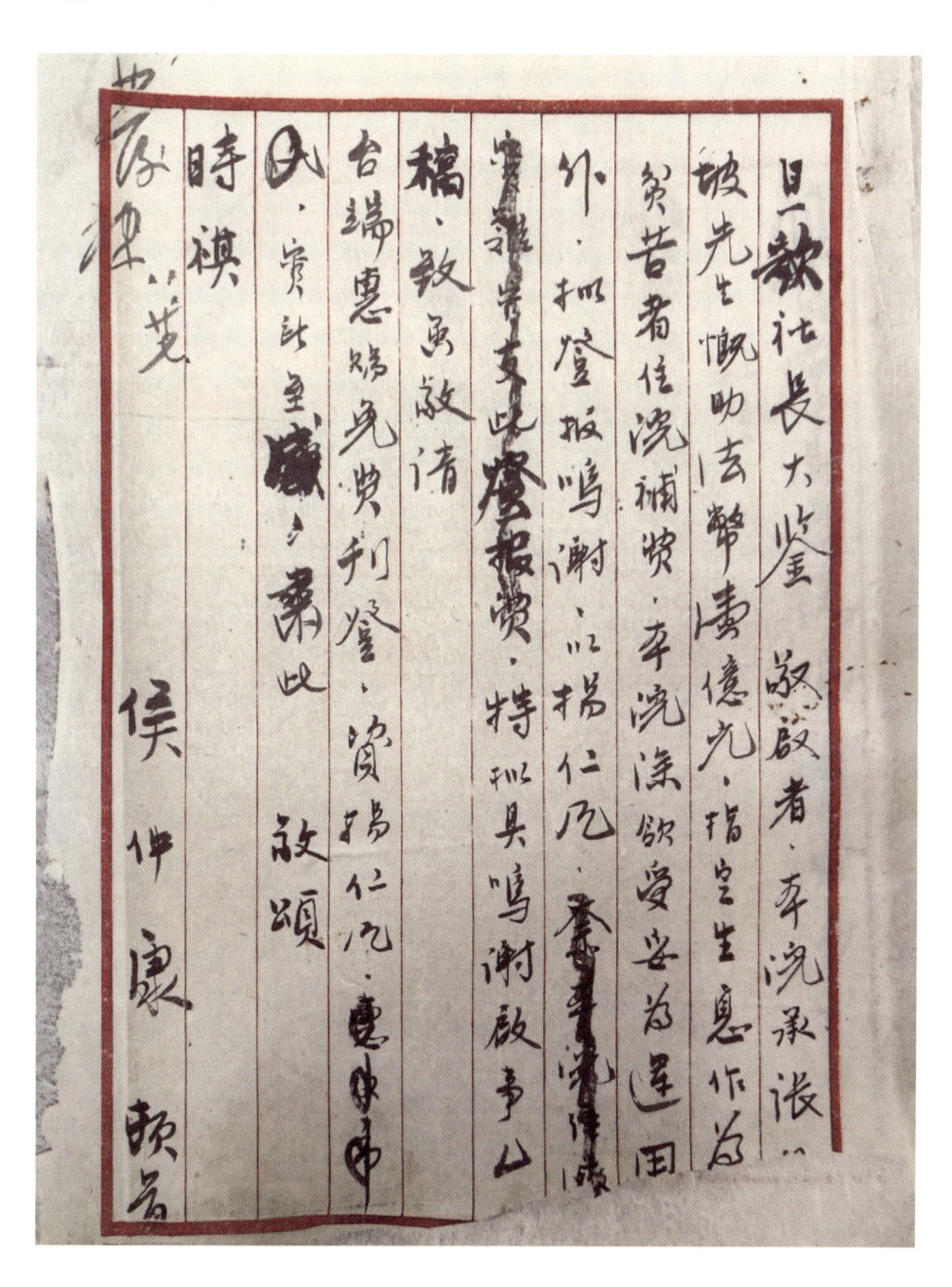

□旦歊社长大鉴，敬启者，承浣承谈，筱坡先生慨助去币壹亿元，指定生息作为贺苦者佳浣补贴，李浣深欲受姿为谨函外，拟登报鸣谢，以扬仁风，兹奉浣侯仲康寄谢其支助壹报赞，特拟具鸣谢启事一稿，致函敬请台端惠赐免费刊登，资扬仁风，惠申民，资社皇盛之肃此敬颂

时祺

侯仲康　顿首

唐昭明

人物简介

唐昭明（1884—1962），号德安，四川犍为人。曾任四川省参议会副议长等职。

136   0017-001-0434-082

唐昭明为请予详示盐政兴利除弊意见等事致熊佐周的信函（1948年10月18日）

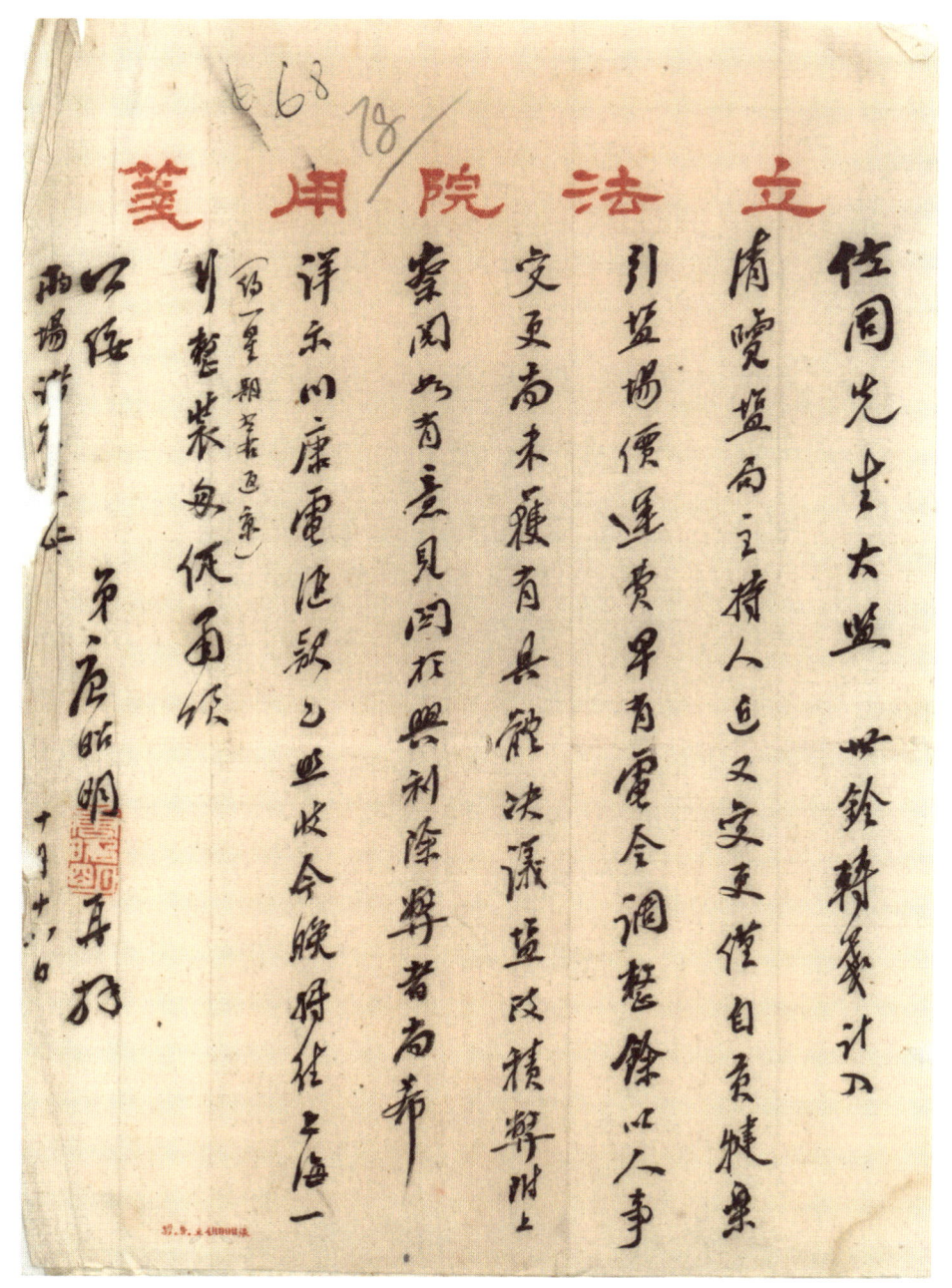

立法院用笺

佐周先生大鉴 如铃辑篆计刀
清晓盐商主持人迄又变价自贡健桌
引盐场价运费早有电令调整除以人事
交更而未获有具体决议盐改积弊附上
察阅如有意见因在兴利除弊者为希
详示川康电信欲之亟收令晚将往上海一
（约一星期苦若返京）
引整装匆促面候
此候
两场祺安
弟 唐昭明 真扵
十月十八日

注：佐周，即熊佐周，自贡盐商。

甘绩丕

人物简介

甘绩丕（1904—1978），号鉴斌，四川荣昌（今重庆市荣昌区）人。曾任四川善后督办公署经理处副处长、川康绥靖公署经理处处长、四川省田粮管理处副处长、成都《华西日报》社社长、自贡市副市长、自贡市市长。新中国成立后，任川南人民行政公署粮食局副局长、宜宾地区专员公署副专员等职。

137   0003-001-0035-001

甘绩镛为请将致渝友人电稿转川康盐务管理局电台代为发出事致陈宗博的信函（1948年12月17日）

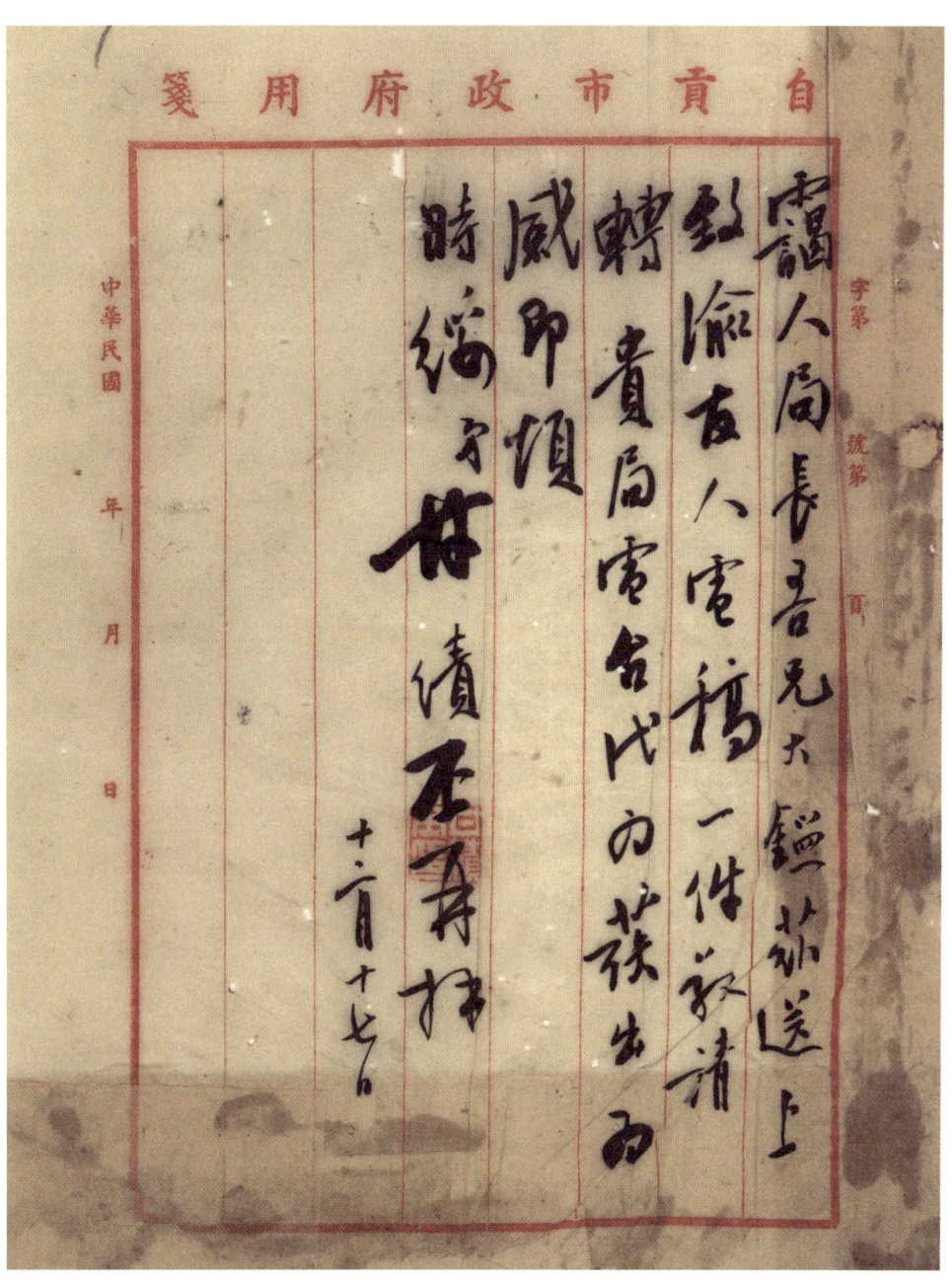

蔼人局长吾兄大鉴：敬送上致渝友人电稿一件，敬请转贵局电台代为发出为感。即颂

时绥

弟 甘绩镛拜

十二月十七日

注：蔼人，即陈宗博，字蔼人，时任川康盐务管理局副局长。

138 0003-001-0035-025

甘绩丕为请予改调万以诚至五通桥盐务管理分局工作事致陈宗博的信函（1949年6月11日）

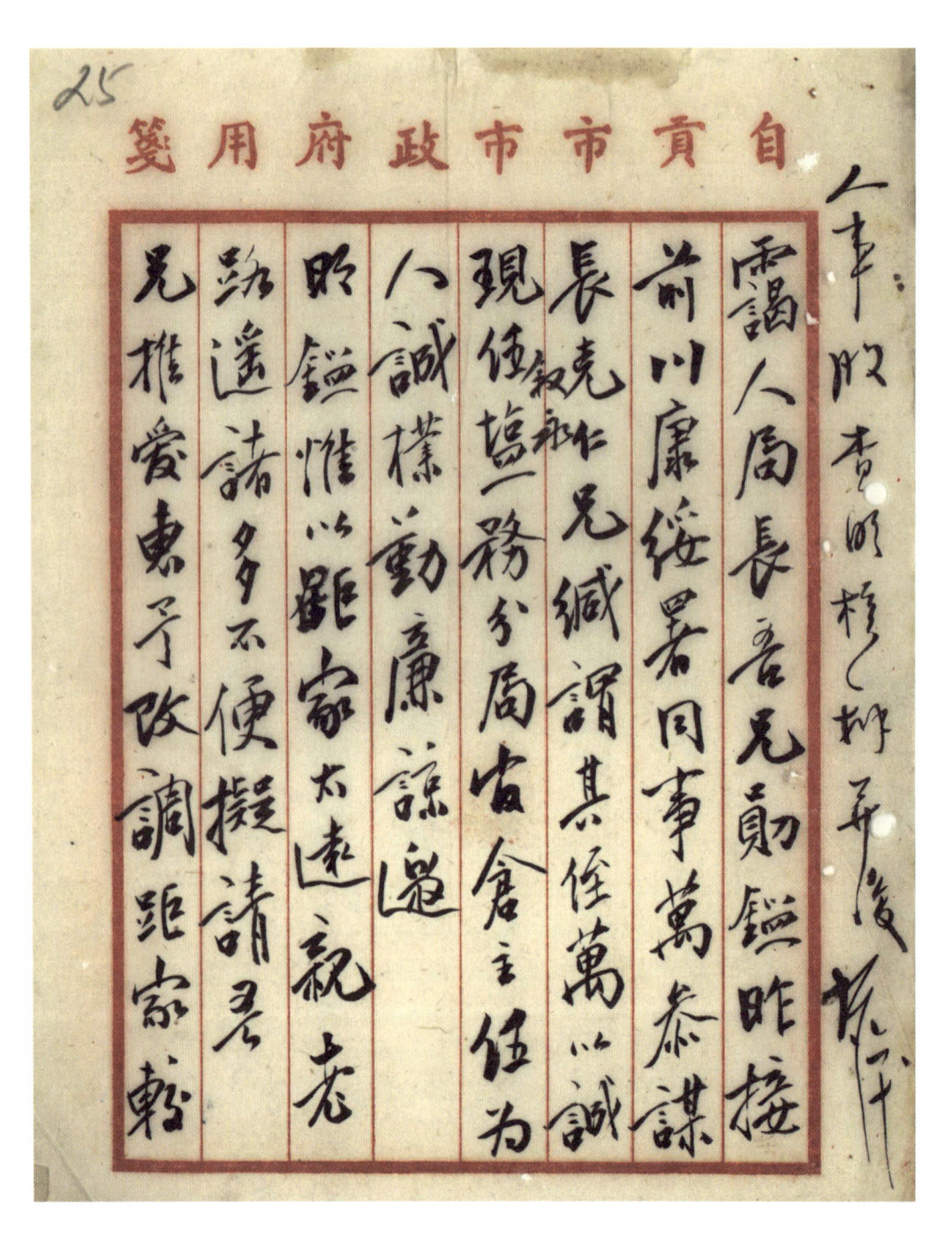

宗博局长吾兄勋鉴：昨接前川康缉署同事万恭谋长兄（叙郊）仁兄缄，谓其侄万以诚现任盐（叙郊）务分局古仓主任为人诚朴勤廉谨慎，昭镛惟以距家太远觐省路遥请多不便拟请吾兄推爱惠予改调距家较

人事股查明核办 六一十

自貢市政府用箋

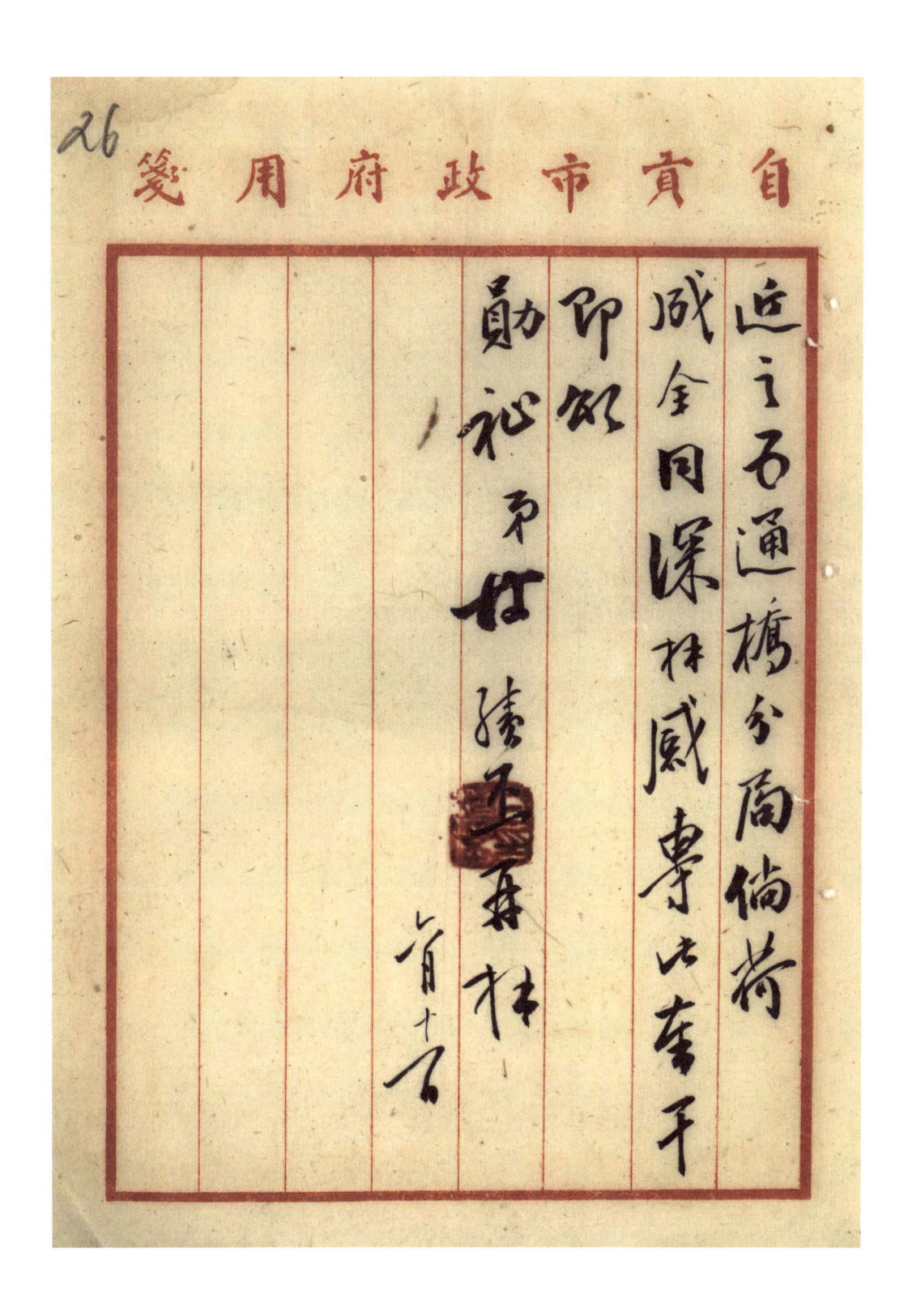

廷之石通摅分局偏荷
感全同深拜感專此奉聞
即頌
勛祉不一 甘績丕再拜
首十日

王作宾

人物简介

王作宾（1907—1988），别名政修，号卓兵，江西靖安人。毕业于南京陆军军官学校。曾任自贡军警总局局长等职。

139　　0017-001-0439-037

王作宾为请开导井灶户同意灯油捐抽收办法并已公布户口捐收数细目等事致王朝辅、陈辉赐等的信函（4月14日）

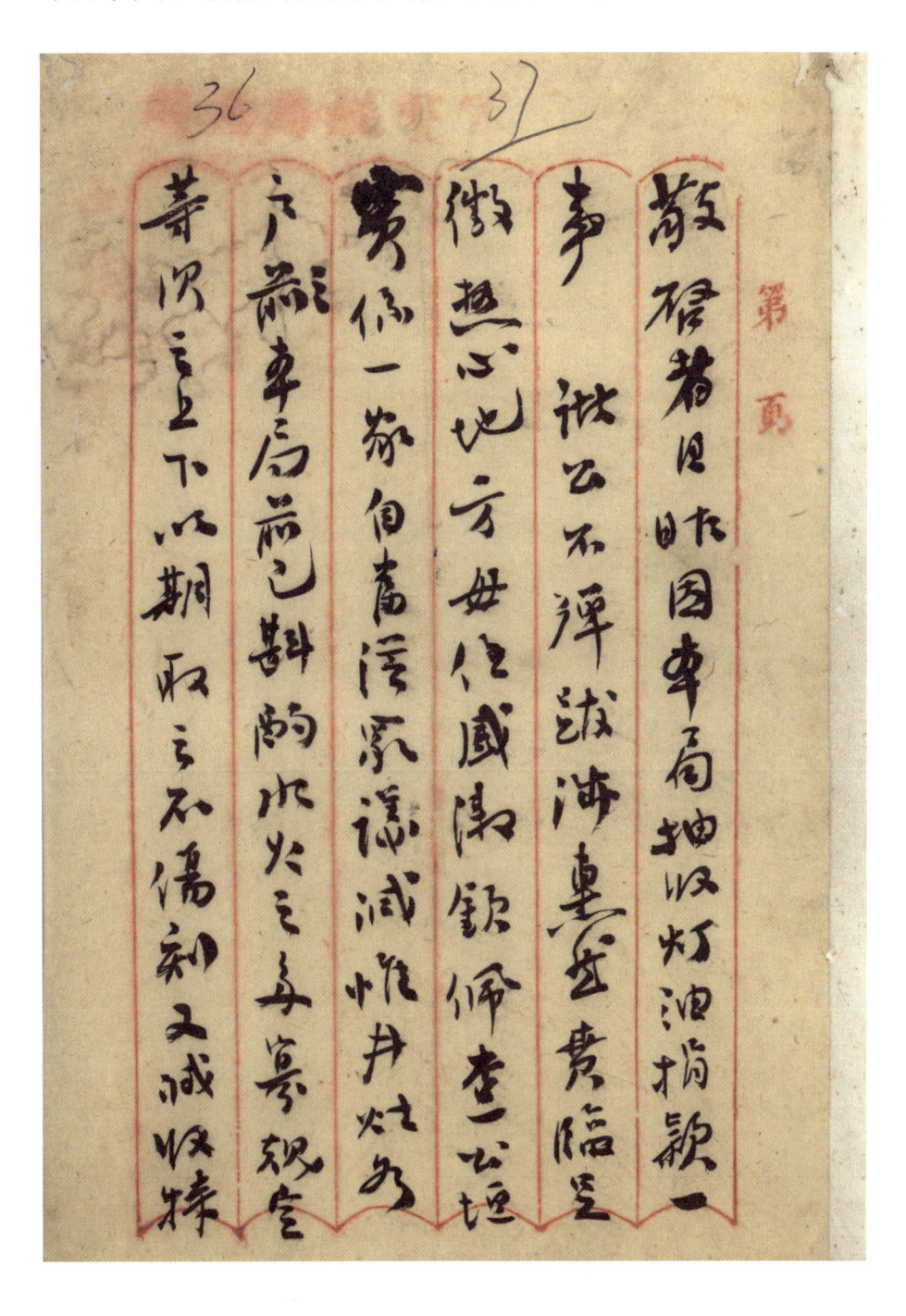

敬启者日昨因本局抽收灯油捐颇一事，批公不惮跋涉逐亲费临监徵热心地方毋任感激钦佩查一公垣贵作一家自当富源谅减惟井灶为户颇车局前已斟酌此义之多寡视家弟次上下以期两言不偏颇又减收据

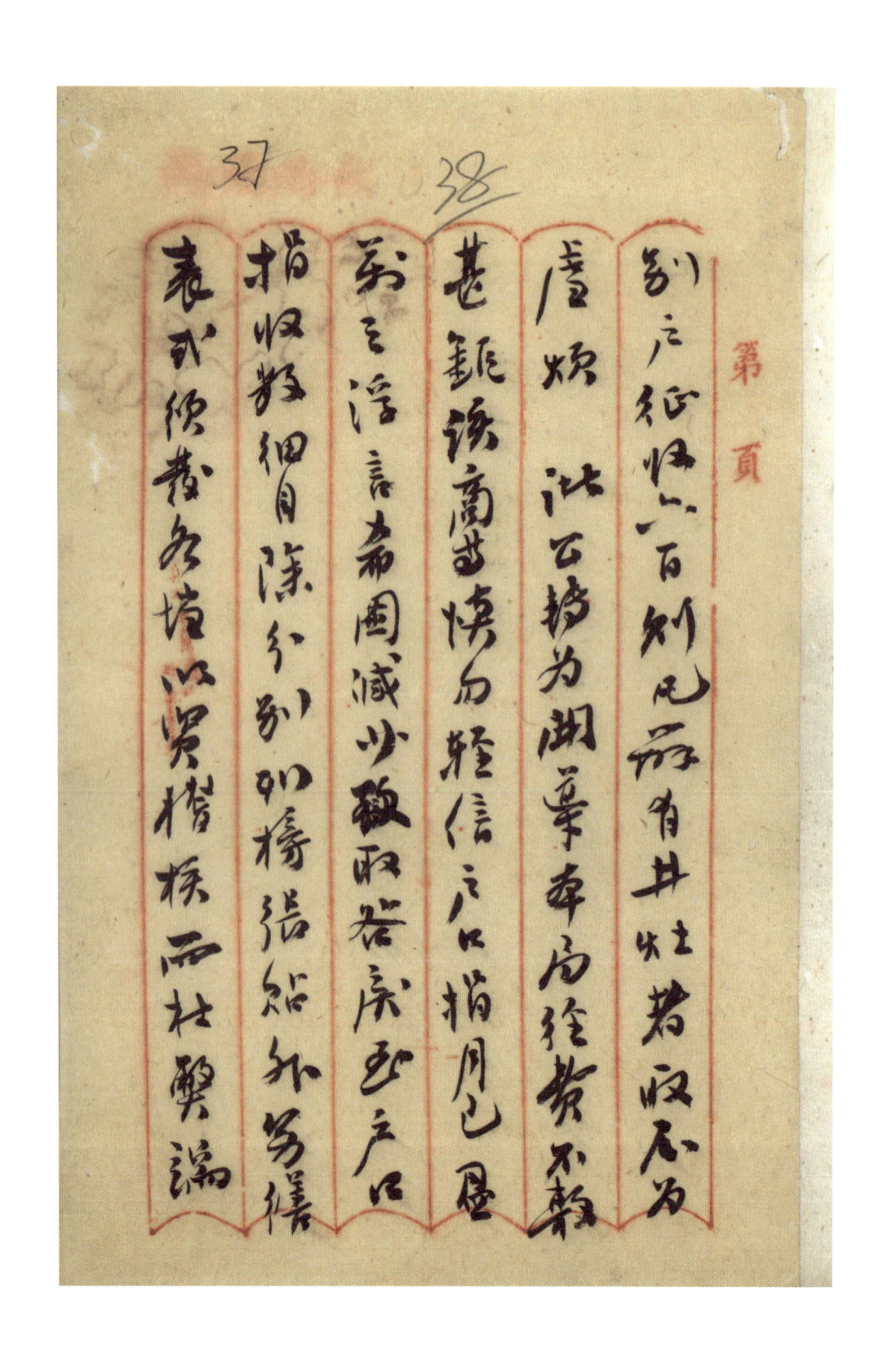

别户征收以百刈已亦有井灶若收不为
虐烦 沁公拟为测算每户应缴费不敷
甚钜诱商号慷为捐信户名捐月已届
弟三浔言希囤减少徵收各房灶户已
捐收数细胃陈分别如榜张贴外尚仪
表武须费务培以资楷模而杜弊端

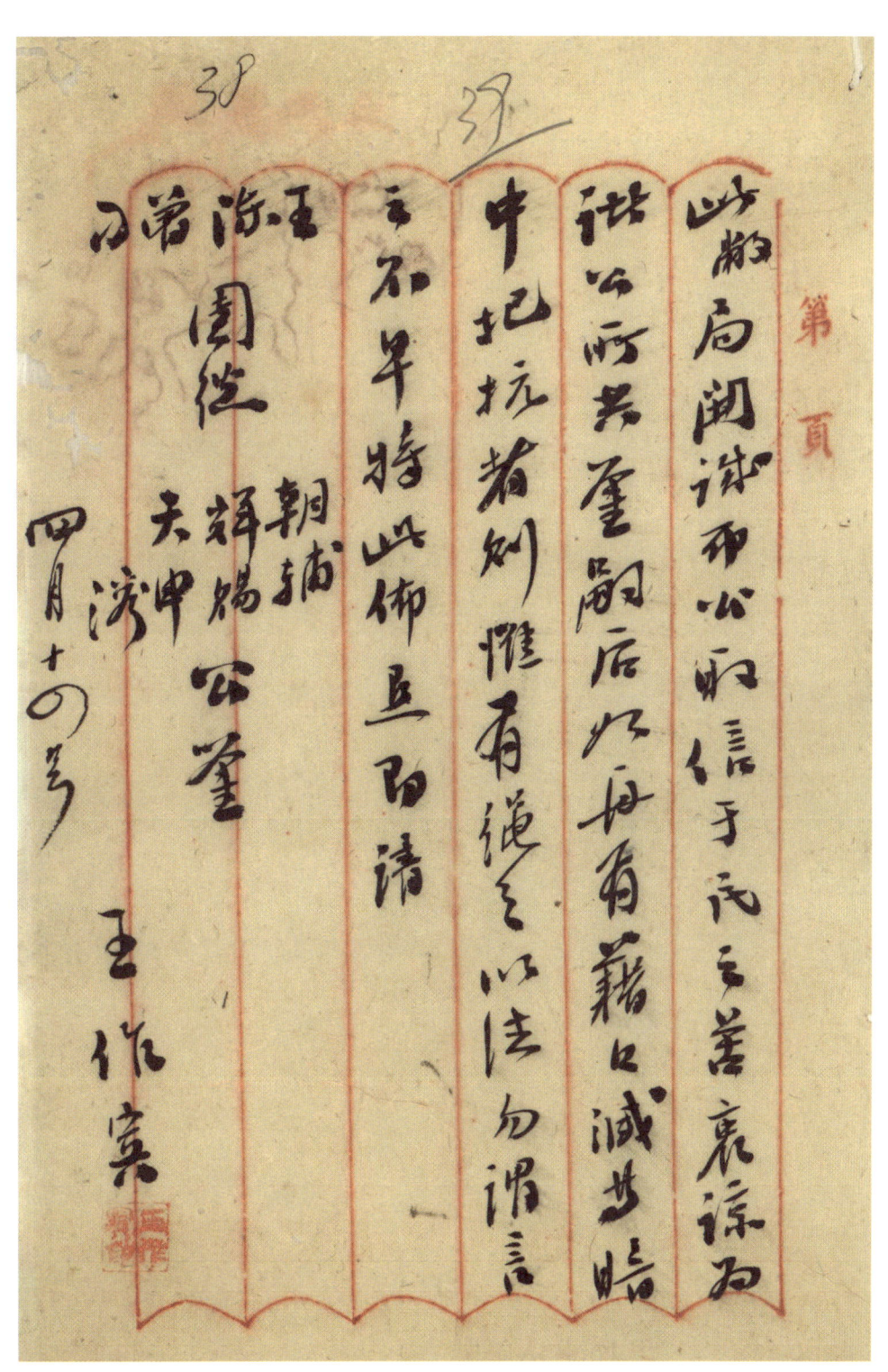

此鹽局開辦期必取信于民之善策諒荷

洪公所其筆剔后必毋有藉口減少贻

中飽拉若刻懷有徳含以法勿謂言

之不早特此佈立百清

王朝輔

陳輝錫 公鑒

曾天申

刁溶

弟 團從 四月十四号 王作賓

注：王朝輔、陳輝賜、曾天申、刁溶，均為自貢各團局團總。

140   0017-001-0439-035

王作宾为井灶户灯油捐征收办法不能更改等事的复信（4月15日）

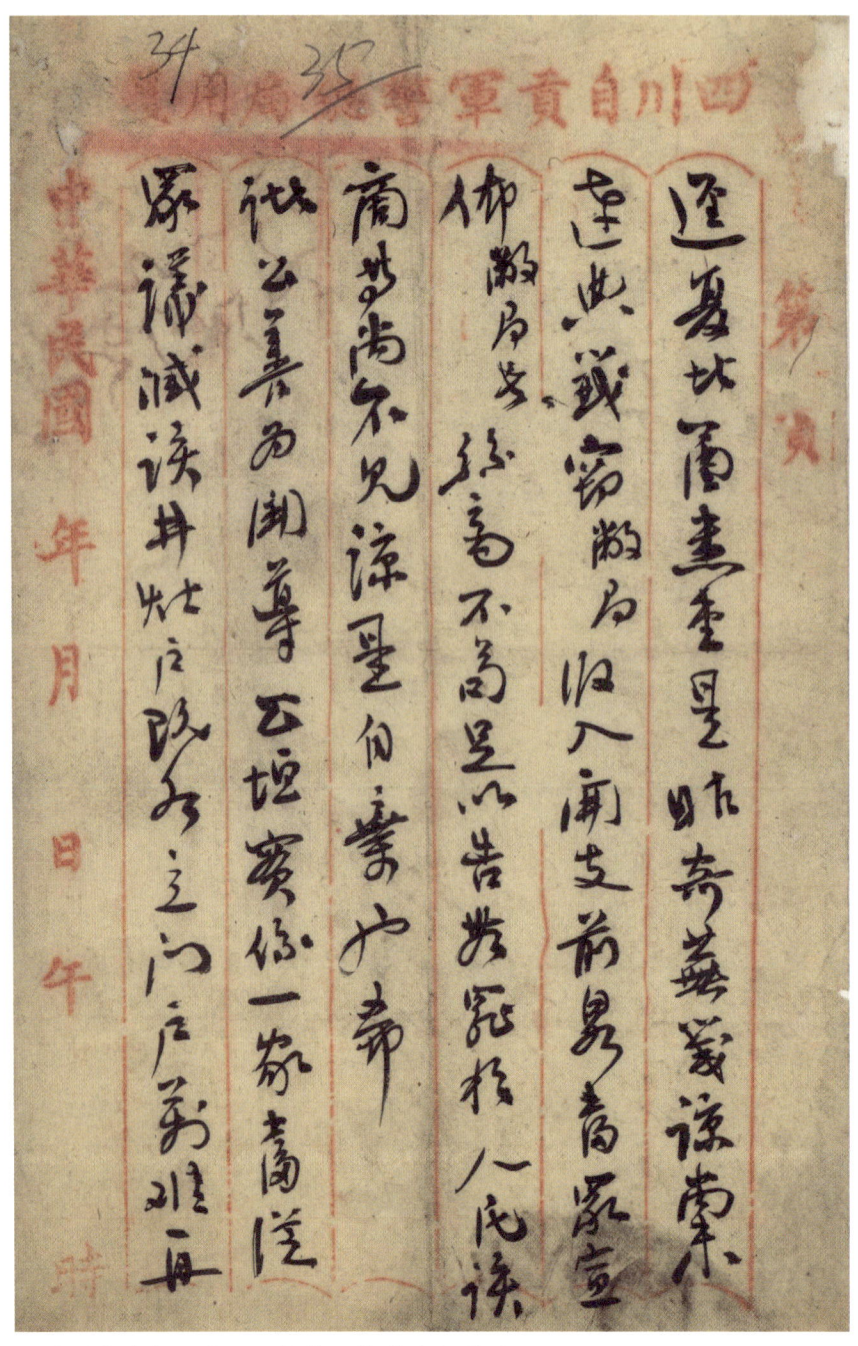

注：此信或为上一信函的续件，收信者与前同。

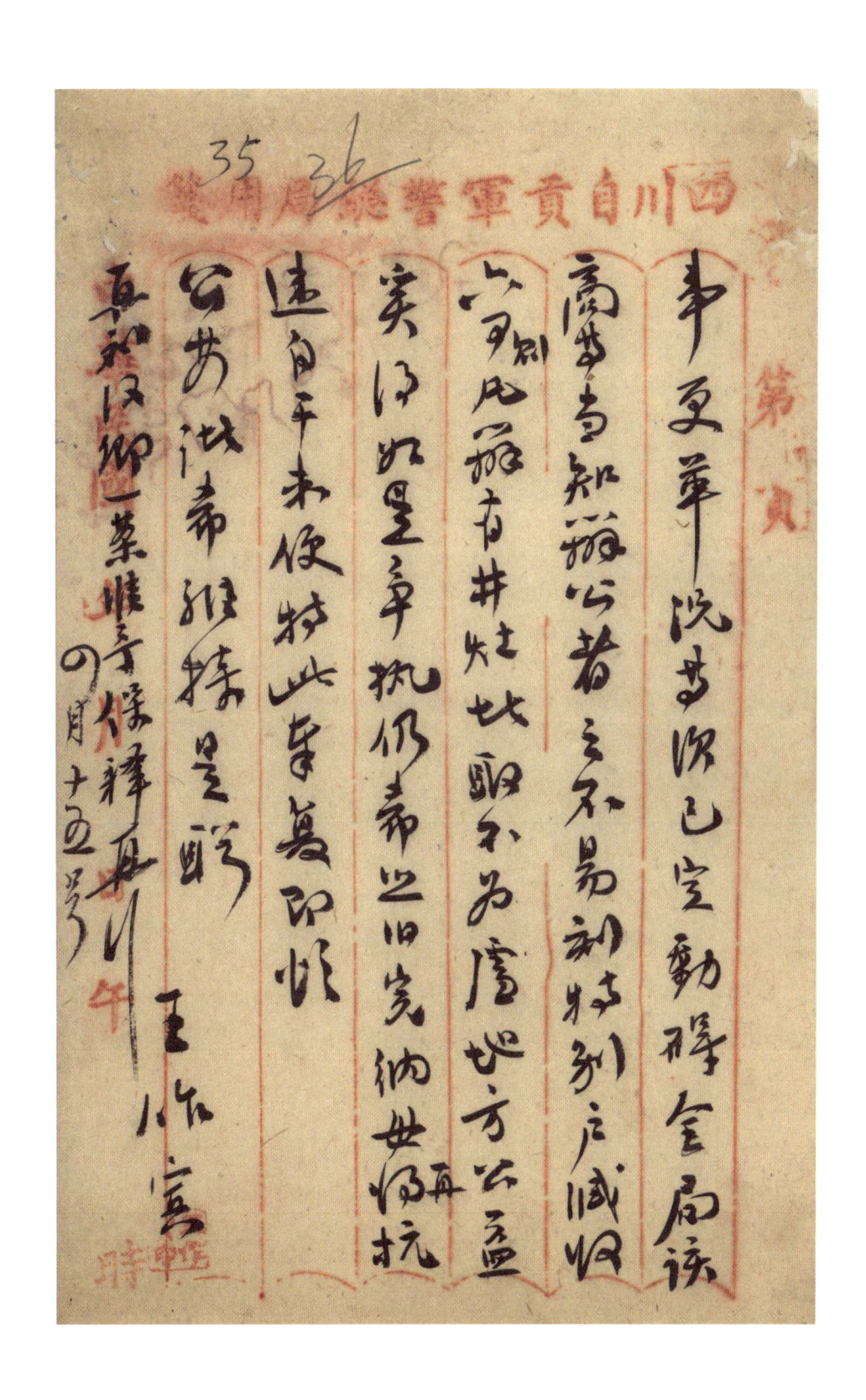

申复华院此次已定勸募金額該
高等考試諸公者之不易勤特別庶收
以資此項善舉挂此事不為虐地方公益
實徵如星辛執仍希照舊意納毋悞抗
違自平未便特此奉真印怅
台芮此希即擾是盼
王作賓

后 记

本书由四川省档案馆、自贡市档案馆主编，四川省档案馆负责指导、审核等工作，自贡市档案馆负责具体编写工作。

本书在编写过程中，四川省档案馆多次召开会议研究相关问题，馆长祝云、副馆长张辉华对选题选材等给予大力支持和指导。四川省档案馆编研处负责审核。

本书由自贡市档案馆馆长黄晓燕、副馆长潘俊组织策划；张国钢负责档案资料收集、编辑编写；陈彰兰、彭云英负责统稿修订；陈晨负责档案图片的处理、排版。

在本书编纂出版过程中，胡俊峰、陈莉、吴志国、张早立、翟云雲等同志参与了相关服务工作，四川大学出版社亦对本书的编纂出版工作给予了鼎力支持，谨向上述同志和单位致以诚挚的感谢！

本书所收录信件皆为自贡市档案馆馆藏资料，因年代久远，部分信件作者无法确证或联系，如有版权问题，请与自贡市档案馆联系，联系电话：0813-2206902。

编者

二〇二二年九月